개/정/판

무역상무론

박남규 저

도서출판 두남

머리말

우리나라 경제는 1950년 한국전쟁의 폐허 속에서도 무역을 성장의 엔진으로 지속적으로 발전하여, 2011년에는 역사상 처음으로 무역규모 1조 달러를 달성하였으며 이러한 성취는 세계에서 9번째로 경이로운 일이라 하지 않을 수 없다.

이와 같이 한국무역이 크게 성장한 것은 정부의 적절한 경제정책, 기업인들의 헌신적인 노력, 국민 개개인의 근면과 성실성 때문이었다. 대기업을 중심으로 기업의 연구인력들은 품질 좋은 제품을 개발하고 생산하기 위해 엄청난 노력을 하고 있으며, 무역전문인력들은 세계시장을 무대로 오대양 육대주를 누비며 적극적인 마케팅활동을 한 결과 세계시장에서의 한국상품 점유율을 높이고 있다.

이제 무역은 단순히 상품매매뿐만 아니라 서비스나 문화상품에 이르기까지 그 범위가 확대되어 가고 있는 추세이며 여기에 또 다른 한국무역의 돌파구가 있다고 생각한다.

우리나라 무역이 크게 성장한 데에는 기술인력들의 질 좋은 제품 개발 못지않게 글로벌 무역전문인력들이 큰 역할을 하였다. 글로벌 무역전문인력이 되기 위해서는 외국어 능력과 함께 국제마케팅 활동은 말할 것도 없고 무역거래절차 등 무역상무의 지식에 정통해야 한다.

무역상무론은 무역학의 연구 범위, 즉 국제경제, 국제경영, 무역상무 분야 가운데 가장 중심적인 분야로서 무역거래의 실현을 위한 무역계약의 중심 내용을 연구한다. 무역계약은 성립이 되어 종료에 이르기까지 여러 과정이 있고 무역계약이 이행되기 위해서는 주계약인 매매계약을 중심으로 운송·보험·결제 등의 종속계약과 통관 등의 절차가 필요하다. 따라서 이 책은 글로벌 무역전문가에게 꼭 필요한 상무지식을 무역거래의 준비단계에서부터 성립·이행·종료에 이르는 단계별로 상무적·법리적 관점에서 상세히 설명하였다.

나아가서 2011년 1월 1일부터 시행되는 Incoterms 2010을 비롯한 각 계약 단계별 국제규칙과 대외무역법·관세법·외국환거래법 등 국내법규의 현행 규정을 반영하려 노력하였다.

이 책은 글로벌 무역전문가가 되려는 학생들이나 무역업계에 종사하는 실무자, 또한 관세사나 국제무역사, 무역영어검정시험을 대비하는 수험생에게도 도움이 되도록 집필하였다.

이 책을 집필함에 있어서 여러분들의 저서와 논문, 한국무역협회, 한국무역보험공사, 은행 등의 자료 도움을 많이 받았다. 일일이 거명하지 못하지만 지면을 빌어 깊이 감사드린다. 아직도 아쉽고 부족한 부분이 많이 있음을 고백하며, 독자 여러분의 기탄없는 질책과 편달을 바란다. 원고 및 자료 정리에 수고해 준 건국대학교 대학원 박사과정 이민석군에게 감사하며, 이 책을 기꺼이 출간해 주신 도서출판 두남에 깊이 감사드린다.

2012년 2월

저자 씀

차 례

제5편 무역계약의 종료

제1편
무역거래의 개요

제1장 무역거래의 구조

무역거래의 구조

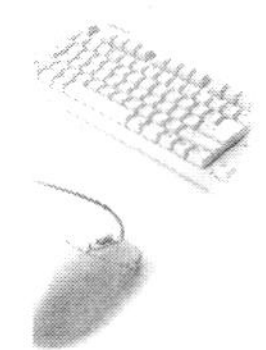

1. 무역거래의 의의

무역은 언어, 관습, 법률, 문화, 제도, 통화 등이 다른 국가간의 물품이나 서비스의 매매를 목적으로 하며 해외로 물품이나 서비스를 파는 것을 수출, 해외로부터 물품이나 서비스를 사오는 것을 수입이라 한다.

무역은 그 거래대상이 포괄하는 범위에 따라서 넓은 의미와 좁은 의미로 구분한다.

첫째, 넓은 의미의 개념은 모든 국제간의 경제거래로서 물품의 수출입 이외에 자본·기술·용역 등의 국제적 이동을 말한다.

둘째, 좁은 의미의 개념은 원칙적으로 단순한 물품거래, 즉 물품의 수출입을 말한다. 그러나 이 경우 상품거래와 불가분의 관계가 있는 기술·용역의 거래를 포함한다. 물품거래는 무역의 큰 비중을 차지하고 있다. 국민경제가 발달하면 할수록 무역중에서 물품거래의 비중이 감소하는 경향이 있으나 원형은 물품거래임은 분명하다.

우리나라는 1962년 '경제개발5개년계획'을 수립 시행한 이후 무역을 경제성장의 엔진으로 삼아 지속적인 경제발전을 이룩할 수 있었고 무역은 부존자원이 빈약한 우리나라가 선택할 수 있는 가장 유효한 성장방식이었다.

우리나라 무역은 그간 1997년의 외환위기, 2000년 미국중심의 선진국 경기침체, 2008년 글로벌 금융위기, 2011년에는 유럽발 재정위기, 일본 대지진 등 어려움에도 불구하고 사상 처음으로 무역규모 1조 달러(수출/5,565억 달러, 수입/5,244억 달러, 무역수지/321억 달러 흑자)를 달성(2011년)하여 무역 강국에 진입하였고, 전 세계에서 1

조 달러 달성은 미국(1992), 독일(1998), 중국, 일본(2004), 프랑스(2006), 영국, 이태리, 네덜란드(2007)에 이어 9번째이다. 앞으로도 우리의 살길은 무역을 통한 성장방식이 중심이 될 수 밖에 없을 것이고 그런 의미에서 무역의 중요성에 대한 인식과 아울러 무역에 정통한 전문가가 되어 무역을 신장시키는 방법이 급선무라 생각한다.

세계화·지식정보화시대에 무역전문가가 되기 위해서는 인터넷의 급속한 확산으로 발생하는 정보의 수집·활용능력과 함께 영어를 비롯한 해당국 언어를 구사할 수 있는 능력을 기본적으로 갖추어야 한다. 이러한 능력을 갖춘 전문가에 의하여 무역은 계약이라는 형식을 통하여 실현되는데 당사자 사이의 무역계약의 체결에서부터 성립·이행·종료에 이르기까지의 각 단계별로 정통한 실력을 갖추고 있을 때 더욱 능동적으로 국제시장에 진출할 수 있다.

본서는 무역이 이루어짐에 따라 각 과정별로 필요하면서도 유념해야 하는 기초지식을 제공함으로써 거래 당사자들이 더욱 효과적으로 무역거래를 이행하는데 도움을 줄 목적으로 집필되었다.

2. 무역거래의 특징

무역은 격지자간의 거래로 계약이라는 형식을 통하여 실현되므로 국내매매에 비하여 다음과 같은 여러 가지 특징이 있다.

첫째, 무역은 격지자간의 거래이기 때문에 당사자는 거래 상대방이 계약내용대로 이행할 것인가에 대한 불안이 있다. 즉 수출업자는 물품의 매도인으로서 계약물품의 인도의무를, 수입업자는 물품의 매수인으로서 대금지급의무를 부담하게 되는데 매수인은 거래 상대방이 계약 내용대로 물품을 선적할 것인가에 대한 염려가 있고, 매도인은 매수인의 물품대금 결제 여부에 대한 염려가 있다. 이러한 계약이행의 위험을 최소화하기 위해서는 우선 거래처선정에 신중을 기하여야 하고 당사자간 합의의 내용을 계약서에 명확하게 기재하여 분쟁이 발생하지 않도록 대비해야 한다.

둘째, 무역에서 보편적으로 물품은 수출국에서 수입국으로 이전되므로 물품의 운송이 수반되며, 운송도중에 여러 위험에 노출되어 있다. 기술의 발달로 항공기나 선박, 육로운송수단의 안전성이 확보되어 있지만 여전히 해상운송의 경우 악천

후에 의한 좌초나 충돌사고의 발생을 피할 수 없으며 전 운송수단에서 하역작업중의 물품의 멸실이나 손상의 위험이 존재한다. 때문에 적절한 포장방법과 함께 사고에 대비한 보험가입 등의 대책이 필요하다.

셋째, 무역은 형식에 구애받지 않고 구두 또는 서면계약에 의하여 이루어지며 전화, 서신, 팩스, 이메일 등 사용가능한 모든 통신수단을 이용하여 자신의 편의에 따라 계약을 체결할 수 있다. 계약서를 작성하지 않더라도 계약으로 인정되지만 분쟁발생시에 입증자료로 사용하기 위하여 계약서를 작성해두는 것이 좋다.

넷째, 무역은 서로 국가가 다르고 법역이 다른 상인들간의 거래이기 때문에 논리적 타당성이나 특정 국가의 법리에 맞추어 이루어진다기보다는 해당 거래에 적용되는 상관습에 따라 이루어지고 있으며 상관습의 해석을 위한 국제적인 기준이 마련되어 있다는 점이다.

다섯째, 무역은 국내거래에 비하여 여러 위험이 존재한다. 환율변동의 위험 및 수출입거래규제라고 하는 공적규제가 많고 또 빈번히 개폐되기도 한다. 정치적 위험도 있다. 자국통화가 아니라 외국통화로 결제하는 경우에는 환리스크가 발생한다. 이에 대응하기 위한 계약상의 보험조건, 결제조건, 인도조건 등의 다양한 조건을 분쟁의 예방을 위하여 계약에 규정할 필요가 있다. 영어 기타 외국어로 계약이 체결되고 계약서가 작성되기 때문에 외국어에 의한 법률지식이 필요하고 외국법이 적용될 가능성이 있다.

여섯째, 무역계약은 일반적으로는 매매관계 당사자의 복잡한 절충교섭을 경과한 후에 성립에 이르는 경우가 많다. 통상 상대방 당사자의 신용조사를 하고 신용조사의 결과가 양호하면 매도인이 상대방인 매수인에 대하여 견본, 카탈로그, 가격표 등을 송부하면서 매도청약을 보내는 것이 통상적인 거래 개시의 모습이다. 또 매수인이 물품의 평판 등을 알아 역으로 매도인에게 매수청약을 하여 거래를 시작하는 경우도 있다. 청약은 주로 이메일이나 팩스로 하지만 항공우편, 국제전화, 직접 면담 등으로 하기도 한다. 국제물품매매계약의 성립에 있어서 문제가 되는 것은 청약의 구속력 및 승낙의 효력발생시기 등의 계약성립에 관한 각국의 법제가 다르다는 점이다.

일곱째, 분쟁이 발생하는 경우에 당사자자치의 원칙과 계약의 준거법에 따라 분쟁을 해결하는 원칙은 대부분의 나라에서도 지지되고 있다. 특히 분쟁발생시에 그 분쟁을 알선, 조정, 중재, 소송 가운데 어떠한 수단을 이용하여 분쟁을 해결할지에 대하여 사전에 합의하여 두는 것이 바람직하며 무역거래의 전통적인 분쟁해결방법으로 이용되고 있는 중재제도를 적극 활용하는 것도 좋다.

3. 무역거래의 당사자

무역거래의 당사자는 수출 또는 수입을 하는 자, 외국의 수입자 또는 수출자에게서 위임을 받은 자 및 수출과 수입을 위임하는 자 등 물품 등의 수출행위와 수입행위의 전부 또는 일부를 위임하거나 행하는 자를 말한다(대외무역법 제2조 제3항).

통상은 전자를 무역업자, 후자를 무역대리업자라 한다.

3.1 무역업자

무역업자는 본인(Principal)의 이름으로 계약상의 의무와 책임을 부담하는 계약당사자를 말하며 매매로 발생하는 이익이나 손실은 본인에게 귀속된다. 우리나라에서는 누구나 사업자 등록증만 있으면 무역거래를 할 수 있도록 무역업이 완전자유화되었다. 산업통상자원부는 무역거래자별 고유번호를 부여하고 있으며 고유번호를 받기 위해서는 한국무역협회장에게 신청하여야 한다.

3.2 무역대리업자

무역대리업자(Agent)는 본인으로부터 일정한 권한을 위임받아 위임받은 범위내에서 제3자에 대하여 특정업무를 수행하는 자를 말한다. 대리인은 매매의 리스크는 부담하지 않고 계약상의 본인으로부터 수수료를 받는다. 때문에 무역거래를 할 때에는 누가 계약상의 의무와 책임을 부담하는지를 반드시 확인하여야 한다.

1) 오퍼상

오퍼상은 우리나라에서는 외국에 있는 수출업자를 대리하여 국내수입업자에게 물품매도확약서를 발행하는 무역대리업자를 말한다. 물품매도확약서는 무역대리업자가 매매당사자에게 상품명세, 가격조건, 품질조건 등을 주요 내용으로 하는 매도의사를 문서로 발행한 확약서이다. 이 확약서를 무역거래에서는 통상 오퍼(offer sheet)라고 하며 무역대리업자를 통상 오퍼상이라 부르고 있다. 이들은 취급

무역업고유번호신청서

APPLICATION OF TRADE BUSINESS CODE

처리기간(Handling Time)
즉 시(Immediately)

① 상 호 (Name of Firm)			② 무역업고유번호 (Trade Business Code)	
③ 주 소 (Address)			④ 업 종 (Business Type)	
⑤	전화번호 (Phone Number)		⑥ 전자우편주소 (Email Address)	
	팩스번호 (Fax Number)		⑦ 사업자등록번호 (Business Registry Number)	
⑧ 대표자성명 (Name of Rep.)			⑨ 주민등록번호 (Passport Number)	

대외무역법 시행령 제21조 및 대외무역 관리규정 제24조의 규정에 의하여 무역업고유번호를 위와 같이 신청합니다.

I hereby apply for the above-mentioned trade business code in accordance with Article 24 of the Foreign Trade Management Regulation.

신 청 일 : 년 월 일
Date of Application Year Month Day

신 청 인 : (서명)
Applicant Signature

사단법인 **한국무역협회 회장**
Chairman of Korea International Trade Association

유의사항 : 상호, 대표자, 주소, 전화번호 등 변동사항이 발생하는 경우 변동일로부터 20일 이내에
통보하거나 무역업 데이타베이스에 수정입력하여야 함.

210㎜×297㎜
일반용지 70g/㎡

상품에 대한 전문지식과 정보를 갖고 있어야 하며 단순히 오퍼만 발행하지 않고 수입거래에 따른 부대업무도 취급하는 수입대행업을 하기도 한다.

한국수입업협회(http://www.koima.or.kr)가 이들의 연합조직이다.

2) 구매대리업자

구매대리업자는 외국의 수입업자를 대리하여 국내에서 수출물품의 구매, 구매 알선 또는 이에 부대되는 업무를 취급하는 외국기업의 국내대리점이거나 국내지사를 말하며 외국의 수입업자로부터 위임을 받아 우리나라 수출업자와 물품구매 계약을 체결하고 구매물품을 외국으로 선적해 보낸다.

오퍼상이나 구매대리업자 모두 다 본사는 상대국 시장상황에 대하여 잘 알지 못하기 때문에 해당 시장상황에 정통한 대리점을 적극적으로 활용함으로써 보다 효과적인 마케팅 및 시장조사 활동을 할 수 있다.

4. 무역상무론의 학문적 체계

4.1 무역학의 연구범위

무역학(International Trade)이란 나라와 나라 사이의 재화, 용역 및 가변적 생산요소의 국제적 이동과 거래를 통하여 경제적 가치를 창조하고 이익을 얻기 위하여 이루어지는 무역의 거래행위를 연구하는 실천적 학문으로서 다음과 같이 분류할 수 있다.

첫째, 무역이론과 정책은 무역의 여러 현상에 대한 경제학적 이론과 정책을 연구하는 분야로 국제경제학(International Economics)으로 명명하고 있다. 여기에서는 국가와 국가사이에 일어나는 상거래의 근본적인 원리 즉 자원이동이 왜 일어나는지, 어떤 조건에서 일어나는지와 국민경제에 어떤 영향을 미치는지 등을 연구할 뿐만 아니라 국가가 무역에 대하여 어떤 주의, 정책을 취하는 것이 타당한가를 연구한다.

둘째, 무역경영은 무역기업의 경영을 포함한 국제기업 또는 다국적기업의 경영 활동 및 관리, 국제경영전략 등을 주된 연구대상으로 하며 국제경영학(International

Business)이라는 명칭으로 일반화되어 있다.

셋째, 무역상무는 국제물품매매에서 무역계약의 성립·이행·종료에 이르는 국제상거래의 실무관행(practices)과 무역관습(trade customs) 및 법리(legality)를 연구대상으로 하는 실천적 학문으로 국제상학(International Commerce), 무역상무, 무역실무라는 다양한 명칭으로 통용되고 있다.

4.2 무역상무론의 연구범위

무역상무론의 연구범위는 매매당사자간에 체결된 주계약인 매매계약과 이를 이행하기 위한 운송계약, 보험계약, 지급계약 등의 종속계약이다. 다음과 같은 무역거래 전 과정이 무역상무론의 연구범위이다.

4.3 무역거래의 과정

1) 무역계약의 성립

무역거래가 성립·이행되기 위해서는 매도인과 매수인 사이에 매매계약이 있어야 하는데 이 계약이 물품의 수출입거래에 가장 기본이고 중심이다. 매매계약 자체만으로는 계약이행이 어렵기 때문에 계약이행에 필요한 운송, 보험, 지급계약 등의 종속계약이 필요하며 수출입대행계약 등의 개별계약에 의하여 보완되고 있다.

매매계약은 당사자 일방의 청약(offer)과 상대방의 승낙(acceptance)에 의하여 성립되며 청약시에 품질, 수량, 가격, 선적, 보험, 결제 등 기본조건이 제시된다.

청약이 승낙되면 그대로 매매계약이 성립하는데 이때의 승낙은 절대적이고 무조건적이어야 한다. 현실적으로는 매매당사자간에 여러 차례의 대응청약이 교환된 후에 계약이 성립되는 것이 일반적이며 최초의 매도인이 발행한 청약에 대하여 매수인이 어떤 조건이나 수정을 첨부하여 회답을 할 때 이를 대응청약(counter offer)이라 한다. 이 대응청약은 일부 수정된 것으로 절대적 승낙이 아니기 때문에 법률적으로는 새로운 청약이다. 매매계약이 정식으로 성립하면 계약내용을 확인하기 위하여 매수인은 주문서(order sheet) 또는 매약서(purchase note)를 매도인에게 송부하고 매도인은 주문승낙서(acknowledgement of order) 또는 매약서(sales note)를 매수인에게 송부함으로써 주문의 인수를 확인한다.

무역은 상이한 국가사이에 이루어지기 때문에 무역계약을 체결할 때에는 여러 가지 선행되어야 하는 절차와 알아야 하는 지식이 많다.

예컨대, 수출거래를 시작하려고 하는 수출상이 가장 먼저 부딪치는 문제가 자신의 상품을 어느 나라 어느 수입상에게 수출하느냐 하는 점이다. 먼저 대상국가를 선정하기 위하여 각국의 국민소득수준, 정치적, 사회적 안정정도, 통상법규, 관습, 기호 및 인구 등 정치, 경제, 사회, 문화적 여건을 조사하여 특정국가를 선정하고, 그 나라에 진출하기 위하여 수출마케팅계획을 세워야 한다. 이를 위하여 수출마케팅조사(export marketing research)가 필수적이다. 수출마케팅조사의 결과에 의하여 수출업자는 조사한 시장에의 진출여부를 결정한다.

목적시장이 결정되면 수출업자는 구체적으로 유력한 거래처를 물색하여야 한다.

이를 위하여 대한무역투자진흥공사(Korea Trade & Investment Promotion Corporation ; KOTRA), 대한상공회의소(Korea Chamber of Commerce and Industry ; KCCI), 한국무역협회(Korea International Trade Association ; KITA) 및 외국 영사관 등과 같은 무역알선기관으로부터 소개를 받거나 인터넷 홈페이지 혹은 상공인명록(Directory) 책자 등에서 찾아내는 것이 일반적이다. 또한 수출상은 세계무역센터협회(World Trade Centers Association ; WTCA)와 같은 해외공공기관이나 국내에서 발행하는 해외홍보매체를 이용할 수도 있고 각종 사절단이나 전시회에 참가하여 직접 수입상을 물색할 수도 있다.

거래처 물색이 되면 수출업자는 신용조회처(references), 예컨대, 은행, 동업자, 또는 상업흥신소 등을 통하여 상대방의 상도덕성(character), 자본(capital) 및 거래능력(capacity) 등의 신용상태(credit standing)를 조사한다.

신용조사의 결과 상대방의 신용상태가 믿을 수 있는 회사로 판명되면 상대방에게 거래제의를 하게 된다. 이에 대하여 상대방으로부터 승낙한다는 회신이 있으면 거래의 성립을 위하여 견본(sample), 상품품목(catalog) 및 가격표(price list) 등을 송부한다. 특히 앞으로의 거래를 원만히 하기 위하여 거래의 기초가 되는 일반거래조건협정서(Agreement on General Terms and Conditions of Business)를 교환해 둔다.

특히 대리점계약(Agency Agreement)이나 판매점계약(Distributorship Agreement)의 경우에는 별도의 계약서나 협정서를 교환하는 경우가 많지만 단순한 매매계약에서는 위의 협정서를 교환하지 않고 곧 바로 청약(offer)하는 경우가 많기 때문에 나중에 종종 문제가 된다.

수입상의 경우 가장 큰 관심사항은 목적시장과 거래처를 선정하는 것이지만, 수입상에게는 어떤 상품을 수입하면 국내시장에 잘 팔릴 것인가 하는 자국시장의 수요동향과 판매경로를 파악하는 것이 보다 중요하다. 즉, 수입마케팅을 효율적으로 수행하기 위하여 가장 적합한 마케팅계획을 세워야 하고 이를 위하여 수입마케팅 조사(import marketing research)가 필수적이다.

그 다음, 수입상은 자국시장의 수요에 맞는 상품을 공급할 수출상을 물색하는 일이다. 수출상을 물색하는 일은 수출거래절차에서 수입상을 물색하는 방법과 같다.

수출상이 결정되면 그 상대방의 신용상태를 조사하고, 신용조사의 결과 신용상태가 양호하면 일반거래조건협정서를 교환한다. 그러나 실제에 있어서는 이러한 협정서를 교환하지 않고, 바로 구체적인 거래에 들어가는 경우가 많은데, 나중에 문제가 될 수 있으므로 반드시 일반거래조건협정서를 교환해 두는 것이 안전하다.

또 수출상으로부터 송부되어 온 가격표나 견본을 충분히 검토해야 하는데, 예를 들면 가격표는 이를 기초로 국내에서 판매가능여부를 검토하고 가격인하를 요구할 수 있으며, 상품에 따라서는 색채, 장식, 크기 등을 국내시장에 맞게 변경해 줄 것을 요구할 필요도 있다.

수입제한품목을 수입하고자 하는 경우에는 해당품목의 추천기관 등으로부터 사전에 수입승인을 받아야 한다. 즉, 수입물품이 수출입공고 등에서 수입이 제한되는 경우에는 당해 제한조치에 합당한 수입요령에 따라 주무부처 또는 조합으로부터 수입추천을 받음과 동시에 수입승인을 받아야 한다. 그리고 동 수입품목이 통합공고에 의한 요건확인품목인 때에는 세관에 수입신고하기 전까지 해당 개별법의 소관부처로부터 요건확인 등을 받아야 한다.

2) 무역계약의 이행

무역계약의 이행은 매도인의 물품인도의무와 매수인의 대금지급의무가 중심이다. 매도인의 물품인도의무의 이행은 통상 운송계약(Contract of carriage)과 보험계약(Contract of insurance)이 수반되고, 매수인의 대금지급의무는 은행과의 지급계약(Contract of payment)이 수반된다. 이행과정을 설명하면 다음과 같다.

(1) 신용장의 개설

매매계약이 성립하면 매매당사자는 자신의 의무를 계약조건대로 이행하여야 한다. 즉 계약조건에 따라 결제방식이 신용장조건이면 매수인은 자기의 거래은행과 신용장거래약정을 체결하고 수입신용장 개설신청서를 제출하여 매도인 앞으로 신용장을 개설하도록 의뢰한다. 신용장이 개설된 후 통지은행을 통하여 신용장을 통지받은 매도인은 수령한 신용장이 매매계약과 일치하는지를 확인하고 일치하지 않는 사항이 있으면 신용장의 조건변경을 요구한다.

수출상품의 조달을 위하여 매도인은 직접 상품을 제조하거나 수출상품 제조업자로부터 이를 매입한다. 수출상품을 매입할 때 제조업자 앞으로 내국신용장(Local L/C)을 발행할 수 있다.

또한 수출상은 수출상품의 제조·가공·매입 등에 소요되는 자금을 수출지원금융제도에 따라 거래은행으로부터 융자받을 수 있고, 무역어음을 이용하여 필요한 자금을 조달할 수도 있으며, 수입금융을 이용하여 수출용 물품의 원자재를 해외에서 수입할 수도 있다. 이 경우 수출상이 다시 수입상의 자격으로 해외의 원자재 공급자에게 수입신용장을 개설하도록 자기의 거래은행에 의뢰하여야 한다. 또한 수출상은 결제통화가 외화이고 환율변동의 위험이 있을 경우 이에 대처하기 위하여 선물환계약(forward exchange contract)의 체결 등도 고려하여야 한다.

(2) 수출입승인

수출입상은 수출입추천품목 등 수출입제한품목을 수출입하는 경우 사전에 수출입추천기관으로부터 추천을 받음과 동시에 수출입승인을 받아야 한다. 즉, 별도의 제한이 없는 품목은 수출입승인을 받지 않고 자유롭게 수출입할 수 있으나, 쿼터품목이거나 수출입자율규제품목 등 수출입추천품목을 수출입하고자 하는 경우에는 사전에 당해 수출입조합(협회) 등 수출입추천기관으로부터 수출입추천을 받음과 동시에 수출입승인을 받아야 한다.

(3) 운송계약

운송계약은 정기선(liner)에 의한 개품운송계약, 부정기선(tramper)에 의한 용선운송계약, 그리고 컨테이너를 이용한 복합운송계약 등이 있으며 운송계약의 증거서류로 선하증권, 복합운송서류를 각각 발급 받는다. 운송계약의 체결당사자는 통상 매매계약의 정형거래조건에 따라 결정된다. CIF나 CFR계약에서는 수출상이 운송계약을 체결하고 운임을 부담한다. FOB나 FCA계약의 경우에는 원칙적으로 수입상이 운송계약을 체결하여야 하지만 오늘날은 화환어음으로 대금을 결제하는 것이 일반적이므로 수입상의 요청에 따라 수출상이 운송계약을 체결하고 운송서류를 발급받아 환어음을 첨부하여 수출대금을 회수하는 경우가 많다.

(4) 해상보험 및 무역보험의 부보

CIF나 CIP계약으로 수출할 경우 수출상은 해상보험계약(Marine insurance contract)을 체결하여야 한다. 현재 우리나라는 1983년 3월 1일부터 개정된 협회적하약관(Institute Cargo Clauses)인 ICC(A), ICC(B), ICC(C)조건을 종래의 ICC(A/R), ICC(WA), ICC(FPA)조건과 병행하여 사용하고 있다. 보험계약의 증빙서류로 해상보험증권(Marine Insurance Policy)이나 보험증명서(Certificate of Insurance)를 받는다.

만약 FOB계약이나 CFR계약으로 매매계약이 체결되었다면 수입상은 신용장을 개설한 후 해상보험계약을 체결하여야 한다.

한편, 수출입상은 신용장거래가 아닌 계약서베이스의 거래에서 우려되는 상대방의 신용위험이나 또는 비상위험에 대비하기 위하여 무역보험(Trade Insurance)을 이용할 수 있다.

(5) 수출통관

수출물품제조가 완료되거나 수출물품을 확보한 후 수출자는 공장이나 창고 등 세관으로부터 수출물품에 대한 현물검사를 받을 수 있는 장소에 수출물품을 장치한 후 세관에 수출신고(export declaration)를 한 다음 수출신고가 수리됨과 동시에 수출면장(export permit)을 받아야 수출물품을 선적할 수 있다.

수출신고는 화주, 관세사, 관세사법인 또는 통관법인 등이 할 수 있다. 수입시와 달리 수출시에는 관세사 등을 채용하지 않고서도 수출자가 수출통관업무를 수행할 수 있다. 이를 자가통관이라 한다.

(6) 선적

수출통관을 마친 화물은 내륙운송을 거쳐 본선의 선측까지 운송하여 본선에 적재한다. 화주가 선적지시서(Shipping Order ; S/O)를 본선에 제시하면 일등항해사(chief mate)가 이와 화물을 대조한 후 인수하고, 그 증빙으로 본선수령증(Mate's Receipt ; M/R)을 화주에게 교부하면 선박회사는 이와 상환으로 화주에게 선하증권(Bill of Lading ; B/L)을 교부한다.

한편, 화물이 컨테이너에 적입될 경우, FCL(full container load)화물의 경우에는 화물적재컨테이너를 CY(container yard)에, LCL(less than a container load)화물의 경우에는 화물을 CFS(container freight station)에 반입하면 선박회사의 대리인인 CY 또는 CFS 운영자로부터 부두수령증(Dock Receipt ; D/R)을 교부받는다. 화주는 이와 상환으로 선박회사로부터 선하증권이나 복합운송서류를 발급받는다.

(7) 선적서류의 인도와 화물의 수령

신용장을 받은 수출상은 신용장조건대로 물품을 선적하고 선적서류를 담보로 하여 발행한 화환어음을 자신의 거래은행에 매도한다. 화환어음을 매입한 매입은행이 선적서류를 신용장의 개설은행에 송부하면 개설은행은 선적서류가 신용장의 조건과 일치하는지의 여부를 검토·확인한 후 수입상으로 하여금 수출상의 환어음을 결제하도록 하고 선적서류를 수입상에게 인도한다. 따라서 수입상은 선하증권을 선박회사에 제시하고 수입화물을 찾을 수 있다. 만약 수입화물은 도착하였으나 선적서류가 도착하지 않았을 경우에는 은행으로부터 일정한 조건하에 수입화물선취보증장(Letter of Guarantee ; L/G)을 발급받아 선박회사에 제시하고 수입화물을 찾을 수 있다.

또한 수입상이 외국환은행으로부터 환어음의 만기일 이전에 선적서류를 대여받으려면 우선 그 은행에 대하여 평소의 신용정도에 따라 당해 화물 이외에 상당한 담보를 제공하는 경우, 다른 은행 또는 신용이 충분한 제3자를 보증인으로 세우는 경우, 담보를 제공하고 보증인을 세우는 경우 등 세 가지 방법이 있다. 그 어느 경우에 있어서도 환어음담보화물보관증이라는 일종의 서류를 은행에 제공하고 선적서류를 수취하는 것을 수입화물대도(輸入貨物貸渡/Trust Receipt ; T/R)라 한다. T/R로 수입상은 어음대금을 결제하기 전이라도 수입화물을 처분할 수 있으며 개설은행이 그 화물에 대하여 담보권을 유지하도록 하는 대여인도(貸與引渡)제도이다.

(8) 수입신고 및 통관

수입상은 수입물품을 선적한 선박이 입항하기 전후에 물품을 수입하겠다는 구체적인 의사표시로서 세관장에게 수입신고를 한다. 수입신고는 수출신고와 달리 관세사를 채용한 화주, 관세사, 관세사법인 및 통관법인만이 할 수 있다.

수입신고를 받은 세관은 수입신고서와 제반구비서류를 심사하고 필요한 경우 현물확인절차를 거쳐 수입신고를 수리하고 수입신고필증을 교부한다. 이후 세관장은 수입물품에 대한 과세가격을 평가하여 관세 등을 부과·징수한다. 수입신고필증을 교부받은 수입신고인은 그 수입물품을 인취함으로써 수입절차가 종료된다.

(9) 대금의 결제

선적을 완료한 매도인은 물품대금을 회수하기 위하여 선하증권, 보험증권, 상업송장 등의 선적서류와 환어음을 발행하여 거래은행에 화환어음(documentary bill of exchange)의 매입(negotiation)을 의뢰함으로써 화환을 취결하고 수출대금을 회수한다.

화환어음의 매입을 통하여 수출대금을 회수한 수출상은 수출신고필증 원본 등을 입수하여 관세환급을 받는다. 관세환급이란 수출품 생산에 소요된 원재료의 수입시 납부한 관세를 수출 후 되돌려 받는 것을 의미한다.

한편 수입제한승인품목이나 수입선다변화품목 등을 외화획득용 원료로 수입한 경우에는 대응수출을 이행하였는지 여부에 대하여 사후관리를 받아야 한다.

거래은행은 선적서류와 환어음의 내용이 신용장의 제조건과 일치하는지를 확인하고 화환어음을 매입함으로써 수출상에게 대금을 지급함과 동시에 이를 신용장의 개설은행(issuing bank)에 송부하고 어음대금의 지급을 요구한다.

3) 무역계약의 종료

통상의 수출입거래는 이상과 같은 과정을 거쳐 일단 완결되지만 모든 거래가 이처럼 원만하게 끝나는 것은 아니다. 즉, 매수인이 도착물품을 입수했을 때 또는 국내의 도매상에게 전매한 후에 그 물품이 계약조건과 상위함을 발견할 경우가 있다. 국제간의 매매는 당사자간에 언어, 법률, 풍속, 상관습 등 여러 가지 상이한 요소들이 많기 때문에 서로 오해나 착오를 낳을 수 있다. 이러한 이유에서 발생하는 무역거래상의 분쟁이 손해배상청구라는 형태로 표면화하는 것을 무역클레임이라고 부른다.

클레임(claim)은 이를 사전에 예방하는 것이 최선이지만 일단 발생한 클레임은 청구권의 포기, 화해, 알선, 조정, 중재 또는 소송 등에 의하여 해결하는 방법이 있다. 무역클레임이 발생할 경우 향후 지속적인 거래를 위하여 위의 여러 가지 해결방법 가운데 제3자를 개입시키지 않고 청구권의 포기, 화해와 같이 당사자와의 합의에 따라 해결하는 것이 이상적이나, 경우에 따라서는 소송에 비하여 많은 장점을 지닌 중재(arbitration)를 통하여 해결하는 것이 바람직하다.

제2편

무역거래의 준비단계

Chapter 02

해외시장진출과 거래관계의 창설

1. 해외시장조사와 목표시장 선정

1.1 해외시장조사의 의의

무역을 통한 이익을 극대화하고 무역의 위험을 최소화하기 위해서는 정확한 해외시장조사(overseas market research)가 선행되어야 한다. 해외시장조사는 해외시장의 개척과 마케팅활동을 효율적으로 수행하는데 필요한 정보를 수집하는 활동이다.

수출업자는 수출품을 개발한 후 해외시장조사를 통해 판매시장을 찾아내고 어느 곳에 잠재구매력을 지닌 수입업자가 있는가를 발견하고 수입업자가 원하는 상품의 특성을 파악하여 가장 적합한 전략을 수립해야 한다. 즉 상대국의 기후나 풍토, 정치 및 법제도, 경제와 금융제도, 유통 및 통신 등의 기본정보 뿐만 아니라 각 지역의 시장, 판매루트 등 판매전략을 고려한 정보를 폭넓게 수집한다.

수입업자는 수입하고자 하는 상품의 믿을 만한 수출업자를 사전에 조사하여 언제, 어느 지역, 어느 수출업자로부터 가장 유리한 조건으로 수입할 수 있는가를 파악할 뿐만 아니라 수입상품을 국내에서 다시 판매하기 위해 수입상품의 유통구조, 법규제, 소비자 동향, 경쟁상품 및 판매가격, 판매상에 대한 조사를 한 후 수입품의 유통경로나 가격설정을 한다.

1.2 해외시장조사의 내용

1) 해외시장 환경

국내시장 상황과 해외시장 상황은 상당히 다양하다. 해외시장환경이란 해외시장을 둘러싼 제반환경을 말한다. 조사항목은 다음과 같이 광범위하다.

① 사회일반: 인구규모, 인구증가율, 인종별 분포, 생활수준, 종교, 구매력, 인구, 문화수준, 교육수준, 사회공공시설(전력, 수도 등), 사회보장제도, 당해국의 면적·기후·풍토·노동력공급, 언어분포 등

② 정치: 정치의 형태, 안정성, 재정상태, 한국에 대한 태도

③ 경제: 경제성장률, 경제체제, 경제안정도, 경제조직, 물가, 국민총생산, 국민소득, 1인당 국민소득, 경제(산업)정책, 금융, 세제, 고용정책, 주요산업, 통화안정도, 주요자원, 경제개발계획의 실시여부, 주요운송수단 등

④ 상업: 상업도덕, 윤리, 금리, 판매조직, 상표, 상품규모, 특허제도, 물품세, 상품유통조직, 판매세, 광고발달도, 구매시기 등

⑤ 무역: 국별 수출입통계, 주요상품별 수출입통계, 상대국의 국제수지, 수출입총액, 수출입제도, 수입관세제도, 통상협정, 통상정책, 무역관습, 외환관리의 유무 및 내용 등

2) 고객

상품에 대한 고객의 반응과 태도가 대단히 중요하기 때문에 제조업자나 무역회사는 이를 잘 살펴야 한다. 여기서 고객은 직접 수입을 하는 수입업자와 실제로 상품을 소비하는 최종구매자를 말한다. 고객조사에서는 소비자 또는 사용자의 지역적 분포, 소득분포, 계층분포 등 고객층에 대한 조사와 함께 고객의 구매동기, 상품에 대한 고객의 이미지 등을 조사하며 거래처 발굴을 위한 잠재적 수입업자의 조사도 병행한다.

3) 상품

수출해야 할 대상상품을 말하며 구체적으로는 형, 디자인, 크기, 색체, 포장, 가격, 상표, 품질 등을 조사하는 것을 말한다. 상품에 대한 조사사항은 다음과 같다.

(1) 품질

상품의 기본적 효용인 사용효과 및 편리성이 검토되어야 한다. 상품사용자는 일상생활에 있어서 어떤 경우 또는 어떤 목적에 사용하는가? 사용계층은? 그들에게 유리하고 편리한 매력을 주는 상품이 되기 위해서는 어떻게 개량하는 것이 좋은가? 이를 위하여 상품의 크기(size), 모양(shape), 중량(weight), 끝마무리(finish), 상표(brand), 색상(colour), 포장(packing) 등에 검토할 여지는 없는가이다. 적정한 상품을 적정한 가격에, 적정한 시기에 적정한 수량을 소비자에게 제공하기 위한 계획이 필요하다.

(2) 가격

당해 상품의 유통단계에서의 가격을 어떻게 할 것인가가 결정되어야 한다. 또한 목적시장까지의 운임(freight), 보험료(insurance premium), 내륙운송비(inland transportation charge), 당해 상품의 목적시장에서의 수입관세(import duties) 및 수입국 내국세(local taxes) 등의 산정이 필요하다. 결국 이들을 기초로 가장 적절한 판매예상가격을 산정하여야 한다. 또한 현지 국산품의 가격, 동종의 다른 수입품의 가격도 파악할 필요가 있다.

(3) 납기

매도인으로서는 하루라도 빨리 인도를 원하지만 주문에 대비하여 미리 생산해 두었다가 주문이 없으면 국내에서도 처분할 수 없는 불량재고가 될 위험이 있다. 매수인으로서도 필요한 시기에 물품을 적절히 공급받을 수 있는가 하는 문제는 중요한 결정요소가 된다. 따라서 양 당사자 모두 적절한 시기에 물품의 공급이 가능한지 여부를 사전에 검토해야 한다.

(4) 결제방법

일반적으로 수출상에게는 신용장결제방식이 유리하고 수입상에게는 추심결제방식 또는 청산결제(open account)방식이 유리하다. 그러나 경우에 따라서는 수입상에게도 신용장조건이 유리할 때가 있으며, 반대로 수출상에게도 신용장조건보다는 D/A결제조건이 보다 유리한 시장도 있다. 따라서 이들 결제방식 가운데 어떤 조건을 선택하느냐 하는 것은 거래의 성패를 결정하는 중요한 조건이 된다. 따라서 수출상은 자기의 희망보다도 어디까지나 객관적이고 냉정한 입장에서 목적시장의 관습이나 경쟁자의 결제방법 등을 조사·검토하여 그 시장에 가장 적절한 결제방법을 선택해야 한다.

4) 판매경로

판매경로의 분석은 목적시장까지의 판매경로와 함께 최종소비자에 이르는 유통경로(channel of distribution)를 알기 위해서이다. 즉, 수입업자를 상대로 할 것인지, 대리점을 설치할 것인지, 판매점을 통할 것인지 또는 직접 수출하기 어려운 경우에는 어떻게 우회수출을 할 것인지 등을 조사하는 것이다.

1.3 해외시장조사방법

1) 직접시장조사

첫째, 해외지점, 출장소, 주재소 등에 의한 시장조사로서 무역업자나 제조업자가 해외에 이들 지점이나 출장소를 갖고 있는 경우에 주재국의 신문·잡지 등에서 정보를 수집하거나 거래상대방과 꾸준히 접촉함으로써 신속하고 긴밀한 정보를 얻을 수 있다.

둘째, 거래상대국의 시장에 직접 출장을 가서 조사하는 방법으로 조사비용이 많이 든다는 단점이 있음에도 불구하고 주관적이지만 감각적인 시장정보를 얻기 위해서는 가장 좋은 방법이다. 현지 방문시에는 현지 대사관, 공관 및 무역관에 최대한 협조를 구하고 대상국가의 상업회의소 및 유관기관의 협조를 받는 것도 바람직한 방법이다. 이 방법은 현지의 유력 수입상 및 도매상을 방문하여 당해 품목의 시황, 소비패턴, 가격구조 등을 조사할 수 있으며, 나아가 직접 상담단계에까지 이를 수 있는 이점이 있는 조사방법이다.

셋째, 거래처를 통한 시장조사인데 이 경우는 거래관계의 상품계열 및 시장이나 소비자에 대하여 보다 정확한 정보를 기대할 수 있지만 조사자료의 수집에 틀림없이 협력한다고 하는 보장이 없기 때문에 언제나 밀접한 연락관계를 유지할 필요가 있다.

2) 간접시장조사

첫째, 한국에 주재하는 외국의 대사관, 공사관 및 영사관 또는 외국에 주재하는 한국의 공관을 통하여 목적시장에 대한 정보를 수집하는 시장조사방법이다.

둘째, 외국의 상업회의소(Chamber of Commerce) 또는 우리나라의 대한상공회의소나 한국무역협회 등에 의뢰하여 시장정보를 입수하는 방법이다.

셋째, 대한무역투자진흥공사(KOTRA)를 통하여 행하는 시장조사로, KOTRA는 세계 각국의 주요시장에 무역관 및 사무소를 개설하고 있으며, 그 시장조사의 정확성·신속성에 정평이 있을 뿐만 아니라 KOTRA에서 수집한 해외정보나 실시한 시장조사의 결과에 관해서는 월간, 주간, 연간의 각종 간행물, 보고서, 자료로서 공표되고 있다. 해외에 지점이나 주재소를 설치할 수 없는 중소기업이나 중소상사의 경우 KOTRA 이용도는 매우 높다.

넷째, 시장조사에 필요한 기초자료는 한국무역협회 및 KOTRA 자료실의「무역통계」, 지역별로 된「무역동향」, 일본 JETRO 간행「국별시리즈」, 국별「수출입업자총람」등을 활용하면 개괄적인 시장정보를 수집할 수 있다. 기타 해외의 광고대리점을 통하여 시장조사를 하는 방법도 있다. 이 외에도 UN통계연보(Yearbook of International Statistics), IMF의 발행연보(International Financial Statistics), OECD, IBRD 및 ECAFE 등 국제경제협력기구에서 발표하고 있는 일반경제통계에 의한 방법도 있다.

3) 위탁조사

국내외의 조사기관에 조사항목을 명시하고 비용을 부담하는 조건으로 조사를 위탁하는 경우인데, 특정시장이나 특정상품에 대하여 전문적이고 철저하며 상세한 시장조사를 기대할 수 있다. 해외시장에 대한 조사전문기관으로는 Booz Allen Hamilton, Inc. McKinsey & Company, Dun & Bradstreet, Inc. 등이 있다.

4) 인터넷을 이용한 시장조사

(1) 검색엔진을 이용한 시장조사

해외 검색엔진의 대표적인 것으로 야후(Yahoo), 라이코스(Lycos), 알타비스타(AltaVista), 익사이트(Excite), 핫봇(HotBot) 등이 있는데 이들 검색엔진들은 나름대로 특징을 갖고 있기 때문에 자신이 직접 사용해 보고 사용하기 편한 것으로 선택하는 것이 바람직하다.

(2) 무역거래알선사이트를 이용한 시장조사

무역거래알선사이트가 제공하는 서비스는 주로 정보제공을 촉진시키는데 집중하고 있다. 즉, 국내외 제조업자, 수출입업자 등을 대상으로 수출입시장·제품·기업정보에 대한 검색서비스를 제공하거나, 오퍼리스트를 등재하여 거래를 촉진한다. 특정기업에 관한 재무 및 금융정보 등 신용정보를 제공하기도 하며, 개별기업들의 홈페이지 작성 및 등재를 통한 기업홍보와 전자카탈로그를 활용한 제품홍보를 대행해 주기도 한다. 국내에서는 무역유관기관, 종합무역상사, 인터넷 무역 전문업체, 지방자치단체 등에서 운영하는 무역거래알선사이트가 있다.

(3) 무역포털사이트의 이용

무역포털사이트는 기업간 국제거래가 사이버 공간상에서 원할히 수행될 수 있도록 무역업무에 필요한 상품정보 등 다양한 콘텐츠를 종합적으로 체계화시킨 네트워크 서비스이다.

현재 무역 포털사이트는 무역정책동향 및 법규검색, 해외시장정보수집, 경쟁업체 동향파악, 기업 및 제품홍보, 오퍼등록 및 조회, 신규 거래처의 발굴, 거래처 및 기업신용조사, 거래상담 및 협상, 물류·운송 및 보험정보, 신용장 및 대금결제, 통관 및 관세업무, 고객의견수렴 및 클레임접수 등의 업무에 대한 정보적 기능 및 거래알선 기능을 담당하고 있다.

2. 수출마케팅플랜의 작성

2.1 수출마케팅플랜의 의의

기초적인 시장조사가 끝나면 목표시장에 진출하기 위한 구체적이고 체계적인 마케팅플랜을 수립해야 한다. 이러한 마케팅 플랜을 수립한 후 적합한 거래처를 물색하여 거래를 개시해야 한다. 일반적으로 마케팅플랜에 포함시켜야 할 내용은 대체로 다음과 같다.

1) 시장의 수요분석과 전망

2) 시장환경의 기회와 위협적 요소 그리고 자사의 강점과 약점의 분석(SWOT분석)[1]

3) 마케팅믹스 전략(4P : Product, Price, Place, Promotion)

2.2 시장의 수요분석과 전망

제품의 수명주기 등을 고려하여 당해 상품의 전 세계적 수요를 예측하고 진출지역의 수요 및 국내수요를 동시에 평가한다. 세계적인 수요는 마케팅전문지를 이용하여 유용한 정보를 얻을 수도 있으며, 개발정보와 함께 수요동향을 전체적으로 파악한 후 진출지역에 어느 정도의 시장점유율을 확보할 수 있을지를 평가하여 목표를 정책적으로 결정한다.

2.3 SWOT 분석

SWOT의 분석은 기업의 내부적 요인과 외부적 요인을 분석하여 최종 진출여부에 대한 의사결정을 할 수 있도록 정보를 제공하는 분석기법이다.

먼저 당해 기업이 타 경쟁업체와 비교하여 가지고 있는 강점(Strength)과 약점(Weakness)이 무엇인지를 평가한다. 이러한 평가를 통해, 경우에 따라서는 장점을 더욱 강화시킴으로서 약점을 어느 정도 커버할 수도 있다.

예를 들면 기술 즉 상품의 개발면에서 뛰어난 기술을 가지고 있을 수도 있으며, 기술은 좀 떨어지지만 마케팅력이 매우 뛰어난 기업이 있을 수 있다. 마케팅력이 뛰어난 기업은 경쟁사보다 다소 떨어지는 제품이 출시되어도 훌륭히 시장을 선도해 갈 수 있다.

다음으로는 외부적 요인으로 시장 상황이 새로운 시장 진출에 매우 긍정적으로 변화하고 있는지(Opportunity) 아니면 부정적으로 변화하고 있는지(Threat)를 평가하여 대응책을 모색해야 한다. 예를 들면 진출하고자 하는 지역 또는 국가가 시장개방을 적극적으로 하고 있는지 아니면 무역통제를 강화하고 있는지 또는 새로운 입법을 통하여 어떠한 제재조치가 검토되고 있는지 아니면 규제의 철폐를 통하여 시장자유화를 검토하고 있는지 등에 관한 정보의 분석이다.

SWOT 분석을 통하여 대체로 제1사분면에 위치하는 상품은 해당지역에 새롭게 진출하는데 별 어려움 없이 성공할 수 있는 상품으로 평가할 수 있으며, 3사분면에 위치하는

1) SWOT는 자사의 강점(Strength)과 약점(Weakness)을, 외부적 요인으로 기회요인(Opportunity)과 위협요인(Threat)을 말한다.

상품은 진출하기에 곤란한 상품군이라고 할 수 있다, 또한 2, 4사분면에 위치하는 상품에 대해서는 정책적인 결정을 통하여 다소의 부담을 안고 진출여부를 결정할 수 있다.

[SWOT 분석표]

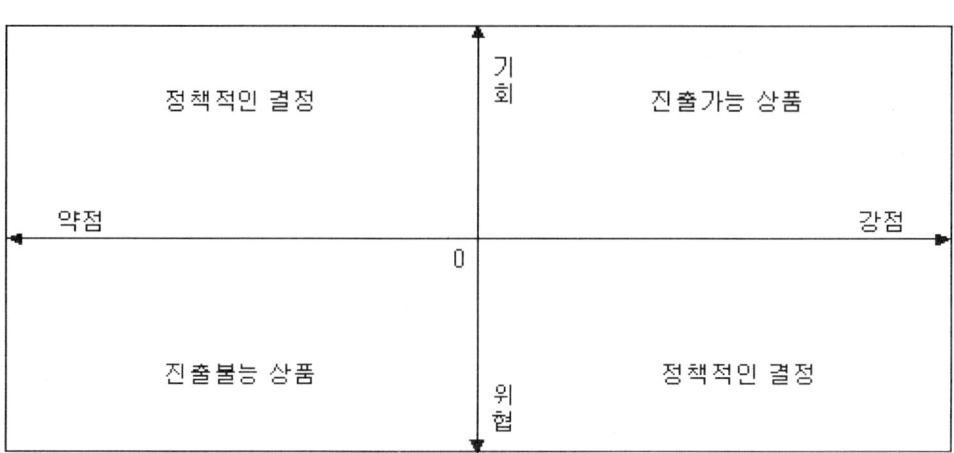

2.4 마케팅믹스 전략

일반적으로 마케팅믹스(marketing mix)라고 하면 마케팅의 4가지 즉, 제품(product), 가격(price), 경로(place), 광고촉진(promotion)의 요소를 얼마나 적절히 조합하여 실시할 것인가를 결정하는 문제이다.

제품전략으로는 고급제품으로 진출할 것인가 아니면 중급 또는 저급제품으로 진출하는 것이 바람직한가를 판단하여 정한다, 후진국으로 진출하는 경우에는 복잡한 다기능이 장착된 고급제품보다는 단순기능으로 구성된 제품이 수요를 창출할 수 있다.

가격전략은 처음부터 고가전략으로 이미지를 구축할 것인지 또는 중저가 전략으로 하여 대중수요를 자극할 것인지를 판단하다. 첨단 신제품인 경우에는 고가전략으로 진출할 수 있겠지만 제품 라이프사이클상 성장기에 접어든 경우에는 중저가전략으로 대량의 수요를 창출하는 것이 효과적이다. 다른 경쟁사의 진출이 동시에 있을 수 있기 때문이다.

경로전략은 현지에서 상품이 소비자에게 전달되는 경로를 어떤 것으로 할 것인가 문제이다. 백화점을 이용할 것인가 아니면 판매점을 이용할 것인가 문제이다.

물론 수입상이 보다 적극적으로 판단하겠지만 수출상이 처음부터 그러한 경로를 선택하여 수입상을 찾을 수 있다.

광고촉진전략은 광고를 어떠한 매체를 이용하여 얼마만큼 할 것인가를 결정하는 것이다. TV, 방송, 신문 등의 매체를 광고로 이용할 수 있으며, 최근에는 인터넷을 이용한 광고도 소비자계층에 따라서는 매우 유용하다.

2.5 인터넷마케팅

인터넷마케팅은 개인이나 조직이 인터넷을 이용하여 양방향적 의사교환을 바탕으로 마케팅 활동을 수반하는 일련의 과정이다. 인터넷마케팅은 불특정 다수가 아닌 일대일 마케팅이다. 양방향적 의사소통이 가능함에 따라 고객의 욕구와 이에 따른 수요창출가능성에 대한 정보를 적은 비용으로도 획득할 수 있다. 구매자나 판매자의 양방향적 의사교환은 전략적 마케팅 활동의 수단으로써 그 방법과 절차를 신속하고도 다양한 모습으로 변화시킬 수 있어 시장환경 변화에 능동적인 대처가 가능하다. 또한 인터넷을 통한 판매의 경우 구매자와 판매자를 직접적으로 연결하기 때문에 중간 유통과정을 생략할 수 있다. 또한 전통적 방법의 판매에 비해 최소한의 인원이나 조직만으로도 그 특성상 판매공간 없이 축적된 데이터베이스를 기반으로 특정고객을 대상으로 양방향적 마케팅이 가능함에 따라 종전 마케팅에 투입되었던 엄청난 비용을 절감할 수 있는 특징이 있다.

3. 거래처의 발굴

3.1 거래처 발굴의 의의

해외시장조사 결과 목표시장이 결정되면 다음 단계로는 목표시장내의 신용있는 유력한 거래처를 물색하여 거래관계를 맺어야 한다.

우선 목표시장 내에 가장 유망한 거래처와 거래실적을 쌓으면서 상대시장의 상황을 자세히 파악한 후 다음 단계에서 기업진출을 계획하는 것이 바람직하다.

3.2 거래처 발굴방법

1) 무역업자명부(Trade Directory)의 이용

거래처의 선정을 위해서는 세계적인 상공인명부(Trade Directory)나 기타 각종 간행물을 통하여 해당품목을 수입 혹은 취급하는 업체의 명단을 입수하는 한편 직접 카탈로그의 송부와 함께 거래를 권유하는 권유장(circular letter)을 송부하여 교섭하면 매우 효과적이다.

주요 무역업자 명부

지역	무역업자 명부
전세계	① World Marketing Guide ② Stores of the World ③ Kelly's Directory of Merchant, Manufactures and Shippers of World ④ Dun & Bradstreet Reference Book ⑤ Bottin Mondial ⑥ Maiers Adressbuch der Exporteure und Importeure
미주지역	① Directory of United States Importers ② Directory of United States Exporters/U.S. Buying Guide ③ IBAR Trade Directory of Latin American Countries ④ Latin America Importers Directories ⑤ Thomas Register of American Manufacturers
구주지역	① International Directory of European Importers ② Major Companies of Europe ③ British Standard Importer ④ ABC Europe Production
아프리카·중동지역	① Owen's African and Indian Ocean Business Directory ② Owen's Middle East and Mediterranean Business Directory ③ SLAM Trade Year Book of Africa ④ Major Companies of the Arab World ⑤ The Arabian Year Book
아시아지역	① International Directory of Asian/Pacific Importers ② Asian Buyers Guide ③ Major Companies of the Far East ④ Standard Trade Index of Japan

2) 무역관계기관의 소개

각 국의 상업회의소, WTCA(World Trade Center Association)체인 또는 수출입관련기관에 거래알선의뢰 안내장을 발송하여 그들이 발행하는 기관지를 통해 업계 홍보나 관련업자를 소개받는 방법이다.

한편 국내의 유력기관으로는 한국무역협회의 거래알선 서비스를 받는 방법, 세계 각국에 현지 무역관을 운영하고 있는 KOTRA에 의뢰하여 거래처를 선정하거나 국제상업회의소(International Chamber of Commerce ; ICC)에 가입되어 있는 대한상공회의소 등에 의뢰하여 거래처를 선정할 수 있다.

3) 해외광고의 이용

해외거래처를 발굴하기 위한 기초단계로 해외홍보용 카탈로그나 Leaflet을 제작하여 예상거래처에 배포하거나 국내의 해외홍보매체 등에 자사상품을 홍보하여 거래처를 물색할 수도 있다.

해외배포용 카탈로그나 Leaflet을 제작할 때 사전 세심한 계획하에 종합광고대행사나 광고기획사 등 전문가를 활용하여 영문 또는 대상지역의 언어로 제작하여야 하며 홍보물의 내용도 회사 또는 대표자의 홍보보다는 취급상품의 정확한 규격·용도·재질 등 상품의 설명에 주안점을 두어 제작하여 구매자의 구매의욕을 자극할 수 있어야 한다.

한편, 국내에서 발행되는 수출유관기관의 해외홍보매체를 통한 상품광고는 홍보비용의 절감과 홍보의 효율성 면에서 상당한 효과를 얻을 수 있는 방법인데 국내의 수출유관기관의 해외홍보물 중 유력한 매체는 다음과 같다.

국내발간 해외홍보매체

발행처	매체명	언어	간별	배포처
한국무역협회	Korea Export	영어	년2회	해외 140여개국
	Korea Trading Post	영어	월간	해외 140여개국
	국내무역업체 Directory CD-ROM	영어	매년	해외 140여개국
한국종합전시장	Korea Exhibition	영어	계간	해외 100여개국
	Koex Buying Directory	영어	년1회	해외 100여개국
대한무역투자진흥공사	Korea Trade & Business	영어	년1회	해외 100여개국
	Korea Trade	영어	년1회	해외 100여개국
Buyers Guide사	Korea Buyers Guide	영어	년1회	해외 100여개국

4) 직접출장을 통한 방법

현지에 직접 출장하거나 무역관계기관에서 주선 파견하는 각종 민간무역사절단, 박람회 및 전시회 등에 참가하여 거래처를 물색하거나 기존 거래처와의 거래를 더욱 확고히 하는 방법이다.

한국무역협회에서 총괄하여 파견하는 민간무역사절단과 KOTRA에서 주관하여 참가하는 해외박람회 및 전시회는 각종 경비의 지원뿐 아니라 현지 무역관의 사전 홍보를 통한 Buyer와의 상담을 주선하는 혜택을 받을 수 있다. 이러한 박람회나 전시회에 참가할 경우에는 출국 전에 국내에서 현지의 유력 거래처에 대한 Circular Letter 등을 발송하여 사전준비에 만전을 기하여야 한다.

5) 기타 방법의 이용

기타의 방법으로는 ① 해외에 있는 단골 거래처의 소개 및 주선에 의해 목표시장의 유력한 업자와 거래관계를 교섭하거나, ② 외국환을 취급하는 거래은행에 의뢰하여 목표시장의 코레스 은행에 신용력 있는 거래처의 소개를 부탁하거나, ③ 국내외의 업계신문이나 잡지, 무역관계단체의 회보 등을 이용하거나, 또는 ④ 해외로부터 직접 오는 Inquiry에 응함으로써 거래관계가 성립되는 경우도 있다. ⑤ 최근에는 인터넷을 활용하여 발굴하는 방법도 활용도가 높아지고 있다. 다음과 같이 주요 국내외 거래알선 사이트를 활용하면 효과적으로 거래처를 발굴할 수 있다.

(1) 국내 주요 거래알선 사이트

- 한국무역협회 : www.ec21.com
- 대한무역투자진흥공사 : www.kobio.org
- 중소기업진흥공단 : www.gobizkorea.com
- 대한상공회의소 : www.korcham.net
- 한국무역정보통신 : www.ecplaza.net

(2) 해외 거래알선 사이트

- World Trade Centers Association : www.wtcaonline.com
- Trade Leade : www.tradeleads.org
- Digilead : www.digilead.com

○ Tradenet : www.tradenet.org
○ IMEXBB : www.imexbb.com
○ Alibaba :www.alibaba.com

4. 거래처 신용조사

4.1 신용조사의 의의

신용조사의 목적은 신뢰할 수 있는 거래처인가 아닌가를 조사하는 것이다. 따라서 거래관계에 들어가기 전에 반드시 신용조사를 해야 한다.

우리나라의 기업들은 대체로 거래를 개시할 때에는 신용조사를 하지만, 일단 거래가 개시되어 일정 기간 아무런 문제가 없이 거래가 지속되면 상대방을 믿고 신용조사를 하지 않는 경우가 많다. 이는 대단히 위험한 일이다.

매매계약당사자간에 아무런 문제없이 거래가 원만하게 지속되고 있다고 하더라도 일정 기간을 정하여 정기적으로 상대방에 대한 신용조사를 반드시 하여 둘 필요가 있다. 왜냐하면 무역매매는 근본적으로 상대방의 신용을 믿고 하는 것이며, 무역과 관련된 여러 가지 제도가 아무리 완벽하여도 상대방이 악의적으로 행동한다면 완전한 구제가 불가능하기 때문이다.

4.2 신용조사항목

1) 상도덕성(Character)

당해 업체의 개성(personality), 성실성(integrity), 평판(reputation), 영업태도(attitude toward business), 채무변제이행열의(willingness to meet obligation) 및 계약이행에 대한 상도덕성에 관련된 내용 등을 조사한다.

특히, 대금결제에 대한 성의는 상대방의 자금이나 영업실적보다 회사의 성격, 경영진의 성실성에 의존하는 경우가 많으므로 거래개시를 위한 신용조사에 있어서는 특히 이 항목에 대한 조사에 역점을 둘 필요가 있다.

2) 자본(Capital)

당해 업체의 재정상태(financial states), 자기자본과 타인자본의 비율, 기타 자산상태 등 지불능력과 직결되는 전반적인 내용을 조사한다. 이러한 내용을 조사하기 위해서는 당해 업체의 재무제표를 검토하며 대표적으로 대차대조표(balance sheet)와 손익계산서 분석을 해야 한다.

3) 거래능력(Capacity)

당해 업체의 연간매출액(turn-over), 개인 또는 법인 등 업체의 형태, 업종, 연혁(historical background) 내지 경력(career) 및 영업권(goodwill) 등 영업능력에 관한 내용을 조사한다. 성실하고 재정상태가 양호한 회사라 할지라도 영업능력이 없으면 장기적인 전망이 없다. 거래능력을 파악하기 위해서는 손익계산서(profit and loss statement)를 분석해야 한다.

이러한 3C's 이외에 시장상황(Condition), 담보능력(Collateral), 거래통화(Currency), 소속국가(Country) 가운데 한두 가지를 추가하여 4C's 또는 5C's 라고 부르는 경우도 있다. 특히 시장상황은 상대회사를 둘러싼 현지시장의 정치, 경제적 상태를 가리키는 것으로서 현지시장에 정치적인 불안요소가 있거나 국제수지의 악화에 따라 수입거래에 대한 규제를 강화하게 되면 결과적으로 신용위험이 증대되기도 한다.

4.3 신용조사방법

신용조사는 일반적으로 상대방의 거래은행을 통하여 하는 경우가 대부분이며, 상대국의 거래처 또는 상업회의소 등을 활용하기도 한다. 조회처가 은행일 경우에는 은행조회(Bank reference)라고 하며, 무역유관기관인 경우에는 동업자조회(Trade reference)라고 한다. 거래은행이나 상업회의소 등을 통하여 신용조사를 할 경우에는 실질적인 내용 없이 형식적인 조사에 그칠 소지가 있다. 이 경우를 대비하여 기존에 잘 알고 있는 현지 업자를 통하여 조사하는 것이 바람직하다. 따라서 거래의 중요성이 인정되거나 향후 무신용장방식의 거래까지 허용할 것으로 예상되는 경우에는 전문적인 신용조사기관을 통하여 조사하는 것이 좋다. 한편 해외의 국제상업흥신소 등에 신용조사를 의뢰할 수도 있다.

국내의 전문적인 신용조사기관으로는 한국무역보험공사(www.ksure.or,kr), 신용보증기금 (www .kodit.co.kr) 및 대한무역투자진흥공사(www.kotra.or.kr) 등이 있는데 이들 기관에서는 무역업체의 위탁 내용에 따라 유료 또는 무료로 신용조사 서비스를 하고 있다.

수출거래시 해외바이어에 대한 신용조사는 한국무역보험공사의 무역신용정보센터를 활용하는 것이 효율적이며, 한국무역보험공사는 수출업체에서 수출보험에 부보한 후 수출대금을 회수할 수 없게 된 경우에 일반적으로 90%까지 보상해 주고 있다. 한국무역보험공사는 또한 외국의 전문 신용평가 기관과 업무제휴를 맺고 있어 외국의 불량거래처에 대한 많은 정보를 보유하고 있다. 한국무역보험공사에 신용조사를 의뢰하려면 먼저 무역정보센터에 회원으로 가입하여야 하며 수입할 경우에 필요한 해외수출자에 대한 신용조사는 해당국가 소재의 전문신용기관을 이용하는 것이 바람직하다.

■ 신용조사 관련 주요 웹사이트

(1) 국내 웹사이트

- ○ 신용보증기금(www.kodit.co.kr)
- ○ 서울신용평가정보(www.sci.co.kr)
- ○ 한국기업평가(www.korearatings.com)
- ○ 한국무역보험공사(www.ksure.or.kr)
- ○ 한신평신용정보(www.kisamc.com)
- ○ 한국신용정보(www.nice.co.kr)

(2) 해외 웹사이트

- ○ Anderson Consulting(www.andesonconsultinggroup.com)
- ○ Business Environment Risk Intelligence(www.beri.com)
- ○ Dun & Bradstreet Inc.(www.dnb.com)
- ○ Fitch Ratings(www.fitchratings.com)
- ○ J. P. Morgan(www.jpmorgan.com)
- ○ Moody's(www.moodys.com)
- ○ Standard & Poor's(www.standardandspoors.com)
- ○ World Trade Database(www.worldtradedb.com)

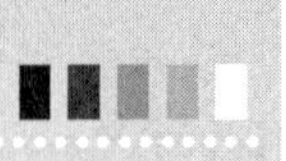

무역의 국제규범

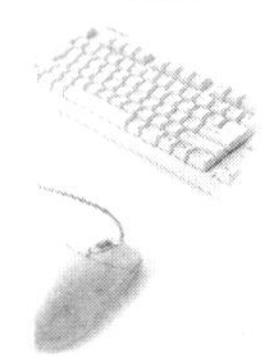

국제간의 물품거래나 지적재산권, 서비스거래, 국제투자·자본거래 등을 수행하기 위해서는 세계적·지역적 국제기구의 무역규범들을 비롯하여 거래당사국의 각종 무역관리규정을 알고 있어야 한다.

1. WTO의 다자간 무역협정

1.1 WTO 체제의 성립

1986년 9월 남미 우루과이에서 시작된 GATT의 우루과이 라운드(UR) 각료회의는 GATT 체제의 한계를 극복하고 향후의 새로운 국제무역질서를 효과적으로 규율하기 위하여 WTO(World Trade Organization : 세계무역기구)를 신설하기로 합의하였다, 이로써 1947년 10월에 체결되어 47년간 유지되어 온 GATT 체제는 막을 내리고 WTO 체제가 탄생하게 되었다.

WTO는 자유무역질서를 위하여 출범한 국제기구로서, 산하에 강력한 분쟁해결기구(DSB)까지 갖추어 법적으로 구속력 있는 권한을 부여한 경제분야의 UN이라고 할 수 있다. WTO 체제의 출범은 국제무역관계에 있어서 종전의 GATT 체제에 비하여 다음과 같은 특징을 갖는다.

첫째, WTO는 UR 최종협정서의 이행을 위한 국제기구로서, GATT 체제의 한계를 극복하고 있다. GATT는 관세와 무역에 관한 일반협정으로, 단지 이 협정의 효율적 운용을 위해 사무국을 두었다.

둘째, WTO는 회원국이 협정을 불이행할 경우 자체내의 분쟁해결절차를 통하여 강력한 제재를 가할 수 있도록 하고 있다. WTO는 전 분야를 통할하여 신속한 분쟁해결절차를 규정하고 있으며, 또 각 회원국은 반드시 WTO 내의 분쟁해결기구를 통하도록 하여 그 실효성을 증대시키고 있다.

셋째, WTO는 종전에 없던 서비스·지적재산권·무역정책검토 등 새로운 교역분야를 포괄하고 있다. 또 상품분야에서도 농업·섬유분야 등을 편입시키고, 위생·검역조치, 무역관련 투자조치, 선적전검사, 원산지규정, 긴급수입제한조치 등에 관한 무역규범도 다자간무역협정으로 승화시켰다.

넷째, WTO는 1943년 7월 브레튼우즈(Bretton Woods) 협정에 따라 설립되었으나 미국정부의 협조부족으로 무산된 ITO(International Trade Organization : 국제무역기구)가 47여년만에 새로이 완성된 것이라고 볼 수 있다.

다섯째, WTO는 개도국과 저개발국의 어려움을 고려하여 이들 국가에 대해 협정이행의 유예기간을 차별적으로 길게 부여함으로써 모든 후진국들도 이에 동참할 수 있도록 개방하고 있다는 점이다.

한편, WTO의 조직체계는 다음과 같다. 즉, 각료회의(Ministerial Conference)를 정점으로 하여 일반이사회(General Council), 상품무역이사회(Council for Trade in Goods), 서비스무역이사회(Council for Trade in Services), 지적재산권이사회(Council for Trips) 등을 두고 있다.

산하기관으로서 분쟁해결기구(Dispute Settlement Body : DSB)와 무역정책검토기구(Trade Policy Review Body : TPRB)를 두고, 또 필요에 따라 수자간 무역협정기구(Plurilateral Trade Agreement Bodies)도 둘 수 있게 하였다.

이와는 별도로 WTO의 기능을 효과적으로 수행하기 위하여 무역환경위원회, 무역개발위원회, 국제수지위원회 및 예산재정운영위원회, 그리고 WTO의 사무를 총괄하는 사무국(Secretariat) 등으로 구성되어 있다.

특히 WTO 사무국은 각료회의에서 임명하는 사무총장을 최고책임자로 하여 사무총장이 임명하는 다수의 직원을 두고 있다(설립협정 제6조 제1항-3항).

WTO 사무총장과 사무국 직원의 임무는 전적으로 소속국가로부터 독립하여 국제적인 성격을 갖는다. 사무총장과 사무국 직원은 자신의 임무를 수행하는데 있어서 어떠한 정부나 WTO 밖의 기구로부터 훈령을 구하거나 받을 수 없으며, 이들은 국제기구의 관리자로서 자신의 지위를 손상시킬 어떠한 행위도 삼가야 한다(동조 제4항).

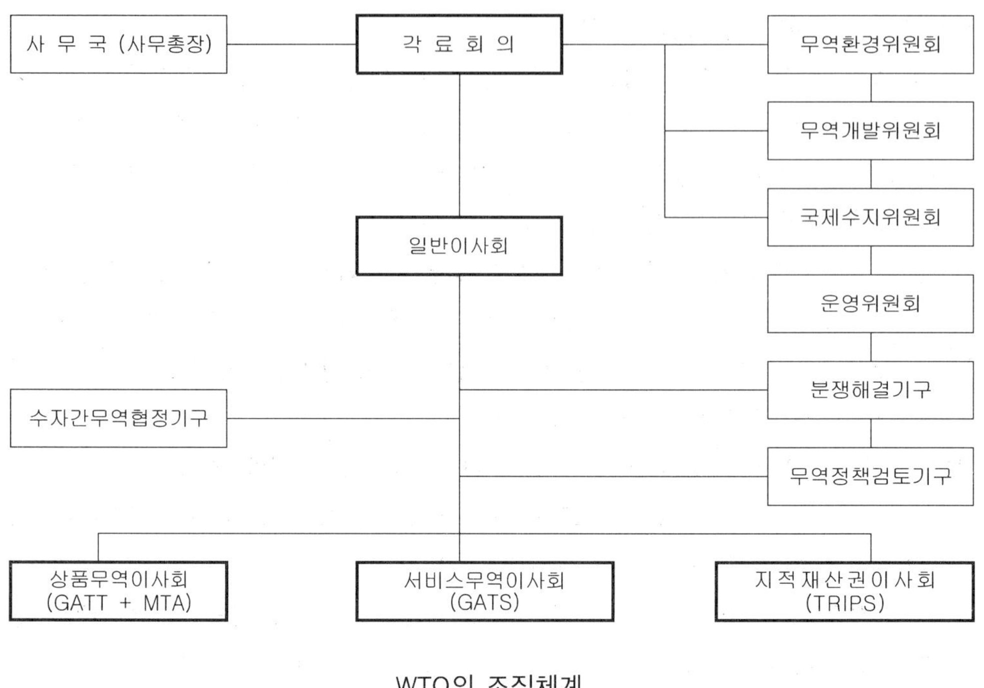

WTO의 조직체계

1.2 WTO 협정의 기본원칙

WTO 협정은 과거의 GATT 체제의 한계를 극복하기 위하여 새로이 체결된 것이지만, 이를 전면적으로 부정하는 협정이 아니라 무역자유화를 위한 GATT체제의 기본원칙을 승계하고 오히려 그 내용을 확충·발전시킨 협정이다.

1) 최혜국대우의 원칙(most-favoured nation treatment)

최혜국대우(MFN)원칙은 어느 국가가 관세 및 동종의 과징금에 있어서 특정국가로부터의 상품에 대하여 부여하는 이익, 특전 또는 면제를 다른 모든 국가의 동종의 상품(like product)에 대하여도 즉시 그리고 무차별적으로 부여해 주어야 한다는 원칙이다(GATT 제1조1항).

이 원칙은 WTO 체제하에서도 이어져 상품의 원산지국에 관계없이 어느 정부의 관세적·비관세적 혜택을 모든 회원국에 대하여 획일적으로 적용함으로써 교역국들이 공정한 경쟁을 할 수 있는 기회를 주고 있다. 왜냐하면 어느 국가가 특정국가에만 최고 유리한 혜택을 주는 경우, 수혜국의 상품은 다른 국가의 상품보다 훨씬 우월한 경쟁력을 갖게 되기 때문이다.

2) 내국민대우의 원칙(national treatment)

내국민대우(NT)원칙은 외국인을 내국인과 똑같이 대우하여야 한다는 의미로서, 이는 어느 국가가 자국 내의 과세나 기타 규제 및 절차에 관하여 수입품을 국산품보다 불리하게 대우하지 아니하여야 한다는 원칙이다(GATT 제3조). 앞의 최혜국대우의 원칙이 외국의 모든 수출국에 대하여 공정한 경쟁기회를 보장한다는 것이라면, 내국민대우의 원칙은 수입국내에서의 수입품과 국산품간의 공정한 경쟁을 할 수 있도록 보장하고자 하는데 목적이 있다. 즉, WTO 회원국은 수입품에 대하여 세금이나 법령 및 정책 등에 있어서 동종의 국산품보다 차별적인 대우를 하여서는 아니된다는 것이다.

3) 시장접근보장의 원칙(market access)

시장접근보장의 원칙은 관세나 조세를 제외한 상품과 서비스의 공급에 대한 일체의 수입제한을 철폐하여야 한다는 원칙이다. 관세나 조세는 수입가격을 조절하여 국제시장에서의 수급에 영향을 미치는 간접적인 제한수단이지만, 기타 수입쿼터와 같은 각종 비관세적 수단은 수입품의 국내반입 자체를 직접적으로 제한한다. WTO 체제하에서도 GATT에서와 같이 이러한 수량제한을 철폐하여야 한다.

4) 투명성의 원칙(transparency)

투명성의 원칙은 각 회원국의 행정부나 사법기관의 의사결정 또는 법령적용, 제도운용이 합리적이며 예측가능 하여야 하고, 그러한 결정에 관한 이유를 고지하고, 또 결정의 기초가 되는 모든 법령과 자료를 공중에게 공개하여야 한다는 원칙이다. 다만 국가안전보장에 관계되는 내용, 법집행에 위해가 되는 사항, 영업상의 비밀정보 등 특정한 경우에는 그 예외를 인정하고 있다.

1.3 WTO 협정의 구성

WTO 협정은 1994년 4월 마라케쉬 UR 각료회의에서 서명된 UR 최종협정문의 주요내용을 포괄적으로 일컫는 말이다. UR 최종협정문은 제1부 UR 무역협상의 결과를 구체화시킨 '최종의정서', 제2부 '세계무역기구 설립협정', 제3부 '각료회의 결정 및 선언문' 등으로 구성되어 있다.

첫째, UR 최종협정문의 핵심은 '세계무역기구 설립협정'(Agreement Establishing the World Trade Organization)이다. WTO 설립협정은 전문과 16개 조항의 본문 및 6개의 부속서(Annex)로 구성되어 있다. 설립협정의 본문은 회원국간의 무역관련 활동에 대한 공통의 제도적 틀을 제공하는 것으로서 다음 표에서 보듯이 17개의 다자간무역협정(Multilateral Trade Agreement : MTA)과 4개의 수자간무역협정(Plurilateral Trade Agreement : PTA)으로 구성되어 있다(설립협정 제2조제1항).

WTO 협정문의 구성

본문	• WTO 설립협정
부속서 1A	• 상품무역협정(MTA)(13개) : - GATT 1994 협정 - 농산물협정, 섬유 및 의류협정 - 기술장벽협정, 반덤핑협정, 관세평가협정, 수입허가절차협정, 보조금 및 상계관세협정 - 위생검역조치협정, 무역관련 투자조치협정, 선적전검사협정, 원산지규정협정, 세이프가드협정
부속서 1B	• 서비스무역협정(GATS)
부속서 1C	• 지적재산권협정(TRIPS)
부속서 2	• 분쟁해결협정(DSU)
부속서 3	• 무역정책검토제도(TPRM)
부속서 4	• 수자간무역협정(PTA)(4개) : - 정부조달협정, 민간항공기무역협정, 국제낙농협정, 쇠고기협정

둘째, '다자간무역협정'(MTA)은 WTO 협정의 일부로서 이에 비준·서명한 전체 회원국들에게 적용하는 협정이다(제2조2항). 따라서 MTA는 WTO 설립협정을 비롯하여 부속서 1, 부속서 2 및 부속서 3까지의 모든 협정을 말한다.

부속서 1은 부속서 1A 상품무역협정(GATT 1994 협정 + WTO로 복귀한 농산물, 섬유·의류협정 + 동경라운드 MTN 협정 중 다자화된 5가지 협정 + 다자간 협정에 새로 도입된 5가지 협정), 부속서 1B 서비스무역협정, 부속서 1C 지적재산권 협정 등으로 구성되어 있다. 부속서 2는 분쟁해결협정(DSU)이며, 또 부속서 3은 무역정책검토제도(TPRM)에 관한 것이다.

셋째, '수자간무역협정'(PTA)은 WTO 협정의 일부이기는 하나 이에 비준·서명한 일부 회원국에게만 적용하는 협정이다(제2조 3항). 따라서 수자간무역협정에 속하는 협정들은 WTO 협정과는 별도 독립적으로 운영되나 편의상 이들 협정을 WTO가 관리하는 형태를 취하는 것이다. 이에 속하는 협정들은 WTO 설립협정의 부속서 4로 구분되어 민간항공기무역협정, 정부조달협정, 국제낙농협정 및 쇠고기협정의 4가지가 있다.

상기 협정들간의 우선적용순위는 다음과 같다. 즉, WTO 설립협정과 이에 부속된 MTA의 조항이 충돌하는 경우에는 WTO 설립협정상의 조항이 우선한다(협정 부속서1A).

예컨대, WTO 체제하에서 유효한 협정들간의 우선적용순위는 'WTO 설립협정 > MTA > GATT 1994 > PTA'이다.

1.4 WTO의 새로운 과제

1995년 1월 1일 WTO가 출범하면서 새로운 국제경제질서가 전개되고 있다. 그러나 아직 상품무역에 있어서도 농산물시장은 겨우 개방의 문을 열기 시작한 정도이고, 서비스·지적재산권·자본시장 등에서는 자유화와 규범체계가 미완성된 채로 남아 있으며 지금도 그 후속협상들을 계속 진행하고 있다.

최근에는 무역과 연계하여 환경(Green Round : GR)·노동(Blue Round : BR)·기술(Technology Round : TR)·경쟁정책(Competition Policy Round : CR)·인터넷 전자상거래(Internet Round : IR) 등에 관한 분야까지도 새로운 통상문제로 논의되고 있다. 흔히 '뉴라운드'라고 하는 이러한 분야들에 관한 문제는 아직 WTO 체제속에 규범화되어 있지 않다.

따라서 국제표준의 환경기준, 노동조건, 기술정책기준, 경쟁정책기준 및 전자상거래 과세기준을 마련하고 그러한 기준에 미달되거나 또는 지나치는 국내조치를 취하는 국가에 대하여는 상품수출입에 제한을 가하자는 것이다. 국제경제의 상호의존성이 심화되면서 종래에는 별로 문제시되지 않았던 각국의 환경규제나 노동조건, 기술정책, 경쟁규제 또는 인터넷 상품과세와 같은 비관세장벽이 새로운 이슈로 등장하고 있는 것이다.

궁극적으로 국제시장에서 공정한 경쟁조건을 유지하기 위하여는 각국이 시행하는 경쟁규범, 환경규범, 노동규범, 기술정책규범, 전자상거래규범 등에 관한 조화와 통합을 이루어야 한다는 취지이다.

그러나 이러한 문제들은 환경보호라든가 경제적 불균형의 해소 및 사회와 인간의 기본욕구 충족 등 인간의 삶의 질에 관련되는 분야이기 때문에 새로운 통상문제들이 앞으로 어떻게 논의되고 규범화 될 것인가에 따라 국제경제질서에 커다란 변화가 초래될 것으로 예상된다.

2. FTA

자유무역협정은 특정국가간에 배타적인 무역특혜를 서로 부여하는 협정으로 다자간 무역질서의 근간인 최혜국대우의 원칙에 위배되지만 WTO규범은 일부 요건을 충족한 경우에는 예외를 인정하고 있다. ① 실질적으로 모든 무역을 대상으로 하며 특정한 분야를 전면적으로 제외해서는 안된다. ② 관세 및 기타 상업적 제한이 합리적 기간내(원칙적으로 10년)에 철폐하여야 한다. ③ 역외국에 대한 관세 및 기타 상업적 제한이 협정체결전보다 더 후퇴해서는 안된다. 최근 우리나라도 세계적인 FTA 확산추세에 대응하여 안정적인 해외시장 확보와 우리 경제의 경쟁력 강화를 위해 동시다발적으로 FTA를 추진하고 있다.

무역의 국내규범

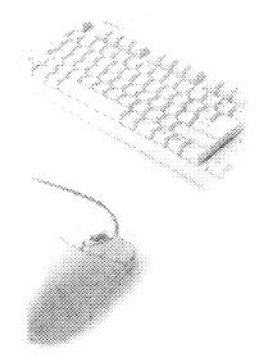

1. 법규에 의한 무역관리

대부분의 나라들은 정도의 차이는 있으나 무역에 대하여 규제 또는 지원을 하고 있다. 우리나라는 "국가는 대외무역을 육성하며 이를 규제·조정할 수 있다."는 헌법 제125조의 규정에 따라 대외무역법, 외국환거래법, 관세법 등 무역관리에 관한 3대 기본법을 두고 있다.

1.1 대외무역법

대외무역법은 제1조에 "이 법은 대외무역을 진흥하고 공정한 거래질서를 확립하여 국제수지의 균형과 통상의 확대를 도모함으로써 국민경제의 발전에 이바지함을 목적으로 한다."라고 규정하여 법제정 목적을 명시하고 있다.

대외무역법은 여러 차례의 개정을 거쳐 현재의 법은 1996년에 전문이 전면적으로 개정되어 현재의 법체계를 이루게 되었다. 대외무역법의 법령체계는 대외무역법→대외무역법시행령→대외무역관리규정으로 이어지며 대외무역법의 주요 내용은 다음과 같다.

제1장 총칙에는 용어의 정의에 관한 규정, 자유롭고 공정한 무역의 원칙, 무역의 진흥을 위한 조치, 무역에 관한 제한 등 특별 조치, 무역에 관한 법령 등의 협의에 관한 원칙 등에 관하여, 제2장은 통상의 진흥, 제3장은 수출입 거래, 제4장은 수입수량 제한조치, 제5장은 수출입의 질서 유지, 제6장은 보칙, 제7장은 벌칙, 그리고

부칙에 관하여 규정하고 있다. 특히 제3장은 수출입 거래 총칙, 외화획득용 원료·기재의 수입과 구매, 전략물자의 수출입, 산업설비수출, 원산지표시 등에 관한 규정으로 대단히 중요한 규정이다. 대외무역법의 특징은 다음과 같다.

첫째, 대외무역법은 수출입 관리를 위한 기본법이다. 즉 대외무역법은 대외무역관리에 관한 법으로 수출입관리를 위한 일반법이다.

둘째, 대외무역법은 국제성 및 무역에 관한 최소의 규제를 하는 것을 목적으로 하고 있다.

대외무역법은 대외무역거래를 관리하는 법이므로 국제성을 인정하여 국제상관습이나 국제조약을 준수하되, 국제법규나 협정에서 무역에 관한 제한규정을 두고 있는 경우 이를 최소한의 범위에서 운영토록 하고 있다.

셋째, 대외무역법은 무역 및 통상에 관한 진흥법적인 성격을 가지고 있다. 그 근거로써, 제1조에서는 대외무역의 진흥을 규정하고 있으며, 제4조에서는 산업통상자원부장관이 무역의 진흥을 위하여 필요한 조치를 하게 규정하고 있고, 또한 산업통상자원부장관이 무역 및 통상진흥을 위하여 통상진흥시책을 수립하고 민간협력활동을 지원할 수 있도록 규정하고 있다.

넷째, 대외무역법은 무역에 관한 행정법규를 연계하여 통합적인 성격을 가지고 있다. 즉, '각 행정기관의 장은 모든 수출입절차요령은 산업통상자원부장관을 통하여'라고 규정하고 있다.

다섯째, 무역거래의 규제대상은 유동적이고 규제 방법은 추상적이고 복잡하기 때문에 대외무역법에서는 원칙적인 사항만 규정해 놓고 시행에 관한 세부적 사항은 대외무역법시행령과 대외무역관리규정에 위임하고 있다. 이들을 다시 보충하기 위해 고시, 공고, 유권해석, 예규, 통첩 등이 활용된다.

2.2. 외국환거래법

외국환거래법은 외국환과 그 거래 기타 대외거래의 자유를 보장하고 시장기능을 활성화하여 대외거래의 원활화 및 국제수지의 균형과 통화가치의 안정을 도모함으로써, 국민경제의 건전한 발전에 이바지함을 목적으로 하고 있다. 이 법은 1961년 12월에 외국환관리법으로 제정·공포되어 수차례의 개정과정을 거쳐 지금의 외국환거래법으로 발전되었다.

외국환거래법령의 체계는 외국환거래법 → 외국환거래법시행령 → 외국환거래

규정으로 이어지고, 이 법의 주요내용은 거주자와 비거주자의 구분, 환율제도, 선물환거래, 외국환은행, 환전상, 외국환수급계획, 외국환의 집중, 결제방법의 제한, 용역거래, 자본거래, 현지금융 및 해외직접투자에 대한 제한, 지급과 영수의 방법 등에 관하여 규정하고 있다.

현행 외국환거래법은 종전의 외국환관리법과는 달리 외국환의 대외거래에 대하여 Positive List System에서 Negative List System으로 전환하여 그 제한을 최소한의 범위 내에서 행하고 있다.

즉, 외국환업무와 환전업무를 취급할 수 있는 기관을 모든 금융기관으로 확대하고 그 절차도 인가제에서 등록제로 전환하여 모든 금융기관이 자유로이 취급할 수 있도록 하고 있다(동법 제8조 제1항～3항).

또 대외지급에 대하여는 신고제를 폐지하고 허가제는 제한적으로만 운영하도록 하여 국민과 기업의 외국환거래의 편의를 제고하고 은행의 업무부담을 줄여 나가고 있다. 자본거래에 대하여도 신고제와 허가제를 병용하고 있지만, 허가제의 경우 그 대상을 최소한으로 줄이고 이러한 제한도 한시적으로 운영하도록 하여 자본거래를 대폭 자율화하고 있다(동법 제18조).

1.3 관세법

관세법은 관세의 부과·징수 및 수출입물품의 통관을 적정하게 하여 국민경제의 발전에 기여하고 관세수입의 확보를 기할 목적으로 1967년 11월에 처음 제정·공포된 후 수 차례의 개정과정을 거쳐 오늘에 이르고 있다.

관세법령의 체계는 관세법 → 관세법시행령 → 관세법시행규칙으로 이어지며, 이 법의 주요내용은 과세와 징수, 국제관세협력, 운송기관, 보세구역, 통관, 관세사, 관세공무원의 직권 등에 관하여 규정하고 있다. 특히 과세절차에 관련한 관세감면, 관세환급, 관세평가제도 등에 관한 규정을 두고 있다.

관세법은 물품의 이동을 직접적, 실질적으로 관리하는 통관법적인 성격과 관세부과 및 징수를 총괄하는 조세법적인 성격, 벌칙과 조사 및 처분에 관한 규정을 두고 있어 형사법적인 성격도 갖고 있다.

2. 무역관리기관

우리나라 무역관리의 사령탑은 산업통상자원부장관이 맡고 있으며, 관리업무를 신속하고 능률적으로 운용하기 위하여 산업통상자원부장관은 권한의 일부를 대통령령이 정하는 바에 따라 소속기관의 장, 시·도지사에게 위임하거나, 관계행정기관의 장, 세관장, 한국은행총재, 한국수출입은행장, 외국환은행의 장 기타 대통령령이 정하는 법인 또는 단체에 위탁하고 있다(대외무역법 제52조 제1항).

2.1 산업통상자원부

산업통상자원부는 우리나라의 무역관리를 총괄하는 중앙행정기관이다. 산업통상자원부는 최고의 무역관리주체이지만 모든 업무를 독자적으로 집행하지 않고 관계부처와 협의하기도 하며, 또 효율적인 대외무역관리를 위하여 대부분의 업무를 관련기관에 위임·위탁하고 이들 수임기관을 지휘·감독한다(대외무역법 제52조 제2항).

무역관리의 협조행정기관으로는 외국환업무나 외자도입에 관하여는 기획재정부, 양곡이나 농약에 관하여는 농림축산식품부, 마약이나 의료기기에 관하여는 보건복지부 등이 있으며, 산업통상자원부는 이들 부처와 소관업무에 관하여 협의하여 운영하고 있다.

2.2 무역위원회

산업통상자원부는 미국의 ITC(국제무역위원회)에 비교되는 기관으로서 불공정무역행위에 대한 조사·판정, 수입증가·덤핑·보조금 등으로 인한 국내산업 피해의 조사·판정, 산업경쟁력 영향조사 등에 관한 업무를 수행하기 위하여 무역위원회를 두고 있다(불공정무역행위 조사 및 산업피해구제에 관한 법률 제27조 제1항).

무역위원회의 소관업무(동법 제28조)는 다음과 같다.

① 불공정무역행위의 조사·판정 및 잠정조치의 결정

② 불공정무역행위를 한 자에 대한 시정조치 및 과징금 부과

③ 수입 증가로 인한 국내산업 피해의 조사·판정

④ 다음에 해당하는 조치의 건의, 중간 재검토 또는 연장 검토
㉠ 세이프가드조치 및 잠정세이프가드조치
㉡ 서비스세이프가드조치
㉢ 특별세이프가드조치 및 잠정특별세이프가드조치
㉣ 자유무역협정세이프가드조치 및 잠정자유무역협정세이프가드조치
⑤ 제22조의5에 따른 무역피해의 조사, 판정 및 무역피해지원조치의 건의
⑥ 제25조에 따른 국내산업의 경쟁력에 미치는 영향 등의 조사
⑦ 제25조의2에 따른 교역상대국의 국제무역규범 위반으로 인한 국내산업피해의 조사
⑧ 관세법 제51조부터 제56조까지의 규정에 따른 덤핑방지관세의 부과를 위한 산업피해의 조사 개시 결정, 덤핑사실의 조사, 덤핑으로 인한 산업피해의 조사·판정, 덤핑방지조치의 건의, 재심사 등
⑨ 관세법 제57조부터 제62조까지의 규정에 따른 상계관세의 부과를 위한 산업피해의 조사 개시 결정, 보조금 등의 지급사실의 조사, 보조금 등으로 인한 산업피해의 조사·판정, 상계조치의 건의, 재심사 등
⑩ 자유무역협정 체결에 따른 무역조정 지원에 관한 법률 제6조 제2항에 따른 무역조정지원기업 해당여부에 대한 심의
⑪ 국제무역에 관한 법규·제도 및 분쟁 사례 등의 조사·연구
⑫ 다른 법령에 따라 무역위원회의 소관으로 규정된 사항
⑬ 그 밖의 공정무역의 촉진 등 무역위원회가 필요하다고 인정하는 사항의 조사 및 건의

2.3 권한의 위임·위탁

대외무역법에 따른 산업통상자원부장관의 권한은 대통령령으로 정하는 바에 따라 그 일부를 소속기관의 장, 시·도지사에게 위임하거나 관계 행정기관의 장, 세관장, 한국은행 총재, 한국수출입은행장, 외국환은행의 장, 그 밖에 대통령령으로 정하는 법인 또는 단체에 위탁할 수 있고(대외무역법 제52조) 위임 또는 위탁되는 사항에 관해서는 대외무역법시행령 제91조에서 따로 정하고 있다.

3. 무역업체의 관리

2000년 12월 개정 대외무역법에서는 무역업과 무역대리업의 신고제를 폐지하였다. 따라서 종합무역상사의 지정·관리를 제외하면, 무역업과 무역대리업에 대한 직접적인 관리제도는 없어지게 되었다. 다만 산업통상자원부장관은 물품 등의 수출입거래가 질서있고 효율적으로 이루어질 수 있도록 대외무역통계시스템 및 전자문서교환(EDI)체계 등 과학적 무역업무의 처리기반을 구축하기 위하여 노력하여야 하며(동법 제15조 제1항), 이를 위하여 무역거래자별 무역업고유번호의 부여와 관리 등 수출입통계 데이터베이스의 구축을 위한 전산관리체제를 개발·운영하도록 하고 있다(시행령 제21조 제1항).

무역업고유번호를 부여받고자 하는 자는 소정양식의 우편·팩스·전자메일·EDI 등의 방법으로 한국무역협회장에게 신청하여야 하고, 그 즉시 고유번호를 부여받을 수 있다. 또 고유번호의 승계를 통하여 수출입실적 등의 승계가 가능하다. 다만 무역업고유번호를 부여받은 자의 인적 변동사항이 발생한 경우에는 20일 이내에 한국무역협회장에게 통보하여야 한다.

무역거래자는 무역업고유번호가 임의사항이라 하더라도 수출(입)신고시 반드시 무역업고유번호를 수출(입)자의 상호명과 함께 기재하여야 하고, 수출입실적 확인도 무역업고유번호에 따른 전산관리체계에 의하여 관리·운영하기 때문에, 이 고유번호를 갖고 있어야 한다(관리규정 제24 참조).

4. 무역상품의 관리

산업통상자원부장관은 헌법에 의하여 체결·공포된 조약과 일반적으로 승인된 국제법규에 따른 의무의 이행, 생물자원의 보호 등을 위하여 필요하다고 인정하면 물품 등의 수출입을 제한하거나 금지할 수 있다(동법 제11조 제1항).

대외무역법상 수출입물품 등의 관리는 수출입공고, 수출입별도공고 및 각종 관계법령에 의한 제한내용의 통합공고에 의하여 이루어진다. 이들 공고에는 수출입 승인에 필요한 절차와 요령을 구체적으로 명기하고 있다.

4.1 수출입공고

수출입공고는 산업통상자원부장관이 대외무역법에 의거하여 물품 등의 수출입의 제한과 절차 등에 관하여 정하는 것을 목적으로 하는 공고이다. 따라서 수출입공고에는 승인대상 물품 등의 품목별 수량·금액·규격 및 수출입지역 등의 제한과 그러한 제한에 따른 수출입에 관한 승인 등의 절차를 담고 있다.

따라서 이 공고에 명시된 품목을 수출입하고자 할 경우에는 각 품목별 수출입요령에 의거한 해당 승인기관의 승인을 받아야만 수출입을 할 수 있다. 다만 외화획득용 원료 및 제품의 수입에서는 비록 수입제한품목일지라도 별도의 제한없이 수입승인을 받을 수 있다(동법 제19조 제1항).

수출입공고상의 품목기재는 HS 방식에 따라 Negative List System을 사용하여 별표 1(수출제한품목)과 별표 2(수입제한품목)에 승인 또는 금지품목만을 명기하고 있다. 우리나라는 1967년 7월부터 수출입품목 관리체계를 Positive List System에서 Negative List System으로 전환하였다.

따라서 수출입공고상에 특정의 품목을 열거하여 수출입을 제한하거나 금지하지 아니하는 한, 모두 자유롭게 수출입을 허용하고 있다.

1) 수출입별도공고

수출입별도공고는 승인대상품목 중의 일부에 대하여 산업통상자원부장관이 수출입공고와는 별도의 특정 사안별로 수출입요령을 적용할 수 있도록 공고하는 제도를 말한다. 따라서 수출입별도공고에는 승인대상품목 중 수출입공고상에서 제외된 물품 등의 수출입승인의 요령과 절차를 담고 있다.

현재에는 무역자유화의 추진으로 인하여 수출입별도공고에 따라 수입제한을 받고 있는 품목은 항공기와 그 부분품, 산업피해조사품목 등에 불과하다.

2) 통합공고

통합공고는 대외무역법 이외의 다른 법령에 물품 등의 수출입요령과 절차를 정하고 있는 경우 산업통상자원부장관이 이들 법령에서 정한 수출입요령을 통합하여 공고하는 제도를 말한다(동법 제15조 제2항).

통합공고는 개별법령에 의하여 국민보건이나 환경보호, 사회질서유지, 규격 및 안정성 확보 등의 경제외적 목적에서 제한하는 조치이다. 예컨대 향정신성 의약품관리법에 의하여 지정된 품목을 수출입하고자 할 경우에는 식품의약품안전처장의 허가를 받아야 하고, 방위산업특별조치법에 의한 방산물자의 수출입은 국방부장관의 허가를 받도록 공고하고 있다.

4.2 상품분류방법

수출입공고상 품목분류기준은 역사적으로 SITC 방식 → BTN 방식 → CCCN 방식 → HS 방식으로 발전되어 왔다.

첫째, SITC(Standard International Trade Classification) 방식은 1950년 UN 경제사회이사회에서 선포된 후 1959년까지 주로 경제분석과 상품별 무역통계자료에 사용되었으며, 총 45,000여개의 품목을 구분하였다.

둘째, 1959년 9월부터는 관세협력이사회(CCC)에서 발행한 BTN(Brussel Tariff Nomenclature)방식에 따라 품목을 분류하여 오다가 1976년 6월부터 이를 CCCN (Customs Cooperation Council Nomenclature)방식으로 명칭을 변경하여 총 60,000여개의 상품을 분류하였다.

CCCN 방식은 범세계적 품목분류기반이 없어 수출입통계 등의 비교에 애로가 많고 관세·운송·보험 등에 있어서 상품분류의 통일성이 없다는 지적과 상품구조의 변화 등에 부응하기 위하여 개편이 필요하게 되었다.

셋째, CCC는 품목분류의 국제적 통일과 전산화를 위하여 HS(Harmonized Commodity Description and Coding System)방식을 제정하여 1988년 1월부터 우리나라를 포함한 세계 130여개국에서 이를 사용하고 있다.

HS방식은 CCCN을 골격으로 하여 만든 신 국제통일상품분류법으로서, 그 구조는 21부(Section), 97류(Chapter), 1,241호(Headings), 5,113소호(Subheading)로 구성되어 있다. 우리나라의 HS 방식은 세계공통의 6단위 분류기준에 국내의 사정을 감안하여 자체 분류 4단위를 추가하여 모두 10단위를 가지고 있는데, 이를 HSK(Harmonized System of Korea : 한국통일상품분류법)라고 한다. 현재의 관세율표상 HSK 10단위의 품목 수는 총 11,170여개이다.

HSK 방식은 ① 관세부분에는 관세율 책정, 할당관세 등 탄력관세운용, 관세감면 및 환급제도 등에 활용되며, ② 무역부분에는 수출입공고, 통합공고 등 수출입품목관리를 위한 공고체계운용에 활용되고, ③통계부분에는 수출입통계작성, 물가지수표작성 등에 통일적으로 활용되고 있다.

5. 수출입승인과 인정

무역거래자가 승인대상 물품 등, 즉 산업통상자원부장관이 헌법에 의하여 체결 · 공포된 조약과 일반적으로 승인된 국제법규에 의한 의무의 이행, 생물자원의 보호 등을 위하여 지정하는 물품 등을 수출입하고자 할 경우에는 산업통상자원부장관의 승인을 얻어야 한다(동법 제14조 제2항).

1) 수출입승인절차

수출입승인기관은 원활한 무역관리를 위해 연불금융지원에 의한 산업설비수출 외에는 수출입공고, 수출입별도공고 등에 산업통상자원부장관이 지정 · 고시한 기관이나 단체의 장에게 위탁되어 있다(관리규정 제3-1-1조).

수출입승인을 얻고자 하는 자는 ① 수출입승인신청서, ② 수출신용장·수출계약서 또는 주문서(수출의 경우), ③ 수입계약서 또는 물품 등의 매도확약서(수입의 경우), ④수출입대행계약서(수출입자가 공급자나 실수요자와 다른 경우), ⑤수출입공고 등에서 규정한 요건을 충족한 서류 등을 구비하여 수출입승인기관의 장에게 신청하여야 한다(관리규정 제3-1-2조).

수출입승인기관의 장은 ① 수출입승인 신청인이 승인을 얻을 자격이 있는지, ② 물품 등이 수출입공고 등과 대외무역관리규정에 의한 승인요건을 충족하고 있는지, ③ 물품 등이 품목분류번호(HS)의 적용이 적정한지의 여부를 확인하여야 한다(관리규정 제3-1-3조).

수출입승인의 유효기간은 1년을 원칙으로 하되, 국내의 물가안정·수급조정·물품 등의 인도조건 기타 거래상 특성에 따라 필요한 경우에는 1년 이내 또는 20년 범위내에서 유효기간을 달리 정할 수 있다(시행령 제26조).

2) 수출입인정절차

산업통상자원부장관이 정하여 고시한 특정거래형태의 수출입으로서, ① 수출입 제한을 면탈할 우려가 있거나 산업보호에 지장을 초래할 우려가 있는 경우, ② 외국에서 외국으로 물품 등이 이동하고 대금결제상황 확인이 곤란한 경우, ③ 대금결제가 수반되지 아니하고 물품 등의 이동이 있는 경우에 대하여는 산업통상자원부장관의 인정을 받도록 하고 있다(시행령 제28조).

'특정거래형태의 수출입'이라 함은 위탁판매수출·수탁판매수입, 위탁가공무역·수탁가공무역, 임대수출·임차수입, 연계무역, 중계무역, 외국인수수입·외국인도수출, 무환수출입 등의 거래를 말한다(관리규정 제3-4-2조).

수출입인정을 받고자 하는 자는 ① 특정거래인정신청서, ② 거래요약서, ③계약서 등 거래사실입증서류, ④ 승인요건충족입증서류(승인대상품목의 경우), ⑤ 타 법령에 의한 허가 등의 사실입증서류(필요한 경우) 등을 구비하여 산업통상자원부장관에게 신청하여야 한다(관리규정 제4-3-2조).

산업통상자원부장관은 수출입인정 신청일로부터 7일 이내에 인정여부를 신청자에게 통보하여야 하고, 인정유효기간은 신청일로부터 1년이다.

6. 수출입거래 형태

1) 위탁판매수출

① 물품 등을 무환으로 수출하여 해당 물품이 판매된 범위안에서 대금을 결제하는 계약에 의한 수출을 말한다.

② 위탁자는 자신의 계산과 위험으로 물품을 수출하므로 물품이 이동되더라도 소유권은 위탁자(수출자)에게 있으며 수탁자(수입자)는 계약에 따라 물품을 판매하고 판매대금에서 경비와 수수료를 공제한 금액을 위탁자에게 송금한다.

③ 이 거래는 수탁자입장에서 보면 물품관리 책임만 있고 자금부담과 위험부담이 없으나 위탁자는 거의 전적인 부담을 지기 때문에 위탁자가 자금여유가 있는 상태에서 적극적으로 새로운 수출시장을 개척하고자 할 때 주로 사용된다.

2) 수탁판매수입

① 물품 등을 무환으로 수입하여 해당 물품이 판매된 범위안에서 대금을 결제하는 계약에 의한 수입을 말한다.

② 이 거래는 물품의 소유권을 가진 수출자가 자금과 위험을 부담하고 수입자는 수출자가 지정한 조건에 따라 물품을 판매한 후 판매경비와 수수료 등을 뺀 나머지를 수출자에게 송금하므로 수입자는 아무런 위험부담이나 자금부담없이 수입할 수 있다.

3) 위탁가공무역에 의한 수출입

① 가공임을 지급하는 조건으로 외국에서 가공(제조, 조립, 재생, 개조를 포함)할 원료의 전부 또는 일부를 거래상대방에게 수출하거나 외국에서 조달하여 이를 가공한 후 가공물품 등을 수입하거나 외국으로 인도하는 수출입을 말한다.

② 외국의 저렴한 노동력을 활용하거나 외국의 고도기술을 이용하고자 하는 경우에 주로 이용되는 거래이며 국내인건비가 상승함에 따라 중국, 베트남 등에서 현지생산을 하기위하여 활용되고 있다.

4) 수탁가공무역에 의한 수출입

① 가득액을 영수하기 위하여 원자재의 전부 또는 일부를 거래 상대방의 위탁에 의하여 수입하여 이를 가공한 후 위탁자 또는 그가 지정하는 자에게 가공물품 등을 수출하는 거래를 말한다.

② 외국의 무역업자가 우리나라의 숙련된 노동력 또는 고도의 기술을 이용하고자 하는 거래 형태이며 원자재 수입시 유상·무상 여부에 따라 유환수탁가공무역과 무환수탁가공무역으로 구분한다.

5) 임대차방식에 의한 수출입

① 임대수출: 임대(사용대차 포함)계약에 의하여 물품 등을 수출하여 일정기간 후 다시 수입하거나 그 기간의 만료 전 또는 만료 후 해당 물품 등의 소유권을 이전하는 수출을 말한다.

② 임차수입: 임차(사용대차 포함)계약에 의하여 물품 등을 수입하여 일정기간

후 다시 수출하거나 그 기간의 만료 전 또는 만료 후 해당 물품의 소유권을 이전받는 수입을 말한다. 주로 영세한 중소기업이 설비투자를 할 때 이러한 방법을 사용하며 임차한 시설을 사용하여 생산한 제품을 임대인에게 수출하는 조건으로 거래하는 경우가 많다.

6) 연계무역

① 동일한 거래당사자간에 수출과 수입이 연계된 무역거래로서 대응구매기간, 대금청산의 형태, 교환되는 상품과의 관계 등에 따라 물품교환, 구상무역, 대응구매, 제품환매 등의 형태로 이루어지는 수출입을 말한다.

② 물물교환(Barter Trade): 환거래가 발생하지 않고 상품을 1:1로 교환하는 무역이다.

③ 구상무역(Compensation Trade): 원칙적으로 수출 수입거래를 하나의 계약서로 작성하며 환거래가 발생하고 대응수입의무를 제3국으로 전가할 수 있는 거래로서 통상 Back to Back L/C, Escrow L/C, Thomas L/C 등 특수신용장을 이용한다.

④ 대응구매(Counter Purchase): 대응수입계약조건에 따라 수출액의 일정비율에 상당하는 상품을 대응수입해야 한다는 점에서 구상무역과 비슷하나 수출과 수입이 별도의 계약서나 신용장에 의해 이행된다는 점이 다르다.

⑤ 제품환매(Buy Back): 플랜트, 기술 등의 수출에 대응하여 그 설비나 기술로 생산되는 제품을 수입하는 방식(Buy Back Deal)과 자본참여, 판매망 제공 등 수출자가 수입자의 사업에 참여하는 합작투자(Joint Venture)방식이 있다.

7) 중계무역

① 수출할 것을 목적으로 물품 등을 수입하여 관세법 제154조에 따른 보세구역 및 같은 법 제156조에 따라 보세구역외 장치의 허가를 받은 장소 또는 자유무역지역의 지정 등에 관한 법률 제4조에 따른 자유무역지역 이외의 국내에 반입하지 아니하고 수출하는 수출입이다.

② 자국상품의 공급능력에 한계가 있을 때 최초 수출국에서 상품을 수입하여 이를 또 다른 제3국에 수출함으로써 지속적으로 해외시장을 관리하고자 할 때 이용한다.

③ 중계국에서 환적하는 경우는 중계자가 최초수출자와 최종수입자 어느 일방이 상대방에게 알려지기를 원하지 않을 때 원수출자를 노출시키지 않기 위하여 처

음 발행된 B/L을 발행자(대리인)에게 제시하고 Shipper를 중계자로 교체하여 발급받은 Switch B/L을 이용하기도 한다.

④ 중계무역에서는 중간상인이 계약당사자로서 매매차익(가득액)을 목적으로 거래에 개입하지만, 중개무역은 중간상인이 최종수입자나 최초수출자의 대리인으로서 중개수수료만을 목적으로 한다.

8) 외국인수수입

① 수입대금은 국내에서 지급되지만 수입물품 등은 외국에서 인수하거나 제공받는 수입을 말한다.

② 산업설비수출, 해외건설, 해외투자, 위탁가공무역 등에 필요한 기자재 또는 원자재를 외국에서 수입하여야 할 경우 운송시간과 경비를 절감하기 위하여 수입대금은 국내에서 지급하고 물품은 곧 바로 해외 현장에서 인수하고자 하는 경우에 이용되는 거래이다.

9) 외국인도수출

① 수출대금은 국내에서 영수하지만 국내에서 통관되지 아니한 수출물품 등을 외국으로 인도하거나 제공하는 수출을 말한다.

② 이 방식은 산업설비수출, 해외건설, 해외투자 등 해외사업현장에서 필요한 기자재 등을 외국인수수입형태로 구입하여 사용한 후 국내로 반입하지 않고 다시 매각할 때 또는 항해중이거나 어로작업중인 선박을 현지에서 매각하는 경우 등에 사용한다.

10) 병행수입제도

(1) 의의

병행수입(Parallel import or Gray import)은 상표를 등록한 상표권자나 상표권자로부터 상표 사용권을 얻은 전용 사용권자가 있더라도 외국에서 적법하게 부착되어 유통되는 진정상품이며 일정요건이 되는 경우에는 제3자가 국내로 수입할 수 있도록 허용하는 제도이다.

하지만 병행수입은 모든 상표에 허용되는 것이 아니라 일정한 기준에 따라 제한적으로 허용되고 있어 사전에 세관에 수입하고자 하는 물품의 상표가 병행수입이 허용되는지 여부를 확인해야 한다. 또한 병행수입이 허용되는 상표라 하더라도 해외에서 적법한 권리자가 상표를 부착한 물품의 경우에만 허용되기 때문에 물품계약시 위조상품여부를 분명히 확인하여야 한다. 허용기준과 금지기준은 다음과 같다.

(2) 병행수입 허용기준과 금지기준

가. 허용기준

① 국내외 상표권자가 동일인이거나 계열회사 관계(주식의 30%이상 소유하면서 최다 출자자인 경우), 수입 대리점 관계 등 동일인으로 볼 수 있는 관계가 있는 경우

② 외국의 상표권자와 동일인 관계에 있는 국내 상표권자로부터 전용사용권을 설정받은 자가 국내 외국상표권자와 동일인 관계가 있는 경우

③ 외국 상표권자와 동일인 관계에 있는 국내 상표권자로부터 전용 사용권을 설정받은 국내전용 사용권자가 국내외 상표권자와 동일인 관계에 있지 아니하지만 당해 상표가 부착된 물품을 국내에서 제조·판매함은 물론 해외에서 수입도 하는 경우

나. 금지기준

① 국내외 상표권자가 동일인 관계가 아닌 경우

② 동일인 관계에 있는 국내외 상표권자로부터 전용사용권을 설정받은 전용사용권자가 국내외 상표권자와 동일인 관계에 있지 아니하고 당해 상표 부착물품을 국내에서 전량 제조·판매만 하는 경우(수입도 하는 경우 제외)

11) 남북한 교역

① 남한과 북한과의 거래는 국가간의 거래가 아닌 민족내부의 거래로 보아(남북교류협력에 관한 법률 제12조) 수출·수입이란 용어 대신에 반출·반입이라는 용어를 사용하고 있다.

② 남한과 북한간의 물품, 대통령령으로 정하는 용역 및 전자적 형태의 무체물의 반출·반입을 교역이라 하며(동 법률 제2조 제2호), 매매, 교환, 임대차, 사용대차, 증여 등을 원인으로 하는 남·북간의 물품이동(단순히 제3국을 경유하는 물품이동 포함)을 반출·반입이라 한다(동 법률 제2조 제3호).

③ 물품 등을 반출하거나 반입하려는 자는 대통령으로 정하는 바에 따라 그 물품 등의 품목, 거래형태 및 대금결제방법 등에 관하여 통일부장관의 승인을 받아

야 한다. 승인을 받은 사항 중 대통령령으로 정하는 주요 내용을 변경할 때도 또한 같다(동 법률 제13조 제1항).

④ 남북한 교역을 하려고 북한주민과 접촉하려는 남한주민 및 재외국민은 사전에 통일부의 승인을 받아야 하며, 접촉결과를 접촉 후 10일 이내에 통일부장관에게 보고하여야 한다.

위의 규정과 같이 남북한 교역은 그 특수성을 인정하여 대외무역법의 적용을 받지 않고 남북교륙협력에 관한 법률의 적용을 받고 있으며 이 법률은 대외무역법에 우선하여 적용되는 특별법의 성격을 갖고 있다.

제3편

무역계약의 성립

제5장 무역계약의 성립과정
제6장 무역계약서
제7장 무역계약의 기본조건
제8장 무역관습의 정형화

무역계약의 성립과정

1. 국내매매계약과 국제매매계약

국제간의 매매계약은 매도인과 매수인 사이에 물품의 매매에 대하여 합의를 하였을 때 성립한다. 어떤 매매계약이 국제매매계약에 해당하는가는 반드시 정한 것은 없지만 통상은 영업소가 각기 다른 나라에 존재하는 매도인과 매수인 사이의 매매를 지칭하여 국제매매라 부르고 있다.

국제물품매매계약에 관한 유엔협약은 이점에 대하여 영업장소가 다른 나라에 있는 당사자사이의 물품매매계약을 국제매매라고 규정하고 있다(협약 제1조).

국제물품매매계약은 일반적으로는 매매관계 당사자의 복잡한 절충교섭을 경과한 후에 성립에 이르는 경우가 많다. 통상 상대방 당사자의 신용조사를 하고 신용조사의 결과가 양호하면 매도인이 상대측 당사자인 매수인에 대하여 견본, 카탈로그, 가격표 등을 송부하면서 매도청약을 하는 것이 통상적인 거래 개시의 모습이다. 또 매수인이 물품의 평판 등을 알아 역으로 매도인에게 매수청약을 하여 거래를 시작하는 경우도 있다. 청약은 항공우편, 이메일, 텔렉스, 팩스, 국제전화, 직접 면담 등에 의한다. 때문에 국제물품매매계약의 성립에 있어서 문제가 되는 것은 청약의 구속력 및 승낙의 효력발생시기 등의 계약성립에 관한 각국의 법제가 다르다는 점이다.

매매계약이 유효하게 성립하기 위해서는 여러 가지 요건이 필요하지만 그 요건 가운데 계약성립 자체에 관한 문제, 예컨대, 청약의 구속력, 승낙의 효력발생시기, 의사표시의 하자 등에 관한 내용이 문제가 되어 분쟁이 발생하는 경우에는 종래와 같이 당사자자치의 원칙에 따르고 계약의 준거법에 따르는 것에 대하여도 문제가 없고 제외국에 있어서도 지지되고 있다.

2. 청약

국제매매계약은 매도인과 매수인 사이에 물품의 매매에 대하여 합의가 될 때 성립한다. 법률적으로는 계약의 성립에는 당사자 의사의 합치가 필요하다. 일반적으로 당사자 일방이 계약의 청약을 행하고 다른 당사자가 그것을 승낙함으로써 계약이 성립한다.

2.1 청약의 의미

청약(offer)이란 청약자(offeror)가 피청약자(offeree)에 대하여 계약을 체결하고 싶다는 취지의 의사표시로서 그 의사표시에 대한 무조건의 승낙(acceptance)이 있었던 때에 계약을 성립시키고 이에 구속된다고 하는 확정적 의사표시이다. 청약이라고 하기 위해서는 승낙이 된 경우 계약으로서의 내용을 결정하는 것이 가능할 정도로 내용이 확정되어 있어야 한다. 적어도 물품매매계약에 있어서는 목적물인 물품외에 수량, 가격을 정하고 있는 것이 필수조건이다.

유엔협약에는 이점에 대하여 청약에 관한 3가지의 요건을 규정하고 있다. 약인도 특별의 방식도 필요한 것은 아니다.

① 청약은 계약을 체결시키려는 제안이어야 한다.
② 승낙이 있으면 그것에 구속된다는 의사를 나타낸 것이어야 한다.
③ 충분히 명확해야 한다. 라고 되어 있다.

이 명확에 대해서는 물품에 대한 기술, 수량, 가격을 조건으로 하고 있으며 물품에 대해서는 물품이 기재되어 있으면 충분하고 수량과 가격에 대해서는 이들이 명시적 또는 묵시적으로 결정되던가 또는 결정을 위한 조항이 정해져 있으면 명확하게 된다(유엔협약 제14조 1항).

현실상거래에서는 그러기 때문에 업종에 따라서 대상물품의 성질, 거래의 관행, 청약자와 피청약자의 거래관계 및 청약자의 의사표시의 모습 등에서부터 물품의 인도시기, 인도방법 및 대금의 지불방법 등을 정하는 것이 필요하다는 점을 주의해야 한다. 또 유의해야 할 점은 청약과는 구별되는 청약에의 유인(invitation to offer)이다. 견적이 그 전형적인 예이다. 청약의 요소는 승낙하면 계약을 성립시킨다고 하는 확정적 의사표시이다. 따라서 청약의 유인은 이 요소를 결한 것으로 청약과 구별된다. 따라서 청약의 유인에 대하여 상대방이 이에 응한 의사표시를 한 경우에는 그 의사표시가 청약이 되고 청약의 유인을 한 자는 이것을 승낙함으로써 계약을 성립시키는 것이 가능하다.

현실문제로서 청약과 청약의 유인을 구별하는 것이 어려우며 구체적 사안에서 거래관행을 고려하여 판단해야 한다.[2)]

2.2 청약의 종류

청약의 종류에는 청약의 기간을 명시하지 아니한 청약을 free offer라 부르며 청약의 기간을 명시한 청약을 firm offer라 부른다. 청약의 내용에 변경을 가한 또는 청약에 여러 가지 조건을 붙여 승낙을 행한 경우의 청약을 반대청약(counter offer)이라 부른다.

그 외 청약의 종류로서는 시황의 변동에 따라서 수시로 그 조건을 변경하는 것을 인정하는 청약으로서 실질적으로는 청약의 권유에 지나지 않는 불확정청약(offer without engagement), 시황의 변동이 심할 때 피청약자가 그 청약을 승낙해도 계약이 성립되지 않고 청약자가 그것을 확인해야 비로소 계약이 성립하는 것을 조건으로 하는 확인조건부청약(offer subject to confirmation), 어떤 한정된 수량의 물품에 대하여 동시에 다수의 매수인 앞으로 청약을 하고 물품의 매진과 동시에 청약의 효력도 소멸하는 선착순매매조건부청약(offer subject to prior sale) 및 재고판매부조건(offer subject to being unsold), 잔품이 있을 때에는 청약자가 그것을 인취하는 것을 조건으로 한 반품허용조건부청약(offer on sale or return) 등의 여러 가지 청약이 있다. 국제거래에서 매매계약을 성립시키기 위하여 매도인측이 판매의 의사표시를 하는 청약을 매도청약(selling offer)이라 부르고 매수인측이 매도인에게 구매

2) Clive M. Schmitthoff, Export Trade : the Law and Practice of International Trade(9th ed.), 1990, p.88.

의 의사표시를 하는 청약을 매수청약(buying offer) 또는 주문(order)이라고 부른다.

2.3 청약의 효력

1) 청약의 효력발생시기

청약은 그 통지가 상대방에게 도달한 때 효력을 발생한다는 도달주의 원칙이 우리나라 민법 등 각국법제의 공통된 의견이다(우리 민법 제111조 제1항, 유엔협약 제15조 제1항).

2) 청약의 유효기간

청약은 상대방의 승낙에 의하여 계약이 성립하기 때문에 대부분의 청약은 청약시에 유효기간을 명시하고 있으며 이 유효기간은 청약자가 자유로 정한다.

(1) 우리 민법은 유효기간을 중심으로 승낙기간을 정한 청약은 그 기간내에(제528조 제1항), 승낙의 기간을 정하지 아니한 청약은 상당한 기간내에(제529조) 이를 철회하지 못한다고 규정하고 있다.

(2) 유엔협약은 ① 승낙을 위하여 확정된 기간을 명시하거나 기타의 방법으로 취소불능임을 명시하고 있는 경우 ② 피청약자가 청약을 취소불능임을 믿는 것이 합리적이고, 피청약자가 청약을 신뢰하여 행동한 경우 등은 청약이 취소될 수 없다고 규정하고 있다(유엔협약 제16조 제2항). 이 청약의 취소(Revocation)가 청약의 효력발생 후 그 효력을 소멸시키는 것이라면, 청약의 효력이 발생하기 전에 효력을 중지시키는 것을 청약의 철회(Withdrawal)라고 하는데 청약은 취소불능이라도 철회의 통지가 청약의 도달전이나 동시에 도달하면 이를 철회할 수 있다고 규정하고 있다(제15조 제2항).

3) 청약의 주요 내용

① 품명(Commodity Name) ② 규격(Grade or Specification) ③ 원산지(Origin) ④ 유효기간(Validity) ⑤ 선적일(Shipping Date) ⑥ 포장방법(Packing Method) ⑦ 수량(Quantity) ⑧ 단가(Unit Price) ⑨ 대금결제방법(Payment) ⑩ 기타 물품검사, 환적, 클레임, 분쟁해결방법 등 여러 가지가 있으나 오퍼상에 꼭 명시되어야 하는 것은 아니다.

DAESUNG INDUSTRIAL CO., LTD

Manufacturers, Expoters & Importers
#146-1, SOOSONG-DONG, CHONGRO-KU,
SEOUL, KOREA

C.P.O.BOX : 7917 SEOUL
CABLE : FONECA SEOUL
TELEX : DESCO K24416

TEL 735/5671
732/1985
733/8194

OFFER SHEET

Messrs. OKAMOTO INDUSTRIES INC.

Offer No. DS01227
Date. DEC. 27, 2007

Gentleman :

We are pleased to offer you the following

Origin : REPUBLIC OF KOREA
Shipment : WITHIN 45 DAYS AFTR RECEIPT OF YOUR L/C.
Shipping Port : BUSAN, KOREA
Payment Terms : BY AN IRREVOCABLE AT SIGHT L/C TO BE OPENED IN OUR FAVOR.
Validity of Offer : BY JAN. 31. 2008

Item	Commodity & Description		Quantity	Unit Price	Total Amount
			CIF YOKOHAMA, JAPN/PC		
	AUTOMOBILE TUBES				
	SIZE	VALVE			
	550-13	TR13	2,100 PCS	@US$ 1.80	US$3,780.00
	600-14	TR13	3,900 PCS	1.90	7,410.00
	TOTAL :		6,000 PCS		US$11,190.00
	***********************************		*************	*************	*************

Very truly yours,

Accepted by : ____________________

DAESUNG INDUSTRIAL CO., LTD.

Date of acceptance ________________

____

3. 승낙

3.1 승낙의 의미

승낙은 피청약자가 청약자의 내용에 따라 계약을 성립시키는 취지의 의사표시를 하는 것을 말한다. 청약에 대하여 승낙이 있고 그 의사표시의 합치에 의하여 계약이 성립한다. 이 점에 대하여 유엔협약은 청약에 동의를 나타내는 피청약자의 진술, 기타 행위는 승낙으로 한다(유엔협약 제18조 제1항)고 명확하게 규정하고 있다. 즉 승낙의 내용이 청약의 내용과 일치하는 것이 필요하며 계약성립을 위한 내용의 일치에 관하여는 영미법에서 경상의 원칙(mirror image rule)이라 부르는 원칙이 있다. 이것은 계약이 성립하기 위해서는 청약에서 언급한 조건과 승낙에서 언급한 조건이 거울에 비친 모습과 같이 완전히 일치해야 한다는 원칙이다.

그러나 유엔협약은 영미법의 경상의 원칙을 대폭 수정하고 있다. 즉, 유엔협약은 원칙적으로 우리 민법 제534조와 같이 승낙을 의도한 청약에 대한 응답으로서 청약에 부가, 삭제 기타의 변경을 가하고 있는 것은 청약에 대한 거절이면서 새로운 청약을 한 것으로 본다(유엔협약 제19조 제1항)고 규정하고 있다. 그러나 청약에 대한 응답으로서 승낙을 의도하여 청약에 부가조건 또는 상이한 조건을 가한 경우에도 청약의 조건을 실질적으로 변경하지 아니한 경우에는 그 응답은 승낙으로 한다(제19조 제2항 제1문). 다만 청약자가 지체없이 구두로 그 상위에 대하여 이의를 제기하거나 또는 그러한 취지의 통지를 발송한 때에는 승낙으로 보지 않는다(제19조 제2항 제2문). 청약자가 아무런 이의를 제기하지 아니한 경우에는 청약의 조건이 승낙의 조건에 의하여 변경된 것으로 한다(제19조 제2항 제3문).

위에서 청약의 내용을 실질적으로 변경하는 청약은 가격, 결제, 물품의 품질과 수량, 인도시기와 장소, 타방에 대한 일방의 책임의 범위, 분쟁의 해결 등에 관한 추가 혹은 상이한 내용 등에 관한 것이다(유엔협약 제19조 제3항).

3.2 승낙의 효력

우리나라에서는 승낙의 효력발생시기에 대하여 청약의 효력발생시기와는 달리 발신주의를 취하고 있다. 즉, 격지자간의 계약은 승낙의 통지를 발송한 때 성립한다(민법 제531조)고 규정하고 있다. 이 원칙은 계약의 성립을 바라는 당사자 사이에 되도록 빨리 계약을 성립시키는 것이 거래계의 요구에 부합하고 또한 당사자에게 어떤 불이익도 주지 않는다는 데서 인정한 의사표시에 관한 일반원칙(민법 제111조 제1항: 도달주의)의 예외인 것이다. 일본 민법(제526조 제1항)도, 영국법, 미국법도 발신주의를 취하고 있다. 다만 독일 민법은 도달주의를 택하고 있다. 때문에 유엔협약은 승낙의 효력에 대한 각국 법제의 차이에서 오는 문제가 발생하지 않도록 청약에 대한 승낙은 동의의 의사표시가 청약자에게 도달함과 동시에 그 효력을 발생한다(제18조 제2항)고 규정하고 있다. 실무상으로는 청약을 할 때 승낙의 효력발생에 대하여 다음 예문과 같이 명시하여 두는 것이 바람직하다.

"We offer firm subject to your reply received here by the end of March, 2010."

지연된 승낙에 대해서는 우리나라 법(민법 제530조)과 같이 지연된 승낙이 있어도 청약자가 지체 없이 승낙으로서의 효력을 가진다는 취지를 구두로 상대방에게 알린 때 또는 그 취지의 통지를 발신한 때 승낙의 효력을 가진다(유엔협약 제21조 제1항)고하고 청약자가 통상의 상황이면 그 기간내에 청약자에게 도달할 수 있었던 상황에서 승낙을 발송한 것이 인정되는 경우에는 지연된 승낙이라도 승낙으로서 효력을 가진다. 단 청약자가 지체없이 피청약자에 대하여 청약의 효력을 상실하였다는 뜻을 구두로 통지하거나 또는 그 뜻의 통지를 발송한 때에는 그러하지 아니한다(유엔협약 제21조 제2항)고 규정하고 있어 유의할 필요가 있다.

4. 서식의 전쟁

국제물품매매는 통상 청약과 승낙에 의하여 성립하며 그 경우에는 청약의 내용과 승낙의 내용이 완전히 일치해야 한다. 소위 경상의 원칙(mirror image rule)이다.

현실의 국제물품매매거래에서는 종종 교섭의 결과 물품명 및 품질, 가격, 수량, 인도시기, 결제방법 등의 주요한 조건 소위 매매계약의 기본조건에 관하여 합의에 도달하여 계약서에 서명하는 단계가 되면 교섭의 과정에서는 없었던 여러 가지 조건이 추가된 계약서가 각각의 당사자로부터 제시되는 경우가 흔히 있다. 이들 계약서에는 일반적으로 자사에 유리한 여러 가지 면책조항 및 중재조항과 같은 분쟁

처리조항이 인쇄되어 있다. 이들 조항은 일방적으로 자사에 유리한 것이 통례이다. 또 청약자가 자사에 유리한 내용을 인쇄한 계약서 및 주문서를 사용하여 피청약자에게 청약을 하면 이에 대하여 피청약자는 승낙의 취지를 피청약자에게 유리한 내용을 인쇄한 주문확인서를 사용하여 통지를 하는 일이 발생하기도 한다. 이와 같이 상호간에 내용이 다른 계약서 및 확인서를 사용하는 것을 서식의 전쟁(battle of forms)이라 부르고 있다.

무역계약서

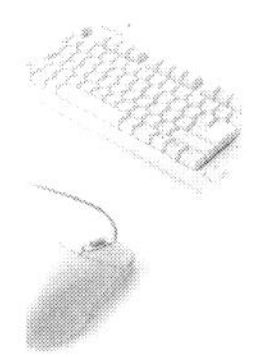

1. 무역계약서의 의의

국제상거래는 매매계약에서 합의한 사항을 확인하기 위한 목적으로 매매계약서를 작성, 교환한다. 무역계약은 불요식계약이므로 반드시 문서로 작성되어야 할 의무는 없지만 국가간의 상관습, 준거법, 법률 등의 상위로 인하여 계약 성립 후에 여러 가지 문제가 나타날 수 있으므로 계약체결시에 미리 이러한 분쟁을 방지하기 위하여 계약서를 명확하게 작성하여 두는 것이 바람직하다.

2. 계약서 작성시의 유의사항

1) 합의 내용의 명확화와 증거

국제거래에서는 종교, 풍속, 관습, 언어, 문화, 사회, 법률 등이 상이하기 때문에 국내거래에 비하여 구두합의만으로는 오해와 분쟁이 생기기 쉽다. 그러므로 계약서 작성시 계약의 내용을 명확히 하고, 증거로서 서면으로 작성하는 것은 후에 계약의 이행과정이나 계약으로 인한 분쟁 발생시에 유용하게 대처할 수 있다.

2) 임의 결정의 배제

한국과 같은 대륙법계의 나라에는 제정법이 있다. 그러한 법률은 보통 당사자의 합의가 있더라도 그 규정의 내용을 바꿀 수 없는 강행법규이다. 이외 당사자의 합의에 의하여 다른 것으로 바꿀 수 있는 임의법규가 있다. 그러나 임의법규라 해도 당사국의 강행법규에 반하게 되면 그 계약은 무효가 된다. 따라서 강행법규에 반하는 내용을 피하여 계약서를 작성하여야 한다.

3. 국제계약의 구속성 요건과 관련용어

3.1 국제계약의 구속성 요건

1) 청약과 승낙

청약이란 청약자가 상대방이 승낙할 경우에 계약을 무조건 체결하겠다는 확정적 의사표시이다. 그러한 의사표시에 상대방이 승낙을 함으로써 매매계약은 성립하게 되고, 양 당사자는 계약에 구속되는 것이다.

2) 현실적 동의

계약은 법적 성질인 불요식성 즉 구두계약에 의하여도 계약이 성립하게 된다. 그러나 현실적인 동의를 구하는 서명 및 날인으로 계약은 계약당사자들을 법적으로 명확하게 계약의 증거를 남기게 되는 것이다. 이는 후에 법원의 제출 요구시에 계약 체결의 증거역활을 하게 된다.

3) 약인(consideration)

영미법에서는 유효한 계약이 성립되기 위해서는 법정방식에 의해 행해졌거나 법정방식이 아닌 경우 약인이 수반된 것이어야 한다. 따라서 불요식계약의 경우 약인이 필요한데, 약인이란 약속과 교환하여 약속자가 받는 권리·이익·이윤·편의 또는 수약자가 부담하는 부작위·불이익·손실의무 또는 이러한 것들의 약속을 말한다.

① 약인의 요건으로는 법률상 가치가 있는 것이고, ② 현재, 미래의 작위, 부작위이어야 하고, ③ 적법한 것이어야 하며, ④ 수약자에 의하여 제공되는 것이어야 한다.

4) 적법성

계약을 체결함에 있어서는 당사국의 강행법규 또는 기타의 정책적인 것에 반하지 않아야 한다. 또한 사행성 그리고 강박에 의한 계약의 체결은 무효가 된다.

5) 계약체결능력

계약의 체결에 있어서는 당해 계약을 이행할 수 있는 행위능력을 갖춘 자 등에 의한 계약이 되어야 한다. 예를 들어 우리나라에서는 미성년자 또는 금치산자, 한정치산자에 의한 계약은 무효로 보고 있다.

6) 서면계약

위의 6가지 요소들을 모두 충족하고 있다면 그 형식이나 제목에도 불구하고 그 거래의 내용이나 조건의 약속은 법적으로 '강제가능하다'라고 볼 수 있다. 따라서 회의록(Meeting Minutes)이나 증서(Letter), 의향서(Letter of Intent), 양해각서(Memorandum of Understanding) 등도 위의 6가지 요소를 모두 갖추고 있고 합의의 구체적 내용이 있다면 이들도 구속력 있는 계약서의 일종이라고 볼 수 있다.

3.2 주요 용어

1) 회의록(Meeting Minutes)

회의록은 국제계약 체결을 위한 협상의 과정에서 당사자간의 협의 또는 합의된 결과를 기록함으로써 협상의 진행을 촉진하고 합의사항에 대한 명시적 증빙을 유지하는데 필요하다. 한편으로는 작성된 회의록을 검토하고 서명하는 과정에서 국제간의 의사소통에서 야기될 수 있는 오류 및 실수를 사전에 발견, 수정함으로써 당사자간의 진정한 의사합치를 재확인하는데 유용하다. 회의록의 작성과 검토, 수정 등이 완료되면 회의 참석자 전원 또는 대표자의 합의서명 등을 받아 두어 협상의 효율적 진전 및 기존 합의사항에 대한 거래 안전장치로서의 기능을 발휘하도록 하는 것이 중요하다.

2) 의향서(Letter of Intent: LOI)

의향서는 ① 어느 일방 당사자의 입장, 의도, 결정 등을 타방 당사자에게 전하기 위하여 ② 특정 계약의 최종협상에 앞서 내부의 통일적 의사를 정리, 확인하기 위하여 ③ 자금조달 용도의 구비서류로서 관련 금융기관에 제시하기 위하여 ④ 필요한 정부인가 등을 위한 내인가 또는 사전협의, 조정 용도의 문서 등의 용도에 필요하다.

LOI에 기인한 법적구속력이나 강제가능성을 배제하고자 하는 당사자는 회의록과 같이 이에 상응하는 사전 장치를 강구해 두어야 한다.

3) 양해각서(Memorandum of Understanding: MOU)

양해각서는 특정사안에 대한 비공식적인 비망록 혹은 기록문서로서 위의 의향서와 같은 의미와 정식 계약에 관련된 이면적 합의사항을 규정하는 경우의 2가지로 나눌 수 있다.

의향서와 같은 경우의 용도라면 정식계약의 체결에 앞서서 예비적으로 일정 사항의 의사합치를 규정하는 것이 주안점이고 이면적 약속이 중심일 경우라면 정식계약에서 공식적으로 규정하고 있는 것과는 상충 또는 저촉되는 것이 주요 내용을 이루게 된다.

이면적 합의를 나타내는 MOU에 있어서 특히 유의해야 할 사항은 이러한 MOU와 본 계약 일반조항의 완전합의조항(entire agreement clause)과의 관계이다. 즉 완전합의조항에도 불구하고 이러한 MOU가 효력을 갖기 위해서는 MOU의 날짜가 완전합의조항을 포함하는 본 계약의 체결일보다 후일이어야 한다는 것이다.

예비적 합의 성격의 MOU에 있어서도 당해 MOU에서 규정하고 있는 내용 및 조건들이 대부분 본 계약으로 이행되는 것이 현실인 만큼 명칭이 비록 MOU일지라도 본 계약서를 검토·작성하는 자세로 임하는 것이 바람직하다.

4) 위임장(Power of Attorney)

회사의 특정업무상 행위(계약의 체결, 협상의 수행, 대금의 수령 등)에 관한 권한을 대표자가 수임인에게 위임함으로써 그 수임인이 유효한 법률행위(계약의 체결 등)를 할 수 있도록 하는 문서가 위임장이다. 위임장은 수임인이 원래부터 아예 자신의 권한이 없는 사항 또는 자신의 통상적인 업무 범위나 권한을 벗어나는 사항에 대하여 회사를 대신하여 유효한 법률행위를 하고자 할 경우에 필요한데 통상적으로 다음과 같은 경우에 위임장을 작성하여 휴대한다.

① 계약체결 능력·권한 등에 의심을 갖는 상대방이 요구하는 경우
② 계약체결 등의 유효성 확인을 위하여 정부기관 등 제3자가 요구하는 경우
③ 실질적인 협상이 가능할 수 있도록 휴대인이 자신의 권한을 증명할 필요가 있는 경우

4. 무역계약서의 내용

계약서를 작성하는 경우에는 어떠한 양식의 제한은 없지만, 일반적으로 국제상 거래상의 계약의 체결에 있어서는 그 내용을 명확히 하여야 한다. 따라서 계약서의 작성요령과 계약서의 구성에 관하여 충분히 습득하여 계약서를 작성하여야 한다.

무역계약을 체결하는 방법은 두 가지가 있다. 하나는 거래가 성립될 때마다 작성하는 개별계약방법과 다른 하나는 통상 동일한 거래상대방과 계속 반복거래를 위해 일반협정을 체결하고 필요시마다 거래건별로 청약서나 주문서를 교환함으로써 무역계약을 확정하는 포괄계약방법이다.

개별계약서는 표면조항과 이면조항으로 구성되어 있다.

표면조항은 거래시마다 확정하여야 하는 개별약정사항들이다. 물품의 품질, 수량 및 가격, 선적일자, 결제방법, 보험조건 등이 이에 해당한다. 이면조항은 무역에 관한 일반약정(general terms and conditions)으로서 무역계약의 체결 당사자의 지위, 품질에 대한 검사, 수량, 가격 및 선적조건 등 개별약정사항을 해석하는 기준과 불가항력, 클레임, 중재 및 준거법조항 등 계약불이행과 관련하여 무역거래시 일반적으로 적용되는 공통사항으로 구성되어 있다.

포괄계약방법은 매거래시마다 건별로 수출입계약을 체결함에 따른 번거로움을 피하는데 적합한 방법으로써 무역거래 당사자는 향후 수출입거래준칙에 해당하는 일반거래조건협정을 미리 교환한 후 거래건별로 청약이나 주문을 확정하는 방법이다. 개별거래시에는 포괄계약에서 정한 방법에 따라 청약서나 주문서를 교환함으로써 무역계약을 확정한다.

1) 계약서의 전문(non-operative part)

① 표제
② 일자(Date)
③ 당사자(Parties)
④ 설명조항(Whereas Clause)

2) 계약서의 본문

① 정의조항(Definition Clause)
② 품명(Products)
③ 수량(Quantity)
④ 품질(Quality)
⑤ 가격(Prices)
⑥ 검사(Inspection)
⑦ 지급(Payment)
⑧ 선적(Shipment)
⑨ 포장 및 하인(Packing and Marking)
⑩ 해상보험(Marine Insurance)
⑪ 품질보증 및 하자담보(Warranty)
⑫ 지적재산권(Patents, Trademarks, etc.)
⑬ 클레임(Claim)
⑭ 중재(Arbitration)
⑮ 계약위반과 구제(Breach and Remedies)
⑯ 불가항력(Force Majeure)
⑰ 계약의 양도(Assignment)
⑱ 정형거래조건 및 준거법(Trade terms and Governing Law)
⑲ 계약의 수정·변경(Amendments)
⑳ 재판관할(Jurisdiction)
㉑ 통지(Notice)
㉒ 비밀유지(Secrecy)

㉓ 계약기간(Duration)

㉔ 계약종료(Termination)

㉕ 완전합의조항(Entire Agreement)

3) 계약서의 말미

① 말미문언

② 서명

③ 날인

Sales Contract

ABC CO., LTD

Address

Tel :

Fax :

E-mail :

SALES CONTRACT

ABC CO., LTD., as seller, hereby confirms having concluded the sales contract with you(your company), as Buyer, to sell following goods on the date and on the terms and conditions hereinafter set forth. The Buyer is hereby requested to sign and return the original attached.

MESSRS	CONTRACT DATE		CONTRACT NO.
COMMODITY DESCRIPTION	QUANTITY	UNIT PRICE	AMOUNT

Time of Shipment :
Port of Shipment :
Port of Destination :
Payment :
Insurance :
Packing :
Special Terms & Conditions :
Subject to the general terms and conditions set forth on back hereof :

Marking

Accepted by
(Buyer)

(Signature)
(Name & Title)
Date

ABC CO., LTD.
(Seller)

(Signature)
(Name & Title)
Date

GENERAL TERMS AND CONDITIONS

All business hereunder shall be transacted between Buyer and Seller on a principal to principal basis and both parties agree to the following terms and conditions :

(1) Quantity : Quantity shall be subject to a variation of 5 % plus or minus at seller's option.

(2) Shipment : Date of bill of lading shall be taken as conclusive of the date of shipment. Partial shipment and/or transhipment shall be permitted.
If shipment is prevented or delayed in whole or in part, by reason of Force Majeure such as acts of God including but not limited to fire, flood, typhoon, earthquake, or riots, wars, hostilities, governmental restrictions, trade embargoes, strikes, lockouts, labour disputes, boycotting of Korean goods, unavailability of transportation or any other causes beyond seller's control, then, seller may, at his option, perform the contract of the unfulfilled portion hereof within a reasonable time from the removal of the cause preventing or delaying performance, or rescind unconditionally and without liability this contract or the unfulfilled portion hereof.

(3) Payment : Irrevocable and confirmed letters of credit negotiable at sight draft shall be established through a prime bank satisfactory to seller immediately after conclusion of contract with validity of at least 15 days after the last day of the month of shipment for negotiation of the relative draft. The amount of such letter of credit shall be sufficient to cover the contract amount and additional charges and/or expenses to be borne by the buyer. If buyer fails to provide such letter of credit, seller shall have the option of reselling the contracted goods for buyer's account, holding the goods for buyer's account and risk, and/or cancelling the contract and claiming for damages caused by buyer's default.

(4) Inspection : The inspection of quantity shall be done according to the export regulation of the Republic of Korea as final. Should any specific inspector be designated by the buyer, all additional charges thereby incurred shall be borne by the buyer and shall be added to the invoice amount, for which the letter of credit stipulates accordingly.

(5) Price : The price stated in the contract is subject to change and the actual price to be paid will be that of seller's current price list ruling at the time of dispatch of the goods. Seller shall notify buyer in writing or by fax or e-mail any revised price which shall be applied to goods still to be shipped, unless buyer cancels in writing or by fax or e-mail undelivered balance within 15 days from such notification Unless otherwise specified, prices shall be quoted in US Dollars on CIF New York basis,

(6) Insurance : In case of CIF or CIP basis, 110% of the invoice amount, will be insured unless otherwise agreed. All shipment shall be covered on ICC(A) including War Risks.
Any additional premium for insurance coverage over 110% of the invoice amount, if so required, shall be borne by buyer and shall be added to the invoice amount for which the letter of credit shall stipulate accordingly.

(7) Force Majeure : Seller shall not be responsible for non delivery or delay in delivery resulting from causes beyond its control. In the event of such an occurrence, seller may at its option either postpone delivery until removal of the causes, or cancel the balance of the order in the contract.

(8) Infringement: Buyer shall hold seller harmless from liability for any infringement with regard to patent, trade mark, design an/or copyright originated or chosen by buyer.

(9) Claim : Dispute, or complaint by buyer of whatever nature arising under this contract, shall be made in cable within 10 days after arrival of the cargo in the destination port. Full particulars of such claim shall be made in writing and forwarded by airmail so as to reach seller within 20 days after cabling. Buyer must submit with such particulars as public surveyor's report when the quality and quantity of merchandise is in dispute. Seller shall not under any circumstance be liable for indirect or consequential damages.

(10) Arbitration : All disputes, controversies, or differences which may arise between the parties out of or in relation to or in connection with this contract or for the breach thereof, shall be finally settled by arbitration in Seoul, Korea in accordance with the Commercial Arbitration Rules of the Korean Commercial Arbitration Board and under the Laws of Korea. The award rendered by arbitrator(s) shall be final and binding upon both parties concerned.

(11) Trade Terms : The trade terms used in this contract shall be governed and interpreted by the provisions of Incoterms 2010.

(12) Governing Law: This contract shall be governed in all respects by the laws of Korea.

IN WITNESS WHEREOF, the parties have caused this Agreement to be executed by their duly authorized representatives as of the date first above written :

For and on behalf of,	For and on behalf of,
By :	By :
Typed Name :	Typed Name :
Title :	Title :
________________	________________

5. 국제물품매매계약에 관한 유엔협약

5.1. 국제물품매매계약에 관한 유엔협약의 성립배경

국제물품매매계약에 관한 유엔협약은 국제연합국제무역거래법위원회(UNCITRAL: The United Nations Commission on International Trade Law)에 의해 1980년 3월 개최된 비엔나외교회의에서 정식으로 채택되었고 1988년 1월1일부터 발효되었다. 우리나라도 2005년 3월1일부터 발효되었다.

GDP나 교역규모면에서 세계 10위권에 이르고 있는 우리나라가 유엔협약에 가입함으로써 무역거래를 하는 무역업자들에게 준거법적용의 불안을 제거해 주기 때문에 유엔협약은 무역거래의 활성화에 크게 기여하리라 생각한다.

5.2. 유엔협약의 구성체계

제1편 적용범위와 총칙(제1조～제13조)

제1장 적용범위(제1조～제6조)

제2장 총칙(제7조～제13조)

제2편 계약의 성립(제14조～제24조)

제3편 물품의 매매(제25조～제88조)

제1장 총칙(제25조～제29조)

제2장 매도인의 의무(제30조～제52조)

제1절 물품의 인도와 서류의 교부(제31조～제34조)

제2절 물품의 적합성과 제3자의 권리주장(제35조～제44조)

제3절 매도인의 계약위반에 대한 구제(제45조～제52조)

제3장 매수인의 의무(제53조～제65조)

제1절 대금의 지급(제54조～제59조)

제2절 인도의 수령(제60조)

제3절 매수인의 계약위반에 대한 구제(제61조～제65조)

제4장 위험의 이전(제66조～제70조)

제5장 매도인과 매수인의 의무에 공통되는 규정(제71조～제88조)

제1절 이행기 전의 계약위반과 분할인도계약(제71조～제73조)

제2절 손해배상액(제74조～제77조)

제3절 이자(제78조)

제4절 면책(제79조～제80조)

제5절 해제의 효력(제81조～제84조)

제6절 물품의 보관(제85조～제88조)

제4편 최종규정(제89조～제101조)

무역계약의 기본조건

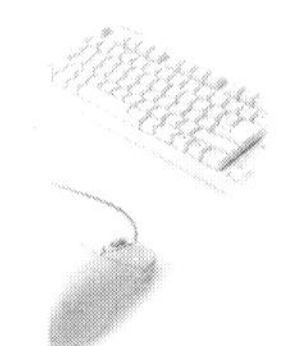

매매계약이 성립하기 위해서는 무역계약의 기본조건에 대한 합의가 필요하다. 따라서 무역거래에 있어서는 계약의 내용을 구체적으로 정하는 것이 대단히 중요하다. 통상 국제물품매매계약에 있어서는 품질, 가격, 수량, 포장조건 등 물품자체에 관한 조건과 인도, 결제 및 보험조건 등 계약이행에 관한 조건이 있다. 이밖에 불가항력, 중재, 준거법, 권리침해, 물품검사, 필요한 내용 등도 당사자간에 합의하여 계약조항에 포함시켜야 할 사항이다.

1. 품질조건

1.1 품질조건의 개념

계약이 성립하면 매도인은 계약에서 정한 품질대로의 물품을 매수인에게 인도해야 한다. 따라서 목적물인 물품의 품질을 매도인 매수인 사이에 명확히 해두어야 한다.

품질은 목적물품의 성질을 표시하는 방법에 의하여 결정된다. 그 목적물품의 품질을 결정하는 방법으로서는 통상 견본을 가지고 목적물의 품질을 표시한 견본매매(sale by sample), 표준물을 거래의 기초로서 매매가 이루어진 표준품매매(sale by standard), 일반적으로 또는 세계적으로 알려져 있는 상표 또는 통명을 사용하여 행하는 상표 또는 통명매매(sale by trade mark or brand), 재료, 구조, 성능 등에 대하여 상세하게 정한 사양서에 기초하여 품질을 결정하여 매매를 행하는 사양서매매(sale by specification), 규격이 국제적으로 공인되어 있을 때 그 규격을 표시하는 방법에 의해서 품질을 표시 결정하는 규격매매(sale by grade)가 있다. 견본매매 이외의 표준품매매, 상표매매 또는 통명매매, 사양서매매 및 규격매매를 설명매매(sale by description)라고 부른다. 무역계약 대상물품의 기본품질조건은 ① 품질결정방법 ② 품질결정시기 ③ 품질증명방법 등으로서 이를 계약서에 명기하는 것이 좋다.

1.2 품질의 결정방법

1) 견본매매(Sale by Sample)

견본매매는 견본에 의해 목적물의 품질을 표시결정하고 계약을 성립시키는 매매이다. 국제거래에서와 같이 격지자 사이의 거래에서는 계약성립에 앞서 거래물품 전체의 품질 및 형상을 검사하는 것은 불가능하다. 따라서 거래물품 품질검사를 위해서 사용하는 것이 견본이고 견본의 제공에 의해서 계약의 품질을 표시하고 매매를 실현시키는 방법인 것이다.

일반적으로 매매의 교섭은 보통 매도인 쪽에서 제시하는 견본에 기초하여 행하는 것이 통상이다. 매도인이 제공하는 견본을 매도인견본(seller's sample)이라 부르고 구입을 희망하는 물품을 제시하기 위해 매수인이 매도인에게 제시한 견본을 매수인견본(buyer's sample)이라고 한다. 제시된 견본에 대하여 거래의 상대방이 그 견본에 만족하지 못하고 제시자에 대하여 역으로 제출하는 견본을 반대견본(counter sample)이라고 한다.

견본매매에서는 제시된 견본과 인도된 실제의 물품과는 품질, 성능, 상태에 있어서 엄밀히 일치하는 것이 요구된다. 따라서 견본과 현품이 상이한 경우에는 매도인은 그 책임을 져야 한다.

영국 물품매매법(SGA) 제15조, 독일 민법 제494조, 미국 통일상법전(UCC) 제2-313조 제3항 등에도 각각 견본매매에 대해 규정하고 있다.

견본매매는 견본대로의 현물 인도를 원칙으로 하며 견본대로 현물이 인도되지 않으면 매도인은 하자담보책임을 지는 것뿐만 아니라 다시 견본대로 현물을 제공할 의무를 진다. 한편 매수인은 계약의 해제, 손해배상의 청구가 가능하다. 매도인에게는 상당히 엄격한 조건의 계약이라고 할 수 있다. 제조가공품은 주로 견본매매에 의해서 품질이 표시결정 되는 경우가 많다. 계약용어 사용상 주의해야 할 견본매매의 품질표시용어는 다음과 같다. 예컨대, 견본과 동일(strictly same as sample, strictly as per sample)과 같은 용어는 피하고 견본과 유사(similar to sample, about equal to sample)와 같이 허용표현의 용어를 사용하는 것이 좋다.

2) 표준품매매(Sale by Standard)

표준품매매라고 하는 것은 인도해야 할 물품에 가장 가깝다고 생각되는 표준품을 제시하여 매매계약성립의 기초로 하는 매매를 말한다. 견본매매의 경우에는 인도될 물품이 견본과 정확하게 일치하는 것이 조건이었으나 수확예정인 농산물 등의 물품의 경우에는 기후불순 등의 자연조건에 의해서 견본을 기준으로 품질을 결정하는 것이 불가능한 것이다. 농산물과 같은 경우에는 그 물품의 등급 등에 따라서 공공기관 및 세계적으로 저명한 거래소나 동업자조합에 의해서 선정된 표준품을 가지고 그 품질표시를 결정하는 경우와 특약한 표준물을 거래의 기초로 하여 이것을 기준으로 거래를 하는 경우가 있다. 따라서 인도된 물품이 표준품보다 양질이면 가격을 인상하고 질이 좋지 않으면 값을 내림으로서 가격을 조정한다. 이 경우 공공기관 및 당해 동업자조합 등의 품질판정을 받는 것이 통상이다.

표준품매매에 있어서 그 거래물품의 표준품질을 표시하는 방법은 다음과 같다.

① 평균중등품질조건(Fair Average Quality: FAQ)

이 조건은 면화, 소맥, 담배 등 선적지에서 해당계절 출하물품의 평균중등품을 표준으로 하고 선물거래일 때에는 전년도 수확물의 평균중등품의 가격을 기준으로 정하고 인도물품의 품질수준은 당해연도 수확물의 평균중등품을 기준으로 한다. 이 경우 계약서에는 " Goods sold without sample shall be guaranteed by the seller to be almost equal to the fair average quality of the season's crop at the time and place of shipment"와 같은 조항을 두면 된다.

② 판매적격품질조건(Good Merchantable Quality: GMQ)

목재, 냉동어류 등의 거래에 주로 사용되는데 외관상으로는 좋게 보이지만 그 내부가 부식되는 등 잠재하자 가능성이 높은 경우와 기선적된 미확인물품이 도착지에서 매수인에게 인도시 판매적격성을 매도인이 보증하는 품질조건이다. 매수인이 도착지에서 물품을 검사하였을 때 생선이 부패한다던지 목재의 내부가 부식

하여 현물이 판매적격성이 없는 품질의 경우에는 그 책임을 매도인이 지는 조건이다.

③ 보통품질조건(Usual Standard Quality:USQ)

보통조건의 표준품매매의 품질을 결정하는 것으로 이 거래는 공인된 표준품을 기초로 계약품질을 정하고 현물의 수도는 이 표준품을 비교하여 보아 차이를 정하고 이에 따라서 대금의 증액, 감액을 결정하는 것이다. 미국의 면화 거래가 그 좋은 예이다.

위에 설명한 바와 같이 견본매매의 경우는 인도된 현물은 견본과 정확히 일치해야 하지만 표준품매매에 있어서는 표준물과 동일하면 좋고 현물과 표준물의 일치가 절대적인 것이 아니라는 점이 본질적인 차이이다. 따라서 표준품매매에 있어서는 약간의 차이는 허용된다. 차이가 있어도 계약위반은 되지 않으며 계약해제원인으로는 인정되지 않는 것으로 통상은 공공기관 및 당해 동업조합 등의 판정을 받아 표준품 가격의 기초로 하며 그 차이는 값을 올리거나 값을 내림으로 가격을 조정하기로 특약한다.

3) 상표매매(Sale by Trade Mark or Brand)

상표매매는 매매계약상 물품의 품질을 표시결정하는 것으로 일반적으로 또는 세계적으로 알려져 있는 상표(trade mark) 또는 브랜드(brand)를 사용하여 거래를 행하는 것으로 지명도가 높고 그 품질에 대하여 일정한 성과를 가지고 있는 물품은 견본 및 표준물이 필요없이 상표 및 브랜드를 지정하는 것으로 품질을 결정하며 매도인은 약정된 상표나 브랜드가 부착된 물품을 제공하면 물품의 품질조건을 충족한 것으로 간주된다. 따라서 견본이나 명세서 등에 의한 품질의 설명은 불필요하다. 예컨대, Nikon카메라, Rolex손목시계, Channel향수 등이 대표적인 브랜드 거래품목이다.

4) 명세서매매(Sale by Specification)

견본이나 표준물과 같은 현품에 의해서 그 품질을 표시하거나 또는 잘 알려진 상표나 브랜드와 같은 명시의 방법에 의하여 품질을 표시하는 것이 곤란한 기계나 기구, 플랜트 등의 거래의 경우에는 재료, 성능, 구조, 사이즈, 내구성, 기타에 대하여 상세하게 정한 명세서(specification)를 작성하거나 사정에 따라서는 보조설명을 하는 사진, 그림 등을 첨부한 명세서를 기준으로 품질을 결정하는 경우, 식품, 유지, 화학, 공업제품의 거래와 같이 향미, 성분, 순분, 불순물 등을 명확히 표시한 권위 있는 분석표 및 품질증명서 등에 의하여 목적물품의 품질을 표시하는 것을 조건부로 이를 가지고 품질의 기준으로 하는 매매를 말한다. 처음 거래를 할 때에는 규격내용 등을 상세하게 설명하는 것이 중요하다. 특히 기계나 기구의 거래의 경우에는 보증문제가 복잡하게 될 수 있기 때문에 문제의 발생을 방지하는 의미에서도 그 사양만을 기계적으로 보증하는지 또는 사양을 기준으로 기계의 성능까지 보증하는지를 명확히 정하는 것이 중요하다.

5) 규격매매(Sale by Type)

규격이 국제적으로 정하여져 있는 물품의 경우에 그 규격을 표시하는 것에 의해서 품질을 표시결정하는 것으로 특히 국제적으로 규격이 정하여져 있는 물품의 경우에는 그 규격을 언급하는 것으로서 품질을 결정하는 것이 가능하다. 예컨대, 국제적인 규격으로는 국제표준기구(ISO)의 규격이 있으며, 개별국가의 표준규격으로는 우리나라의 KS, 일본의 JIS, 영국의 BSS 등이 있다.

1.3 품질의 결정시기

계약물품의 품질결정시기를 선적시의 품질로 하는 선적품질조건(shipped quality terms)로 할 것인가, 양육지의 품질로 하는 양육품질조건(landed quality terms)으로 할 것인지를 처음부터 명확히 하여 두어야 한다. 특히 변질되기 쉬운 물품인 농수산물 등에 대하여는 검사방법, 검사장소, 검사기관 등에 대하여 상세하게 정해둘 필요가 있다. 국제거래 물품의 경우 매도인·매수인 사이에 특약이 없는 경우와 특별한 관습이 없는 경우에는 FOB, CIF, DAT, DAP 등의 무역원칙을 따르면 된다. 선적지 인도조건인 FOB 및 CIF매매에서는 물품의 인도장소, 비용부담, 위험이전 등이 선적시에 매도인으로부터 매수인에게 이전하는 것을 원칙으로 선적품질조건이 적용된다. 양육지조건인 DAT 및 DAP매매에 있어서는 양육지에서 물품 그 자체를 현실적으로 인도하는 양육품질조건이 적용된다.

통상 선적품질조건의 경우에는 매도인은 선적품이 계약대로의 품질인 것을 입증하기 위해 선적지에서 관계 당사자사이에 처음부터 합의한 혹은 권위있는 검사기관의 검사를 받아 이들에 의해서 발행된 검사증명서(inspection certificate)를 매수인에게 송부함으로서 책임을 다한다. 선적품질조건의 한 형태로 선적전검사제도

(PSI: pre-shipment inspection)가 있다. 선적전검사는 물품의 품질이나 수량 또는 상품분류 등과 관련하여 수입자 또는 수입국정부의 계약 또는 그 위임·위탁에 의하여 별도로 행하는 검사이다. Incoterms의 모든 조건은 이러한 선적전검사가 수출국 당국에 의하여 행하여지는 경우를 제외하고 그 비용을 매수인이 부담하도록 규정하고 있다.

양육품질조건의 경우에는 매수인은 양육시의 품질이 계약조건의 품질과 상이하다고 생각되면 양육지에서 관계당사자 사이에 처음부터 합의한 혹은 권위있는 검사기관에 검사를 의뢰하고 이에 의하여 발행된 검사증명서 또는 감정보고서를 증거로 매도인에 대하여 손해배상청구 등을 제기하는 것이 가능하다. 도착품이 계약조건대로의 물품이 아닌 경우에는 물품의 운송중 변질에 따른 책임을 매도인이 부담한다.

곡물류 거래시에 선적과 양육시의 품질상위에 대해 매매당사자중 누가 책임을 지느냐에 대하여 영국 런던의 곡물시장을 중심으로 정립된 특수한 조건 즉, TQ(Tale Quale), RT(Rye Terms), SD(Sea Damaged) 조건이 있다. TQ조건은 매도인이 약정한 물품의 품질을 선적할 때까지만 책임을 지는 조건의 선적품질조건이며, SD조건은 해상운송중 생긴 바닷물 등에 기인하는 품질손해에 대하여는 매도인이 부담하는 조건으로 선적품질조건과 양육품질조건을 절충한 조건부선적품질조건이다. RT조건은 호밀거래에 사용되면서 물품이 도착시 손상되어 있는 경우에 그 손해에 대하여 매도인이 책임을 지는 양육품질조건이다.

1.4 품질의 증명

물품의 검사는 매도인이 인도하는 물품이 계약에 일치하는지를 매수인이 확인하는 방법이다. 당사자는 물품의 검사시기, 검사장소, 검사인, 검사방법 및 검사비용 부담 등에 대하여 명시한 검사조항을 매매계약서에 두는 것이 좋다. 검사를 국제적으로 권위있는 전문 검사기관에 의뢰할 것을 약정할 수 있다. 수출국의 검사규정에 따른 검사로 대신하고자 한다면 그 취지를 명기하면 된다. 매매계약서에 검사조항을 두지 않는 경우에는 통상 claim조항에 클레임제기시 상대방의 계약위반 증빙서로 감정보고서를 제출하도록 하고 있는데 이 감정보고서는 물품의 품질이 기준에 적합한지를 입증하는 방법중의 하나이다.

2. 가격조건

2.1 가격조건의 개념

국제물품매매계약의 기본적 조건 가운데 그 중심이 되는 것이 가격에 관한 조건이다. 왜냐하면 가격이 당사자의 이윤과 직결되기 때문이다. 가격조건으로서 문제가 되는 것은 단가의 산정과 어느 나라의 통화로 가격표시를 하며 결제통화로 지정하는가 하는 것이다. 단가는 물품의 제조원가에 이윤을 붙이고 수출입에 수반되는 수출입부대비용을 포함하여 산정한다.

거래 당사자는 가격이 어떠한 구성요소로 이루어져 있는가를 판단하는 것이 중요하다. 가격조건은 계약당사자의 물품의 인도장소, 비용부담의 한계, 위험이전의 시기 등과 깊은 상관관계가 있다. 따라서 특정의 사항을 합의하여 두면 기타 상세한 합의 및 체결이 없어도 계약을 체결하는 것이 가능하며 국제매매거래에서는 그 거래가격을 정하거나 오랜 세월에 걸친 거래관습에서 간결한 약어로 표시한 여러 종류의 형태가 형성되었던 것이다. 그 결과 국제거래에 있어서 여러 종류의 약어가 사용되고 있다. 그 약어는 무역조건 또는 정형거래조건으로 불리우며 국제상거래상 폭넓게 사용되고 있다. 이 무역조건은 항상 가격에 관련되어 사용되며 단순히 물품의 인도장소, 비용부담의 한계, 위험의 이전시기뿐만 아니라 물품의 검사권 행사의 장소, 시기 및 범위 등을 포함한 복합조건이다.

2.2. 가격조건의 표시와 통화

가격조건의 표시방법으로서는 단위수량에 대한 단가(unit price)와 계약수량에 대한 합계금액(total amount)을 기재하고 결제통화를 명기한다. 단가의 표시방법은 다음과 같다.

Unit Price : US$440.70 per M/T CIF Busan Incoterms 2010

가격조건에 대하여는 통상 위의 예문과 같이 표시를 하나 계약이행상 발생할 가능성이 있는 분쟁을 미연에 방지하기 위해서는 계약상 명확히 특약하여 두어야 한다. 해상운임 및 보험료 등은 평상시에도 변동하는 것이 상례이지만 특히 운임이 인상될 가능성이 강할 때나 계약이행이 장기에 걸칠 때에는 계약후의 운임의 인상분을 매도인·매수인 사이의 당사자의 어느쪽이 부담해야 하는지의 문제가 생기는 것이다.

양육지조건에 속하는 도착터미널인도조건(DAT) 및 도착장소인도조건(DAP)과 같은 무역조건에서는 당해 무역조건에 규정된 의무로서 당연히 매도인이 부담해야 한다. 또 선적지조건의 본선인도조건(FOB) 및 운송인인도조건(FCA)의 경우에는 매수인의 부담이 된다. 문제는 운임포함조건(CFR) 및 운임·보험료 포함조건(CIF)인 경우이다. 기본적으로는 해상운임 및 보험료의 변동은 매도인의 부담이라고 해석하는 것이 원칙이다. 그러나 특약에 의하여 운임·보험료의 변동을 매수인의 부담으로 체결하는 경우도 있다. 해상운임 및 보험료의 변동에 대하여 무역조건에 명시하여 매수인의 부담으로 규정한 조항의 예는 다음과 같다.

> "On CIF or CIP, any unforseen increase in freight and/or marine and war risk premium after the date of the contract shall be the account of the buyer."

2.3 가격표시수단의 특정

국제물품매매계약에 있어서 대금을 어느 나라의 통화로 표시할 것인가의 결제통화의 문제가 있다. 거래당사자는 매매계약을 체결함에 있어서 통화를 수출국의 통화로 가격을 표시할 것인지, 수입국의 통화로 가격을 표시할 것인지, 제3국 통화로 가격을 표시할 것인지를 결정하여 둘 필요가 있다.

가격이 외화표시인 경우에는 화폐용어에도 주의해야 한다. 달러에는 미국 달러(U.S.Dollar), 카나다 달러(Canadian Dollar), 오스트레일리어 달러(Australian Dollar) 등이 있고 파운드에는 영국 파운드(Sterling Pound), 에집트 파운드(Egyptian Pound) 등이 있어 각기 환시세를 달리하기 때문이다. 따라서 거래당사자 사이에 특정의 화폐용어, 예컨대, 달러나 파운드를 사용하는 경우에는 어느 나라의 화폐인지를 명기할 필요가 있다.

통화는 무역조건과 깊은 관계가 있기 때문에 쌍방을 병기한 특정의 통화와 무역조건의 조항의 예는 다음과 같다.

"Unless otherwise specified, all the quotations and offers under the contract shall be made on the basis of FOB Korean port in U.S.Dollar."

2.4 가격의 구성요소

수출입상품의 단가(unit price)는 물품의 제조원가에 이윤을 붙이고 수출입에 수반되는 수출입부대비용을 포함시켜 채산되고 그에 따라 가격제시가 이루어진다.

수출입요소비용으로는 제조원가, 포장비, 희망이익, 각종검사 및 증명료와 인허가비용, 수출국에서 선적항까지의 내륙운송비, 창고비용 및 보관료, 수출통관비용, 선적비용, 해상운임, 보험료, 양하비용, 항구세와 부두사용료, 수입통관비용 및 관세 및 제세금, 수입국내에서의 창고료와 보관료 및 각종행정비용, 수출입에 수반되는 이자, 외환비용, 수출입수수료, 통신료를 포함한 각종 영업비용 또는 잡비 등인데 어느 것을 매도인의 부담으로 하고 어느 것을 매수인의 부담으로 하는가에 따라 상품의 단가가 달라진다.

2.5 가격조건의 정형거래관습

국제거래에서는 이들 비용의 귀속정도에 따라 가격의 표시방법을 정형화하여 매매당사자의 선택에 따라 사용하도록 하고 있다. 이와 같이 정형화된 가격조건을 정형거래조건(trade terms)이라고 하며, 이를 ICC가 '정형거래조건의 해석에 관한 국제규칙(Incoterms)'으로 제정하여 통신 및 운송수단 등의 발달에 부응, 수차례의 개정을 거쳐 오늘에 이르고 있다.

계약을 체결할 때 FOB, CIF, CFR 등 관습적인 용어를 사용하고 있는데 이들 용어는 가격조건임과 동시에 정형거래조건으로 이해해야 한다.

3. 수량조건

계약의 기본조건 가운데 품질, 가격과 함께 중요한 것은 수량조건이다. 수량은 통상 수량기준에 의하여 표시되고 특정된다. 국제물품매매에 있어서 사용되는 수량기준으로서는 물품의 성질, 종류, 상관습에 따라 여러 가지 기준이 있다. 거래의 전 과정에서 수량단위를 분명하게 표시하여야 한다.

3.1 수량단위

무역거래에 있어서 매매수량은 상품의 종류, 성질 및 관습 등에 따라 ① 중량(weight) ② 용적(measurement) ③ 개수(piece) ④ 포장단위(package) ⑤ 길이(length) ⑥ 면적(square) 중 어느 하나에 의하여 정해진다.

중량의 측정기준에는 총중량(gross weight), 순중량(net weight), 법적순중량(legal net weight), 정미중량(net net weight)이 있다. 총중량은 포장한 그대로의 중량을 대금계산의 중량으로 하는 조건이며 포장용기 및 함유잡물이 일정한 면화, 소맥, 분말 등 그 성질상 포장과 분리가 어려운 특성을 지닌 제품에서 많이 사용된다. 순중량은 총중량에서 포장물의 중량을 공제한 것을 대금계산의 단위로 하는 조건으로 무역에서 가장 많이 사용되는 중량단위이다. 법적순중량은 중량관세의 부과를 위해 사용되는 중량으로 총중량에서 겉포장재료의 무게를 공제한 수량이다. 즉 물품이 소매될 때 포장되어 있는 상태의 포장물의 무게는 포함하는 조건으로 비누나 성냥갑 등에 적용된다. 정미중량은 물품내용물만의 순수한 중량 즉, 중량에서 내부포장과 충전물 등을 제외한 중량이다.

3.2 수량의 결정시기

계약체결시에 어느 시기의 수량을 가지고 최종수량으로 볼 것인가를 결정할 필요가 있다. 즉 계약수량을 선적한 시점에서의 수량으로 하는 선적수량조건(shipped weight terms)을 기준으로 할 것인지 또는 양육지의 수량으로 하는 양육수량조건(landed weight terms)으로 할 것인지 이다.

선적수량조건은 매도인이 선적수량을 입증하기 위해 선적지의 검정기관에서 용적중량증명서를 발급받아 이를 선적서류의 일부로서 송장과 함께 제공하는 절차를 취하는 것이 일반적이다.

양육수량조건은 물품의 도착항에서 양육시의 실제 수량에 기초하여 대금결제를 행하는 것으로 해상운송중의 일체의 감량은 매도인이 책임을 진다.

어느 수량조건이든지 검량에 관한 증명서가 중요하며 어느 검정기관에 어떠한 검량방법으로 검량을 받을 것인지를 결정하여 두는 것이 중요하다.

국제물품매매에 있어서 물품의 경우 수량조건에 대한 특약 및 특별관습이 없는 한 매매계약의 무역조건이 선적지조건에 속하는 FOB 및 CIF조건으로 거래할 경우에는 선적수량조건이 적용되고, 양육지조건에 속하는 DAT 및 DAP조건으로 거래할 경우에는 양육수량조건이 적용된다. 때문에 분쟁의 방지를 위해서 계약 당사자는 선적수량조건인지 양육수량조건인지를 검정기관을 포함하여 약정하여 두는 것이 대단히 중요하다.

3.3 수량과부족인용조건

1) 과부족인용조항의 표시

계약수량과 인도수량의 합치가 계약상 불가결의 조건이지만 계약물품의 종류 및 성질에 따라서는 정확하게 계약수량을 인도하는 것이 곤란하거나 불가능한 경우가 발생할 수 있다. 따라서 어느 정도 범위내의 인도수량의 과부족에 대해서는 그 범위가 용인될 수 있는 것이면 그 과부족이 용인될 수 있다고 용인조항을 계약상 사전에 체결하여 두는 것이 분쟁의 방지를 위하여 필요하다. 통상 이 조항을 과부족인용조항(more or less clause)이라고 부른다. 그러나 이 경우에는 어느 정도의 과부족을 의미하는지 계약당사자 사이에 새로운 분쟁의 원인이 될 수 있기 때문에 이용하는 경우에는 다음과 같이 그 비율과 선택권자를 정하여 두는 것이 좋다.

> "Quantity, unless otherwise agreed, shall be subject to a variation of 3% plus or minus at the seller's option."

2) 과부족인용조항이 없는 경우

신용장통일규칙(UCP600 제30조)에는 신용장상에 해당 품목의 수량이 개수나 포장단위로 표시되지 않고, 청구금액이 신용장금액을 초과하지 않는 범위내에서 ±5%의 과부족을 허용하는 규정을 두고 있다. 다만 신용장통일규칙은 신용장거래에만 적용되기 때문에 송금 및 추심거래(D/A, D/P)에서는 과부족인용조항을 반드시 명시해 두어야 한다.

이 경우 발생한 과부족 대금의 정산 방법이 문제가 된다. 그 방법은 계약가격(contract price), 선적일의 가격(price of day of shipment)과 도착일의 가격(price of day of arrival)이 있지만 특약이 없는 경우에는 통상 계약가격에 의하여 정산되는 것이 일반적이다. 분쟁의 예방을 위해서는 계약체결시에 정해 두는 것이 바람직하다.

3) 개산수량조항

계약에 따라서는 똑같은 목적을 위해 about이나 approximately 등의 단어를 수량조건 전에 기재하여 수량의 과부족을 용인하는 방법이 이용되고 있다.

신용장통일규칙(UCP600) 제30조에는 신용장 금액 또는 신용장에서 표시된 수량 또는 단가와 관련하여 사용된 about, approximately라는 단어는 금액, 수량 또는 단가에 관하여 10%를 초과하지 아니한 과부족(증감)은 허용한다고 규정하고 있다. 신용장거래의 경우에도 가격, 수량, 금액을 제외한 예컨대, 선적기일, 운임 등에는 10%의 오차가 적용되지 않는다는 점을 주의해야 한다.

3.4 최소·최대인수가능수량

국제물품매매계약에서 1회의 주문수량이 적은 경우에는 생산코스트가 높고 육상 및 해상운임도 최저운임율이 적용되어 비율이 높고 이외의 비용이 많아지게 된다. 따라서 1회 주문수량의 최소한을 최소인수가능수량(minimum quantity acceptable)으로서 가격표 등에 먼저 명기하여 두는 것이 필요하다. 일반적으로 유행이 심한 물품이라든가 생산과잉으로 매수인 시장의 경우에는 1회 주문으로서 인수 가능한 최소수량을 합의해 두는 것이 중요하다. 한번에 대량으로 공급되기 어려운 물품 및 공장설비나 생산능력의 한계, 혹은 자원의 고갈 등에 의한 매도인 시장인 경우에는 주문수량이 많지 않은 경향이 있음에도 불구하고 이에 응하지 않는 경우도 있을 수 있다. 인수 가능한 최대인수가능수량(maximum quantity acceptable)에 대하여 결정하여 두는 것이 중요하다. 이 경우에는 물품의 납기와의 관계를 충분히 감안하여 두는 것이 좋다.

4. 인도조건

국제물품매매계약에 있어서 인도조건은 중요한 거래조건중의 하나이다. 매도인의 중요한 의무는 물품의 인도의무이다. 물품매매에 있어서 인도란 물품의 점유를 타인에게 이전시키는 것이며 그 인도를 원할하게 행하기 위해서는 몇 가지 기본적으로 결정해야 하는 것이 있다. 이들은 인도의 장소 및 인도의 시기, 인도수단이다.

4.1 인도장소

인도장소는 물품운송 리스크가 매도인으로부터 매수인에게 이전되는 장소이다. 인코텀즈의 E, F, C그룹조건은 수출국이 인도장소가 되고, D그룹은 수입국이 인도장소가 된다.

4.2 인도시기와 인도방법

인도에 관하여 가장 문제가 되는 것은 계약물품을 언제 인도하는가 하는 인도의 시기(time of delivery) 내지 선적시기(time of shipment)의 문제이다. 우리나라는 3면이 바다로 둘러싸여 있어서 국제거래에서의 인도시기는 주로 선적시기가 된다.

매도인은 계약물품을 매수인에게 약정한 일시 내지 기간 내에 인도하여야 하며 그 일시 내지 기간의 약정은 국제거래에 있어서는 통상 선적의 일시 내지 기간을 정함으로 이루어진다. 인도방법은 운송수단에 따라 다르며 선박, 항공기, 기차, 트럭 등이 있으며 화물의 종류에 맞는 수단을 고려하여 결정해야 한다.

1) 특정선적월을 지정하는 방법

단월 선적이라고도 부른다. 예컨대, September shipment/shipment during September와 같이 선적시기를 특정월로 지정하는 방법으로 일반적인 방법이다. 이 경우에는 매도인은 9월 1일부터 9월 30일까지의 기간내에 선적을 이행하면 된다.

2) 연월을 지정하는 방법

August/September shipment : Shipment during August/September와 같이 월의 연속으로 선적시기를 정하는 방법이다. 매도인은 8월 1일부터 9월 30일까지의 기간에 특약이 없으면 계약물품의 전부를 1회에 선적하면 좋고 임의로 계약물품을 분할하여 여러 선박에 선적해도 좋다. 단지 매수인으로서는 계약물품의 인수 및 전매 등의 준비의 필요상 분할선적(partial shipment)의 회수 및 각 회 선적수량의 한정을 요청하는 것이 일반적이다.

3) 특정기간을 지정하는 방법

선적기간을 예컨대, 'within 30 days after receipt of L/C'라든가 'within 2 months after contract'와 같이 특정기간을 표시하여 체결하는 경우가 있다. 그러나 이 방법은 결제방법이 신용장인 경우에는 신용장의 발행일이 확정되어 있지 않아서 대금지급에 불안이 생기기 쉬운 단점이 있고 또 선적의 확정시기가 명확하지 않다고 하는 결점이 있다. 따라서 계약시에는 예컨대, 'Shipment: within 60 days after receipt of L/C to be opened latest by the end of July' 등을 명기하여 결제방법 뿐만 아니라 그 이행시기도 적절한 기한을 붙여 선적조건을 정하여 두는 것이 중요하다.

4) 즉시선적의 방법

선적기간을 특정의 월 또는 기간으로 표시하지 않고 'shipment: as soon as possible' 또는 'prompt, immediately'와 같은 표현으로 선적기간을 정하는 경우가 있다. 이에 대한 각국의 관습적 해석은 2주간 이내나 3주간 이내라고 하여 통일되어 있지 않아 분쟁발생의 원인이 되기 쉽다.

신용장통일규칙도 이점을 지적하여 "prompt, immediately, as soon as possible이라는 단어들은 무시된다(제3조)"고 규정하고 있다. 따라서 이러한 표현은 사용해서는 안된다.

4.3 선적용어와 조항

1) 선적에 관한 용어

선적을 위해 사용된 shipment란 표현은 loading on board(본선적재), dispatch(발

송), accepted for carriage(운송을 위한 인수), date of post receipt(우편수령), date of pick-up(접수일) 또는 이와 유사한 표현 그리고 복합운송서류를 요구하는 신용장의 경우에는 taking in charge(수탁)의 의미를 포함하는 것으로 해석하고 있다.

또 선적일에 관하여 "on or about 또는 이와 유사한 표현이 사용된 경우 은행은 양쪽 끝날을 포함하여 지정된 이전 5일부터 이후 5일까지의 기간 동안에 선적이 이행되어야 하는 것으로 해석한다(UCP600 제3조)"고 규정하여 명기한 기일을 중심으로 11일간에 선적을 하면 된다는 점에 주의가 필요하다.

선적기간 또는 일자와 관련된 용어로 "to, until, till, from 및 이와 유사한 의미의 용어는 당해 일자를 포함하는 것으로 해석한다(제3조)"고 규정하고 있고, after에 관해서는 기재된 날짜는 제외한다고 해석한다(UCP600 제3조).

또 월의 first half, second half의 용어는 각 월의 1일부터 15일까지, 그리고 16일부터 말일까지로 해석한다(UCP600 제3조). 또 월의 beginning, middle, end의 용어는 각월의 1일부터 10일까지, 11일부터 20일까지, 21일부터 월말까지로 양쪽 끝 날을 포함한다고 해석한다(UCP600 제3조).

매도인이 약정의 선적일에 선적을 이행하지 아니한 경우에는 매도인은 채무불이행을 한 것이 되어 매수인은 계약을 해제하고 손해배상을 청구하는 것이 가능하지만 그 요건, 방법 및 범위 등은 준거법인 각국의 국내법에 따라 다르다.

국제물품매매계약에 있어서는 당연히 매도인은 선적기간 내의 이행을 준수해야 한다. 따라서 선적일 또는 기간을 정함과 동시에 그 입증방법을 정하여 두는 것이 가능하지만 현재의 관행은 선적기간 내의 이행을 입증하는 것은 선하증권의 날짜(date of bill of lading)와 이에 속하는 서류의 날짜이다. 따라서 선하증권의 날짜가 선적기간내의 날짜를 표시하고 있으면 된다. 예문은 다음과 같다.

> "The date of Bill of Lading or similar document shall be deemed to be the conclusive evidence of the date of such shipment."

분할선적(partial or installment shipment)은 판매계획이나 시장상황에 따라서 계약품목을 수회에 걸쳐 선적할 필요성이 있을 때 발생하는데 신용장상에서 금지조항이 없는 한 분할선적을 허용하고 있다(UCP600 제31조). 동일항해(same voyage)나 동일선박(same vessel)에 의한 것이라면 운송서류상 선적일자, 선적항, 수탁지 또는 발송지가 다르게 명시되어 있더라도 이를 분할선적으로 간주하지 않고 일회선적으로 본다(UCP600 제31조 b항). 환적(transsshipment)은 운송도중 한 운송수단 또는 선박에서 다른 운송수단 또는 선박으로 이송 또는 재적재하는 것을 말하는데 신용장에서 금지조항이 없으면 허용하는 것으로 본다(UCP600 제21조). 그러나 복합운송의 경우에는 환적금지의 특약이 있을지라도 환적표시가 있는 운송서류를 수리한다고 규정하고 있다(UCP600 제19조). 왜냐하면 복합운송의 경우에는 화물이 수탁지에서 선적지, 양육지 및 최종목적지에 이르는 구간에 선박, 철도, 자동차 등 상이한 운송수단간의 환적이 불가피하기 때문이다. 분할선적의 경우에는 도착지연의 위험이, 환적의 경우에는 화물의 멸실 또는 손상위험이 있으므로 허용하지 않는 것이 좋다고 생각되면 신용장상에 허용하지 않는다고 표시하여야 한다.

2) 선적항의 표시

선적항에 대해서는 from Busan과 같이 특정의 선적항을 명기하지 않고 any Korean port로 기재하는 경우가 있다. 이것은 결제조건이 신용장인 경우 특정한 선적항을 기재하고 있는 경우 운송사정에 따라 부산항으로부터는 어렵고 인천항에서의 선적으로 바꾸지 않을 수 없는 사정이 발생한 경우 인천항에서 선적이 되면 선하증권기재의 선적지가 신용장조건불일치가 되는 염려가 있기 때문이다. 선적항에 관한 표시는 이미 설명한 바와 같이 하지만 매도인은 계약에서 정한 선적기한을 당연히 준수해야 한다. 그러나 선복획득이 곤란한 경우에 지연선적에 의한 분쟁의 발생위험이 존재하므로 분쟁발생을 미연에 방지하기 위해 다음 예문과 같이 선적은 선복획득가능조건부 계약으로 할 필요가 있다.

> shipment: subject to the ship's space (shipping space) being available

3) 선적일의 증명

해상운송의 경우에는 선하증권의 발급일이 곧 선적일이다. 그러나 수취선하증권(received for shipment B/L)의 경우에는 운송인이 화물수취 후 선적되었음을 나타내는 'on board notation'에 표시된 일부일을 선적일로 간주한다(UCP600 제20조,19조). 기타 운송서류는 그 발행일을 선적일로 본다(UCP600 제19조).

4.4 지연선적(delayed shipment)

약정된 물품을 명기된 기간내에 선적하지 못하면 지연선적이 된다. 선적지연은 매도인의 고의 또는 과실이나 불가항력의 사유로 발생한다. 선적지연이 매도인의 고의 또는 과실로 발생하였다면 이것은 계약위반이며 매수인에 대하여 손해배상 책임을 져야 한다. 이 경우 실무적으로는 인도지연이나 불인도시 매도인의 지연기간에 따라 약정된 손해배상금을 지급하도록 하는 손해배상액의 예정조항(liquidated damage clause)을 사용하는 것이 바람직하다. 물론 매도인이 미리 인도지연이 예상되는 경우에는 매수인과 연락하여 선적기간의 연장 등 가능한 조치를 취하여 두는 것이 좋다. 한편 선적지연이 매도인이 통제할 수 없는 사유, 즉 불가항력에 의한 경우에는 매도인은 원칙적으로 손해배상책임이 면제된다. 또한 불가항력이 장기간 지속되어 최초로 연장된 선적기간을 경과하고도 선적이 불가능할 수 있다. 이때 선적기일을 다시 연장할 것인지, 계약을 종료시킬 것인지는 통상 매수인이 선택권을 갖는다.계약당사자는 불가항력에 의한 선적지연에 대비 매매계약서나 일반협정서에 불가항력조항(force majeure clause)을 두는 것이 좋다. 조항의 내용은 불가항력사유의 범위, 면책규정, 입증방법, 불가항력 사유발생시 그 해결방법 등이다.

5. 결제조건

매도인의 최대의 의무가 계약물품의 인도와 소유권의 이전이며 이에 대하여 매수인의 최대의 의무는 대금지급과 계약물품의 수령이다. 계약대금의 결제가 어떠한 장소에서 어떠한 방법으로 이루어지는가는 매도인·매수인 사이의 중요한 관심사이다.

국제거래에 이용되는 대금결제방법으로서는 송금(remittance)방식, 신용장(letter of credit)방식, 추심(collection)방식 등이 있다. 대금지급시기는 선지급(payment in advance), 동시지급(concurrent payment), 후지급 또는 연지급(deferred payment)으로 나눌 수 있다.매매당사자의 신뢰가 좋을 때에는 대금지급은 반드시 계약물품의 인도와 동시가 아니라 대금의 선불 혹은 대금후불을 하기도 한다. 그러나 이들 방법은 매도인과 매수인의 이해가 완전히 상반되는 관계상 어느 쪽도 문제가 생기기 쉬운 한계가 있다.

대금회수에 대한 매도인의 불안, 물품수령에 대한 매수인의 불안이 큰 국제거래에서는 국내거래에 비하여 인도와 지급의 동시이행에 대한 요망이 크며 특히 국제거래는 매수인으로부터 대금회수에 시간이 소요되기 때문에 계약물품을 운송인에게 인도한 후에는 조금이라도 빨리 대금을 회수하고 싶어하는 매도인의 희망이 강하다.

5.1 송금결제방법

이 방법은 수입상이 계약물품을 수령하기 전, 후 또는 동시에 전신환(T/T; telegraphic transfer), 우편환(M/T; mail transfer) 및 수표(D/D; demand draft) 등의 방법으로 수출상에게 송금하여 수입대급을 결제하는 방법이다. 실무적으로는 대부분 T/T방식을 사용하고 있다.

5.2 추심결제방법

이 방법은 수출상의 의뢰를 받은 추심의뢰은행(remitting bank)이 추심은행(collecting bank)을 통해 환어음을 수입상에게 제시하여 대금을 회수하는 거래로써 ① 환어음의 지급인(수입상)이 선적서류를 영수함과 동시에 대금을 결제하는 일람지급(documents against payment)방식과 ② 수입상이 환어음을 인수한 후 선적서류를 수령하고, 일정기간 후에 대금을 결제하는 기한부지급(document against acceptance) 방식이 있다.

5.3 신용장결제방법

이 방법은 개설의뢰인의 요청에 따라 개설은행이 수출상에게 서류요건 충족시 대금지급을 약속하는 신용장을 활용하는 결제방법이다. 이 신용장을 이용한 화환결제가 신용장부 화환어음에 의한 결제로 현행 수출입거래에 있어서 많은 기업이 이용하고 있다.

환어음은 일람불어음(sight bill)과 기한부어음(usance bill)으로 나뉘어 진다. 일람불어음은 어음지급인에게 어음의 제시가 있으면 바로 지급해야 하는 환어음을 말하며 이에 대하여 기한부어음은 확정일불, 일부 후 정기불 및 일람 후 정기불 등이 있다. 또 신용장에 선적(선하증권의 일부)후 정기불을 요구하고 있는 것도 있지만 일반적으로는 일람 후 30일불(30 days after sight:30d/s)과 같은 일람 후 정기불이 이용되고 있다.

6. 보험조건

물품은 운송도중에 폭풍우나 본선의 충돌 등 여러 위험에 노출되어 있기 때문에 매매당사자는 사고로 인하여 손해를 입은 때에 보험회사로부터 보상받을 수 있는 조치를 강구하여 두는 것은 대단히 중요하다.

국제물품매매에 있어서 매도인·매수인 가운데 누가 보험을 부보하고, 어떤 사고에 대하여 어떠한 보험을 부보하여야 보험사고 발생의 경우에 보험금이 지불되는가 하는 점이다. 또한 어떠한 보험조건이 합리적인가 하는 점이다. 국제물품매매에 있어서 매매계약 당사자 어느쪽이 부보하는가 즉 매도인·매수인 어느쪽의 당사자가 해상보험을 수배하고 보험료를 부담하여야 하는가를 정하는 것이다. 이에 대하여는 특별히 정한 것이 없는 한 국제물품매매에 있어서는 인코텀즈를 중심으로 무역조건의 원칙에 따라 결정된다.

FOB 및 CFR조건인 경우에는 매수인 자신이 자신을 위해 자신의 비용으로 해상보험에 부보한다. 이 경우 실제 문제가 되는 것은 물품의 손상·멸실이 과연 보험사고의 범주에 들어가는가, 클레임으로서 처리해결 될 것인가 어려운 일이 종종 발생한다는 점이다. 결과적으로 보험사고의 범주에 들어도 계약당사자 사이에 책임의 소재를 놓고 분쟁이 생기는 경우가 있다. 이점 계약당사자 사이에 충분히 그 처리방법에 관하여 사전에 합의하여 두는 것이 좋다.

CIF 및 CIP조건인 경우에는 매도인이 매수인을 위해 해상보험을 수배하고 보험에 부보한다. 그러나 이 경우에 매도인이 매수인을 위해 부보하는 보험조건(손해보상의 범위)의 결정으로는 충분하지 않고 부보범위외의 사고가 발생하고 물품에 멸실·손상이 생겨 이것이 매도인·매수인 어느쪽의 책임에 기인하는가 하는 분쟁이 발생하기도 한다. 즉 여하한 보험조건(손해보상의 범위)을 부보하는 것이 합리적인가 하는 문제인 것이다.

화물보험은 운송화물이 운송중의 우발적사고에 의해 멸실(loss) 또는 손상(damage)되고 이에 의하여 화주가 입은 경제적 손실을 보험회사가 보상하는 것이며 이 보상에는 조건이 있고 여기에는 보험계약시에 정한 특정원인에서 생긴 멸실·손상에 한정된다. 보험회사가 보상할 의무를 발생시키는 것을 보험에서는 위험(risk)이라고 하며 이 손해의 보상을 약속한 위험을 담보위험이라 하여 담보위험에 의하여 생긴 손해를 보상한다. 그리고 제외되는 원인인 면책위험에 의하여 발생한 것은 보상하지 않고 법률에 의하여 당연 면책된다. 전쟁위험과 동맹파업위험도 면책위험이다. 따라서 이들 면책위험을 담보받기 위해서는 특약이 필요하다.담보위험에서 생긴 멸실·손상의 손해도 모두 보상되는 것은 아니고 그 범위는 계약에 의해 정하여 진다.

6.1. 보험조건과 무역조건

1) FOB, FCA, CFR조건인 경우

무역조건이 FOB, FCA, CFR조건인 경우 매수인이 해상보험을 부보하는 것이 원칙이며 누가 부보할 것인가에 대하여 명기할 필요는 없지만 표시한다면 다음과 같이 할 수 있다.

> Insurance: to be covered by the buyer/Insurance: for the buyer's account

2) CIF, CIP조건인 경우

무역조건이 CIF, CIP조건인 경우 매도인이 운송계약과 해상보험을 수배하고 운임, 해상보험료를 부담한다. 보험조건에 대해서는 통상 석탄, 철광석과 같은 원재료는 구보험조건에서는 FPA, 신보험조건에서는 ICC(C)를 기본조건으로 하고 화물에 따라서는 화물의 성질, 종류 등에 따라 부가위험을 부보하는 특약을 한다. 또 WA나 ICC(B), All Risks나 ICC(A)조건이 있다. 어떤 보험조건으로 부보하는 것이 좋은지는 각국의 상관습, 화물의 성질, 품종에 따라 천차만별이며 계약시에 이를 명확하게 약정하여 두는 것이 좋다. 보험조건의 표시의 예로서는 다음과 같다.

① Insurance: FPA including War Risks only.

② Insurance: WA including TPND, RFWD for the invoice amount plus ten percent.

6.2 예정보험

해상보험계약의 내용이 확정되어있는가 아닌가에 의하여 확정보험과 예정보험으로 나누어진다. FOB, FCA 및 CFR조건인 경우에는 선적후의 위험은 매수인이 부담하고 해상보험계약도 매수인 자신이 체결하는 것으로 이 경우 수입지의 매수인은 화물의 소재를 잘 알지 못하고 있고 화물의 명세, 선적수량, 금액, 적재선박명, 출항일 등이 수출지의 매도인으로부터 연락이 되지 않으면 정확하게 알 수 없다. 통상 매수인은 선적 직후에 매도인으로부터 통지를 받아서 수입지의 보험회사에 대하여 보험계약을 청약하는 것이다. 그러나 매도인으로부터 선적통지가 지체된 경우 및 매도인이 선적통지를 하지 아니한 경우에는 화물은 해상보험 미부보상태로 선적되고 그 사이에 사고가 발생하여 손해가 생길 위험이 있다. 이러한 예상할 수 없는 사태의 위험을 방지하기 위해 예정보험(floating policy)이 존재한다. 이 예정보험에는 선적할 때마다 개개의 화물에 대하여 그 선적전에 청약하는 개별예정보험계약과 계속적으로 빈번히 보험을 들 필요가 있는 경우에 앞으로 계속적으로 취급화물에 대하여 청약하는 포괄예정보험계약이 있다.

무역관습의 정형화

1. 무역관습과 무역거래조건

1.1 무역관습의 중요성

관습(custom)이란 특정집단에 속한 사람들의 오랜 기간에 걸친 관행이나 관례에 의하여 생성된 것으로써 해당 구성원간에 일반적으로 널리 승인된 것을 의미한다. 이러한 관습 중 상업에 종사하는 사람들이 승인하고 준수하려는 관습이 상관습이며 특히 무역거래에서 행해지고 있는 상관습을 무역관습(trade custom)이라고 한다.

이러한 무역관습은 전 세계적으로 보급될 정도의 보편성을 구비하여 정형화됨으로써 오늘에 이르고 있다. 따라서 이러한 무역관습은 당사자들간의 무역계약에 대한 보완적인 기능을 하며 또한 무역계약의 통일된 해석기준으로서의 역할을 수행하고 있다.

무역관습은 계약이 이행되는 지역에 따라 지역별 관습이 있고 특정업종에만 적용되는 업종별 관습이 있으며 품질, 수량, 가격, 포장 등 계약조건에 대한 관습, 해상운송에 관한 해사관습, 항만에서의 선적이나 하역에 관한 관습, 화환어음이나 신용장 등 대금결제에 관한 관습 등으로 분류할 수 있다. 그런데 이러한 무역관습은 모든 시점에서 고정되어 있는 것처럼 보이나 오랜 시일이 지나는 동안 조금씩 변화되어 왔다.때문에 당사자들이 무역관습에 대하여 올바른 이해를 하지 못하거나 또는 그 내용에 대하여 의견이 일치하지 아니하는 경우에는 분쟁이 발생할 가능성이 커지게 된다. 이러한 이유 때문에 무역거래 당사자들은 거래관습에 관한 국제적인 통일규칙을 제정함으로써 이를 계약의 해석기준으로 채택할 경우 불확실성과 불안정성의 문제를 해소할 수 있게 되었다. 그 대표적인 것이 무역조건의 해석에 관한 통일규칙인 인코텀즈(Incoterms)와 신용장거래의 해석기준인 신용장통일규칙(UCP)이다. 그런데 이러한 통일규칙의 의미는 다음 2가지 측면에서 큰 의의가 있다.

첫째, 통일규칙은 제정시점을 중심으로 현재 각국에서 관용되고 있는 상관습을 집대성한 것으로서 상관습과의 격차를 줄이기 위하여 약 10년을 주기로 하여 개정작업이 이루어지고 있다는 점이다

둘째, 통일규칙은 미래의 환경변화를 예측하여 아직 보편적인 상관습으로 형성되지는 아니했지만 선언적인 규정을 두고 있다는 점이다. 즉 당사자가 합의할 경우에는 EDI통신문이 전통적인 종이서류를 대체할 수 있다고 하는 규정 등이 그 대표적인 것이다. 다시 말해서 통일규칙은 상관습과의 조화를 꾀하면서 무역거래 당사자들에 의하여 많이 이용될 때, 분쟁은 감소하고 그 효용가치는 더욱 커질 것이며 통일된 해석기준으로서의 역할을 제대로 수행할 수 있게 될 것이다.

1.2 무역거래조건의 의의

무역거래는 보통 전화, 서신, 팩스, 이메일 등으로 상담을 진행하고 그 내용이 접근하면 청약과 승낙이라는 의사의 합치에 의하여 계약이 성립한다. 그리고 이러한 통신의 내용이 당사자간의 계약내용을 구성한다. 그런데 무역거래와 같은 격지거래의 계약내용은 이것이 반복 사용되면 점차 간략화되고 이윽고는 정형화되는 경향이 있다.

무역계약의 내용 또는 조항은 명시조항(express terms)과 묵시조항(implied terms)으로 구성되어 있다. 명시조항은 당사자 상호간에 합의하여 계약에 삽입한 조항이고, 묵시조항은 법률 또는 관습에 의해 당사자가 당연히 따를 것으로 생각하는 조항이다. 일반적으로 개개의 무역계약의 내용이 간결하게 표현되는 데도 불구하고 거액의 무역거래가 원활히 이루어지고 있는 것은 주로 무역관습에 의거한 묵시조항에 의하여 무역계약이 보완되고 있기 때문이다. 그런데 무역관습은 지역 또는 거래상품의 종류에 따라 서로 다른 경우도 있지만 상품의 종류나 거래장소 등을 불문하고 널리 일반적으로 적용되는 무역관습이 있다. 이것이 정형거래조건에 관한 관습이다.

정형거래조건(trade terms)이란 무역거래에 있어서 국제적으로 정형화된 물품매매조건을 말하는 것으로 FOB나 CIF와 같은 약어를 가리킨다. 이러한 정형화된 약어를 거래조건으로 채용할 경우에는 FOB나 CIF라는 약어에 따라서 당사자들이 이행해야 하는 의무의 내용이 구체화되어 있기 때문에 매매계약을 체결할 때 매매당사자의 기본적 의무를 하나하나 명시적으로 약정하는 대신 매매계약의 종류를 FOB나 CIF 등으로 표시함으로써 간결하고도 안전하게 무역거래를 할 수 있게 해준다.

2. Incoterms

2.1 인코텀즈의 목적과 범위

1) 인코텀즈의 목적

Incoterms란 정형거래조건의 해석에 관한 국제규칙(International Rules for the Interpretation of Trade Terms: International Commercial Terms)의 약칭이다.

이는 파리에 본부를 두고 있는 국제상업회의소(International Chamber of Commerce: ICC)에 의해서, 계약당사자들이 각 국가간의 상이한 무역관습을 잘 알지 못하기 때문에 야기될 수 있는 시간 및 금전상의 낭비를 초래하는 오해, 분쟁 및 법정소송 등의 문제를 해결하기 위해 1936년에 제정되었다. 그 후 당대의 국제무역관행에 일치시키기 위해 인코텀즈는 1953, 1967, 1976, 1980, 1990, 2000 및 2010년에 개정이 이루어졌다.

인코텀즈(Incoterms)의 목적은 외국무역에 가장 일반적으로 사용되는 정형거래조건의 해석에 관한 일련의 국제규칙을 제공하는 것이다. 따라서 거래 당사자들이 무역계약을 체결할 때 인코텀즈를 삽입함으로써 거래조건에 대한 상이한 해석을 함에 따른 불확실성이 제거될 수 있거나 또는 최소한 상당한 정도로 감소될 수 있다.

2) 인코텀즈의 사용법

첫째, 인코텀즈는 각 조건이 위험과 비용부담의 분기점을 규정하고 있고 매매당사자는 운송수단과 부담하는 위험 및 비용을 고려하여 적절한 조건을 선택하여야 한다.

둘째, 인코텀즈는 정확한 장소 및 항 등을 지정하여야 한다. 지정장소 및 지정항은 위험과 비용부담의 분기점이 되므로 정확하게 기재하여야 한다.

셋째, 당사자간에 합의가 있으면 인코텀즈 각 조건의 변경은 가능하며, 변경하는 경우에는 위험과 비용부담의 분기점을 어떻게 변경하는가를 확인하고 계약서에 반드시 기재하여 두어야 한다.

3) 인코텀즈의 적용범위

첫째, 인코텀즈는 매매된 물품의 인도에 관하여 매매계약당사자의 권리와 의무에 관한 사항, 즉 매매계약상의 매도인과 매수인간의 관계를 취급하고 있다. 여기서 물품이란 컴퓨터 소프트웨어와 같은 무형물이 아닌 유형물을 의미한다.

둘째, 인코텀즈는 운송계약에 적용되는 것이 아니라 매매계약에 적용된다. 즉, 수출입업자가 국제무역을 이행하기 위해서는 주계약인 매매계약에 따라 종속계약인 운송, 보험 및 금융계약이 필요하지만, 인코텀즈는 매매계약에만 관련되어 있다. 그럼에도 불구하고 특정 인코텀즈의 조건을 사용하기 위한 당사자의 합의는 필연적으로 운송, 보험 및 지급계약 등의 종속계약에 영향을 미친다. 예를 들면, CFR 또는 CIF조건으로 매매계약을 체결한다면, 매도인은 자신의 물품인도의무를 이행하기 위하여 운송계약을 체결하여야 한다. 이 경우 매도인은 해상운송 이외의 기타 운송수단으로는 이러한 계약을 이행할 수 없다. 이들 해상운송조건하에서는 해상운송수단을 이용하고, 그에 따라 선하증권 또는 기타 해상운송서류를 매수인에게 제공하여야 하는데, 해상운송수단이 아닌 기타 운송수단으로 운송계약을 체결하였다면 이들 서류를 취득할 수 없기 때문이다. 따라서 이들 운송서류를 취득하지 못한다면, 매도인은 화환신용장거래하에서 대금지급을 받을 수 없게 된다.

셋째, 인코텀즈는 매수인의 임의처분상태로 물품을 놓아두거나 또는 운송을 위하여 물품을 인도하거나 또는 목적지에서 물품을 인도하여야 하는 매도인의 물품인도의무와 당사자간의 위험의 분배를 규정하고 있다.

넷째, 인코텀즈는 당사자가 매매계약에 포함시키고자 하는 모든 의무를 규정하고 있는 것은 아니다. 즉, 인코텀즈는 매매당사자인 매도인과 매수인이 각각 무엇을 하여야 하는가, 상대방에 대해서 어떠한 의무를 부담하는가(수출입을 하는 물품의 통관의무, 물품의 포장, 물품인수의무 및 각각의 의무가 정당하게 이행되었다는 증거를 제공할 의무 등)를 상세하게 규정하고 있다. 그러나 청약과 승낙에 의한 계약의 성립, 소유권 이전의 시기, 당사자의 계약능력이나 착오에 의한 계약의 유효성, 당사자의 계약위반에 대한 구제 등의 문제에 대해서는 전혀 언급하고 있지 않다.

왜냐하면 이것은 각국의 계약법이나 매매법의 대상이 되는 문제이므로 국제상관습을 집대성한 국제규칙인 인코텀즈에서 이러한 문제를 취급하는 것은 무리가 있기 때문이다. 즉, 인코텀즈는 국제법이나 국제조약이 아닌 임의법규이므로 각 국가에서 공식적으로 채택하거나 강제적으로 적용되지 않고 당사자들의 선택에 의하여 임의로 채택되는 것이다. 따라서, 계약위반의 결과와 여러 가지 장애에 의한 책임의 면제에 대한 문제는 매매계약의 기타 규정 및 준거법에 의해서 해결되어야 한다.

비엔나협약과 인코텀즈 2010의 비교

	비엔나협약	인코텀즈 2010
당사자의 의무	유	유
계약의 성립	유	무
소유권의 이전	무	무
계약의 유효성	무	무
계약위반의 구제	유	무

2.2 인코텀즈의 분류

Incoterms 2010의 11개 조건은 다음과 같이 2 부류로 대별할 수 있다.

1) RULES FOR ANY MODE OR MODES OF TRANSPORT

단일 또는 복수의 운송방식에 사용가능한 규칙

EXW EX WORKS(공장인도조건)

FCA FREE CARRIER(운송인인도조건)

CPT CARRIAGE PAID TO(운송비지급인도조건)

CIP CARRIAGE AND INSURANCE PAID TO(운송비·보험료지급인도조건)

DAT DELIVERED AT TERMINAL(도착터미널인도조건)

DAP DELIVERED AT PLACE(도착장소인도조건)

DDP DELIVERED DUTY PAID(관세지급인도조건)

2) RULES FOR SEA AND INLAND WATERWAY TRANSPORT

해상운송과 내수로 운송에 사용가능한 규칙

FAS FREE ALONGSIDE SHIP(선측인도조건)

FOB FREE ON BOARD(본선인도조건)

CFR COST AND FREIGHT(운임포함인도조건)

CIF COST INSURANCE AND FREIGHT(운임·보험료포함인도조건)

첫째 부류는 선택된 운송방식이 어떤 것인지를 불문하고 또한 그 운송방식이 단일운송인지 복합운송인지를 가리지 않고 사용가능한 Incoterms 2010의 7 가지 조건을 말한다. EXW, FCA, CPT, CIP, DAT, DAP, DDP가 이에 속한다. 이들은 해상운송이 전혀 포함되지 않는 경우에도 사용가능하다. 중요한 것은 이 조건은 운송의 일부에 선박이 이용되는 경우에도 사용될 수 있음을 유의하여야 한다.

둘째 부류는 물품의 인도장소와 도착장소는 모두 항구인 '해상운송과 내수로운송'에 사용되는 조건이다. FAS, FOB, CFR, CIF조건이 여기에 속한다. 그 중 FOB, CFR, CIF 규칙에서 인도지점으로서의 '본선의 난간'(ship's rail)이라는 문구가 전부 삭제되고, 대신에 물품은 '본선에 적재'된 때에 인도되는 것으로 되었다.

2.3 인코텀즈의 특징

1) 물품인도의무

인코텀즈는 무엇보다도 매도인의 물품인도의무에 초점을 맞추고 있다.

첫째, 매매계약에 인코텀즈 2010이 삽입되는 경우에는 인코텀즈의 규정에 따라 당사자의 역할, 비용 및 위험의 분담 문제가 정확하게 구획된다. 인코텀즈가 매매계약에 삽입되어 있지 않더라도 매도인의 물품인도에 따른 역할과 비용분담은 당사자가 계속적인 거래관계에 있는 경우에는 문제가 발생하지 않는다. 왜냐하면, 그들 상호간에는 관행이 확립되어 있고, 나중의 거래에서도 종전에 거래했던 것과 동일한 방법으로 거래하면 되기 때문이다. 그러나 새로운 거래관계를 확립하거나 매매계약이 중개인에 의해 체결되는 경우에는 인코텀즈의 규정을 적용하여야 할 것이다.

둘째, 인코텀즈가 물품인도에 따른 당사자의 의무를 상세하게 규정하고 있는 것은 바람직하다. 그렇게 할 수 없는 경우에는 거래관습에 대한 언급을 해야 한다.예컨대, 물품인도에 따른 당사자의 의무에 관하여, FCA계약의 A4와 같이 구체적으로 명시할 수도 있다. 그러나 물품이 운송을 위하여 인도되는 방법이 항구마다 다른 경우에는 물품인도에 따른 당사자의 의무를 상세하게 규정할 수 없기 때문에, FAS 및 FOB계약의 A4조항에서는 "항구에서의 관습적인 방법으로(in the manner customary at the port)"라고 하는 표현으로 거래의 관습에 대한 언급을 하고 있다.

2) 물품에 대한 위험과 비용의 이전의무

인코텀즈에서는 물품에 대한 위험과 비용의 이전에 관한 원칙을 다음과 같이 규정하고 있다.

첫째, 물품에 대한 위험과 비용은 매도인 자신이 물품인도의무를 이행했을 때, 매도인으로부터 매수인에게 이전한다는 원칙이다.

둘째, 이러한 원칙에도 불구하고, 인코텀즈의 각 조건에서는 물품에 대한 위험과 비용의 이전이 물품의 인도전에 일어날 수 있다는 조기 이전의 원칙이 있다. 즉, 위험 및 비용의 이전을 지연시킬 소지가 매수인에게 주어져서는 안되기 때문에 만약 매수인이 합의한대로 인수하지 않거나 또는 매도인이 물품인도의무를 이행하는데 필요한 지시, 예를 들면 선적시기나 인도장소에 대한 지시 등을 매수인이 하지 못하는 경우에는, 위험 및 비용의 이전이 인도전이라도 일어난다는 것을 모든 거래조건에서는 규정하고 있다. 물론 그러한 위험 및 비용의 조기 이전 원칙에 대한 대전제는 물품이 계약에 충당(appropriation)되어야 한다.

이러한 대전제조건은 F조건이나 C조건의 경우에는 물품의 선적이나 발송을 위한 조치가 완료된 때, D조건의 경우에는 목적지에서 물품의 인도를 위한 조치가 완료된 때 물품이 계약에 충당된 것으로 본다.

그러나 예외적인 경우로서, 한 사람의 매도인으로부터 물품에 대한 수량의 확인 없이 산적되어 각 매수인에게 송부되는 산적화물(bulk cargo)인 경우에는 위험 및 비용의 이전은 그 물품이 충당되기 전에는 발생하지 않는다. 즉, 개별 매수인을 위한 수량의 충당이 없는 한 개별수량의 충당이 있을 때까지 위험과 비용은 이전하지 아니한다. 이 경우 충당은 각각 별개의 B/L의 발행, Bulk 적송품 일부에 대한 인도지시서의 발행이며 이때까지는 위험은 이전하지 아니한다. 이와 관련하여 참조하여야 할 규정으로서, 1980년 국제물품매매계약에 관한 UN협약의 제69조 제3항에 의하면 "계약이 그 체결시에 아직 특정되어 있지 않은 물품의 매매에 관한 것일 경우에는 물품이 계약의 목적물로서 분명하게 특정될 때까지는 매수인의 임의처분이 가능한 상태에 놓여 있지 않는 것으로 본다."고 규정하고 있다.

3) 인코텀즈의 변형

간혹 당사자들이 인코텀즈의 규정을 변경하고자 하는 경우가 있는데 Incoterms 2010은 그러한 변경사용을 금지하지는 않으나 그렇게 하는 경우에는 위험이 따르기 때문에 주의해야 한다. 예컨대, Incoterms 2010의 비용부담원칙을 변경하고자 하는 경우에 위험도 같이 이전하는지를 명확하게 명시하여야 한다.

2.4. 주요 조건별 수출가격구성 요소

가격조건	가격 구성 요소	비 고
FOB조건원가	1. 제조원가(manufacturing cost) 2. 수출포장비(export packing charge) 3. 물품검사비(inspection fees) 4. 수출허가 등 제세공과금 5. 통신비 및 잡비(communication charge)	생산원가
	6. 국내운송비(inland transport charge) 7. 국내운송보험료(inland transport insurance) 8. 선적비용(shipping charge) 부두사용료(wharfage) 창고료(storage) 9. 수출통관비용(export clearance fees) 10. 검수·검량비(measuring and/or weighing charge)	운송비
	11. 금리(interest) 12. 은행수수료(banking charge and commission)	금융비
	13. 예상이익(expected profit)	예상이익
CFR조건원가	14. 해상운임(ocean freight)	해상운송비
CIF조건원가	15. 해상보험료(marine insurance premium)	해상보험료

2.5 당사자의 의무 내용

인코텀즈는 각 조건별로 매도인과 매수인의 각 상대방에 대한 의무를 각 10개 조항으로 대칭되게 분류하여 다음과 같은 제목하에 규정하고 있다.

A. 매도인의 의무	B. 매수인의 의무
A1 매도인의 일반의무(계약과 일치하는 물품 및 송장, 증빙의 제공)	B1 매수인의 일반의무(대금의 지급)
A2 허가, 인가, 보안통관 및 기타절차	B2 허가, 인가, 보안통관 및 기타절차
A3 운송계약과 보험계약	B3 운송계약과 보험계약
A4 인도	B4 인도의 수령
A5 위험이전	B5 위험이전
A6 비용분담	B6 비용분담
A7 매수인에 대한통지	B7 매도인에 대한 통지
A8 인도서류	B8 인도의 증빙
A9 검사-포장-하인	B9 물품검사
A10 정보에 관한 협조 및 관련 비용	B10 정보에 관한 협조 및 관련비용

3. 정형거래조건의 주요내용

3.1 EXW(EX WORKS)/공장인도조건

EXW(insert named place of delivery) Incoterms 2010

예: EXW POSCO FACTORY, KOREA Incoterms 2010

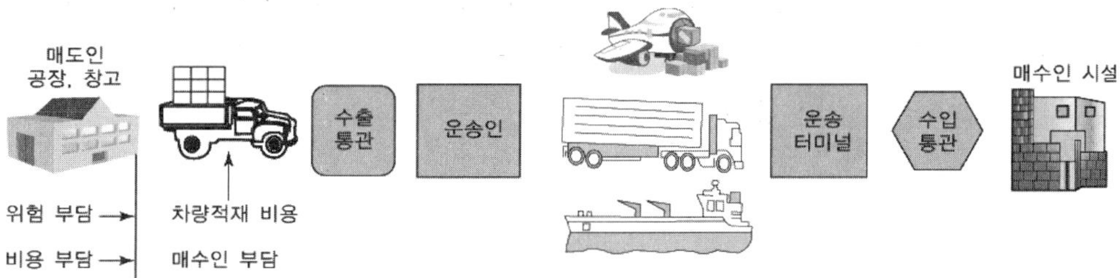

1) 정의

이 조건은 매도인이 자신의 영업소 또는 기타 지정장소(예컨대, 작업장, 공장, 창고 등)에서 물품을 매수인의 처분하에 두는 때에 매도인이 인도하는 조건을 의미한다. 매도인은 물품을 수취용 차량에 적재하지 않아도 되고, 물품의 수출통관이 가능한 경우에도 이를 하지 않아도 된다.

"Ex Works" means that the seller delivers when it places the goods at the disposal of the buyer at the seller's premises or at another named place (i.e., works, factory, warehouse, etc.). The seller does not need to load the goods on any collecting vehicle, nor does it need to clear the goods for export, where such clearance is applicable.

2) 사용지침

이 조건은 선택된 운송방식에 상관없이 사용할 수 있으며 둘 이상의 운송방식이 채택된 경우에도 사용할 수 있다. 이 조건은 국내거래에 적합하고, 국제거래에서는 통상 FCA가 보다 적절하다. 당사자들은 지정장소 내의 지점을 가급적 명백하게 명시하는 것이 바람직하다. 그러한 지점까지 비용과 위험을 매도인이 부담하기 때문이다.

EXW는 매도인의 의무가 최소인 조건이다. 이 규칙은 다음과 같이 주의하여 사용하여야 한다.

a) 매도인은 매수인에 대하여 물품적재의무가 없으며, 이는 실제로 물품을 적재하는 데 매도인이 보다 나은 입장에 있더라도 마찬가지다. 매도인이 물품을 적재하는 경우에는 매수인의 위험과 비용으로 그렇게 한다.

b) 수출을 목적으로 매도인으로부터 EXW조건으로 구매하는 매수인에게 매도인은 수출을 실행하는 매수인의 요청에 따라 단지 협조를 제공할 의무를 부담할 뿐이고, 수출통관을 주도할 의무가 없다는 것을 유의하여야 한다. 따라서 매수인이 직접 또는 간접으로 수출통관을 수행할 수 없는 경우에는 EXW를 사용하지 않는 것이 좋다.

3.2 FCA(FREE CARRIER)/운송인인도조건

FCA(insert named place of delivery) Incoterms 2010
예: FCA BUSAN JASUNGDAE CY, KOREA Incoterms 2010

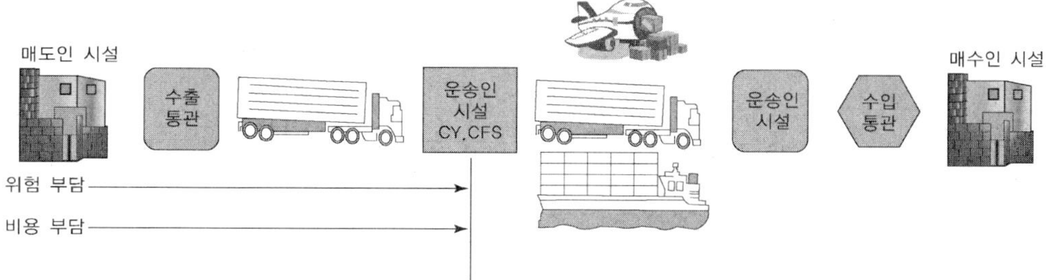

1) 정의

이 조건은 매도인이 물품을 자신의 영업소 또는 기타 지정장소에서 매수인이 지정한 운송인이나 제3자에게 인도하는 조건을 의미한다. 당사자들은 지정인도장소 내의 지점을 가급적 명백하게 명시하는 것이 바람직하다. 그러한 지점에서 위험이 매수인에게 이전하기 때문이다. 매도인의 영업장구내에서 물품을 인도하고자 하는 경우에, 당사자들은 영업장의 주소를 지정인도장소로 명시하여야 한다. 지정장소가 매도인의 영업장구내인 경우에는, 물품이 매수인이 제공한 운송수단에 적재되는 때 인도의무가 완료된다. 그러나 다른 어떤 장소에서 물품을 인도하고자 하는 경우에 당사자들은 그러한 다른 인도장소를 명시하여야 한다. 이 경우에는, 물품이 매도인의 운송수단에 실린 채 양화준비된 상태로 매수인이 지정한 운송인이나 제3자의 처분하에 놓인 때 인도의무가 완료된다.

> "Free Carrier" means that the seller delivers the goods to the carrier or another person nominated by the buyer at the seller's premises or another named place. The parties are well advised to specify as clearly as possible the point within the named place of delivery, as the risk passes to the buyer at that point.
> If the parties intend to deliver the goods at the seller's premises, they should identify the address of those premises as the named place of delivery. If, on the other hand, the parties intend the goods to be delivered at another place, they must identify a different specific place of delivery.

2) 사용지침

이 조건은 운송방식에 관계없이 사용할 수 있으며 둘 이상의 운송방식이 채택된 경우에도 사용할 수 있다.

FCA조건에서 물품의 수출통관은 매도인이 하여야 한다. 그러나 매도인은 물품을 수입통관하거나, 수입관세를 지급하거나 수입통관절차를 수행할 의무가 없다.

매수인은 계약에서 정한 기일 또는 기간내에 물품을 지정지에서 인수하기 위해 컨테이너선, 항공기, 기차, 트럭 등 운송수단을 수배하고 매도인은 수출통관 후 물품을 지정지에 반입하여 운송인에게 인도한다. 인도지정지로는 컨테이너선 운송인 경우 CY 및 CFS, 항공운송에서는 포워드의 창고 및 공항의 화물터미널, 육상운송에서는 역의 화물터미널 등이다.

3.3 CPT(CARRIAGE PAID TO) / 운송비지급인도조건

CPT(insert named place of destination) Incoterms 2010

예: CPT New York CFS, USA Incoterms 2010

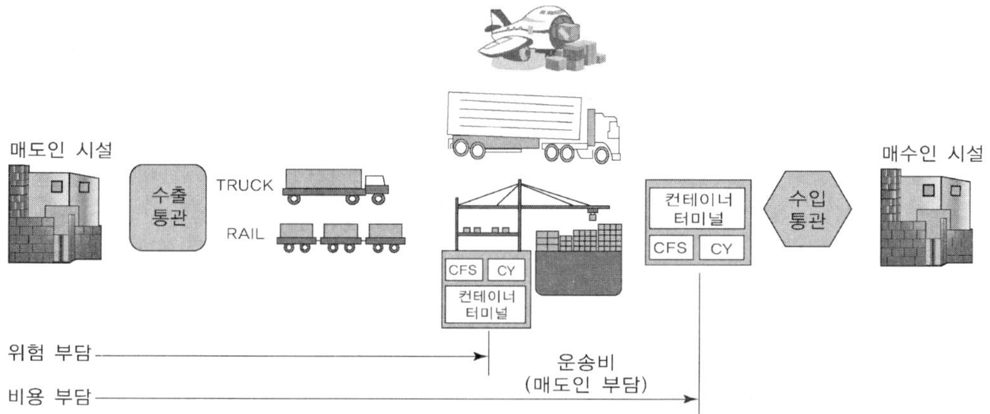

1) 정의

이 조건은 매도인이 합의된 장소(당사자간에 이러한 장소의 합의가 있는 경우)에서 물품을 자신이 지정한 운송인이나 제3자에게 인도하고 매도인이 물품을 지정목적지까지 운송하는데 필요한 계약을 체결하고 그 운송비용을 부담하여야 하는 조건을 의미한다.

"Carriage Paid To" means that the seller delivers the goods to the carrier or another person nominated by the seller at an agreed place (if any such place is agreed between the parties) and that the seller must contract for and pay the costs of carriage necessary to bring the goods to the named place of destination.

2) 사용지침

이 조건은 운송방식에 관계없이 사용할 수 있으며 둘 이상의 운송방식이 채택된 경우에도 사용할 수 있다. 이 조건은 매도인이 지정목적지까지의 운송을 수배하며 운송수단으로는 컨테이너선, 항공기, 기차, 트럭 등이 이용된다. 매도인은 계약에서 정한 기일 또는 기간내에 물품을 운송인에게 인도하며 인도장소로는 컨테이너선운송인 경우 CY나 CFS, 항공운송인 경우 포워드의 창고나 공항의 터미널, 육상운송에서는 역의 화물터미널 등이다.

이 조건은 두 가지의 분기점을 갖는다. 왜냐하면 위험과 비용이 상이한 장소에서 이전되기 때문이다. 위험은 물품을 운송인에게 인도하는 시점에서 이전되는데 비하여 비용은 지정목적지까지의 비용을 부담하기 때문이다. 선박이나 항공기로부터의 하역에 따른 비용은 운송계약에 따라 다르지만 일반적으로 컨테이너선운송 및 항공운송에서는 하역비용은 운송비에 포함되어 있다. 그러므로 당사자들은 위험이 매수인에게 이전되는 장소인 인도장소 및 매도인이 체결하는 운송계약의 목적지인 지정목적지를 계약 내에서 가급적 정확하게 지정하는 것이 좋다. 합의된 목적지까지 운송하는 데 여러 운송인이 사용되고 당사자들이 특정한 인도지점에 관하여 합의하지 않은 경우에, 위험은 전적으로 매도인에 의하여 선택되어 매수인으로서는 아무런 통제도 할 수 없는 지점에서 물품이 최초운송인에게 인도되는 때에 이전되는 것이 기본원칙이다. 그 후의 어느 단계(예컨대, 항구 또는 공항)에서 위험이 이전하기를 원하는 경우에, 당사자들은 이를 매매계약에 명시하여야 한다. CPT 조건에서 매도인은 물품의 수출통관을 하여야 하고 수입통관은 매수인의 부담이다.

3.4 CIP(CARRIAGE AND INSURANCE PAID TO)/운송비·보험료 지급인도조건

CIP(insert named place of destination) Incoterms 2010

예: CIP JFK INTERNATIONAL AIRPORT, USA Incoterms 2010

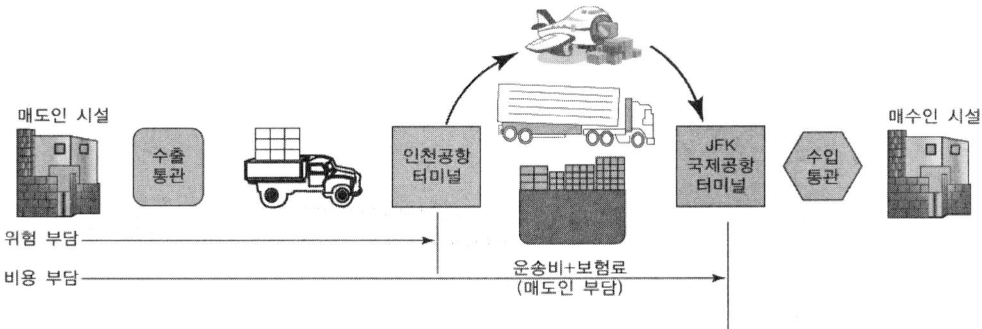

1) 정의

이 조건은 매도인이 합의된 장소(당사자간에 이러한 장소의 합의가 있는 경우)에서 물품을 자신이 지정한 운송인이나 제3자에게 인도하고 매도인이 물품을 지정목적지까지 운송하는 데 필요한 계약을 체결하고 그 운송비용을 부담하여야 하는 조건을 의미한다.

매도인은 또한 운송중 매수인의 물품의 멸실 또는 손상의 위험에 대비하여 보험계약을 체결한다. 매수인이 유의할 점은, 이 조건에서 매도인은 단지 최소조건으로 부보하도록 요구될 뿐이다. 보다 넓은 보험의 보호를 원한다면 매수인은 매도인과 명시적으로 그렇게 합의하든지 아니면 스스로 자신의 추가보험을 들어야 한다.

> "Carriage and Insurance Paid to" means that the seller delivers the goods to the carrier or another person nominated by the seller at an agreed place (if any such place is agreed between the parties) and that the seller must contract for and pay the costs of carriage necessary to bring the goods to the named place of destination.
>
> The seller also contracts for insurance cover against the buyer's risk of loss of or damage to the goods during the carriage. The buyer should note that under CIP the seller is required to obtain insurance only on minimum cover. Should the buyer wish to have more insurance protection, it will need either to agree as much expressly with the seller or to make its own extra insurance arrangements.

2) 사용지침

이 조건은 운송방식에 관계없이 사용할 수 있으며 둘 이상의 운송방식이 채택된 경우에도 사용할 수 있다. 이 조건은 매도인이 지정목적지까지의 운송을 수배하며 운송수단으로는 컨테이너선, 항공기, 기차, 트럭 등이 이용된다. 매도인은 계약에서 정한 기일 또는 기간내에 물품을 운송인에게 인도하며 인도장소로는 컨테이너선운송인 경우 CY나 CFS, 항공운송인 경우 포워드의 창고나 공항의 터미널, 육상운송에서는 역의 화물터미널 등이다.

이 조건은 두 가지의 분기점을 갖는다. 왜냐하면 위험과 비용이 상이한 장소에서 이전되기 때문이다. 위험은 물품을 운송인에게 인도하는 시점에서 이전되는데 비하여 비용은 지정목적지까지의 운송비와 보험료를 부담하기 때문이다. 선박이나 항공기로부터의 하역에 따른 비용은 운송계약에 따라 다르지만 일반적으로 컨테이너선운송 및 항공운송에서는 하역비용은 운송비에 포함되어 있다. 그러므로 당사자들은 위험이 매수인에게 이전되는 장소인 인도장소 및 매도인이 체결하는 운송계약의 목적지인 지정목적지를 계약 내에서 가급적 정확하게 지정하는 것이 좋다. 합의된 목적지까지 운송하는 데 여러 운송인이 사용되고 당사자들이 특정한 인도지점에 관하여 합의하지 않은 경우에, 위험은 전적으로 매도인에 의하여 선택되어 매수인으로서는 아무런 통제도 할 수 없는 지점에서 물품이 최초운송인에게 인도되는 때에 이전되는 것이 기본원칙이다. 그 후의 어느 단계(예컨대, 항구 또는 공항)에서 위험이 이전하기를 원하는 경우에, 당사자들은 이를 매매계약에 명시하여야 한다. CIP조건에서 매도인은 최소한의 전보범위를 갖는 ICC(C)조건으로 보험계약을 체결할 의무가 있다. CIP조건에서 매도인은 물품의 수출통관을 하여야 하고 수입통관은 매수인의 부담이다.

3.5 DAT(DELIVERED AT TERMINAL) / 도착터미널인도조건

DAT(Insert named terminal at port or place of destination) Incoterms 2010

예: DAT KOBE PORT CY, JAPAN Incoterms 2010

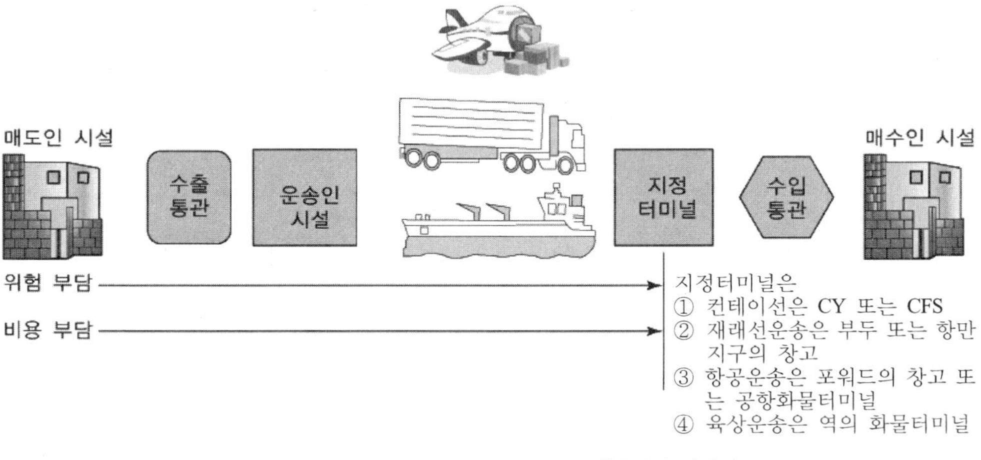

도착운송수단에서
양화된 상태로 인도

1) 정의

이 조건은 물품이 도착운송수단으로부터 양화된 상태로 지정목적항이나 지정목적지의 지정터미널에서 매수인의 처분하에 놓이는 때에 매도인이 인도하는 조건을 의미한다. '터미널'은 부두, 창고, 컨테이너장치장(CY) 또는 도로·철도·항공화물의 '터미널'과 같은 장소를 포함하며, 지붕의 유무를 불문한다. 매도인은 지정목적항이나 지정목적지까지 물품을 운송하고 거기서 양화하는 데 수반하는 모든 위험을 부담한다.

> "Delivered at Terminal" means that the seller delivers when the goods, once unloaded from the arriving means of transport, are placed at the disposal of the buyer at a named terminal at the named port or place of destination. "Terminal" includes any place, whether covered or not, such as a quay, warehouse, container yard or road, rail or air cargo terminal. The seller bears all risks involved in bringing the goods to and unloading them at the terminal at the named port or place of destination.

2) 사용지침

이 조건은 운송방식에 관계없이 사용할 수 있으며 둘 이상의 운송방식이 채택된 경우에도 사용할 수 있다. 이 조건은 매도인이 컨테이너선, 항공기, 기차 등의 운송수단을 사용하여 물품을 수입국측의 지정목적항 및 지정목적지의 터미널까지 매도인의 위험과 비용부담으로 운송한다. 지정터미널은 컨테이너선운송에서는 CY 및 CFS, 재래선운송에서는 부두 및 항만지구내의 창고, 항공운송에서는 포워드의 창고 및 공항의 화물터미널, 육상운송에서는 역의 화물터미널이다. 당사자들은 터미널 및 가능하다면, 합의된 목적항이나 목적지의 터미널 내의 지점을 가급적 명확하게 명시하는 것이 바람직하다. 더욱이, 당사자들이 터미널에서 다른 장소까지 물품을 운송하고 취급하는데 수반하는 위험과 비용을 매도인이 부담하도록 의도하는 때에는, DAP 또는 DDP조건을 사용하여야 한다. 이 조건에서는 매도인이 물품의 수출통관을 하여야 하고 매수인은 수입통관의 의무를 부담한다.

3.6 DAP(DELIVERED AT PLACE)/도착장소인도조건

DAP(Insert named place of destination) Incoterms 2010

예: DAP WALMART DISTRIBUTION CENTER 772 MAIN ST. NEW YORK, NY, USA Incoterms 2010

1) 정의

이 조건은 물품이 지정목적지에서 도착운송수단에 실린 채 양화준비된 상태로 매수인의 처분하에 놓이는 때에 매도인이 인도하는 조건을 의미한다. 매도인은 그러한 지정장소까지 물품을 운송하는 데 수반하는 모든 위험을 부담한다.

"Delivered at Place" means that the seller delivers when the goods are placed at the disposal of the buyer on the arriving means of transport ready for unloading at the named place of destination. The seller bears all risks involved in bringing the goods to the named place.

2) 사용지침

이 조건은 운송방식에 관계없이 사용할 수 있으며 둘 이상의 운송방식이 채택된 경우에도 사용할 수 있다.매도인은 컨테이너선이나 항공기 등의 운송수단을 사용하여 물품을 수입국의 지정목적지까지 매도인의 위험과 비용부담으로 운송한다. 그러므로 당사자들은 합의된 목적지 내의 지점을 가급적 명확하게 명시하는 것이 바람직하다.

DAP조건에서 매도인은 물품의 수출통관을 하여야 하고 수입통관은 매수인이 부담한다. 당사자간에 매도인이 물품을 수입통관하고 수입관세를 부담하며 수입통관절차를 수행하도록 원하는 때에는 DDP조건을 사용하여야 한다.

3.7 DDP(DELIVERED DUTY PAID)/관세지급인도조건

DDP(Insert named place of destination) Incoterms 2010

예: DDP KIM'S FAMILY CO., 2789 OCEAN BLVD. CHICAGO, IL 90802, USA Incoterms 2010

1) 정의

이 조건은 수입통관된 물품이 지정목적지에서 도착운송수단에 실린 채 양화준비된 상태로 매수인의 처분하에 놓이는 때에 매도인이 인도하는 조건을 의미한다. 매도인은 그러한 목적지까지 물품을 운송하는 데 수반하는 모든 위험을 부담하고, 또한 물품의 수출통관 및 수입통관을 모두 하여야 하고, 수출관세 및 수입관세를 모두 부담하여야 하며, 모든 통관절차를 수행하여야 하는 의무를 부담한다.

> "Delivered Duty Paid" means that the seller delivers the goods when the goods are placed at the disposal of the buyer, cleared for import on the arriving means of transport ready for unloading at the named place of destination. The seller bears all the costs and risks involved in bringing the goods to the place of destination and has an obligation to clear the goods not only for export but also for import, to pay any duty for both export and import and to carry out all customs formalities.

2) 사용지침

이 조건은 운송방식에 관계없이 사용할 수 있으며 둘 이상의 운송방식이 채택된 경우에도 사용할 수 있다. DDP조건은 매도인의 의무부담이 가장 큰 조건이며 매수인의 부담은 가장 작은 조건이다. 매도인은 운송중 물품의 손상위험외에 운송 및 수입통관시의 지연에 따른 위험도 부담해야 한다.

당사자들은 합의된 목적지 내의 지점을 가급적 명확하게 명시하는 것이 바람직하다. 그러한 지점까지의 위험은 매도인이 부담하기 때문이다. 매도인은 이러한 선택을 정확하게 만족하는 내용으로 운송계약을 체결하는 것이 좋다.

매도인이 직접 또는 간접으로 수입통관을 수행할 수 없는 경우에는 DDP를 사용하지 않는 것이 좋다.

만약 당사자들이 수입통관에 관한 모든 비용과 위험을 매수인이 부담하기를 원하는 때에는 DAP 규칙이 사용되어야 한다.

수입시에 부과되는 부가가치세 기타 세금은 매도인이 부담하되, 다만 매매계약에서 명시적으로 달리 합의된 때에는 그에 따른다.

3.8 FAS(FREE ALONGSIDE SHIP)/선측인도조건

FAS(insert named port of shipment) Incoterms 2010

예: FAS BUSAN UAM PIER, KOREA Incoterms 2010

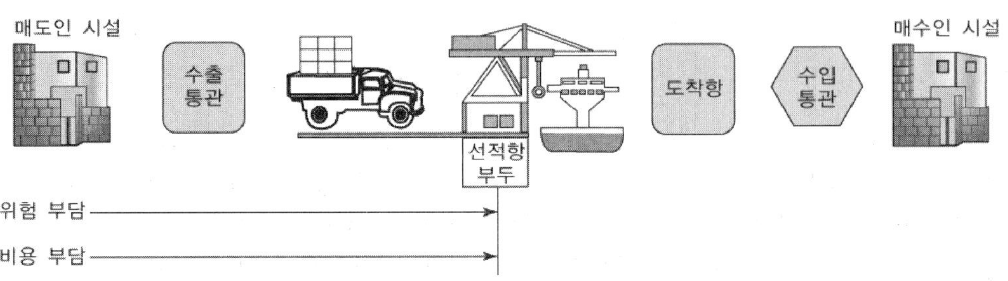

1) 정의

이 조건은 물품이 지정선적항에서 매수인에 의하여 지정된 본선의 선측(예컨대, 부두 혹은 바지선)에 놓이는 때에 매도인이 인도하는 조건을 의미한다. 물품의 멸실 또는 손상의 위험은 물품이 선측에 놓인 때에 이전하며 매수인은 그러한 시점 이후의 모든 비용을 부담한다.

매도인은 물품을 선측에 인도하거나 이미 선적을 위하여 그렇게 인도된 물품을 조달하여야 한다. 여기에 '조달'(procure)을 규정한 것은 특히 일차상품거래(commodity trade)에서 보편적인 복수의 연속적 매매('연속매매')에 대응하기 위함이다.

> "Free Alongside Ship" means that the seller delivers when the goods are placed alongside the vessel (e.g., on a quay or a barge) nominated by the buyer at the named port of shipment. The risk of loss of or damage to the goods passes when the goods are alongside the ship, and the buyer bears all costs from that moment onwards.
>
> The seller is required either to deliver the goods alongside the ship or to procure goods already so delivered for shipment. The reference to "procure" here caters for multiple sales down a chain ('string sales'), particularly common in the commodity trades.

2) 사용지침

이 조건은 오직 해상운송이나 내수로운송의 경우에만 이용하여야 한다.

당사자들은 지정선적항 내의 적재지점을 가급적 명확하게 명시하는 것이 바람직하다. 그러한 지점까지 비용과 위험을 매도인이 부담하고 또한 그러한 비용 및 관련 화물취급비용이 그 항구의 관행에 따라 다양하기 때문이다.

물품이 컨테이너에 적재되는 경우에는 매도인이 물품을 선측이 아니라 터미널에서 운송인에게 인도하는 것이 전형적이다. 이러한 경우에, FAS 조건은 부적절하며, FCA 조건이 사용되어야 한다.

FAS 조건에서 매도인은 물품의 수출통관을 하여야 하고 수입통관은 매수인의 부담이다.

3.9 FOB(FREE ON BOARD)/본선인도조건

FOB (insert named port of shipment) Incoterms 2010

예: FOB BUSAN, Incoterms 2010

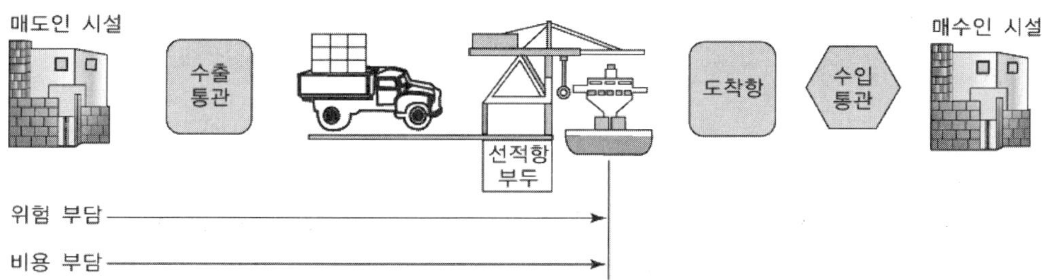

1) 정의

이 조건은 매도인이 물품을 지정선적항에서 매수인에 의하여 지정된 본선에 적재하여 인도하거나 이미 그렇게 인도된 물품을 조달하는 것을 의미한다. 물품의 멸실 또는 손상의 위험은 물품이 본선에 적재된 때에 이전하며, 매수인은 그러한 시점 이후의 모든 비용을 부담한다.

매도인은 물품을 본선에 적재하여 인도하거나 이미 선적을 위하여 그렇게 인도된 물품을 조달하여야 한다. 여기에 '조달'(procure)을 규정한 것은 특히 일차상품거래(commodity trade)에서 보편적인 복수의 연속적 매매('연속매매')에 대응하기 위함이다.

"Free on Board" means that the seller delivers the goods on board the vessel nominated by the buyer at the named port of shipment or procures the goods already so delivered. The risk of loss of or damage to the goods passes when the goods are on board the vessel, and the buyer bears all costs from that moment onwards.
The seller is required either to deliver the goods on board the vessel or to procure goods already so delivered for shipment. The reference to "procure" here caters for multiple sales down a chain ('string sales'), particularly common in the commodity trades.

2) 사용지침

이 조건은 오직 해상운송이나 내수로운송의 경우에만 이용하여야 한다.

FOB조건은 예컨대, 전형적으로 터미널에서 인도되는 컨테이너화물과 같이 물품이 본선에 적재되기 전에 운송인에게 인도되는 경우에는 적절하지 않다. 이러한 경우에는 FCA조건을 사용하여야 한다.

FOB조건에서 매도인은 물품의 수출통관을 하여야 하고 수입통관은 매수인의 부담이다.

3) 당사자의 의무

A. 매도인의 의무

A1 General obligations of the seller

The seller must provide the goods and the commercial invoice in conformity with the contract of sale and any other evidence of conformity that may be required by the contract.

Any document referred to in A1-A10 may be an equivalent electronic record or procedure if agreed between the parties or customary.

A1 매도인의 일반의무

매도인은 매매계약에 일치하는 물품 및 상업송장과 그 밖에 일치성에 관하여 계약에서 요구되는 증빙을 제공하여야 한다.

당사자간에 합의되었거나 관습이 있는 경우에, A1-A10에 규정된 서류는 상응하는 전자적 기록이나 절차로 할 수 있다.

A2 Licences, authorizations, security clearances and other formalities

Where applicable, the seller must obtain, at its own risk and expense, any export licence or other official authorization and carry out all customs formalities necessary for the export of the goods.

A2 허가, 인가, 보안통관 및 기타 절차

해당되는 경우에, 매도인은 자신의 위험과 비용으로 수출허가 기타 공적 인가를 획득하여야 하고 물품의 수출에 필요한 모든 통관절차를 수행하여야 한다.

A3 Contracts of carriage and insurance

a) Contract of carriage

The seller has no obligation to the buyer to make a contract of carriage. However, if requested by the buyer or if it is commercial practice and the buyer does not give an instruction to the contrary in due time, the seller may contract for carriage on usual terms at the buyer's risk and expense. In either case, the seller may decline to make the contract of carriage and, if it does, shall promptly notify the buyer.

b) Contract of insurance

The seller has no obligation to the buyer to make a contract of insurance. However, the seller must provide the buyer, at the buyer's request, risk, and expense (if any), with information that the buyer needs for obtaining insurance.

A3 운송계약과 보험계약

a) 운송계약

매도인은 매수인에 대하여 운송계약을 체결할 의무가 없다. 그러나 매수인의 요청이 있는 경우나 상관습이 있는데 매수인이 적시에 그에 반대하는 지시를 하지 않은 경우에, 매도인은 매수인의 위험과 비용으로 통상적인 조건으로 운송계약을 체결할 수 있다. 각각의 경우에, 매도인은 운송계약의 체결을 거절할 수 있고, 실제로 거절하는 때에는 매수인에게 신속하게 이를 통지하여야 한다.

b) 보험계약

매도인은 매수인에 대하여 보험계약을 체결할 의무가 없다. 그러나 매도인은 매수인의 요청에 따라 매수인의 위험과 비용(있는 경우)으로 매수인이 부보하는 데 필요한 정보를 매수인에게 제공하여야 한다.

A4 Delivery

The seller must deliver the goods either by placing them on board the vessel nominated by the buyer at the loading point, if any, indicated by the buyer at the named port of shipment or by procuring the goods so delivered. In either case, the seller must deliver the goods on the agreed date or within the agreed period and in the manner customary at the port.

If no specific loading point has been indicated by the buyer, the seller may select the point within the named port of shipment that best suits its purpose.

A4 인도

매도인은 물품을 지정선적항에서, 특히 그 항구 내에 매수인이 표시하는 선적지점이 있는 경우에는 그 지점에서, 매수인이 지정하는 본선에 적재함으로써 또는 그렇게 인도된 물품을 조달함으로써 인도하여야 한다. 각각의 경우에, 매도인은 합의된 기일에 또는 합의된 기간 내에 그 항구에서 관습적인 방법으로 물품을 인도하여야 한다.

매수인이 특정한 선적지점을 표시하지 않은 경우에, 매도인은 지정선적항 내에서 그의 목적에 가장 적합한 지점을 선택할 수 있다.

A5 Transfer of risks

The seller bears all risks of loss of or damage to the goods until they have been delivered in accordance with A4 with the exception of loss or damage in the circumstances described in B5.

A5 위험이전

매도인은 물품이 A4에 따라 인도되는 때까지 물품의 멸실 또는 손상의 모든 위험을 부담하되, B5에 규정된 상황에서 발생하는 멸실 또는 손상은 예외로 한다.

A6 Allocation of costs

The seller must pay

a) all costs relating to the goods until they have been delivered in accordance with A4, other than those payable by the buyer as envisaged in B6; and

b) where applicable, the costs of customs formalities necessary for export, as well as all duties, taxes and other charges payable upon export.

A6 비용분담

매도인은 다음의 비용을 부담하여야 한다.

a) 물품이 A4에 따라 인도되는 때까지 물품에 관련되는 모든 비용. 그러나 B6의 규정에 따라 매수인이 부담하는 비용은 제외한다.

b) 해당되는 경우에, 수출에 필요한 통관비용 및 수출시에 부과되는 모든 관세, 세금 기타 공과금.

A7 Notices to the buyer

The seller must, at the buyer's risk and expense, give the buyer sufficient notice either that the goods have been delivered in accordance with A4 or that the vessel has failed to take the goods within the time agreed.

A7 매수인에 대한 통지

매도인은, 매수인의 위험과 비용으로, 물품이 A4에 따라 인도된 사실이나 본선이 합의된 시기 내에 물품을 수령하지 않은 사실을 매수인에게 충분히 통지하여야 한다.

A8 Delivery document

The seller must provide the buyer, at the seller's expense, with the usual proof that the goods have been delivered in accordance with A4.

Unless such proof is a transport document, the seller must provide assistance to the buyer, at the buyer's request, risk and expense, in obtaining a transport document.

A8 인도서류

매도인은 자신의 비용으로 매수인에게 물품이 A4에 따라 인도되었다는 통상의 증빙을 제공하여야 한다.

그러한 증빙이 운송서류가 아닌 경우에, 매도인은 매수인의 요청에 따라 매수인의 위험과 비용으로 매수인이 운송서류를 획득하는 데 협조하여야 한다.

A9 Checking–packaging–marking

The seller must pay the costs of those checking operations (such as checking quality, measuring, weighing, counting) that are necessary for the purpose of delivering the goods in accordance with A4, as well as the costs of any pre-shipment inspection mandated by the authority of the country of export.

The seller must, at its own expense, package the goods, unless it is usual for the particular trade to transport the type of goods sold unpackaged. The seller may package the goods in the manner appropriate for their transport, unless the buyer has notified the seller of specific packaging requirements before the contract of sale is concluded. Packaging is to be marked appropriately.

A9 검사 - 포장 - 하인

매도인은 A4에 따라 물품을 인도하기 위한 목적에서 필요한 검사(예컨대, 품질, 용적, 중량, 수량의 검사)에 드는 비용 및 수출국에 의하여 강제되는 선적전검사에 드는 비용을 부담하여야 한다.

매도인은 자신의 비용으로 물품을 포장하여야 하되, 다만 특정한 거래에서 물품이 통상적으로 포장되지 않은 형태로 매매되어 운송되는 경우에는 그러하지 아니하다. 매도인은 당해 운송에 적절한 방법으로 물품을 포장할 수 있다. 다만 매수인이 매매계약의 체결 전에 포장에 관한 특정한 요건을 통지한 경우에는 그에 따라야 한다. 포장에는 적절히 하인이 표시되어야 한다.

A10 Assistance with information and related costs

The seller must, where applicable, in a timely manner, provide to or render assistance in obtaining for the buyer, at the buyer's request, risk and expense, any documents and information, including security related information, that the buyer needs for the import of the goods and/or for their transport to the final destination.

The seller must reimburse the buyer for all costs and charges incurred by the buyer in providing or rendering assistance in obtaining documents and information as envisaged in B10.

A10 정보에 관한 협조 및 관련비용

매도인은 해당되는 경우에, 시기적절한 방법으로, 매수인의 요청에 따라 매수인의 위험과 비용으로, 매수인이 물품의 수입 및/또는 최종목적지로의 운송에 필요로 하는 서류와 정보(보안관련 정보 포함)를 제공하거나, 매수인이 그러한 서류와 정보를 획득하는 데 협조하여야 한다.

매도인은 매수인이 B10의 규정에 따라 서류와 정보를 제공하거나 그러한 서류와 정보의 획득에 협조하는 데 발생한 모든 비용과 부대비용을 매수인에게 상환하여야 한다.

B. 매수인의 의무

B1 General obligations of the buyer

The buyer must pay the price of the goods as provided in the contract of sale.

Any document referred to in B1-B10 may be an equivalent electronic record or procedure if agreed between the parties or customary.

B1 매수인의 일반의무

매수인은 매매계약에서 약정된 바에 따라 물품의 대금을 지급하여야 한다.

당사자간에 합의되었거나 관행이 있는 경우에, B1-B10에 규정된 서류는 상응하는 전자적 기록이나 절차로 할 수 있다.

B2 Licences, authorizations, security clearances and other formalities

Where applicable, it is up to the buyer to obtain, at its own risk and expense, any import licence or other official authorization and carry out all customs formalities for the import of the goods and for their transport through any country.

B2 허가, 인가, 보안통관 및 기타 절차

해당되는 경우에, 자신의 위험과 비용으로 수입허가 기타 공적 인가를 획득하고 물품의 수입과 제3국을 통과하는 운송에 필요한 모든 통관절차를 수행하는 것은 매수인 자신의 몫이다.

B3 Contracts of carriage and insurance

a) Contract of carriage

The buyer must contract, at its own expense for the carriage of the goods from the named port of shipment, except where the contract of carriage is made by the seller as provided for in A3a).

b) Contract of insurance

The buyer has no obligation to the seller to make a contract of insurance.

B3 운송계약과 보험계약

a) 운송계약

매수인은 자신의 비용으로 물품을 지정선적항으로부터 운송하는 계약을 체결하여야 하며, 다만 A3a)에 규정된 바에 따라 매도인이 운송계약을 체결하는 경우에는 예외이다.

b) 보험계약

매수인은 매도인에 대하여 보험계약을 체결할 의무가 없다.

B4 Taking delivery

The buyer must take delivery of the goods when they have been delivered as envisaged in A4.

B4 인도의 수령

매수인은 물품이 A4의 규정에 따라 인도된 때에 그 인도를 수령하여야 한다.

B5 Transfer of risks

The buyer bears all risks of loss of or damage to the goods from the time they have been delivered as envisaged in A4.

If

a) the buyer fails to notify the nomination of a vessel in accordance with B7; or

b) the vessel nominated by the buyer fails to arrive on time to enable the seller to comply with A4, is unable to take the goods, or closes for cargo earlier than the time notified in accordance with B7;

then, the buyer bears all risks of loss of or damage to the goods:

(i) from the agreed date, or in the absence of an agreed date,

(ii) from the date notified by the seller under A7 within the agreed period, or, if no such date has been notified,

(iii) from the expiry date of any agreed period for delivery,

provided that the goods have been clearly identified as the contract goods.

B5 위험이전

매수인은 물품이 A4의 규정에 따라 인도된 때부터 물품의 멸실 또는 손상의 모든 위험을 부담한다. 그러나

a) 매수인이 B7에 따라 선박을 지정하는 통지를 하지 않은 경우, 또는

b) 매수인이 지정한 선박이 매도인이 A4를 준수할 수 있도록 정시에 도착하지 않거나, 물품을 수령할 수 없거나, B7에 따라 통지된 시기보다 일찍이 선적을 마감하는 경우,

매수인은 다음의 시기부터 물품의 멸실 또는 손상의 모든 위험을 부담한다.

(i) 합의된 인도기일부터, 또는 합의된 인도기일이 없는 경우에는

(ii) 합의된 인도기간 내에서 A7에 따라 매도인이 통지한 기일부터, 또는 그러한 기일의 통지가 없는 경우에는

(iii) 합의된 인도기간의 만료일부터,

다만 이를 위하여 물품은 계약물품으로 명확히 특정되어 있어야 한다.

B6 Allocation of costs

The buyer must pay

a) all costs relating to the goods from the time they have been delivered as envisaged in A4, except, where applicable, the costs of customs formalities necessary for export, as well as all duties, taxes and other charges payable upon export as referred to in A6 b);

b) any additional costs incurred, either because:

(i) the buyer has failed to give appropriate notice in accordance with B7, or

(ii) the vessel nominated by the buyer fails to arrive on time, is unable to take the goods, or closes for cargo earlier than the time notified in accordance with B7,

provided that the goods have been clearly identified as the contract goods; and

c) where applicable, all duties, taxes and other charges, as well as the costs of carrying out customs formalities payable upon import of the goods and the costs for their transport through any country.

B6 비용분담

매수인은 다음의 비용을 부담하여야 한다.

a) 물품이 A4의 규정에 따라 인도되는 때로부터 물품에 관련되는 모든 비용. 그러나 A6b)의 규정에 따라, 해당되는 경우에, 수출에 필요한 통관비용 및 수출시에 부과되는 모든 관세, 세금 기타 공과금 제외.

b) 다음의 경우에 발생하는 추가비용

(i) 매수인이 B7에 따른 적절한 통지를 하지 않는 경우

(ii) 매수인이 지정한 선박이 정시에 도착하지 않거나, 물품을 수령할 수 없거나, B7에 따라 통지된 시기보다 일찍이 선적을 마감하는 경우,

다만 이를 위하여 물품은 계약물품으로 명확히 특정되어 있어야 한다.

c) 해당되는 경우에, 물품의 수입에 부과되는 모든 관세, 세금 기타 공과금과 수입통관비용 및 제3국을 통과하여 운송하는 데 드는 비용.

B7 Notices to the seller

The buyer must give the seller sufficient notice of the vessel name, loading point and, where necessary, the selected delivery time within the agreed period.

B7 매도인에 대한 통지

매수인은 선박명, 선적지점 및 해당되는 경우에 합의된 인도기간 내에서 선택된 인도시기를 매도인에게 충분히 통지하여야 한다.

B8 Proof of delivery

The buyer must accept the proof of delivery provided as envisaged in A8.

B8 인도의 증빙

매수인은 A8의 규정에 따라 제공된 인도의 증빙을 수령하여야 한다.

B9 Inspection of goods

The buyer must pay the costs of any mandatory pre-shipment inspection, except when such inspection is mandated by the authorities of the country of export.

B9 물품검사

매수인은 강제적인 선적전검사에 드는 비용을 부담하여야 한다. 다만 그러한 검사가 수출국에 의하여 강제되는 경우에는 예외이다.

B10 Assistance with information and related costs

The buyer must, in a timely manner, advise the seller of any security information requirements so that the seller may comply with A10.

The buyer must reimburse the seller for all costs and charges incurred by the seller in providing or rendering assistance in obtaining documents and information as envisaged in A10.

The buyer must, where applicable, in a timely manner, provide to or render assistance in obtaining for the seller, at the seller's request, risk and expense, any documents and information, including security related information, that the seller needs for the transport and export of the goods and for their transport through any country.

B10 정보에 관한 협조 및 관련비용

매수인은 매도인이 A10의 규정을 준수할 수 있도록, 시기적절한 방법으로, 매도인에게 보안정보에 관한 필요사항을 통지하여야 한다.

매수인은 매도인에게 매도인이 A10의 규정에 따라 서류와 정보를 제공하거나 그러한 서류와 정보의 획득에 협조하는 데 발생한 모든 비용과 부대비용을 상환하여야 한다.

매수인은 해당되는 경우에, 시기적절한 방법으로, 매도인의 요청에 따라 매도인의 위험과 비용으로, 매도인이 물품의 운송과 수출 및 제3국을 통과하는 운송에 필요로 하는 서류와 정보(보안관련 정보 포함)를 제공하거나, 매도인이 그러한 서류와 정보를 획득하는 데 협조하여야 한다.

3.10 CFR(COST AND FREIGHT)/운임포함인도조건

CFR(insert named port of destination) Incoterms 2010

CFR New York, Incoterms 2010

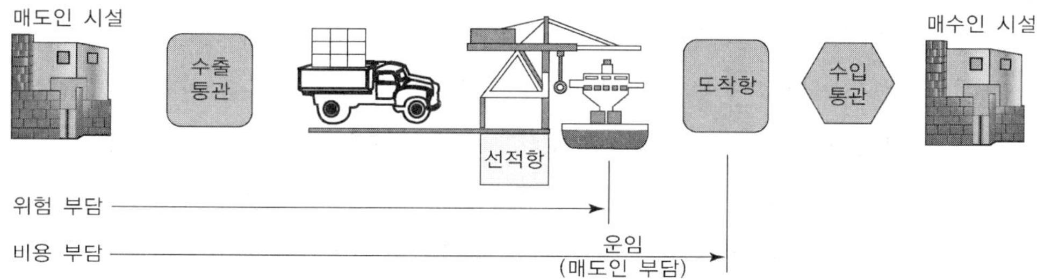

1) 정의

이 조건은 매도인이 물품을 본선에 적재하여 인도하거나 이미 그렇게 인도된 물품을 조달하는 것을 의미한다. 물품의 멸실 또는 손상의 위험은 물품이 본선에 적재된 때에 이전한다. 매도인은 물품을 지정목적항까지 운송하는 데 필요한 계약을 체결하고 그에 따른 비용과 운임을 부담하여야 한다.

매도인은 물품을 본선에 적재하여 인도하거나 이미 목적항까지 선적을 위하여 그렇게 인도된 물품을 조달하여야 한다. 또한 매도인은 운송계약을 체결하거나 그러한 계약을 조달하여야 한다. 여기에 '조달'(procure)을 규정한 것은 특히 일차상품거래(commodity trade)에서 보편적인 복수의 연속적 매매('연속매매')에 대응하기 위함이다.

"Cost and Freight" means that the seller delivers the goods on board the vessel or procures the goods already so delivered. The risk of loss of or damage to the goods passes when the goods are on board the vessel. The seller must contract for and pay the costs and freight necessary to bring the goods to the named port of destination.

The seller is required either to deliver the goods on board the vessel or to procure goods already so delivered for shipment to the destination. In addition, the seller is required either to make a contract of carriage or to procure such a contract. The reference to "procure" here caters for multiple sales down a chain ('string sales'), particularly common in the commodity trades.

2) 사용지침

이 조건은 오직 해상운송이나 내수로운송의 경우에만 이용되어야 한다.

CPT, CIP, CFR 또는 CIF조건이 사용되는 경우에, 매도인은 물품이 목적지에 도착한 때가 아니라 선택된 당해 규칙에 명시된 방법으로 운송인에게 물품을 인계하는 때에 그의 인도의무를 이행한 것으로 된다.

이 조건은 두 가지의 분기점을 갖는다. 왜냐하면 위험과 비용이 상이한 장소에서 이전되기 때문이다. 계약에서 항상 목적항을 명시하면서도 선적항은 명시하지 않지만, 위험은 선적항에서 매수인에게 이전한다. 선적항에 대하여 매수인이 특별한 이해관계를 갖는 경우에, 당사자들은 계약에서 이를 가급적 정확하게 특정하는 것이 바람직하다.

당사자들은 합의된 목적항 내의 지점을 가급적 정확하게 특정하는 것이 바람직하다. 그러한 지점까지의 비용은 매도인이 부담하기 때문이다.

CFR조건은 예컨대, 전형적으로 터미널에서 인도되는 컨테이너화물과 같이 물품이 본선에 적재되기 전에 운송인에게 인계되는 경우에는 적절하지 않다. 이러한 경우에는 CPT조건을 사용하여야 한다.

CFR조건에서 매도인은 물품의 수출통관을 하여야 한다.

3.11 CIF(COST INSURANCE AND FREIGHT)/운임·보험료포함인도조건

CIF(insert named port of destination) Incoterms 2010

예: CIF New York, Incoterms 2010

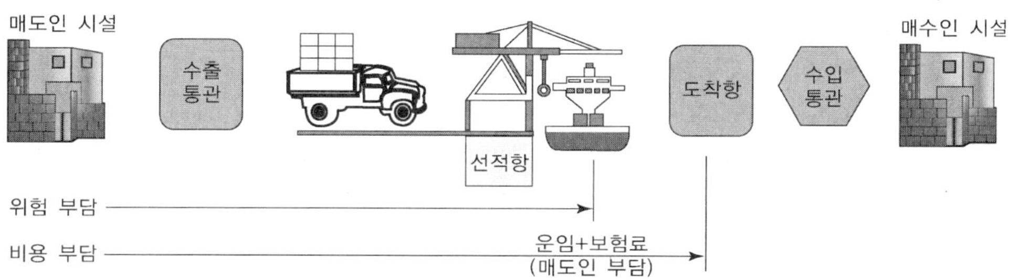

1) 정의

이 조건은 매도인이 물품을 본선에 적재하여 인도하거나 이미 그렇게 인도된 물품을 조달하는 것을 의미한다. 물품의 멸실 또는 손상의 위험은 물품이 본선에 적재된 때에 이전한다. 매도인은 물품을 지정목적항까지 운송하는 데 필요한 계약을 체결하고 그에 따른 비용과 운임을 부담하여야 한다.

매도인은 물품을 본선에 적재하여 인도하거나 이미 목적항까지 선적을 위하여 그렇게 인도된 물품을 조달하여야 한다. 또한 매도인은 운송계약을 체결하거나 그러한 계약을 조달하여야 한다. 여기에 '조달'(procure)을 규정한 것은 특히 일차상품거래(commodity trade)에서 보편적인 복수의 연속적 매매('연속매매')에 대응하기 위함이다.

매도인은 또한 운송중 매수인의 물품의 멸실 또는 손상의 위험에 대비하여 보험계약을 체결한다. 매수인이 유의할 것으로, CIF에서 매도인은 단지 최소조건으로 부보하도록 요구될 뿐이다. 보다 넓은 보험의 보호를 원한다면 매수인은 매도인과 명시적으로 그렇게 합의하든지 아니면 스스로 자신의 추가보험을 들어야 한다.

"Cost, Insurance and Freight" means that the seller delivers the goods on board the vessel or procures the goods already so delivered. The risk of loss of or damage to the goods passes when the goods are on board the vessel. The seller must contract for and pay the costs and freight necessary to bring the goods to the named port of destination. The seller is required either to deliver the goods on board the vessel or to procure goods already so delivered for shipment to the destination. In addition the seller is required either to make a contract of carriage or to procure such a contract. The reference to "procure" here caters for multiple sales down a chain ('string sales'), particularly common in the commodity trades.

The seller also contracts for insurance cover against the buyer's risk of loss of or damage to the goods during the carriage. The buyer should note that under CIF the seller is required to obtain insurance only on minimum cover. Should the buyer wish to have more insurance protection, it will need either to agree as much expressly with the seller or to make its own extra insurance arrangements.

2) 사용지침

이 조건은 오직 해상운송이나 내수로운송의 경우에만 이용되어야 한다.

이 조건은 2개의 분기점을 갖는다. 왜냐하면 위험과 비용이 상이한 장소에서 이전되기 때문이다. 계약에서 항상 목적항을 명시하면서도 선적항은 명시하지 않지만, 위험은 선적항에서 매수인에게 이전한다. 선적항에 대하여 매수인이 특별한 이해관계를 갖는 경우에, 당사자들은 계약에서 이를 가급적 정확하게 특정하는 것이 바람직하다. 또한 당사자들은 합의된 목적항 내의 지점을 가급적 정확하게 특정하는 것이 바람직하다. 그러한 지점까지의 비용은 매도인이 부담하기 때문이다.

CIF는 예컨대, 전형적으로 터미널에서 인도되는 컨테이너화물과 같이 물품이 본선에 적재되기 전에 운송인에게 인도되는 경우에는 적절하지 않다. 이러한 경우에는 CIP조건을 사용하여야 한다.

CIF에서 매도인은 해당되는 경우에 물품의 수출통관을 하여야 하고 수입통관은 매수인이 부담한다.

3) CIF조건의 특징

CIF조건은 정형무역거래조건 중에서 FOB조건과 함께 많이 이용되면서 가장 발전된 형태로 다음과 같은 복합적인 특징을 지니고 있다.

첫째, CIF조건은 FOB나 CFR조건과 함께 전통적인 해상운송 및 내수로 운송에만 사용하도록 의도된 조건이다. 때문에 당사자들은 복합운송을 이용할 때에는 CIP나 CPT, FCA조건을 사용하여 위험의 공백문제가 발생하지 않도록 유념해야 한다.

둘째, CIF조건에서 매도인은 목적항까지 운임과 보험료를 지급하지만 물품에 대한 위험과 추가적인 비용부담은 선적항에서 인도가 완료된 때에 매수인에게 이전하는 선적지 매매계약조건이다. 따라서 물품이 선적 후 멸실되어 목적항에 도착하지 아니하였다 하더라도 선적항에서 계약에 일치한 물품의 선적을 입증하는 선적서류를 제공하는 한 대금지급을 받을 수 있다.

셋째, CIF조건에서 매도인은 운송인 및 보험자와 운송 및 보험계약을 체결하고 운임 및 보험료를 부담하여야 하며 합의된 시기에 선적항에서 본선에 물품을 선적하고 해상운송이나 내수로운송에 관한 선하증권이나 내수로운송증권 등 운송서류와 매수인을 위한 보험증권 또는 보험증명서 등 보험서류를 제공함으로써 자신의 의무를 다하게 된다.

넷째, CIF조건은 선적시까지의 물품가격에 목적항까지의 운임과 보험료가 합산되어 있는 복합가격으로 구성된 매매조건이다. 따라서 이 조건은 DDP 등의 도착지 인도조건에서의 매도인의 과중한 가격부담과 EXW 등의 출하지 인도조건에서 매수인의 과중한 가격부담을 균등하게 조화시킨 조건이다.

다섯째, CIF조건은 매도인이 계약과 일치하는 물품을 인도하고 서류를 제공하므로 자신의 인도의무가 이행되는 조건이다. 당사자간의 매매의 목적은 물품이지만 대금지급은 선적서류에 의하여 이루어지므로 상징적 인도의 성격을 갖고 있다.

4) 당사자의 의무

A. 매도인의 의무

A1 General obligations of the seller

The seller must provide the goods and the commercial invoice in conformity with the contract of sale and any other evidence of conformity that may be required by the contract.

Any document referred to in A1-A10 may be an equivalent electronic record or procedure if agreed between the parties or customary.

A1 매도인의 일반의무

매도인은 매매계약에 일치하는 물품 및 상업송장과 그밖에 일치성에 관하여 계약에서 요구되는 증빙을 제공하여야 한다.

당사자간에 합의되었거나 관습이 있는 경우에, A1-A10에 규정된 서류는 상응하는 전자적 기록이나 절차로 할 수 있다.

A2 Licences, authorizations, security clearances and other formalities

Where applicable, the seller must obtain, at its own risk and expense, any export licence or other official authorization and carry out all customs formalities necessary for the export of the goods.

A2 허가, 인가, 보안통관 및 기타 절차

해당되는 경우에, 매도인은 자신의 위험과 비용으로 수출허가 기타 공적 인가를 획득하여야 하고 물품의 수출에 필요한 모든 통관절차를 수행하여야 한다.

A3 Contracts of carriage and insurance

a) Contract of carriage

The seller must contract or procure a contract for the carriage of the goods from the agreed point of delivery, if any, at the place of delivery to the named port of destination or, if agreed, any point at that port. The contract of carriage must be made on usual terms at the seller's expense and provide for carriage by the usual route in a vessel of the type normally used for the transport of the type of goods sold.

b) Contract of insurance

The seller must obtain, at its own expense, cargo insurance complying at least with the minimum cover provided by Clauses (C) of the Institute Cargo Clauses (LMA/IUA) or any similar clauses. The insurance shall be contracted with underwriters or an insurance company of good repute and entitle the buyer, or any other person having an insurable interest in the goods, to claim directly from the insurer.

When required by the buyer, the seller shall, subject to the buyer providing any necessary information requested by the seller, provide at the buyer's expense any additional cover, if procurable, such as cover as provided by clauses (A) or (B) of the Institute Cargo Clauses (LMA/IUA) or any similar clauses and/or cover complying with the Institute War Clauses and/or Institute Strikes Clauses (LMA/IUA) or any similar clauses.

The insurance shall cover, at a minimum, the price provided in the contract plus 10% (i.e., 110%) and shall be in the currency of the contract.

The insurance shall cover the goods from the point of delivery set out in A4 and A5 to at least the named port of destination.

The seller must provide the buyer with the insurance policy or other evidence of insurance cover.

Moreover, the seller must provide the buyer, at the buyer's request, risk, and expense (if any), with information that the buyer needs to procure any additional insurance.

A3 운송계약과 보험계약

a) 운송계약

매도인은 인도장소로부터 또는 그 인도장소에 합의된 인도지점이 있다면 그 지점으로부터 지정목적항까지 또는 그 목적항에 합의된 지점이 있는 때에는 그 지점까지 물품을 운송하는 계약을 체결하거나 그러한 계약을 조달하여야 한다. 운송계약은 매도인의 비용으로 통상적인 조건으로 체결되어야 하며 매매물품의 품목을 운송하는데 통상적으로 사용되는 종류의 선박으로 통상적인 항로로 운송하는 내용이어야 한다.

b) 보험계약

매도인은 자신의 비용으로 적어도 (로이즈시장협회/국제보험업협회) 협회적하약관의 C약관이나 그와 유사한 약관에서 제공하는 최소담보조건에 따른 적하보험을 취득하여야 한다. 보험계약은 평판이 양호한 보험인수업자나 보험회사와 체결하여야 하고, 보험은 매수인이나 물품에 피보험이익을 가지는 제3자가 보험자에 대하여 직접 청구할 수 있도록 하는 것이어야 한다.

매수인의 요청이 있는 경우에, 매도인은, 그가 요청하는 필요한 정보를 매수인이 제공하는 것을 조건으로, 매수인의 비용으로, 가능하다면, (로이즈시장협회/국제보험업협회) 협회적하약관의 A 또는 B약관이나 그와 유사한 약관 및/또는 (로이즈시장협회/국제보험업협회) 협회전쟁약관 및/또는 협회동맹파업약관 기타 그와 유사한 약관에 의하여 부보하는 등의 추가적 보험을 제공하여야 한다.

보험금액은 최소한 매매계약에서 약정된 대금에 10%를 더한 금액(즉 매매대금의 110%)이어야 하고, 보험의 통화는 매매계약의 통화와 같아야 한다.

보험구간은 A4 및 A5에 규정된 인도지점으로부터 적어도 지정목적항까지 물품을 보호하는 것이어야 한다.

매도인은 매수인에게 보험증권이나 기타 부보의 증빙을 제공하여야 한다.

또한 매도인은 매수인에게, 매수인의 요청에 따라 매수인의 위험과 비용(있는 경우)으로, 매수인이 추가적 보험을 드는 데 필요한 정보를 제공하여야 한다.

A4 Delivery

The seller must deliver the goods either by placing them on board the vessel or by procuring the goods so delivered. In either case, the seller must deliver the goods on the agreed date or within the agreed period and in the manner customary at the port.

A4 인도

매도인은 물품을 본선에 적재함으로써 또는 그렇게 인도된 물품을 조달함으로써 인도하여야 한다. 각각의 경우에, 매도인은 합의된 기일에 또는 합의된 기간 내에 당해 항구에서 관습적인 방법으로 물품을 인도하여야 한다.

A5 Transfer of risks

The seller bears all risks of loss of or damage to the goods until they have been delivered in accordance with A4, with the exception of loss or damage in the circumstances described in B5.

A5 위험이전

매도인은 물품이 A4에 따라 인도되는 때까지 물품의 멸실 또는 손상의 모든 위험을 부담하되, B5에 규정된 상황에서 발생하는 멸실 또는 손상은 예외로 한다.

A6 Allocation of costs

The seller must pay

a) all costs relating to the goods until they have been delivered in accordance with

A4, other than those payable by the buyer as envisaged in B6;

b) the freight and all other costs resulting from A3 a), including the costs of loading the goods on board and any charges for unloading at the agreed port of discharge that were for the seller's account under the contract of carriage;

c) the costs of insurance resulting from A3 b); and

d) where applicable, the costs of customs formalities necessary for export, as well as all duties, taxes and other charges payable upon export, and the costs for their transport through any country that were for the seller's account under the contract of carriage.

A6 비용분담

매도인은 다음의 비용을 부담하여야 한다.

a) 물품이 A4에 따라 인도되는 때까지 물품에 관련되는 모든 비용. 그러나 B6의 규정에 따라 매수인이 부담하는 비용은 제외한다.

b) 물품의 본선적재비용 및 합의된 양륙항에서의 양륙비용 중에서 운송계약상 매도인이 부담하기로 한 비용을 포함하여, A3a)의 규정으로부터 비롯하는 운임 및 기타 모든 비용.

c) A3b)의 규정으로부터 비롯하는 보험비용.

d) 해당되는 경우에, 수출에 필요한 통관비용과 수출시에 부과되는 모든 관세, 세금 기타 공과금 및 제3국을 통과하여 운송하는 데 드는 비용 중 운송계약상 매도인이 부담하기로 한 비용.

A7 Notices to the buyer

The seller must give the buyer any notice needed in order to allow the buyer to take measures that are normally necessary to enable the buyer to take the goods.

A7 매수인에 대한 통지

매도인은 매수인에게 매수인이 물품을 수령할 수 있도록 하는 데 통상적으로 필요한 조치를 취할 수 있도록 하기 위하여 필요한 통지를 하여야 한다.

A8 Delivery document

The seller must, at its own expense provide the buyer without delay with the usual transport document for the agreed port of destination.

This transport document must cover the contract goods, be dated within the period agreed for shipment, enable the buyer to claim the goods from the carrier at the port of destination and, unless otherwise agreed, enable the buyer to sell the goods in transit by the transfer of the document to a subsequent buyer or by notification to the carrier.

When such a transport document is issued in negotiable form and in several originals, a full set of originals must be presented to the buyer.

A8 인도서류

매도인은 자신의 비용으로 매수인에게 합의된 목적항까지의 운송에 관한 통상적인 운송서류를 지체 없이 제공하여야 한다.

이 운송서류는 계약물품에 관한 것이어야 하고, 합의된 선적기간 이내로 일부(日附)되어야 하고, 매수인이 목적항에서 운송인에 대하여 물품의 인도를 청구할 수 있도록 하는 것이어야 하고, 달리 합의되지 않은 한, 매수인이 후속매수인에게 운송서류를 양도함으로써 또는 운송인에 대한 통지로써 운송 중에 물품을 매각할 수 있도록 하는 것이어야 한다.

그러한 운송서류가 유통가능한 형식으로 복수의 원본이 발행된 경우에는, 그 원본의 전통(全通)이 매수인에게 제공되어야 한다.

A9 Checking-packaging-marking

The seller must pay the costs of those checking operations (such as checking quality, measuring, weighing, counting) that are necessary for the purpose of delivering the goods in accordance with A4, as well as the costs of any pre shipment inspection mandated by the authority of the country of export.

The seller must, at its own expense, package the goods, unless it is usual for the particular trade to transport the type of goods sold unpackaged. The seller may package the goods in the manner appropriate for their transport, unless the buyer has notified the seller of specific packaging requirements before the contract of sale is concluded. Packaging is to be marked appropriately.

A9 검사-포장-하인

매도인은 A4에 따라 물품을 인도하기 위한 목적에서 필요한 검사(예컨대, 품질, 용적, 중량, 수량의 검사)에 드는 비용 및 수출국에 의하여 강제되는 선적전검사에 드는 비용을 부담하여야 한다.

매도인은 자신의 비용으로 물품을 포장하여야 하되, 다만 특정한 거래에서 물품이 통상적으로 포장되지 않은 형태로 매매되어 운송되는 경우에는 그러하지 아니하다. 매도인은 당해 운송에 적절한 방법으로 물품을 포장할 수 있되, 다만 매수인이 매매계약의 체결 전에 포장에 관한 특정한 요건을 통지한 경우에는 그에 따라야 한다. 포장에는 적절히 하인이 표시되어야 한다.

A10 Assistance with information and related costs

The seller must, where applicable, in a timely manner, provide to or render assistance in obtaining for the buyer, at the buyer's request, risk and expense, any documents and information, including security related information, that the buyer needs for the import of the goods and/or for their transport to the final destination.

The seller must reimburse the buyer for all costs and charges incurred by the buyer in providing or rendering assistance in obtaining documents and information as envisaged in B10.

A10 정보에 관한 협조 및 관련비용

매도인은 해당되는 경우에, 시기적절한 방법으로, 매수인의 요청에 따라 매수인의 위험과 비용으로, 매수인이 물품의 수입 및/또는 최종목적지로의 운송에 필요로 하는 서류와 정보(보안관련 정보 포함)를 제공하거나 매수인이 그러한 서류와 정보를 획득하는 데 협조하여야 한다.

매도인은 매수인이 B10의 규정에 따라 서류와 정보를 제공하거나 그러한 서류와 정보의 획득에 협조하는 데 발생한 모든 비용과 부대비용을 매수인에게 상환하여야 한다.

B. 매수인의 의무

B1 General obligations of the buyer

The buyer must pay the price of the goods as provided in the contract of sale.

Any document referred to in B1-B10 may be an equivalent electronic record or procedure if agreed between the parties or customary.

B1 매수인의 일반의무

매수인은 매매계약에서 약정된 바에 따라 물품의 대금을 지급하여야 한다.

당사자간에 합의되었거나 관행이 있는 경우에, B1-B10에 규정된 서류는 상응하는 전자적 기록이나 절차로 할 수 있다.

B2 Licences, authorizations, security clearances and other formalities

Where applicable, it is up to the buyer to obtain, at its own risk and expense, any import licence or other official authorization and carry out all customs formalities for the import of the goods and for their transport through any country.

B2 허가, 인가, 보안통관 및 기타 절차

해당되는 경우에, 자신의 위험과 비용으로 수입허가 기타 공적 인가를 획득하고 물품의 수입과 제3국을 통과하는 운송에 필요한 모든 통관절차를 수행하는 것은 매수인 자신의 몫이다.

B3 Contracts of carriage and insurance

a) Contract of carriage

The buyer has no obligation to the seller to make a contract of carriage.

b) Contract of insurance

The buyer has no obligation to the seller to make a contract of insurance. However, the buyer must provide the seller, upon request, with any information necessary for the seller to procure any additional insurance requested by the buyer as envisaged in A3 b).

B3 운송계약과 보험계약

a) 운송계약

매수인은 매도인에 대하여 운송계약을 체결할 의무가 없다.

b) 보험계약

매수인은 매도인에 대하여 보험계약을 체결할 의무가 없다. 그러나 매수인은 매도인의 요청이 있는 때에는 매도인이 A3b)의 규정에 따라 매수인이 요청하는 추가적 보험을 제공하는 데 필요한 정보를 제공하여야 한다.

B4 Taking delivery

The buyer must take delivery of the goods when they have been delivered as envisaged in A4 and receive them from the carrier at the named port of destination.

B4 인도의 수령

매수인은 물품이 A4의 규정에 따라 인도된 때에 그 인도를 수령하여야 하고 지정목적항에서 운송인으로부터 물품을 수령하여야 한다.

B5 Transfer of risks

The buyer bears all risks of loss of or damage to the goods from the time they have been delivered as envisaged in A4.

If the buyer fails to give notice in accordance with B7, then it bears all risks of loss of or damage to the goods from the agreed date or the expiry date of the agreed period for shipment, provided that the goods have been clearly identified as the contract goods.

B5 위험이전

매수인은 물품이 A4의 규정에 따라 인도된 때로부터 물품의 멸실 또는 손상의 모든 위험을 부담한다.

매수인이 B7에 따른 통지를 하지 않는 경우에 매수인은 합의된 선적기일이나 합의된 선적기간의 만료일부터 물품의 멸실 또는 손상의 모든 위험을 부담하되, 다만 이를 위하여 물품은 계약물품으로 명확히 특정되어 있어야 한다.

B6 Allocation of costs

The buyer must, subject to the provisions of A3a), pay

a) all costs relating to the goods from the time they have been delivered as envisaged in A4, except, where applicable, the costs of customs formalities necessary for export, as well as all duties, taxes and other charges payable upon export as referred to in A6d);
b) all costs and charges relating to the goods while in transit until their arrival at the port of destination, unless such costs and charges were for the seller's account under the contract of carriage;
c) unloading costs including lighterage and wharfage charges, unless such costs and charges were for the seller's account under the contract of carriage;
d) any additional costs incurred if it fails to give notice in accordance with B7, from the agreed date or the expiry date of the agreed period for shipment, provided that the goods have been clearly identified as the contract goods;

e) where applicable, all duties, taxes and other charges, as well as the costs of carrying out customs formalities payable upon import of the goods and the costs for their transport through any country, unless included within the cost of the contract of carriage; and

f) the costs of any additional insurance procured at the buyer's request under A3 b) and B3 b).

B6 비용분담

매수인은, A3a)의 규정을 제외하고, 다음의 비용을 부담하여야 한다.

a) 물품이 A4의 규정에 따라 인도되는 때로부터 물품에 관련되는 모든 비용. 그러나 A6d)의 규정에 따라, 해당되는 경우에, 수출에 필요한 통관비용 및 수출시에 부과되는 모든 관세, 세금 기타 공과금은 제외된다.

b) 물품이 목적항에 도착하는 때까지 운송 중에 물품에 관련되는 모든 비용과 부대비용. 그러나 그러한 비용과 부대비용을 운송계약상 매도인이 부담하기로 한 때에는 그에 따른다.

c) 부선료와 부두사용료를 포함한 양륙비용. 그러나 그러한 비용을 운송계약상 매도인이 부담하기로 한 때에는 그에 따른다.

d) 매수인이 B7에 따른 통지를 하지 않는 경우에, 합의된 선적일자나 합의된 선적기간의 만료일부터 발생하는 추가비용. 다만 이를 위하여 물품은 계약물품으로 명확히 특정되어 있어야 한다.

e) 해당되는 경우에, 물품의 수입에 부과되는 모든 관세, 세금 기타 공과금과 수입통관비용 및 제3국을 통과하여 운송하는 데 드는 비용 중에서 운송계약비용에 포함되지 않은 비용.

f) A3 b)와 B3 b)에 따라 매수인의 요청에 따라 제공된 추가적 보험비용.

B7 Notices to the seller

The buyer must, whenever it is entitled to determine the time for shipping the goods and/or the point of receiving the goods within the named port of destination, give the seller sufficient notice thereof.

B7 매도인에 대한 통지

매수인은 선적시기 및 또는 지정목적항 내에서 물품을 수령할 지점을 결정할 권리를 가진 때에는 매도인에게 그에 관하여 충분히 통지하여야 한다.

B8 Proof of delivery

The buyer must accept the transport document provided as envisaged in A8 if it is in conformity with the contract.

B8 인도의 증빙

매수인은 A8의 규정에 따라 제공된 운송서류가 계약에 일치하는 때에는 이를 수령하여야 한다.

B9 Inspection of goods

The buyer must pay the costs of any mandatory pre-shipment inspection, except when such inspection is mandated by the authorities of the country of export.

B9 물품검사

매수인은 강제적인 선적전검사에 드는 비용을 부담하여야 하되, 다만 그러한 검사가 수출국에 의하여 강제되는 경우에는 예외이다.

B10 Assistance with information and related costs

The buyer must, in a timely manner, advise the seller of any security information requirements so that the seller may comply with A10.

The buyer must reimburse the seller for all costs and charges incurred by the seller in providing or rendering assistance in obtaining documents and information as envisaged in A10.

The buyer must, where applicable, in a timely manner, provide to or render assistance in obtaining for the seller, at the seller's request, risk and expense, any documents and information, including security related information, that the seller needs for the transport and export of the goods and for their transport through any country.

B10 정보에 관한 협조 및 관련비용

매수인은 매도인이 A10의 규정을 준수할 수 있도록, 시기적절한 방법으로, 매도인에게 보안정보에 관한 필요사항을 통지하여야 한다.

매수인은 매도인에게 매도인이 A10의 규정에 따라 서류와 정보를 제공하거나 그러한 서류와 정보의 획득에 협조하는 데 발생한 모든 비용과 부대비용을 상환하여야 한다.

매수인은 해당되는 경우에, 시기적절한 방법으로, 매도인의 요청에 따라 매도인의 위험과 비용으로, 매도인이 물품의 운송과 수출 및 제3국을 통과하는 운송에 필요로 하는 서류와 정보(보안관련 정보 포함)를 제공하거나 매도인이 그러한 서류와 정보를 획득하는 데 협조하여야 한다.

제4편

무역계약의 이행

무역과 운송

1. 운송의 구조

3면이 바다로 둘러싸인 우리나라는 필연적으로 무역화물의 운송은 선박 또는 항공기에 의하지 않을 수 없다. 항공기에 의한 운송은 점보기 등의 출현으로 인한 운임의 하락과 그 신속성으로 인하여 증가하고 있지만 그러나 무역운송의 대부분은 해상운송에 의하여 이루어지고 있다.

해상운송은 60년대에 주목할 만할 대변혁을 맞이하였는데 그것은 정기선 항로에 있어서 컨테이너선의 출현·취항이다. 최근의 정기선 항로에는 컨테이너선이 주류를 이루고 있다. 또 컨테이너를 선박, 기차, 트레일러 등에 접속하여 목적지까지 운송하는 형태의 국제 복합운송이 활발하게 이루어지고 있다.

항공운송은 신속성으로 인하여 2일이면 세계주요도시에 화물을 송부하는 것이 가능하게 되었다. 따라서 긴급을 요하는 화물 및 서류, 생선식료품, 경량고가품 등에 적합하고 사고 및 도난의 위험이 적기 때문에 많이 이용되고 있다. 또 소화물의 운송에도 적합하여 항공운송을 이용한 국제택배도 크게 증가하고 있다. 그러나 항공운송은 중량, 운임, 화물의 모양 등 여러 면에서 제약이 따르기 때문에 거대화물이나 중량화물 등에 부적당하며 특히 곡류나 석탄과 같은 살화물의 수송에는 부적당하다.

결국 무역운송의 주류는 선박에 의한 해상운송이며 선박이 대형화, 고속화 및 전용화된 컨테이너선에 의한 일반잡화의 수송이 급속히 발전하였다.

무역화물의 운송형태에는 용선계약과 개품운송계약의 2종류가 있다. 예컨대, 무역회사가 미국에서 수만 톤의 소맥 등 곡물을 수입하는 경우 이들 곡물운송을 위해 선박회사와 계약으로 선박의 전부 또는 일부를 빌려 운송한다. 이와 같이 선복(ship's space;선창 내에 화물을 적입하는 장소)의 전부 또는 일부를 빌리는 운송계약을 용선계약(charter party)이라 한다. 대부분은 한 화주가 전 선복을 빌리지만 여러 화주가 공동으로 빌리는 경우를 space charter라고 한다.

이에 비하여 일반 무역거래에서는 1회의 거래량이 100톤 이하와 같이 소량화물이 보통이기 때문에 이러한 무역화물은 정기선(liner)에 선적된다. 일건 화물의 수량이 소량이기 때문에 운송인 즉 선박회사는 다수의 하주로부터 집하한 화물을 운송하는 것을 목적으로 한 계약을 개품운송계약이라고 한다. 선적이 끝나면 선박회사에 의하여 선하증권(bills of lading)이 발행되어 송하인에게 교부된다. 이 서류는 화물의 수령증인 동시에 화물을 대표하는 권리증권(document of title)으로 대금회수시의 기초서류이다. 수하인은 수입지에서 이 증권과 상환으로 화물을 인도받게 되며 선박회사는 서비스를 제공한 대가로 운임을 받게 된다.

또 스스로는 선박이나 항공기 등의 운송수단을 보유하지 않은 운송주선인(freight forwarder)이 국제복합운송에 진출하여 놀라울 정도로 활약하고 있다.

2. 해상운송

해상운송이란 계약상의 약정물품을 선박에 의하여 공해를 통하여 운송하는 것을 말하며, 오늘날의 국제상거래에 커다란 영향을 미치고 있다. 오늘날 운송의 발달에 기인하여 육상운송 그리고 항공운송의 이용률도 크게 증가하였지만 국제상거래에서 해상운송을 언급하지 않고는 운송을 논할 수 없을 만큼 아직도 해상운송이 대부분의 물품 운송을 차지하고 있다.

해상운송의 특징으로 기타의 운송수단과 비교하면 다음과 같다.

첫째, 해상운송은 다른 운송수단보다 대량운송이 가능하기 때문에 단위당 운송비가 저렴하다.

둘째, 정하여진 항로내에서는 운송로가 자유롭다.

셋째, 해상운송은 원거리 운송에 적합하다. 단거리의 운송의 경우에는 육상운송이 적합하다.

넷째, 해상운송은 주항로가 공해상이므로 국제성을 가진다.

다섯째, 해상운송은 다른 연관산업과의 발전을 도모한다.

여섯째, 해상운송은 많은 이점을 가지고 있지만 운송속력이 느리기 때문에 신속을 요하는 물품의 운송시에는 적합하지 않다.

2.1 해상운송의 운항서비스

1) 정기선(liner)운송서비스

정기선은 세계 각국의 일정한 기항지를 연결한 항로에 정기적으로 배선되는 선박을 말하는데 라이너(liner)라고도 하며, 정기선이 운항하는 항로를 정기선로라고 한다.

정기선의 특징은 ① 다수의 화주로부터 여러가지 종류의 화물을 일정한 운송조건에 의거하여 혼적 운송하는 일반무역운송인(common carrier)이며, ② 기항지가 항시 정해져 있으며. ③ 각각의 기항지에 정기적으로 일정한 일자에 입출항하도록 배선되며, ④ 동일정기선로를 갖고 있는 정기선회사간에 협정한 운임율표(freight tariff)에 의해서 운임을 받는 것(운임동맹의 존재) ⑤ 화주의 물품에 따라 각각의 화물을 운송할 것을 목적으로 개품운송계약을 기초로 운송계약을 체결하는 것 등이다.

2) 부정기선(tramper)운송서비스

부정기선은 정기선 운송과는 달리 일정한 항로를 운항하지 않고 운송을 요하는 수요자의 요구에 따라 운항을 하는 선박을 말한다.

부정기선은 보통 물품의 성질이나 형태에 따라 일정한 시설을 갖춘 선박이나 전용선이 이용되고 있다.

부정기선의 특징은 ① 운송수요가 급증하는 화물과 운임부담력이 약한 대량의 살물 예를 들어 곡물, 석탄, 원유, 비료 등을 운송하는 것을 목적으로 하며 ② 개품운송계약에 의하여 운송계약이 이루어지는 정기선운임과는 달리 공급과 수요에 의하여 운임이 정하여지므로 탄력적이며 ③ 화물의 운송은 지역별·시기별로 불규칙적이고 수요에 따라 항로가 결정되므로 범세계적 시장을 형성한다 ④ 대체로 선령이 노후된 선박이 많아서 정기선 운송보다 위험이 크다.

운항서비스 비교

구 분	정기선 서비스(Liner)	부정기선 서비스(Tramper)
기항지	일정	화주의 요청에 의해 결정
스케쥴	일정	화주의 요청에 의해 결정
화물	소화물 중심(일반적인 제품류나 잡화 등)	대량화물(벌크화물, 원유, 석탄, 천연가스, 철광석 등)
운송계약	선하증권에 기재	용선계약을 체결함
운임	일정기간은 고정	항상 변동함
선박의 종류	컨테이너선과 일부의 재래화물선	컨테이너선 이외의 벌크선이나 탱커선 등

2.2 정기선 운송

1) 개품운송계약(Contract of Affreightment in a General Ship)

일반적으로 정기선로에 취항하는 정기선(liner)에 의한 운송의 대부분은 개개의 화물을 운송하는 계약하에 선박회사가 다수의 화주로부터 화물을 집하하여 혼재하여 운송하는 방식을 취하고 있다. 이것이 개품운송계약이다. 이와 같은 운송방법은 계약수량이 양적으로 보아 그렇게 크지 않은 보통의 무역화물을 혼재 수송하는 경우에 주로 이용되고 있다.

대개 송화인 또는 그 대리인이 선박회사 또는 그 대리점에 화물운송을 신청하는 선적요청서(Shipping Request;S/R)를 제출하면 선사가 이를 승낙 즉, Booking함으로써 계약이 체결된다. CFR 또는 CIF조건으로 계약을 체결할 경우에는 매도인이 선사와 운송계약을 체결해야 하기 때문에 출항예정일과 도착예정일 등 운항일정을 검토하여 계약이행에 차질이 없도록 운임 및 서비스 등이 유리한 곳을 선택하여 해상운송계약을 체결하여야 한다.

2) 해운동맹

해운동맹(shipping conference)이란 특정의 정기항로에 취항하고 있는 선박회사가 상호 과당경쟁을 피할 목적으로 운송에 있어서의 운임 및 영업조건 등을 협정하는 일종의 해운에 관한 국제 카르텔(cartel)이다.

해운동맹은 대내적으로 운임협정(rate agreement), 배선협정(sailing agreement), 풀협정(pool agreement) 등의 방법으로 맹외선에 대하여 대항선을 투입하는 한편 하주를 구속하기 위하여 각종 계약제도를 두고 있다. 해운동맹은 보통 정기선에 한하여 존재하고, 또 정기선로에는 대부분 동맹이 조직되어 있으므로 해운동맹을 정기선동맹(liner conference)이라고 하며, 운임이 중요한 협의사항이 되기 때문에 운임동맹(freight conference)이라고도 한다. 동맹에 가입한 선박을 동맹선(member liner)이라 하고, 동맹에 가입하지 않은 선박을 맹외선(outsider) 또는 비동맹선(nonconference liner)이라 한다. 특히 동맹에서는 자본력이 약한 비동맹선의 운항일정에 맞추어 배선하는 동맹선을 대항선(fighting ship)이라 한다.

3) 해상운임

(1) 정기선 운임

각 정기선로에는 그 항로에 정기적으로 배선하는 선박회사간에 운임동맹·운임협정을 맺어 일정한 운임률(Tariff)을 설정하여 그것에 의거하여 화물을 인수하여 운임을 받고 있다. 따라서 CIF나 CFR 조건으로 수출하고자 할 때에는 그 화물의 운임률 및 기타 운임에 관계하고 있는 여러 가지 조건을 확인하여 잘 검토한 연후에 가격을 설정하여야 한다. 또 선복신청 때에도 확인할 필요가 있다. 정기선 운임은 기본적으로 기본운임(Base rate)과 화물의 형상, 항만사정, 화물의 특수성, 항해여건상의 사유 등에 따라 부과되는 할증료(Surcharge) 및 기타 추가요금(Additional charge) 등으로 구성되어 있다.

가) 기본운임

① 산정기준에 따른 분류

㉠ 중량계산법

운임계산의 기초로서 중량을 기준으로 하는 계산법인데, Short Ton(2,000 lbs), Long Ton(2,240 lbs), Metric Ton(2,204 lbs) 등이 있다.

㉡ 용적계산법

용적계산의 기준이 되는 톤(measurement ton)은 화물의 일정한 용적, 가령 40입방피트(cubic feet) 또는 1입방미터(cubic meter)를 가지고 1톤으로 하여 계산하는 것으로 각 항로의 대부분은 전자를 채용하고 있다. 운임률표에는 품목마다 운임률과 함께 계산의 기준이 되는 톤을 중량톤의 경우에는 W, 용적톤의 경우에는 M으로 표시하고 있다.

㉢ W/M 또는 W or M(weight measurement at ship's option)

운임계산의 기초로서 중량을 기준으로 하느냐, 용적을 기준으로 하느냐를 선박회사의 임의로 하는 계산방법이다. 따라서 이 경우에는 선적화물의 중량톤의 합계와 용적톤의 합계를 비교하여 운임수입이 많은 편을 선박회사가 선택하게 된다.

㉣ 종가계산법(ad valorem)

용적이나 중량에 비교해서 고가품일 경우에는 화물의 가격을 기준해서 그 몇 퍼센트 등과 같이 종가계산으로 운임이 징수된다. 보석, 미술품 등이 주로 이에 해당된다. 이와 같은 고가품의 운송은 선박회사로서는 운송중의 보전에 대해서 특히 유의해야 한다.

㉤ 차별임과 무차별임

화물, 장소, 화주에 따라 운임을 차별적으로 부과하는 차별임과 운송거리를 기준으로 일률적으로 운임을 책정하는 무차별운임이 있다.

㉥ 최저운임

화물의 용적이나 중량이 일정기준 이하일 경우 이미 설정된 최저운임을 부과한다.

㉦ Box Rate

톤당 운임에 기초한 운임 산정의 번거로움을 줄이기 위하여 화물의 종류나 중량에 관계없이 컨테이너당 정한 운임을 말한다.

② 지급시기에 따른 분류

㉠ 선불운임(freight prepaid)

CIF 또는 CFR조건의 경우 수출업자가 선적지에서 운임을 선불하는 경우로서 선사는 B/L발급시 운임을 징수하게 된다.

㉡ 후불운임(freight to collect)

FOB조건의 경우 수입업자가 화물의 도착지에서 운임을 지급하는 경우다.

나) 부대운임

① 할증운임(Surcharge, additional rate)

품목마다 정해진 기본운임(base rate) 이외에 가산되는 경우가 있다.

㉠ 용적 및 중량할증료

화물의 부피가 너무 크거나 길이가 너무 긴 화물에 대하여 부과하는 할증료를 말한다.

㉡ 양육항선택 할증료(Optional charge)

선적시에는 양륙항이 정해 있지 않고 출항후 일정시일까지에 하주가 양륙항을 선택하여 선박회사에 지정하는 선적방법이 있다. 이와 같은 화물을 Optional cargo(양륙항선택화물)라 하여 소정의 할증이 부과된다. 선택하는 항구수가 많을수록 할증도 늘어나도록 정해져 있다.

㉢ 체화할증료(Congestion surcharge)

특정의 양륙항에서 하역능력 등으로 하역작업이 잘 이루어지지 않아 기항하는 본선의 체선이 극심할 경우에 하주에게 예고하여 그 항구향의 화물에 대하여 할증운임을 부과하게 된다.

㉣ 통화할증료(CAF: Currency adjustment factor)

통화의 변동에 따른 환차 손해를 화주에게 부담시키는 할증료이다.

㉤ 유류할증료(BAF: Bunker adjustment factor)

유류가격의 인상으로 발생하는 손실을 보전하기 위한 할증료이다.

② 부대비용

㉠ 부두사용료(Wharfage)

우리나라의 경우 해운항만청 고시에 의하여 부과하며, 부산항의 경우 수출화물은 2008년 1월 기준으로 톤당 192원(LCL), 3,360원(20'), 6,700원(40'), 수입화물은 323원(LCL), 4,200원(20'), 8,400원(40')을 부과하고 있다.

㉡ 터미널화물처리비(THC: Terminal handling charge)

수출화물의 CY 입고시점부터 선측까지 그리고 수입화물의 본선선측에서 CY Gate 통과시까지 화물의 이동에 따른 화물의 처리비용을 말한다. 예전에는 선사가 해상운임에 포함하여 징수하였으나 '90년에 FEFC가 분리하여 징수하면서 다른 항로에도 거의 대부분 확산되었다. 우리나라, 대만, 홍콩 등 극동지역, ASEAN 국가, 유럽지역에서는 THC란 명칭으로, 일본은 아시아 항로에 CHC(Container handling charge)를 부과하고 있으며, 미국은 DDC(Destination delivery charge)라고 하여 THC에 내륙운송비를 추가하여 부과하고 있다.

㉢ 지체료(Detention charge)

하주가 컨테이너 또는 트레일러를 대여 받았을 경우 규정된 시간(free time) 이내에 반환을 못할 경우 벌과금으로 운송업체에게 지불해야 하는 비용이다. 정기선사들은 보통 4-10일 기간의 free time을 설정해 두고 그 이상을 경과하면 하루당 미화 10불 정도의 지체료를 징수하고 있다.

㉣ 성수기할증료(Peak season charge)

수출화물이 특정기간에 집중되어 하주들의 선복수요를 충족시키기 위해 선박용선료, 기기확보 비용의 성수기 상승분을 보전받기 위해 대부분 원양항로에 적용하고 있는 요금이다.

2.3 부정기선 운송

1) 부정기선의 의의

부정기선(tramper)은 정기선에 비하여 고정된 항로가 없으며 화물의 수요에 따라 세계 어느 곳이나 운항하는 선박이다. 부정기선 운송은 시기적으로 수송수요가 급증하는 화물과 주로 정기선에 선적하기 힘든 대량화물(bulk cargo), 즉 광물이나 곡물, 원목, 비료 등 주로 1차산품을 운송대상으로 하며 운임도 정기선의 공정운임률에 비하여 계약 당시의 수요와 공급에 의하여 결정된다.

2) 용선운송계약

용선운송계약(charter party)은 대량화물을 운송하는 경우, 특정 항해구간 또는 특정기간 동안에 대하여 선복의 전부 또는 일부를 일정조건하에서 임대하는 운송계약을 말한다.

용선운송계약에는 주로 부정기선(tramper)이 이용된다. 부정기선은 정기선에 비하여 상대적으로 중형 또는 소형선박인 경우가 많으며, 일반화물선 외에도 특수화물을 위한 전용선[1])이 구비되어 있다.

---

1) 부정기선에 이용되는 특수전용선으로 원유·중유·휘발유 등을 수송하는 유조선(oil tanker), 과일·생선 등을 수송하는 냉동선(refrigerated ship), 목재 전용선(lumber carrier), 자동차 전용선(car carrier) 및 곡물전용선 등이 있다. Tanker에는 중유 및 원유를 수송하는 Dirty Tanker, 휘

용선계약의 체결은 먼저 하주가 운송에 필요한 부정기선 선복을 수배하여 운송인(선박회사 또는 operator)과 직접교섭하는 경우도 있으나 통상은 용선주선인(chartering broker)을 통하여 교섭하는 것이 보통이다. 즉, 용선주선인이 선복의 이용자를 찾는 선주(또는 operator)와 화물운송을 위해 선복을 필요로 하는 하주 사이에 서서 이를 주선하여 계약하는 것이 일반적인 형태이다.

(1) 용선운송계약의 형태

용선계약은 크게 나누어 선박전체를 빌리는 전부용선(whole charter)과 선박의 일부만을 빌리는 일부용선(partial charter)으로 나눌 수 있고, 전부용선계약은 다시 항해용선계약, 기간용선계약 및 나선용선계약 등으로 나눌 수 있다. 또한 항해용선계약의 변형으로 선복용선계약(lump sum charter)과 일대용선계약(daily charter)이 있다.

(가) 항해용선계약 : 항해용선계약(voyage charter)은 어느 항구에서 어느 항구까지의 일항차 또는 수개항차에 걸쳐 용선자(charterer)인 하주와 선박회사 사이에 체결되는 운송계약을 말한다. 여기서는 일정한 항해를 기초로 한다는 점에서 기간용선계약이나 나용선계약과 다르다. 하주가 선주에게 지급하는 용선료는 적하의 톤당 금액을 기준으로 한다.

(나) 정기용선계약 : 정기용선계약(time charter)은 일정 용선기간에 따라 용선자가 선주에게 용선료를 지급하는 계약형태를 말한다. 즉, 선주는 선박과 그에 따른 설비 및 용구를 갖추고 선원을 승선시킨 상태에서 일정기간에 걸쳐 용선자에게 빌려주며, 계약기간 중 선주는 선원비 및 보험료와 같은 통상적 선비를 부담하고 용선자는 연료비, 항세 및 용선료를 부담한다.

(다) 나용선계약 : 나용선계약(bareboat charter)은 용선자가 선박 이외의 선장, 선원, 장비 및 소모품에 대하여 모든 책임을 진다. 우리나라는 우수한 선원은 있지만 선박이 부족하므로 외국선박을 나용선하여 우리나라의 선원과 장비를 갖추어 다시 다른 나라에 재용선(sub-charter)을 하여 외화를 벌고 있다.

(라) 선복용선계약 : 선복용선계약(lump sum charter)은 항해용선계약의 변형으로서, 이 계약은 모든 조건이 항해운송계약과 동일하나 화물의 운임은 톤당 얼마가 아닌 '한 항해당 얼마'로 포괄적으로 약정하는 점이 다르다. 이는

발유·석유·경유·윤활유 등을 수송하는 Clean Tanker 등이 있다.
전용선(specialized vessel)에는 특정 종류의 화물의 운송에 적합한 여러 특수한 시설이 갖추어져 있다. 대상화물의 전용선에 의한 화물운송은 일반화물선에 비하여 운송비용의 감소와 운송의 질적 향상을 가져온다.

화주가 목재 등의 Bulk Cargo와 일반화물을 혼적하고자 하는 때에 화물의 적재량을 산정하기 곤란한 경우와 선주의 입장에서 화물의 성질 또는 적재방법 등에 의하여 화물의 양에 변화가 올 우려가 있을 경우 예정수량의 적재불능으로 인한 운임수입의 감소를 방지하기 위하여 이용된다. 그리고 이 경우에 지급되는 운임을 선복운임(lump sum freight)이라 한다.

(마) 일대용선계약 : 일대용선계약(daily charter)은 용선계약상 지정된 선적항에서 화물을 적재한 날부터 기산하여 계약상 지정 양육지까지 운송하여 화물을 인도 완료할 때까지의 일시 사이에 '1일당 얼마'라고 용선요율을 정하여 선복을 임대하는 계약을 말한다.

(2) 항해용선계약서의 중요내용

용선계약서는 운송계약서이지만 선하증권과 같이 유가증권은 아니다. 따라서 그 기재 사항은 선하증권과는 달리 법률상 규정된 것은 없고 당사자의 자유다.

기재사항에는 각 계약 공통의 불변사항과 계약에 따라 다른 가변사항이 있다. 그러나 계약상의 구체적인 조항에 관하여는 일반적으로 미리 인쇄된 표준약관 서식을 사용하게 되며, 이 서식상의 주요 계약조건이라 할 수 있는 당해 선박, 선적항, 양륙항, 운임률, 정박기간, 등의 계약조항을 명확히 기재하여야 한다.

항해용선계약서 서식의 대표적인 것으로는 발틱국제해운동맹이 제정한 GENCON(1976)과 미국의 전시해운관리국이 제정한 Warshipvoy이 많이 사용된다.

정기용선계약의 표준서식은 발틱해국제해운동맹(BIMCO)이 제정한 Baltime(1974)과 뉴욕물산거래소가 제정한 Produce Form이 사용된다.

용선계약서의 중요 기재 내용은 다음과 같다.

(가) 화물의 명세

(나) 운임률 및 운임지급조건

(다) 적재에 관한 사항

(라) 정박기간조건

① 관습적 조속하역조건(Customary quick despatch : CQD)

이 조건은 정박기간중 1일의 하역량을 확정하지 않고 그 항구의 관습적인 방법으로 가능한 한 빨리 하역하는 조건이다. 일요일이나 공휴일을 하역기간에 산정할 것인지는 용선계약당사자가 결정해야 한다.

② 작업량 확정 하역조건(Fixed laydays)

1일의 하역량을 확정하고 하는 작업조건이다.

③ 연속 24시간 하역조건(Running laydays)

정박기간의 개시시간부터 하역이 끝날 때까지 모두 정박기간에 산정하는 조건이다. 하역작업이 가능한 날짜뿐만 아니라 우천 등과 같이 일기불량으로 하역작업이 불가능한 기간까지 모두 계산을 하는 방법이다.

④ 호천후 작업일 24시간 하역조건(Weather working days : WWD)

기후조건이 하역 작업 가능한 날짜만을 정박기간에 산입하고 우천 등과 같이 일기 불량으로 하역작업이 불가능한 기간은 제외하는 방법이다.

⑤ 일요일 및 공휴일 제외 하역조건(Sundays and holidays excepted : SHEX)

일요일과 공휴일 등을 정박일수에 포함하지 않는 계산방법이다. 이 조건에서는 일요일과 공휴일에 작업을 하더라도 작업일수에 포함하지 않는다. 일요일과 공휴일에 하역을 한 경우 정박일수에 산입하는 것은 'Sundays and holidays excepted unless used'라고 표시한 때이다.

(마) 체선료와 조출료

① 체선료(demurrage)

계약상의 하역일수를 초과하는 경우에 초과일수에 대하여 지급하는 운임이다. 즉 정박기간내에 하역이 완료되지 않고 약정일을 초과한 경우에 하주가 선주에게 지불하는 위약금이다.

② 조출료(despatch money)

계약상의 정박기간 만료전에 하역이 끝난 경우 단축된 기간에 대하여 선주가 용선자에게 환불하는 금전이다. 대개 조출료는 체선료의 반액이다.

(바) 선내인부임 부담조건(stevedorage)

해상운임에 관계되는 조건으로 운임률 이외에 선내하역을 위한 인부임(선내하역비) 부담에 대하여 다음과 같은 조건이 있으므로 어느 것인가를 명시하여야 한다.

① Berth terms(liner terms) : 선내하역비는 적재 및 양륙시 모두 선주가 부담하는 조건으로 정기선에 의한 개품운송은 거의 이 방법에 의하여 하며 용선운송 계약에서는 극히 드물다.

② FIO(free in and out) : 선내하역비는 적재·양륙시 모두 하주가 부담하는 조건으로 부정기선에 의한 용선운임계약은 거의 이 방법에 따른다.

③ FI(free in) : 적재시의 선내하역비는 하주부담이며, 양륙시는 선주가 부담하는 조건이다.

④ FO(free out) : FI와 반대로 적재시의 선내하역비는 선주부담이며, 양륙시는 하주가 부담하는 조건이다.

2.4 해상운송계약의 체결절차

화물의 준비가 거의 완료되어 선적 가능한 예정일이 결정되면 계약 내지 신용장상의 선적기한 내에 출항할 수 있는 적당한 선박을 선정하여 선박회사와 교섭하여 운송계약을 체결하여야 한다.

화물의 목적지에 기항하는 정기선이 동시에 수척이 있을 때에 선박의 선정 기준으로는 다음과 같은 점 등이 고려되어야 한다.

① 계약 내지 신용장에 지정된 선적기한내에 선적항에서 선적할 수 있는 선박
② 매수인이 지정한 선박(선박회사)
③ 기항지가 적고 속력이 빨라 목적지까지의 도착이 빠른 선박
④ 설비가 우수한 신조선
⑤ 화물의 특성에 맞는 하역·보관시설을 구비하고 있는 선박
⑥ 기업기반이 튼튼한 선박회사의 선박
⑦ 계약 신용장조건에 합당한 선박 예컨대 직선박(direct boat), 환적금지(transhipment not allowed), 특정항구에의 기항금지 및 선적의 지정 등의 조건이 있으면 그 조건에 합당한 선박

한편, 선박의 선정과 동시에 화물을 어떤 운송방법에 의해 운송할 것인가, 즉 개품운송이냐, 용선운송이냐는 화물의 종류나 성질 및 수량에 따라 결정해야 한다. 보통은 개품운송의 방법에 의하나 이 경우 선박회사나 대리점으로부터 보내오는 배선표(sailing schedule)나 신문광고 등에 의해서 적당한 선박을 선정하여 그 선박회사에 선복(ship's space)의 신청을 하여 승낙을 얻는다. 선박회사가 하주로부터 받은 선복의 신청을 승낙하여 선복원장(space book)에 기입하는 것을 booking이라 하며, 이 하주측의 신청과 선박회사의 승낙에 의해서 운송계약이 성립하게 된다.

선복의 승낙으로 해상운송계약이 체결되면 선박회사는 계약된 화물을 선박에 적재하여 목적지까지 운송할 것을 선장에게 지시하게 된다.

이 지시서를 선적지시서(shipping order; S/O)라고 한다. 이 선적지시서는 하주의 요구로 발급되는데, 직접선적인 경우에는 하주에게 교부되고 장치장집화인 경우에는 하주 또는 선박대리업자에게 교부되어 이것을 본선에 제출하여 일등항해사(chief mate)의 서명을 받은 후 선적을 실행하게 된다. 선적지시서에는 화물의 명세, 검수인이 검수한 용적 및 중량증명, 송하인의 성명, 선적항 및 양륙항이 기재되어야 한다.

본선적재시 본선측과 하주측은 선적지시서대로 선적되었는지를 확인하기 위하여 검수인(tally man)의 입회하에 화물의 수량과 상태를 조사하여 그 결과를 검수표(tally sheet)로 작성하여 일등항해사에게 보고한다. 그는 이것을 선적지시서와 대조한 후 화물을 선창에 적부시키고 화물수령의 근거로 본선수취증(mate's receipt; M/R)을 발급한다. 실무상으로 M/R은 선박회사의 내부에서 왕래되며 특별한 요청이 없는 한 하주에게 교부하지 않는다. 그러나 선적지시서에 기재된 내용과 적부된 화물이 불일치하거나 화물이나 포장에 이상이 있는 경우에는 M/R의 Remarks (비고)란에 기재되며 이 경우의 M/R을 고장부수취증이라 하고 이를 그대로 선하증권에 기재하여 발행된 선하증권이 고장부선하증권(foul B/L)이 된다. 통상 신용장에는 무고장선하증권(clean B/L)을 요구하기 때문에 고장부선하증권은 화환취결시 담보서류로서 적절하지 않다. 그러므로 송하인은 선박회사와 교섭하여 파손화물보상장(letter of indemnity: L/I)를 제공한다. 즉, 그 화물이 후일 문제가 되더라도 선박회사에 책임을 전가시키지 않는다는 취지의 각서를 제출하고 무고장선하증권을 교부받는다.

2.5 선하증권

1) 선하증권의 의의 및 기능

선하증권(Bill of Lading: B/L)이란 송하인과 수하인사이의 물품의 인도, 인수를 위하여 물품운송의 임무를 맡은 선박회사가 송하인의 청구에 의하여 발행하는 것으로서, 일정한 운송계약하에 송하인으로부터 물품을 수취하여 이것을 계약지정의 양륙지에서 수하인에게 본 증권과 상환으로 물품을 인도할 것을 약속한 유가증권이다.

선하증권이 특정 목적지로 향하는 특정 선박의 본선에 물품이 선적되었다는 것을 인정하고 수령된 물품이 운송되는 조건을 나타낸 것으로 운송인 또는 대리인, 때로는 용선계약 하에서는 용선자가 서명한 서류이다.[2)]

선하증권의 주요한 목적은 물품이 자신의 수중이 아니라 운송인의 보관하에 있을 때 물품의 소유자에게 신속히 물품을 처분할 수 있게 하는데 있다.[3)] 선하증권은 상관습의 산물이며 국제무역의 전형적인 수단으로써 보험증권, 상업송장과 함께 선적서류 가운데 중요한 위치를 점하고 있다. 이러한 선하증권은 다음 3가지의 기본적 성질[4)]을 가지고 있다.

(1) 운송계약의 증거로서의 선하증권

선하증권면에 기재된 사항은 송하인과 운송인 사이에 체결된 물품의 해상운송계약의 증거로서의 효력을 가지고 있다. 여기서 중요한 것은 선하증권의 내용이 운송계약 그 자체는 아니고 계약을 입증하는 하나의 증거에 지나지 않는다는 점이다.[5)] 송하인과 운송인 사이의 해상운송계약은 선하증권의 발행 및 물품의 선적 이전에 일반 계약과 똑같이 구두나 문서로 체결된다.[6)]

결국 송하인은 선하증권에 기재되지 않은 조건도 선하증권의 발행전에 운송인이 운송계약의 내용으로 승낙한 조건이 있으면 그것을 입증함으로서 운송인에게 대항하는 것이 가능하다.

(2) 물품의 수령증으로서의 선하증권

선하증권은 물품이 본선에 선적된 것을 증명하는 서류이다. 선하증권이 대게 '외관상 양호한 상태로 선적됨(shipped in apparent good order and condition)'이라고 하는 취지가 명기되어 있는 것은 선하증권이 수취서의 기능을 하고 있다는 것을

---

2) David M. Sassoon, C.I.F and F.O.B Contracts(4th ed), Sweet and Maxwell, 1995, p.89.

3) Clive M. Schmitthoff, Export Trade : The Law and Practice of International Trade(9th ed), Stevens and Sons, 1990, p.561.

4) ibid, pp. 561～562.

5) 이에 대하여는 영국에서 1884년의 Sewell v Burdick 사건에서의 Bramwell경의 다음과 같은 말을 음미해 볼 필요가 있다.
"It is receipt for the goods, stating the terms on which they were delivered to and received by the ship, and therefore excellent evidence of those terms, but it is not a contract. That has been made before the bill of lading was given"(A. G. Guest(ed.), Benjamin's Sale of Goods(4th ed.), Sweet & Maxwell, 1992, p.929).

6) ibid., p.929.

나타낸 것이다.

선하증권은 물품의 수령증으로서 선적항에서 선적되었다는 것을 나타낸 것이기 때문에 운송인은 운송계약상의 목적항에서 증권면에 기재된 대로 물품을 인도할 의무를 부담한다.

물품이 양호한 상태와 조건으로 본선에 선적되었다는 것을 선장 또는 대리인이 서명한 때는 물품을 목적지까지 안전하게 운송하겠다는 약속을 화주에게 한 것이다.

(3) 권리증권으로서의 선하증권

선하증권은 물품의 인도청구권을 표창한 권리증권이다. 권리증권(document of title)이란 말을 법전에서 처음으로 사용한 것은 1889년에 제정된 영국의 위탁매매법(Factors Act)이었다.[7] 그 뒤를 이어 영국의 물품매매법 제61조에서 "물품에 대한 권리증권은 위탁매매법과 같은 의미를 가진다(Document of title to goods has the same meaning as it has in the Factors Acts)"라고 규정하여 위탁매매법의 정의를 그대로 계승하고 있다. 미국에서는 통일상법전 제1-201조 제15항에서 권리증권에 대한 정의를 내리고 있다.[8] 이들의 정의를 종합해 볼 때 선하증권이 권리증권인 것은 이론의 여지가 없다.

선하증권을 정당한 방법으로 소지한 자는 곧 화물을 청구할 수 있는 청구권과 이를 처분할 수 있는 처분권을 갖는다. 따라서 화물의 운송을 담당한 운송인은 반드시 정당한 선하증권을 제시하는 자에게만 화물을 인도하여야 하고, 비록 수하인이나 그 대리인이라 하더라도 정당한 선하증권의 제시 없이 화물을 인도하여 문제가 생기면 운송인은 그 책임을 면할 수 없다.

2) 보증도의 상관행화

(1) 의의

화물은 목적지에 이미 도착하였으나 선하증권이 도착하지 않아 화물을 인수하지 못한 수하인과 운송인이 겪는 어려움을 해결하기 위하여 현재 실무적으로 널리

7) Yelo v. S.M. Machado & Co.,Ltd(1952) 1 Lloyd's Rep. 181.

8) 제4조 : The expression 'document of title' shall include any bill of lading, dock warrant, warehouse-keeper's certificate, and warrant or order for the delivery of goods, and other document used in the ordinary course of business as proof of the possession or control of goods, or authorizing or purporting to authorize, either by endorsement or by delivery, the possessor of the document to transfer or receive goods thereby represented.

이용되고 있는 것이 화물선취보증장(letter of guarantee : L/G)과 교환으로 화물을 인도하는 보증도이다.

보증도는 선하증권이 도착하지 아니한 경우 운송인이 선하증권을 받지 않고 화물을 인도하는 관행인 것이다. 보증장의 문언은 운송인에 따라서 다소 차이는 있으나 통상 다음과 같은 문언으로 구성되어 있다.

"In consideration of your granting us the delivery of the undermentioned cargo ex (vessel) on or (date) consigned to the undersigned, without presentation of Bill of Lading duly endorsed immediately on obtaining, or at latest within one month after this date, and further guarantee to indemnify you against all consequences that may arise from your granting us delivery, and to pay you on demand any freight and/or charges that may be due on the cargo."

보증도에 이용되는 보증장은 단순히 수하인만이 서명하는 것과 은행이 연대 보증하는 것이 있다. 수하인의 신용이 좋은 경우에는 운송인은 은행의 연대보증을 요구하지 않는다. 은행이 연대보증하는 경우 그 문언은 통상 다음과 같다.

"We, the undersigned, hereby join in the above indemnity and jointly and severally guarantee due performance of the above contract, and accept all the liabilities expressed therein."

상기 문언을 추가하여 은행이 서명함으로서 수하인이 단독으로 발행한 보증장은 은행의 연대보증부 보증장이 되는 것이다.

(2) 보증도의 문제점

보증도는 운송인이 선하증권을 받지 않고 화물을 인도하는 것이기 때문에 운송인이 부담하는 위험은 대단히 크다. 선하증권은 인도청구권을 표창한 권리증권이고 운송인은 선하증권을 제출한 자에 대해서만 화물을 인도할 의무를 부담한다. 만일 선하증권을 제출받지 않고 화물을 인도한 후에 정당한 권리자가 선하증권을 제출하고 화물의 인도를 요구하는 경우에는 운송인은 화물을 회수하여 인도하지 않는 한 손해배상책임을 부담해야 한다.

(3) 보증도와 운송인의 책임

(가) 보증도와 운송인의 운송계약상의 책임

진정한 화물선취보증서에 의하여 화물이 인도된 경우에는 운송인이 이행하여야 할 의무는 더 없다. 운송인은 운송계약에 의하여 상대방에게 더 이상 이행할 의무를 부담하지 아니한다. 보증서를 발행한 은행이 신용장개설은행으로서 선하증권을 포함한 선적서류를 손에 넣을 것이 분명하고 선하증권이 그 은행의 손에서 운송인에게로 넘어오지 않고 다른 곳으로 넘어갈 염려는 없기 때문이다. 운송인은 그 은행의 보증 아래 선하증권의 정당한 소지인이 될 사람에게 화물을 인도하여 주었으므로 이제 그는 그의 운송계약상의 의무를 다 이행한 것이다.

그러나 만일 그 보증서가 신용장개설은행에 의하여 발행된 것이 아니거나 위조·변조된 것이고 선하증권의 정당한 소지인이 따로 있다고 한다면 운송인은 아직 운송계약에 의하여 상대방에게 부담하는 의무를 다 이행하지 못한 것이 된다. 즉 운송인은 화물의 인도를 정당한 수하인, 선하증권이 발행된 화물에 있어서는 이 증권의 정당한 소지인에게 인도하여야 하는데 이를 다 이행하지 못하였으므로 이에 대한 책임을 져야 한다. 운송인은 선하증권의 소지인에게 운송계약상의 의무, 그 채무불이행으로 인한 손해배상책임을 먼저 다 이행하고 이 보증서의 발행인이나 화물을 잘못 인도받아 간 사람과의 사이에서는 별도로 그 책임을 따져야 한다.

(나) 보증도와 운송인의 불법행위 책임

① 선하증권과 상환함이 없는 화물의 인도

선하증권이 발행된 경우에는 이 증권의 정당한 소지인에게 화물을 인도하여 주어야 하는데 선하증권의 정당한 소지인이 아닌 사람에게 화물을 잘못 인도하여 주어 이 증권의 정당한 소지인에게 화물을 인도하여 줄 수 없게 된 경우에는 운송인이 정당한 수하인의 권리, 선하증권의 정당한 소지인의 권리를 침해한 것이다. 즉 운송인이 운송계약상 부담하는 주된 의무인 정당한 수하인에게 화물을 인도하여 줄 의무를 다하지 못하고 그 수하인의 권리를 침해한 것으로 위법행위가 된다.

② 화물선취보증서에 의한 화물의 인도

보증도란 화물선취보증서에 의한 화물의 인도를 말한다. 이 보증서는 화환신용장거래에 있어서 신용장개설은행에 의해서 발행된 것이다. 만일 이 보증서가 위의 은행에 의하여 정당하게 발행된 것이 아니거나 누군가에 의하여 위조, 변조된 것이라면 사정은 달라지며 이 때의 보증도는 정당행위가 될 수 없다. 잘못된 보증서에 의한 화물의 인도를 놓고 보증도라 말할 수 없다.

운송인은 정당한 수하인에게 화물을 인도하여 주어야 한다. 운송인은 정당한 수하인에게 화물을 인도하여 주기까지 선량한 관리자의 주의로서 보존관리 하여야 하고 화물을 인도하여 줄 때에 정당한 수하인인가를 가려서 화물을 인도하여야 한다. 운송인이 이러한 주의를 게을리하여 화물을 타인에게 잘못 인도하여 줌으로써 선하증권 소지인의 권리를 침해하였다면 운송인은 그 주의의무 위반에 대한 책임을 져야 한다. 운송인이나 그 대리점은 위 보증서를 받고 화물을 인도함에 있어서 소지인의 권리가 침해되지 않도록 마땅히 세심한 주의를 기울여야 한다.

보증도의 관행과 운송인 등의 책임 문제에 대한 대법원 판례(87 다카 1791 1989. 3. 14선고)의 판결요지는 다음과 같다.

첫째, 해상운송인 또는 운송취급인이 선하증권과 상환함이 없이 운송물을 그 증권의 소지인이 아닌 자에게 인도함으로 인하여 그 증권의 소지인에게 인도하여 주지 못하게 된 경우에 그 운송인 또는 운송취급인의 행위는 증권의 소지인의 운송물에 대한 권리의 침해로서 불법행위가 된다.

둘째, 이른바 보증도의 상관습이 있다고 하여 선하증권과 상환함이 없이 운송물을 인도함으로써 선하증권소지인의 운송물에 대한 권리를 침해한 운송인 또는 운송취급인의 행위가 정당한 행위로 된다거나 운송인 또는 운송취급인의 주의의무가 경감 또는 면제된다고 할 수 없다. 즉, 해상운송인 또는 운송취급인이 선하증권과 상환하지 아니하고 운송물을 다른 사람에게 인도한 행위는 선하증권소지인의 운송물에 관한 권리의 위법한 침해로서 불법행위가 된다 할 것이며 이른바 보증도의 상관습은 운송인 또는 운송취급인의 정당한 선하증권 소지인에 대한 책임을 면제함을 직접 목적으로 하는 것이 아니고 오히려 보증도로 인하여 정당한 선하증권 소지인이 손해를 입게 되는 경우 운송인 또는 운송취급인이 그 손해를 배상하는 것을 전제로 하고 있는 것이므로 운송인 또는 운송취급인이 보증도를 하였다하여 선하증권과 상환함이 없이 운송물을 인도함으로 인하여 선하증권소지인의 운송물에 대한 권리를 침해하는 행위가 정당한 행위로 된다거나 선하증권소지인이 아닌 자에게 운송물을 인도하는 운송인 또는 운송취급인의 주의의무가 경감 또는 면제된다고 할 수 없는 것이다.

그러므로 운송인 또는 운송취급인이 이른바 보증도의 상관습에 따라 선하증권 소지인 아닌 자에게 운송물을 인도하여 줌으로 인하여 선하증권소지인의 운송물에 대한 권리가 침해되어 손해가 발생한 경우에는 운송인 또는 운송취급인은 선하증권소지인에 대하여 고의 또는 중대한 과실로 인한 불법행위책임을 진다고 할 것이다. 따라서 각별한 주의가 요망된다.

3) 선하증권의 종류

(1) 선적선하증권과 수취선하증권(Shipped or on board B/L vs Received for shipment B/L)

선하증권은 원래 본선상에 화물이 선적된 후에 발행되며, 증권면에 Shipped on board와 같이 실질적으로 화물의 선적완료를 표시한 것이 선적선하증권이며, 지정 선박이 아직 부두에 정박하지 않았거나 입항하지 않았을 경우 우선 화물은 선박회사의 부두창고에 입고되어 Received for shipment형식의 수취선하증권이 발행된다. 복합운송이 보편화된 오늘날에는 'shipped on board' 개념보다는 'taking in charge'의 개념이 더욱 중요하기 때문에 수취선하증권을 인정하고 있다.

신용장통일규칙(UCP 600) 제23에서도 신용장상에 선적선하증권을 특별히 요구하고 있지 않는 한, 화물이 인수되었거나 수취되었음을 표시하고 있는 운송서류도 수리할 수 있도록 하였다. 그러나 수취선하증권 발행 후 선적이 실제로 이루어지는 날을 기입하여 선박회사 또는 그의 대리인이 서명하면 선적선하증권과 똑같은 효력을 발휘한다.

(2) 무사고선하증권과 고장부선하증권(Clean B/L vs Foul or Dirty B/L)

본선상에 계약화물을 선적할 때 그 화물의 상태가 양호하고 수량이 맞아 비고(remarks)란에 아무것도 기재되지 않고, 증권면에 'shipped on board in apparent good order and condition'이라고 표시된 선하증권을 무사고선하증권이라고 한다.한편 비고란에 '5 bags torn', '5 packages short in dispute' 등 선박회사가 인수할 당시 포장상태가 불완전하거나 수량이 모자라면 이 사실을 증권상에 기재하게 되며, 이런 사실이 기재된 선하증권을 고장부선하증권이라 한다.

한편 선박회사에 운송을 의뢰한 수출업자로 보면 선적 당시에 포장상태가 나쁘다고 지적되면 곧 재포장을 하든지 좋은 것으로 대치해야 하는데, 시간적 여유가 없을 때(이 선박이 곧 출항하든지 신용장상의 선적 시일이 임박할 때)는 별수 없이 고장부선하증권을 감수해야 한다. 그러나 고장부선하증권을 수취해서 매입은행에 제시하면 대개의 경우 은행측에서는 신용장통일규칙 제32조[9]에 의해서 매입을 거절하게 되며, 이렇게 되면 선적을 안한 것만도 못하게 된다. 이런 경우 송하인, 즉 수출업자는 선박회사에 파손화물보상장(letter of indemnity)[10]을 제공하고

9) 제32조 b항: "Banks will not accept transport documents bearing such clauses or notations unless the credit expressly stipulates the clauses or notation which may be accepted".

10) 파손화물보상장은 선하증권의 비고란에 기재된 단서조항, 즉 선적화물 중 파손되었거나 결

무사고 선하증권을 교부받을 수 있다. 선박회사는 이 보상장만 있으면 후에 파손화물에 대해 면책되며, 보험회사도 해당 파손화물에 대해서는 책임을 지지 않으며, 결국 최종 보상은 Letter of Indemnity를 써준 수출업자의 책임이 된다.

(3) 기명식선하증권과 지시식선하증권(Straight B/L vs Order B/L)

기명식선하증권은 화물의 수취인으로서 수입자명이 기재된 선하증권이다. 즉 'Mr. John Doe, 555 Fifth Avenue, New York'과 같이 되어 있어 Mr. John Doe가 양도하지 않은 이상 다른 사람에게는 하등의 가치가 없는 증권이다. 항공우편이 발달하기 전에는 선적화물이 선적서류보다 먼저 수입업자에게 선적서류, 즉 선하증권 없이도 Mr. John Doe가 틀림없다는 것이 확인되면 화물을 인도해 줄 수 있었다.

반면, 지시식선하증권은 수하인은 기재하지 않고 단순히 'Order', 'Order of A', 'Order of Bank'라고 되어 있고 수출업자는 이런 지시식선하증권에 배서만 하면 이 증권의 소지자가 그 화물에 대한 소유권을 갖게 된다.

(4) 유통선하증권과 유통불능선하증권

선박회사는 선하증권을 발급할 때 주로 3통이 한 세트가 되는 선하증권 원본을 발행하는데, 이들 원본이라야 그러한 선하증권이 대표하는 화물과 상환이 되며, 또 은행에서는 신용장에서 요구하는 정당한 선하증권으로 인정하여 대금결제가 이루어진다. 한편, 선박회사가 발급하는 원본 이외의 모든 선하증권에는 발급될 때 이미 'Non-Negotiable'라는 도장이 찍혀 발급되기 때문에 이들 사본으로는 은행에서 Nego가 안된다. 이와 같이 분명한 구분을 하는 것은 부도덕한 상인들의 사기행위를 미연에 방지하기 위함이다.

(5) 통과선하증권

운송화물을 목적지까지 운송하는데 선주가 다른 선박회사의 선박을 이용하거나 해운과 육운을 교대로 이용하여 운송할 경우 최초의 운송업자가 전구간의 운송에 대하여 선하증권을 발행하며 모든 책임을 지는 운송증권을 통과선하증권이라고 한다. 미국에서는 육상과 해상운송을 겸한 선하증권을 Overland B/L이라고 하여 많이 이용하고 있다. 그러나 이러한 통과선하증권도 환적항에서 너무 지체하여 계

함이 있는 부분에 대해서 수출업자가 책임을 지겠다는 일종의 각서(覺書) 형태의 보증장이다. 그리고 이 파손화물보상장은 반드시 보험자에게 알려야 한다. 그렇게 하지 않으면 사기(fraud)로 간주되어 보험의 혜택을 받지 못한다.

약상에 명시된 선적기간을 경과하여 발급되면 무효가 될 수 있다는 판례[11]도 있으므로 각별한 주의가 필요하다.

(6) 환적선하증권

통과선하증권에서는 최초의 운송인만이 서명하며 그가 수하인 또는 동 증권 소지자에 대하여 운송상의 모든 책임을 지나, 이 환적선하증권은 화물을 목적지까지 운송할 때 발행하는 선하증권으로 최초의 운송계약을 체결한 운송인이 자기의 책임하에 환적을 전제로 전운송구간을 커버하는 B/L을 발행하고 환적항 이후 구간을 운송할 선사를 수배하며, 환적항에서의 통관 및 하역, 그리고 컨테이너 장비사용비 등을 해결한다. 신용장통일규칙에서는 신용장 상에 특별히 환적을 금지하지 않는 한 은행이 이런 Transhipment B/L도 수리할 수 있도록 규정하고 있다.[12]

(7) 약식선하증권(Short form B/L)

이 약식 혹은 간이 선하증권은 원래의 선하증권, 즉 Long form B/L이 너무 크고 길어서 작성하거나 기록하는데 매우 번거로워 발행절차를 간소화하기 위해서 생긴 것이다. 보통 Short form B/L에는 다음과 같은 문언이 기재되어 있어 만일 분쟁이 생기면 Long form B/L상의 선주와 화주의 권리와 의무에 따르도록 하였다.

"All the terms of the carrier's regular long form of Bill of Lading are incorporated herein with like force and effect as if they were written at length herein. A copy of such Bill of Lading may be obtained from the carrier, its agent, or the master."

(8) 적색선하증권(Red B/L)

이 적색 선하증권은 보통 선하증권과 보험증권을 결합시킨 것으로서 이 증권에 기재된 화물이 항해중에 사고가 발생하면 이 사고에 대해서 선박회사가 보상해 주는 선하증권이다. 선박회사는 또 보험회사와 모든 Red B/L 발행분에 대해서 일괄하여 부보하게 되므로 손해부담은 보험회사가 지며, 보험료만큼 선박회사는 운임에 추가시키므로 결국 보험료도 송하인이 부담하는 셈이 된다.

---

11) Hansson v. Hamel & Horley(1922), 2. A.C. 박대위, 『무역사례 (1)』, 법문사, 1978, pp. 162-163.
12) UCP600 제20조 c항, 같은 취지의 환적은 비유통성 해상화물운송장(제21조), 항공운송서류(제23조), 도로,철도 또는 내수로 운송서류(제24조)에도 해당된다.

(9) 기간경과선하증권(Stale B/L)

이 용어는 선하증권의 어떤 형태를 말하는 것이 아니고 선하증권의 제시 시기가 필요 이상으로 지연되었을 때 지연된 선하증권을 말한다. 신용장통일규칙에 "모든 운송서류는 발행 후 신용장에서 명시한 기간 내에 제시되어야 한다"고 되어 있어 만일 B/L 발행 후 21일이 지나 매입은행에 제시하면 은행은 특별히 신용장에 'Stale B/L acceptable'이란 조항이 없는 한 수리를 거절할 수 있다.

(10) 복합운송선하증권(Combined transport B/L)

수출국의 화물인수 장소로부터 수입국의 인도장소까지 해상, 육상, 항공 중 적어도 두 가지 이상의 운송기관을 이용하여 운송되는 경우에 발행하는 운송증권으로서 복합운송인이 발행한다.

(11) 컨테이너선하증권(Container B/L)

컨테이너 적재설비를 갖추고 있는 선박에 선적한 경우에 발행되는 선하증권을 말한다. 컨테이너에 의한 운송의 경우 화주는 생산공장 또는 창고에서 컨테이너 야드까지 자기 책임으로 운송하여 선박회사에 인도한다. 따라서 선박회사는 인수받은 화물이 화주가 포장하고 봉인한 것이기 때문에 그 내용을 알 수 없다는 뜻으로 'shipper's load and count' 또는 'said by shipper to contain'이라는 문언을 컨테이너 선하증권상에 기재하고 있다.

(12) FIATA B/L

국제복합운송주선인협회(FIATA)는 운송주선인들의 이익을 옹호할 목적으로 1926년 설립된 기관이다. 이 기관에 가입된 회원들은 FIATA에서 제정하고 ICC에서 승인한 FIATA B/L(FBL)을 발행할 수 있으며 주로 복합운송에 이용된다.

(13) 제3자명의 선하증권(Third party B/L)

B/L상에 표시되는 송하인은 일반적으로 신용장의 수익자가 되는 것이 보통이나 수출입거래의 매매당사자가 아닌 제3자가 송하인이 되는 경우가 있는데 이를 제3자 명의 선하증권이라 한다. 주로 중계무역에 이용되는데 UCP에서는 신용장에 별도의 명시가 없는 한 은행은 이 서류를 수리하도록 정하고 있다.

(14) 용선계약선하증권(Charter party B/L)

화주가 대량화물을 수송하기 위하여 일 항해 또는 일정기간 동안 부정기선을 사용하는 경우, 화주와 선박회사 사이에 체결된 용선계약에 의하여 발행되는 선하증권을 말한다.

(15) 부서부선하증권(Counter-sign B/L)

화물이 도착지 운임지불이나 다른 채무가 부수되어 있는 경우 물품을 인수하는 자는 채무에 대한 대금을 선박회사에 지불하고 화물을 수취하게 되는데, 이 때 선박회사는 결제를 끝낸 것을 증명하기 위하여 선하증권에 배서한다. 이러한 부서가 되어 있는 선하증권을 말한다.

(16) 집단선하증권과 혼재화물선하증권(Master B/L vs House B/L)

운송할 화물이 한 컨테이너 분량이 안되거나(LCL), 한 Lot가 안될 정도로 적은 분량이면 화물 운송회사가 같은 목적지로 가는 화물을 같이 모아서 하나의 Group으로 선적해 보낼 때 선박회사가 발급하는 선하증권을 말하며 선사가 포워드의 혼재화물에 대하여 포워드에게 1건으로 발행하는 선하증권을 Groupage B/L 또는 Master B/L이라고 하며, 포워드가 LCL화물 건건마다 LCL화물 화주에게 개별적으로 발행하는 B/L을 House B/L이라 한다.

(17) Switch B/L

해외 공급업자로부터 받은 선하증권의 송하인이 공급업자인 경우 그 선하증권을 운송회사에 반납하고 자신을 송하인으로 하는 새로운 선하증권을 다시 발급받게 되는데 이것을 Switch B/L이라 한다. 원신용장을 네고하기 위해 해외 공급업자를 숨기고 자신을 송하인으로 하는 경우에 이용된다. 예컨대, 한국의 중개업자가 중국에서 미국으로 운송되는 물품의 관련서류를 한국에서 중개하는 경우, 중국의 수출업자가 발급받은 선하증권을 한국의 중개업자가 회수하고 이를 한국에서 교환하여 재발급받아 미국에 있는 수입상에게 송부하게 되는데 이 때 중국의 수출업자가 받은 B/L에는 “This B/L is to be switched to a fresh B/L in Korea” 등의 문구로 표시하고 있으며 중개무역에 사용된다.

(18) Surrender B/L

운송회사가 원선하증권(Original B/L)을 발급하여 하주에게 주지 않고 'non-negotiable copy'에 자신이 서명하여 이것으로 수입상이 물품을 찾을 수 있도록 권리를 양도하는 것이다.

원칙적으로 운송회사는 Original B/L을 발급하고 수입상은 발행은행을 통하여 Original B/L을 건네받아 물품을 찾아야 하지만 수입을 하다보면 시간이 촉박하여 그렇게 진행하지 못할 상황이 발생하기도 한다. 우리나라와 가까운 일본, 대만, 홍콩 등과 같이 선박의 운항시간이 짧은 경우 정상적인 매입과정을 거쳐서 수입상이 B/L을 받는다면 선박의 운항시간에 비해 수입물품 확보에 장기간이 소요된다. 따라서 운송회사는 송하인에게 Surrender B/L을 발급하여 주고 송하인은 수입상에게 이것을 보내고 수입상은 수입지의 운송회사에 가서 자신이 수하인임을 확인받은 후 D/O를 받아 물품을 찾는다. 정상적인 신용장 매입과정을 거치면 6~7일 정도 소요되나 이런 경우는 2~3일 정도면 업무가 해결된다.

5) 선하증권의 발행

보통 수출업자는 화물 선적 후 본선수취증과 선하증권을 선박회사에 제출하여 이에 서명을 받게 된다. 원래는 선하증권의 기재사항도 선박회사가 하는 것이나 편의상 하주가 모든 사항을 기재하여 선박회사에 화물수취서와 함께 제출하여 선하증권상에 서명을 받는다. 선하증권은 그 자체가 권리증권이며 유가증권이기 때문에 누구를 수하인으로 하느냐 하는 것이 가장 중요한 문제인데 대개 그 표시방법은 다음의 네 가지로 구별된다.

① 기명식(記名式)

수하인란에 특정인의 명칭을 기입.

② 지시식(指示式)

(가) 단순지시식:'Order'로 표시.

(나) 기명지시식:'Order of Mr. Smith'로 표시.

(다) 선택지시식:'Mr. Smith or Order'로 표시.

③ 선택 무기명식(選擇無記名式)

'Mr. Smith or Bearer'(지참인)로 표시.

④ 무기명식(無記名式)

'Bearer., 즉 지참인으로 표시.

유통증권인 선하증권의 양도는 화물의 양도와 같아서 배서의 형식과 방법도 상당히 중요하다. 즉 'Order' 또는 'Order of Shipper'로 발행하여 송하인이 백지배서(blank endorsement)를 하면 그 다음부터는 증권을 인수받는 사람에게 실질적 소유권이 이전하게 되어 무기명식 발행과 똑같은 효과를 가진다. 그러나 상대방의 성명이나 상호를 기입하여 배서인이 서명하면(full endorsement) 최초의 배서인은 증권상에 수하인으로 기명된 자가 되며 이런 기명식 배서방법을 취하면 배서가 연속되어 있어야 한다.

6) 선하증권의 기재사항

선하증권면의 내용에는 반드시 기재되어야 할 사항과 계약 당사자간에 임의로 정하여 기재할 수 있는 사항이 있다.

(1) 필수 기재사항

① 운송품명 (Description of Commodity)
② 중량 (Weight)
③ 용적 (Measurement)
④ 개수 (Number of Packages)
⑤ 화물의 기호 (Marks & Numbers)
⑥ 선적항 (Port of Shipment)
⑦ 양륙항 (Port of Destination)
⑧ 선박명과 국적(Name of the Ship & Nationality)
⑨ 선장명 (Name of the Master of Vessel)
⑩ 송하인 (Name of the Shipper)
⑪ 수하인 (Name of the Consignee)
⑫ 운송비 (Freight Amount)
⑬ 선하증권의 작성 통수 (Number of B/L Issued)
⑭ 선하증권 작성지 및 작성 연월일 (Place & Date of B/L Issue)

(2) 임의 기재사항

① 본선항해번호
② 통지처
③ 운임지불지 및 환율
④ B/L 번호
⑤ 면책조항 : 면책조항은 보통 선하증권의 표면약관이나 이면약관 중에 명백히 인쇄되어 있는데 선사마다 면책조항의 종류가 다양하다.

7) 선하증권에 관한 신용장조건

보통 신용장에서 요구하는 선하증권은 다음과 같이 표시되어 있다.

"Full set of clean on board ocean bill of lading made out to the order of (issuing bank) marked freight prepaid(collect) and notify accountee."

위의 문장에 나타나 있는 여러 조건을 하나씩 설명하면 다음과 같다.

(1) Full Set

모든 선하증권은 한 세트(set)로 발행되며 발행 통수는 선하증권 가장 끝에 "Master or agent of the ship has signed ··· bills of lading"이라고 해서 기입되는데 일반적으로 3통을 1조로 하여 발행한다. 선박회사가 화물의 인도시 요구하는 것은 발행된 선하증권 중 1통만 요구하며 각 선하증권은 독립적으로 효력을 갖는 것이므로, 신용장 취급은행에서는 선박회사가 발행한 3통의 선하증권 모두를 제시받지 않으면 담보권이 확보되었다고 볼 수 없으므로 신용장조건으로 Full Set를 요구하고 있는 것이다.

따라서 일반적으로 Original, Duplicate, Triplicate의 3통으로 발행되는 선하증권 중 취급은행이 Original 1통만 수하인에게 인도하면 나머지는 자연히 무효가 된다.

(2) Clean B/L

UCP 600 제27조에 "A clean transport document is one bearing no clause or notation expressly declaring a defective condition of the goods or their packaging. A bank will only accept a clean transport document."라고 규정하여 무사고선하증권, 즉 선적화물에 아무런 부가사항(clause)이나 비고(remarks)가 없는 완전한 증권이어야 함을 강조하고 있다.

(3) On Board B/L

이 신용장에서 요구하는 선하증권은 'Received for'식의 수취선하증권이 아닌 'Shipped on board'란 문언이 기재된 선적선하증권이라야 한다.

(4) Ocean B/L

이것도 앞서 설명한 바와 같이 국내 항구간에 발행되는 B/L이나 Inland waterway B/L이나 Sailing vessel이 발행하는 B/L이 아닌 대양(大洋)을 항해하는 선박이 발행한 선하증권을 말한다.

(5) Consignee

'Made out to the order of'와 같은 지시식선하증권에서는, order 다음에 수하인의 이름이 기재되어 그가 곧 선적화물을 받아 보는 사람 혹은 은행이 된다.

(6) Notify Party

서류상의 수하인(consignee)이 실수입업자(accountee)인 경우에는 수입업자 혹은 수입업자가 지정하는 그의 대리인인 관세사가 통지처(notify party)가 된다. 수입업자가 은행의 융자로 신용장을 개설하였으면 은행이 Consignee가 되고 수입업자는 Notify party가 된다.

만일 Consignee와 Notify party가 다 같이 수입업자로 되어 있는 Air waybill인 경우 신용장 개설은행은 전혀 개입되지 않고 화물이 수입업자에게 인도될 가능성이 많다. 사후에 은행이 선적서류를 받아 보았자 이미 화물은 수입업자에 의해서 처분되어 버리면 채권 확보에 차질이 생길 수도 있다.

(7) Freight

계약조건이 CFR이나 CIF인 경우에는 B/L상에 'Freight Paid' 혹은 'Freight Prepaid'로 표시되고, FOB인 경우에는 'Freight Collect'로 표시된다.

8) 선하증권에 관한 국제규칙

(1) 헤이그 규칙(Hague Rules 1924)

국제법협회(International Law Association : ILA)는 1921년 9월 헤이그 회의에서 선하증권에 관한 통일된 협약초안을 상정하였다. 이 협약초안은 1924년 8월 브뤼

셀에서 개최된 해사법외교회의(Diplomatic Conference on Maritime Law)에서 26개국의 서명에 의하여 '선하증권에 관한 법규의 통일을 위한 국제협약'(International Convention for the Unification of Certain Rules of Law Relating to Bills of Lading : Hague Rules)으로서 성립되었고,1931년부터 효력을 발생하게 되었다. 헤이그 규칙은 선하증권이 발행되었을 경우 당사자의 법률관계와 해석상의 통일을 위하여 제정되었다. 주요 내용은 운송인의 책임에 관하여 선장, 선원, 기타 운송인의 대리인의 항해 또는 선박 취급상의 행위와 태만 또는 과실 즉 이른 바 항해상의 과실에 대하여는 운송인이 면책됨을 규정하고 있는 반면 화물의 선적, 적부, 운송, 보관, 양륙 등에 관한 과실 즉 상업상의 과실은 운송인이 면책되지 않도록 규정하고 있다.

화물에 관한 운송인의 배상책임은 화물의 포장당 또는 단위당 100 스털링 파운드(Sterling Pound)를 한도로 하고 있다.

(2) 헤이그-비스비 규칙(Hague-Visby Rules 1968)

헤이그 규칙은 그 성립 후 국제환경과 운송여건의 변화로 일부 조항의 개정이 불가피하게 되었다. 따라서 1963년 6월 스톡홀름에서 개최된 CMI 제26차 총회에 제출된 개정보고서를 이 협약의 추가의정서로 채택하고, 인근의 지명을 빌어 이를 '비스비 규칙'(Visby Rules)이라고 하고, 또 전체의 협약을 '헤이그-비스비 규칙'(Hague-Visby Rules)이라고 하였다. 그 후 추가의정서는 1967년 5월 브뤼셀에서 소집된 제12차 해사법외교회의에 상정되어 1968년 2월 정식으로 '선하증권에 관한 규칙의 통일을 위한 국제협약의 개정의정서'(Protocol to Amend the International Convention for the Unification of Certain Rules of Law Relating to Bill of Lading)가 성립하게 되었다.

운송인의 배상책임한도액을 포장당 10,000 포앙카레 프랑(Poincare Franc)[13]과 화물 총 중량의 1kg당 30 포앙카레 프랑 가운데 큰 금액으로 한다고 하여 그 기준을 상향 조정하였다. 그러나 그 이후 국제통화의 변동에 영향을 받을 것을 우려하여 운송인의 책임한도액을 1984년부터 10,000 포앙카레 프랑을 666.67 SDR로, 30 포앙카레 프랑은 2 SDR로 각각 변경하였다. 우리나라 상법도 제797조에 운송인의 책임한도를 동일하게 규정하고 있다.

13) 1 Poincare Franc은 순도 90%의 금 65.5mg을 말한다.

(3) 함부르크 규칙(Hamburg Rules 1978)

헤이그-비스비 규칙이 선진국의 선주 중심으로 되어 있다는 비판이 제기되면서 개도국이 주축이 되어 UNCTAD에서는 이를 개정하여야 한다는 주장이 강력히 대두되었으며, 또 UNCITRAL(유엔 국제무역법위원회) 해운입법작업부에서는 1975년 2월 해상화물운송에 관한 협약초안을 작성하였다. 이 협약초안은 1978년 3월 함부르크에서 미국, 영국, 한국 등 78개국이 참석한 유엔 해상운송회의에 상정되어 67개국의 찬성으로 '해상화물운송에 관한 유엔협약'(United Nations Convention on the Carriage of Goods by Sea)이 성립되었다. 이 협약은 함부르크 회의에서 확정되었다 하여 약칭 '함부르크 규칙(Hamburg Rules)'이라고도 한다. 그 후 이 협약은 제30조 1항의 규정에 따라 20번째 국가가 가입을 선언한 12개월 후인 1992년 12월 1일부터 효력을 발생하였다.

이 규칙은 종래의 Hague 규칙이 순수한 해상운송구간만을 카버하는데 비하여 컨테이너운송과 관련하여 집화와 인도를 위하여 해상운송에 인접한 육상운송까지 카버하고 있으며 주요 내용은 다음과 같다.

① 운송인의 책임범위의 확대
② 항해과실 면책의 폐지
③ 화재 면책의 폐지
④ 면책 카탈로그의 폐지
⑤ 지연손해에 대한 운송인의 책임 명문화
⑥ 클레임 제기기간을 2년으로 연장 등

운송인의 책임한도액은 포장당 또는 단위당 835 SDR 또는총중량의 kg당 2.5 SDR(12,500 화폐단위[14]나 또는 37.5 화폐단위(IMF회원국이 아닌 경우)) 가운데 많은 금액을 배상액으로 규정하였으며 지연손해에 대한 운송인의 한도액을 지연화물 운임의 2.5배로 하되 운송계약하에서 지급되는 운임총액을 초과할 수 없도록 규정하였다.

14) 1 화폐단위는 순도 1,000분의 900 금 65.5mg을 말한다.

<table>
<tr><th colspan="4">구 분</th><th>1924년 헤이그 규칙
1968년 비스비 규칙</th><th>1978년 함부르크 규칙</th></tr>
<tr><td rowspan="2">책임주체</td><td colspan="3">전운송구간</td><td rowspan="2">(계약) 운송인</td><td>(계약) 운송인</td></tr>
<tr><td colspan="3">손해발생구간</td><td>실제운송인</td></tr>
<tr><td rowspan="7">책임의 원인</td><td colspan="3">기본원칙</td><td>경감된 과실책임주의</td><td>과실책임주의(과실추정의원칙)</td></tr>
<tr><td colspan="3">면책사유</td><td>① 무과실 ② 항해과실
③ 이행보조자의 선박 화재에 관한 과실</td><td>①무과실(손해사고방지조치 의무의 이행)
② 해난구조행위</td></tr>
<tr><td colspan="3">손해의 배상범위</td><td>① 멸실 ② 훼손</td><td>① 멸실 ② 훼손
③ 인도지연</td></tr>
<tr><td rowspan="4">거증책임</td><td colspan="2">원칙</td><td rowspan="4">운송인 거증책임</td><td>운송인 거증책임</td></tr>
<tr><td colspan="2">화재의 경우</td><td>거증책임의 전환</td></tr>
<tr><td colspan="2">동물의 경우</td><td>거증책임의 완화</td></tr>
<tr><td colspan="2">원인경합</td><td>운송인의 면책(무과실)분 거증책임</td></tr>
<tr><td rowspan="5">책임의 한도</td><td rowspan="2">산출표준</td><td colspan="2">멸실 · 훼손</td><td>짐짝(단위)방식</td><td>짐짝(단위) · 중량 병용방식</td></tr>
<tr><td colspan="2">인도지연</td><td>규정 없음</td><td>운임기준</td></tr>
<tr><td>한도액</td><td colspan="2">멸실 · 훼손</td><td>• 헤이그규칙: 100파운드/짐짝
• 헤이그-비스비규칙:10,000 프랑/짐짝 또는 30프랑 중 큰 것
666.67SDR/짐짝 또는 2SDR/kg 중 큰 것으로 변경</td><td>835SDR/짐짝 또는 2.5SDR/kg 중 큰 것</td></tr>
<tr><td colspan="3">인도지연</td><td>규정 없음</td><td>지연 화물운임의 2.5배
(단, 상한은 계약운임액)</td></tr>
<tr><td colspan="3">책임제한권상실사유</td><td>운송인 자신의 고의행위</td><td>좌동</td></tr>
<tr><td rowspan="5">책임의 확보</td><td rowspan="3">손해통지기간</td><td rowspan="2">일부멸실 · 훼손</td><td>원칙</td><td>화물인도일</td><td>화물인도일부터 2일</td></tr>
<tr><td>숨은 손해</td><td>화물인도일부터 3일</td><td>화물인도일부터 15일</td></tr>
<tr><td colspan="2">인도지연</td><td>규정없음</td><td>인도예정일부터 60일</td></tr>
<tr><td rowspan="2">책임소멸</td><td colspan="2">출소기간</td><td>1년</td><td>2년</td></tr>
<tr><td colspan="2">인도지연의 경우</td><td>규정없음</td><td>통지기간 만료시</td></tr>
<tr><td colspan="4">운송인의 책임구간</td><td>운송인의 적재부터 양하까지 (from tackle to tackle)</td><td>운송인의 관리하에 있는 구간(from receipt to delivery)</td></tr>
</table>

(4) 로테르담 규칙(Rotterdam Rules 2008)

그간 해상운송인의 책임을 규율하는 국제규칙인 헤이그-비스비 규칙과 함부르크 규칙은 이분화 되어있고 새로운 운송기술의 발달과 물류환경변화에 적절히 대응하지 못한다는 비판이 제기되어 왔고 특별히 선하증권 등 운송서류가 전자화되어가는 현실을 반영하지 못한다는 점, 국제복합운송계약을 규율하는 통일된 법률이 없는 점 등이 문제로 지적되어 왔다.

위의 문제들을 해결하고자 CMI 주도로 시작된 운송법 프로젝트는 UNCITRAL 운송법 작업반의 논의를 거쳐 2008년 12월 비엔나에서 개최된 총회에서 '전부 혹은 일부 국제해상물품운송계약에 관한 유엔협약'(UN Convention on Contracts for the International Carriage of Goods Wholly or Partly by Sea)이 성립하였지만 정식으로 발효되기 까지는 상당한 시간이 소요될 전망이다.

특징적인 내용은 첫째, 이 규칙은 전통적인 항구간 운송뿐만 아니라 해상구간을 수반하는 복합운송에도 적용되도록 기존의 국제운송규칙상의 규율범위를 대폭 확대하여 선적 전

또는 양육 후에 발생한 손해에 대해서는 그 구간에 적용되는 국제운송규칙을 우선하여 적용하는 네트워크 책임원칙을 채택하였다. 둘째, 제3장 전자운송기록, 제9장 운송물의 인도, 제10장 처분권자의 권리, 제11장 권리의 양도 등 기존의 국제운송규칙에서 다루지 않았던 내용을 신설하였다. 셋째, 운송인의 책임과 관련하여 함부르크규칙의 취지를 받아들여 과실추정의 원칙을 규정하면서 항해과실 면책은 폐지하였고, 화재로 인한 손해에 대한 운송인의 면책범위를 축소하였으며 운송인의 감항능력주의의무는 항해개시시 뿐만 아니라 항해중에도 지속적으로 요구하되, 운송인의 감항능력주의의무위반에 대한 입증책임은 송하인에게 부담시키고 있다. 넷째, 운송인의 책임한도는 포장 혹은 선적단위 당 875SDR 또는 중량 당 3SDR 중 큰 금액으로 제한함으로써 헤이그-비스비 규칙이나 함부르크 규칙에 비해 대폭 인상하였다.

Bill of Lading

<table>
<tr><td colspan="4">Shipper/Exporter
ABC TRADING CO. LTD.
1. PIL-DONG, JUNG-KU, SEOUL, KOREA</td><td colspan="3">B/L No. ; But 1004</td></tr>
<tr><td colspan="4">Consignee
TO ORDER OF XYZ BANK</td><td colspan="3"></td></tr>
<tr><td colspan="4">Notify Party
ABC IMPORT CORP.
P.O.BOX 1, BOSTON, USA</td><td colspan="3"></td></tr>
<tr><td>Pre-Carrage by</td><td colspan="3">Place of Receipt
BUSAN, KOREA</td><td colspan="3"></td></tr>
<tr><td>Ocean Vessel
WONIS JIN</td><td colspan="3">Voyage No.
1234E</td><td colspan="3">Flag</td></tr>
<tr><td colspan="7">Port of Loading Port of Discharge Place of Delivery Final Destination(For the Merchant Ref.)
BUSAN, KOREA BOSTON, USA BOSTON, USA BOSTON, USA</td></tr>
<tr><td colspan="2">Container No. Seal No.
Marks & No

ISCU1104

Total No. of Containers or
Packages(in words)</td><td>No. & Kinds of Containers or Packages

1 CNTR</td><td colspan="2">Description of Goods

LIGHT BULBS
(64,000 PCS)</td><td>Gross Weight

4,631 KGS</td><td>Measurement

58,000 CBM</td></tr>
<tr><td>Freight and Charges</td><td>Revenue tons</td><td>Rate</td><td>Per</td><td>Prepaid</td><td colspan="2">Collect</td></tr>
<tr><td>Freight prepaid at</td><td colspan="2">Freight payable at</td><td colspan="4" rowspan="2">Place and Date of Issue
May 21, 2007, Seoul
Signature</td></tr>
<tr><td>Total prepaid in</td><td colspan="2">No. of original B/L</td></tr>
<tr><td colspan="3">Laden on board vessel
Date Signature
May 21, 2000</td><td colspan="4">ABC Shipping Co. Ltd.
as agent for a carrier, zzz Liner Ltd.</td></tr>
</table>

2.6 해상화물운송장

1) 해상화물운송장의 의의

오늘날 운송기술의 발달로 신속하고 경제적인 운송수단이 등장하면서 화물의 운송기간이 단축되었지만, 아직 선적서류의 처리속도가 늦어 목적지에 화물이 먼저 도착하는 경우가 빈번히 발생하고 있다. 이러한 상황에서 유통성 선하증권만을 고수한다면, 수하인은 선하증권이 도착할 때까지 화물의 창고보관료 등의 도착화물에 대한 위험부담이 높아진다. 관습적으로는 은행이 수입화물선취보증서(L/G)로 화물을 우선 수령하기도 하지만, 이 방법은 절차가 까다롭고 비용이 발생하며, 그 분실이나 사기로 인한 피해가 클 수 있다.

따라서 1970년대 후반부터 영국선주협회의 권고로 선사들은 물품인도의 신속성과 선하증권의 분실에 따른 위험의 회피, 사무처리의 합리화 등을 목적으로 비유통성의 해상화물운송장(sea waybill)을 사용하기 시작하였다. 특히 대서양항로의 정기선운송에서는 해상화물운송장의 사용비율이 컨테이너 화물의 약 85%에 이를 정도로 증가하는 추세에 있다.

그러나 해상화물운송장은 운송계약의 증거로서 화물의 수령증이라는 점에서는 선하증권과 공통되지만, 이는 선하증권과 달리 화물에 대한 권리증권이 아니기 때문에 그 이용에 있어서 문제점이 있다.

첫째, 해상화물운송장은 권리증권이 아니므로 수하인의 입장에서는 물품에 대한 지배권뿐만 아니라 운송계약상의 권리자가 되지 못한다.

둘째, 해상화물운송장에서 운송표준약관과 함께 헤이그 규칙이나 헤이그-비스비 규칙을 준거법으로 명시하고 있는 경우에는, 그 내용이 상호 저촉될 때 문제가 발생할 수 있다. 왜냐하면 이 규칙들은 선하증권 등의 권리증권 만을 목적으로 하기 때문이다.

셋째, 함부르크 규칙에서는 해상화물운송장을 발행할 경우에도 이를 준거법으로 적용할 수 있도록 하고 있으나(제2조 제1항), 이 규칙은 해운선진국들이 아직 가입하고 있지 않다.

이러한 문제점을 극복하기 위하여 국제해사위원회(Comite Maritime International : CMI)에서는 각 국내해사위원회의 의견을 수렴하여 1990년 6월 "해상화물운송장에 관한 통일규칙"(Uniform rules for seawaybills)을 채택하고 이를 공표하였다.[15)]

---

15) ICC, Guide to Incoterms 1990, Publication No. 461/90, 1991, p. 143.

따라서 비유통성의 해상화물운송장을 이용하는 당사자들은 CMI 통일규칙에 관한 준거문언을 삽입함으로써 이에 관한 법률상의 불확실성을 회피할 수 있게 되었다, 또 1992년에 개정된 영국 해상화물운송법에서도 해상운송서류의 하나로서 해상화물운송장을 인정하고 있다(제1조 제1항).

2) 해상화물운송장의 법적성질

해상화물운송장은 운송계약의 증거로서 화물수령에 대한 증거증권이라는 점에서는 선하증권과 법적 성격이 같지만, 이는 전통적인 해상법규와 국제관습상으로 볼 때 선하증권에 비하여 다음과 같은 독특한 성질을 갖고 있다.[16)]

첫째, 해상화물운송장은 유가증권이 아니다. 선하증권은 물품에 대한 재산적 가치가 표창되어 있는 유가증권인데 비하여, 해상화물운송장은 수하인이 물품을 수령할 때 운송인에게 이를 제시할 필요가 없는 단순한 물품발송의 통지서에 불과하다는 점에서 선하증권과 근본적으로 다르다.

둘째, 해상화물운송장은 비유통성을 지니고 있다. 선하증권은 화물을 양도할 수 있는 유통증권으로 발행되는 것이 원칙이지만, 해상화물운송장은 그 표면에 'non-negotiable'이라고 명시된 비유통성의 증권으로만 발행되고 있다. 따라서 운송중에 물품의 전매가 필요 없는 견본의 발송, 금융이 개입되지 아니한 선적, 다국적 기업의 본점과 지점간의 거래 또는 본점과 외국의 대리점 또는 위탁매매인과의 거래에서는 유통성 선하증권이 반드시 필요한 것은 아니기 때문에, 비유통성의 해상화물운송장을 사용하는 것이 바람직할 수 있다.

셋째, 해상화물운송장에 관한 CMI 통일규칙은 그 적용에 있어서 선하증권에 관한 국제협약이나 이러한 협약을 따르는 국내법처럼 강행법적인 성격을 띄지 않고 계약자유의 원칙에 의한 임의법적인 성격을 갖고 있다. 그러나 해상화물운송장에서 CMI 통일규칙을 준거법으로 채택한 경우에는, 운송계약에 있어서 운송인의 운송표준약관이나 기타 당사자간에 합의된 조건과 이 규칙 사이에 어떠한 불일치가 있을 때에 이 규칙이 우선한다(제4조 제3항).

넷째, 매매계약관습인 인코텀즈에서도 해상화물운송장을 사용할 수 있도록 법적인 근거를 제공하고 있다. 최근에 서류업무가 간소화되면서, 선하증권 대신에 해상화물운송장, 정기선 운송장(liner waybill), 운임수령증(freight receipt) 등의 비유

16) Paul Todd, Modern Bills of Lading, Mackays of Chatham, 1990, pp. 251-252.

통서류들은 매수인이 서류의 인도로 운송 중인 물품을 전매하고자 하는 경우를 제외하고는 만족스럽게 사용되고 있으므로(서문 제19항), 각 거래조건에서 매도인이 운송계약에 관한 운송서류를 제공할 때에 유통성 선하증권뿐만 아니라 비유통성의 해상화물운송장도 제공할 수 있도록 하고 있다(A8항).

다섯째, 신용장통일규칙에서도 해상화물운송장을 사용할 수 있는 법적인 근거를 명문으로 제공하고 있다(제21조).

3) 해상화물운송장의 법적효력

해상화물운송장에 관한 법률상의 불확실성을 회피할 수 있는 방법은 CMI의 "해상화물운송장에 관한 통일규칙"을 준거법으로 채택하는 것이다. CMI 통일규칙은 국제적으로 임의법규에 불과하지만 다음과 같이 해상화물운송장의 이용에 따른 법적효력을 명시적으로 규정하고 있다는 점에서 의의가 있다.

(1) 운송계약의 당사자

선하증권이 발행된 경우에는 송하인뿐만 아니라 선하증권의 정당한 소지인도 운송계약의 당사자가 되지만, 해상화물운송장에 있어서는 송하인만이 운송계약의 당사자가 될 수 있다. 즉, 운송계약의 체결에 있어서 송하인은 자신의 명의나 수하인의 대리인으로서 이를 체결하는 것이며, 또 송하인은 그가 운송계약을 체결할 권한이 있다는 것을 운송인에게 담보하는 것이다(제3조 제1항).

(2) 화물에 대한 지배권

해상화물운송장에 있어서 화물에 대한 지배권(right of control)은 송하인만이 갖는다. 즉, 송하인은 운송인에게 운송계약에 관한 지시를 할 권리가 있는 유일한 당사자이다. 따라서 송하인은 목적지에 화물이 도착하여 수하인이 인도를 청구하기 전까지는 언제라도 수하인을 변경할 수 있다. 즉, 해상화물운송장이 발행된 경우에도 운송 중의 화물을 양도하고자 할 때에는, 송하인은 운송인에게 서면이나 기타의 방법으로 상당한 통지를 함으로써 수하인을 변경하고 운송 중의 화물에 대한 점유를 이전시킬 수 있다(제6조 제1항).

한편으로 송하인은 운송인이 화물을 수령할 때까지는 화물에 대한 지배권을 수하인에게 이전시킬 수 있는 선택권이 있다. 이러한 선택권이 행사된 경우에는, 수하인은 운송계약에 관한 지시를 할 권리를 승계하게 되고, 송하인은 더 이상 그러한 권리를 갖지 못한다. 다만 이러한 선택권의 행사는 해상화물운송장상에 명기되어 있어야 가능한 것이다(동조 제2항).

(3) 운송화물의 인도

해상화물운송장이 발행된 경우에는, 운송인은 수하인임을 주장하는 당사자가 실제의 당사자로부터 합당한 동일성을 증명하는 제시가 있을 때 수하인에게 화물을 인도하여야 한다(제7조 제1항). 그러나 운송인은 수하인임을 주장하는 당사자가 실제의 당사자인지를 확인하기 위하여 상당한 주의를 다하였다는 것을 입증한 경우에는, 어떠한 인도의 착오에 대하여도 책임을 지지 아니한다(동조 제2항).

특히 송하인이 해상화물운송장과 함께 환어음을 매입시킨 후 운송인에게 수하인의 변경을 지시한다면, 정당한 서류와 상환으로 대금결제를 마친 수하인은 화물을 수령하지 못할 수 있다. 따라서 송하인의 화물처분권을 제한하기 위하여는, 처분권제한조항[17](no disposal clause)을 두는 것이 바람직하다. 이러한 경우 송하인은 운송 중에 수하인을 변경할 수 있는 권리를 갖지 못한다. 결론적으로 화물처분권의 제한은 해상화물운송장상에 명시되어 있어야 하고, 수하인에게 화물을 인도하도록 한 송하인의 지시는 취소불능한 것이어야 한다.

2.7 전자식 선하증권

전통적인 선하증권은 운송계약의 체결과 화물수령의 증거로서, 타인에게 서류를 인도함으로써 운송중인 화물에 대한 권리를 양도하는 수단 등의 기능을 하고 있지만, 선하증권 이외의 운송서류는 운송계약 및 본선에 화물을 수령한 증거로서의 기능만 수행하고 있다.

그런데 컴퓨터 통신기술의 발달과 도입에 따라 전통적인 서류를 전자문서(electronic message)로 대체하고 있고 Incoterms나 각국의 상법도 매도인이 매수인에게 제공하는 인도의 증빙으로 제공하는 운송서류를 당사자가 합의하면 EDI Message로 대체할 수 있도록 규정하고 있다. 전자식 선하증권(electronic B/L)은 종이 선하증권의 내용을 컴퓨터에 보존하고 이를 선사(중앙등록기관)와 송하인 또는 수하인 간에 EDI Message로 전송하며 개인부호(private key)를 통하여 물품에 대한 권리 및 처분권의

17) 예컨대 “By acceptance of this waybill the shipper irrevocably renounces any right to vary the identity of the consignee of goods during transit.”라고 규정할 수 있다.

이전을 행한다. 이 개인부호는 전송의 진정성과 완전성을 보증하기 위하여 당사자가 합의한 기술적으로 적절한 형식이다. 이 개인부호를 소지한 자만이 운송인과 접촉하여 자신의 물품에 대한 권리를 타인에게 양도할 수 있도록 하여 전통적 선하증권의 배서 · 양도를 통하여 권리가 이전되는 것과 같은 효과를 갖는다.

이를 위하여 국제해사위원회(CMI)는 1990년 6월에 '전자식 선하증권에 관한 CMI규칙'(CMI Rules for Electronic Bills of Lading)을 제정 · 공표하였다. 따라서 당사자간에 합의가 있는 경우에는 서면형식의 선하증권 대신에 EDI 통신망을 이용하여 양도가능 또는 양도불능의 전자식 선하증권, 즉 화물수령통지문(receipt message)을 발송하고 CMI규칙을 준거법으로 채택할 수 있게 되었다.

한편 SWIFT와 TT Club의 합작회사인 Bolero International Ltd에 의해 운영되고 있는 Bolero(Bill of Lading for Electronic Registry Organization)시스템은 국제물품매매, 운송, 보험 및 결제 등 무역거래에서 전통적으로 사용해온 종이서류를 인터넷을 통한 전자문서로 대체하는 상업적 시스템으로 생겨났으나 이용자는 소수에 불과한 실정이다. 이용자에 대한 권리와 의무는 Bolero Rulebook의 규정에 따르며 대표적으로 Bolero 선하증권은 디지털 서명의 방법으로 정보의 안전성과 신뢰성을 높이고 있으며 당사자간의 약정에 의하여 선하증권을 양도할 수 있도록 하였다.

3. 컨테이너 운송

3.1 컨테이너의 정의

1960년대 이후 전 세계적으로 급속히 증가한 무역량에 따라 기하급수적으로 늘어나는 물량의 운송을 재래식 운송수단으로는 다 감당할 수 없어 '저렴·신속·안전' 그리고 'Door to Door Service'의 구호를 내걸고 새로운 형태의 운송수단인 컨테이너(container)가 등장하게 되어 운송수단의 총아로 각광을 받게 되었다.

컨테이너의 성격과 구조에 관하여는 국제간의 특정 협정은 없지만 일반적으로 ISO(International Standardization Organization)에 의하면 컨테이너의 구비조건은 다음과 같다. ① 일정기간에 재사용이 가능한 충분한 내구력을 가질 것 ② 운송 도중 수송경로 또는 수송수단이 바뀌는 경우 화물의 이적 없이 일관수송을 할 수 있도록 설계될 것 ③ 수송경로를 변경할 때 조작이 용이할 것 ④ 화물의 적양이 편리하게 설계된 것 ⑤ 내부 용적이 1㎥(35.3ft³)이상일 것 등이다.

오늘날 세계 각국이 이 컨테이너 수송방식을 쓰고 있고 우리나라도 1970년대에 접어들어 수출입 화물이 늘어남에 따라 컨테이너수송을 도입하였다.

3.2 컨테이너 운송의 장·단점

1) 장점

(1) 정박기간의 단축 : 재래식 운송에서는 항만작업의 비능률 때문에 대체로 전 항해시간 중의 30～50%를 항구에서 소비하며 하역비는 총 운송 수입의 40～50%를 차지하였다. 그러나 컨테이너를 이용하면 이 시간을 거의 절반 이상으로 줄일 수 있는데 그 이유는,

① 컨테이너가 규격화되어 규격화된 장비의 사용으로 시간이 단축된다.

② 컨테이너는 독립된 움직이는 유개화(有蓋化)된 기구이므로 악천후에도 작업을 할 수 있다.

(2) 창고료 절감 : 컨테이너는 하나 하나가 별개의 독립된 창고역할을 하므로 부두의 유료창고에 보관할 필요가 없다.

(3) 인건비 절감 : 재래선에 의하면 부두에서 화물을 양륙 · 하역하는데 많은 인부의 동원이 필요하지만 컨테이너의 경우는 거의 기계화되어 몇 사람의 힘으로 충분하다.

(4) 화물의 안전성 제고 : 모든 화물이 완전히 견고하고 밀폐된 기구에 의해 운반되므로 파손과 도난의 위험이 적어진다.

(5) 신속한 수송 : 컨테이너선은 대개가 최근에 건조된 것들이고, 고속엔진으로 운항하기 때문에 항해 기간이 단축된다.

(6) 운임절감 : Through Rate에 의한 할인운임, 빠른 회전율 등에 의한 저율의 운임이 적용된다.[18)]

2) 단점

(1) 컨테이너 수송에 필요한 여러 가지 관련기구를 구비하기 위하여 막대한 고정자본이 필요하다.

---

18) Through 운임이란 복수의 운송수단에 의해 운송되는 화물의 전구간에 적용되는 단일운임을 말하며 운송수단이 바뀌는 구간마다 개별적인 운임을 지급할 때보다 일반적으로 저렴하다.

(2) 컨테이너에 운송하지 못할 화물들이 있다.

(3) 컨테이너선에서는 상당 부분이 갑판에 적재되어야 하는데, 보험회사에서 갑판 적재 화물에 대한 높은 할증보험료율을 적용하고 있다.19)

3.3 컨테이너의 종류 및 하역방식

(1) 컨테이너의 종류

① 건화물 컨테이너(Dry Container)

일반잡화 및 가전제품 등의 적재용으로 만들어진 표준적인 컨테이너로서 가장 많이 사용되고 있다. 크기는 규격화되어 있으며 길이가 20 feet인 것과 40 feet인 것이 있다.

② 냉동 컨테이너(Reefer Container)

냉동화물의 적재용으로 냉동기를 부착시킨 컨테이너로 영하 30도까지의 온도관리가 가능하며 냉동, 냉장식품 등의 운송에 주로 이용된다.

③ 천정개방 컨테이너(Open Top Container)

지붕이 없는 컨테이너로서 컨테이너문으로 적입하는 것이 곤란한 중량물이나 건설기계 등의 대형기계 운송에 이용되며 크레인을 사용하여 위로부터 하역을 할 수 있는 특징이 있다.

④ 탱크 컨테이너(Tank Container)

화공약품, 유지, 와인 등 액체화물의 운송에 적합하도록 고안된 탱커를 장비한 특수컨테이너이다.

---

19) 컨테이너 운송은 ① 통상 컨테이너선 자체의 하역설비의 미비, 선내 화물 이동의 불가능 등의 이유로 손해의 대형화를 초래하기 쉽고, ② 컨테이너의 경우 재래선과는 달리 화물의 창내적 또는 갑판적이 모두 이용됨으로 인한 선박 자체의 복원력에 악영향을 주며, ③ 선박의 회전률 및 가동률의 현저한 증가로 해상위험, 조우율 등의 위험부담이 생긴다. 더욱이 컨테이너 수송에는 상기 세 가지의 위험증가 외에도 컨테이너 자체가 일종의 화물로서 화물 보험의 대상이 되는 특색을 지니고 있다. 또한 컨테이너의 소유, 관리, 취급 및 컨테이너 자체의 하자나 과적으로 인한 대인 및 대물에 발생하는 배상책임보험도 새로운 부보 종목이 된다. 그 외에도 컨테이너 수송에 있어서 하주에 대한 배상책임 한계가 재래운송에서 보다 터미널 내륙운송구간까지 연장 확대됨으로 재래운송의 면책한계를 넘는 부분에 별도 부보를 해야 하는 문제도 있다. 이러한 컨테이너 수송에 수반된 제 위험은 1968년에 영국의 3대 P&I Club들이 공동으로 설립한 Through Transit Marine Mutual Assurance Association Limited(TTMM)에 의해서 담보되어지고 있는데, 이 TTMM은 일종의 상호보험조합으로서 컨테이너 운송이 입을 수 있는 모든 책임 위험을 포괄적으로, 또 일괄적으로 담보하여 주고 있다.

⑤ 플랫 랙 컨테이너(Flat Rack Container)

중량물을 적재하기 위하여 특수한 설계로 만들어져 천장과 벽면이 없어 측면으로부터 화물을 끌어내릴 수 있도록 되어 있다. 컨테이너 옆면으로 소형 선박 등의 화물을 적입할 수 있다.

이외에도 Pen Container, Platform Container, Auto Container, Free Flowing Bulk Material Container 등과 같은 특수컨테이너가 있다.

2) 컨테이너 하역방식

① Lift on/off 방식 : 본선이나 육상컨테이너 야드에 설치되어 있는 크레인을 사용하여 컨테이너를 수직으로 싣고 내리는 방식을 사용하는 선박으로 일반적으로 컨테이너선이라 할 때에는 이것을 말한다.

② Roll on/off 방식 : 선측, 선미 또는 선수의 개구램프를 통해 컨테이너 또는 트레일러를 수평으로 싣고 내리는 방식의 선박

3) 컨테이너화물의 종류

모든 화물을 컨테이너에 넣을 수 있겠으나 물리적으로 가능하다 해서 전부를 컨테이너로 수송할 수는 없다. 따라서 컨테이너화 하기에 적합하느냐 안하느냐에 따라 컨테이너화물의 종류를 다음과 같이 분류할 수 있다.

① 최적화물

전자제품, 의류, 의약품, 소형기계, 가발, 주류 등 도난이나 손상을 받기 쉽고 고가품이나 부피가 크지 않은 화물

② 적합화물

전선, 카본 블랙, 포장입 곡물, 생피, 합판 등 그렇게 고가품도 아니고 손상이나 도난의 위험이 적은 화물

③ 한계화물

철괴, 주괴, 원목, 선철 등 물리적으로 컨테이너에 넣을 수는 있으나 손상이나 도난의 염려가 없으며 경제적으로 보아 컨테이너 수송이 불리한 화물

④ 부적격화물

고철, 산적원료, 대형발전기, 철재, 중장비 등 물리적으로 컨테이너에 넣기 어려운 화물

3.4 컨테이너화물의 운송형태

컨테이너화물은 하주 한 명의 화물의 양이 하나의 컨테이너에 가득 채워지는 경우를 단위화물(Container Load : CL 화물 또는 Full Container Load : FCL 화물)이라 하며 하주의 창고나 공장에서 하주의 책임하에 직접 컨테이너에 적입(Vanning)하여 Container Yard로 운송되며 본선에 적재된다. 이와 같이 하주가 화물을 컨테이너에 적입하는 것을 Shipper's Pack이라 한다. 한편, 화물의 양이 하나의 컨테이너에 미달하는 경우를 소량화물(Less than Container Load : LCL 화물)이라 하며 하주의 창고나 공장으로부터 트럭 등으로 이동하여 CFS(Container Freight Station)에서 LCL 화물을 목적지별로 정리하여 다른 소화물과 함께 1개의 컨테이너에 혼적, Container Yard로 운송되어 본선에 적재된다. 이와 같이 선박회사가 컨테이너에 적입하는 것을 Carrier's Pack이라 한다.

따라서 컨테이너운송형태는 화물의 양과 적재방법에 따라 다음과 같이 이루어지고 있다.

1) CFS/CFS

LCL 화물의 수송에 이용되는 운송형태로 선적항의 CFS로부터 도착항의 CFS까지만 컨테이너로 운송하는 것으로 송하인과 수하인이 각각 여러 사람으로 구성되어 있다. Pier to Pier 운송이라고도 한다.

2) CFS/CY

선적항의 CFS로부터 수하인의 공장이나 창고까지 컨테이너로 운송하는 것으로 한 사람의 수입업자가 여러 송하인으로부터 LCL 화물을 일괄해서 수입하는 경우에 주로 이용된다. Pier to Door 운송이라고도 한다.

3) CY/CFS

송하인의 공장 또는 창고로부터 도착항의 CFS까지 컨테이너로 운송하는 형태로서 한 사람의 수출업자가 여러 수하인 앞으로 일괄해서 화물을 수송하고자 할 경우에 주로 이용된다. Door to Pier 운송이라고도 한다.

4) CY/CY

컨테이너운송의 전형적인 형태인 Door to Door 운송방법으로 송하인의 공장이나 창고로부터 수하인의 창고까지 컨테이너에 의한 일괄운송형태를 취한다.

3.5 컨테이너터미널의 구조

컨테이너 터미널은 컨테이너 전용부두로 컨테이너 하역시설과 컨테이너 보관관리시설이 있는 항만시설이다.

1) 고정시설

① 부두(Wharf)
부두는 컨테이너선이 접안하는 안벽인 선석(Berth), Crane 등이 적재·양하작업을 하는 안벽에 이어진 에이프런(Apron)으로 구성되어 있다.

② 마샬링 야드(Marshalling Yard)
선박에 적재할 컨테이너나 하역 후의 컨테이너를 정렬하여 두는 넓은 장소를 말한다.

③ 컨테이너 야드(Container Yard)
빈 컨테이너의 보관, 내륙수송을 위한 작업 등을 하는 장소를 말한다. 에이프런과 마샬링 야드를 총칭하여 말하며, 수출통관이 끝난 선적 전 컨테이너의 반입과 보관, 선박으로부터 하역된 컨테이너의 보관 및 수입통관 절차이후의 컨테이너 반출작업이 이루어지는 시설이다.

④ 컨테이너 화물집하소(Container Freight Station, CFS)
LCL(Less than Container Load: 소량화물)화물을 목적지별로 정리하여 하나의 컨테이너에 혼재하거나 또는 혼재된 수입화물을 컨테이너로부터 인출하여 수하인별로 정리하는 작업을 하는 곳이며, 이와 같은 작업을 Consolidation이라고 하며, 이를 행하는 업자를 Consolidator라고 한다.
혼재작업은 내륙지방의 집하중심지에 설치된 지정구역에서도 행해지며, 이 지역을 Inland Deport라고 한다.

2) 가동시설

① Gantry Crane

컨테이너를 본선에 적재 또는 본선으로부터 양하하기 위한 기중기이다.

② Straddle Carrier

컨테이너를 적재하여 구역내에서 운반하는 기기이다.

③ Transfer Crane

구역내에서 컨테이너의 적재·양하·환적 등의 작업을 하는 기기를 말한다.

Container Terminal의 구조

4. 복합운송

4.1 복합운송의 의의

복합운송은 화물의 수령장소에서 인도장소까지 육·해·공의 적어도 두 가지 이상의 서로 다른 운송방식으로 이루어지는 운송형태이다. 이러한 형태의 운송은 이미 19세기 중반부터 동일화물에 다수의 운송인이 관여하는 통운송(through carriage)이나 연속운송(successive transport)에서 유래된 것이다. 그러나 지금의 복합운송은 1920년 미국의 센트럴 철도회사가 트레일러를 무개화차에 적재하여 운송하는 피기백(piggy-back)[20] 방식을 도입하면서 시작되었으며, 해상과 육상을 연결한 실질적인 복합운송은 1956년 미국의 Sea-Land사가 복합운송용 컨테이너를 개발하여 뉴욕과 휴스턴 간 운행을 시작으로, 이때부터 복합운송이라는 표현이 일반화되었다.

국제협약이나 규칙에서 정의하고 있는 국제복합운송의 개념을 종합하면 "국제복합운송(international multimodal transport)이라 함은 복합운송인이 복합운송계약에 의하여 서로 다른 국가에 위치한 화물의 수령장소에서 예정된 인도장소까지 육·해·공의 적어도 두 가지 이상의 서로 다른 운송방식에 의한 화물운송"이라고 요약할 수 있다.[21]

4.2 컨테이너운송과 복합운송

복합운송은 컨테이너라는 혁명적인 운송용구 출현으로 본격적인 발전의 계기를 맞이하였다. 즉, 컨테이너 운송은 육·해·공의 모든 운송방식을 극복하여 Door to Door 서비스를 가능케 하기 때문에, 컨테이너를 이용한 복합운송이 급속도로 발전하기 시작한 것이다. 따라서 현실적으로는 컨테이너 운송과 복합운송이 동일한 것으로 인식되고 있을 정도이다. 그러나 컨테이너 운송 자체는 복합운송이 아니라 복합운송을 촉진하는 매체로서 이해하여야 한다.

컨테이너 운송은 화물의 포장, 운송, 하역 및 보관 등에서 육·해·공을 연결하여

20) piggy-back 운송은 컨테이너를 철도화차에 적재하는 것을 말하고, 컨테이너를 선박에 적재하는 것을 fishy-back, 항공기에 적재하는 것을 birdy-back이라고 한다.
21) UNCTAD, The Economic and Commercial Implications of the Entry into force of the Hamburg Rules and the Multimodal Transport Convention, 1991, p. 27.

그 경제성과 안전성 및 신속성을 최대한으로 충족시키고 운송 중에 이적 없이 일관운송을 실현시킬 수 있는 혁신적인 운송형태이다. 컨테이너는 충분한 내구성을 갖추고 운송 중에 화물의 이적 없이 일관운송을 할 수 있고, 운송경로를 바꿀 때의 조작과 화물의 적량이 편리하며, 내부의 용적이 적어도 1㎥ 이상으로 설계되어 있어야 한다.

4.3 복합운송인과 운송주선인

1) 복합운송인의 정의

복합운송인은 서로 다른 다수의 운송방식을 조합하여 송하인으로부터 운송의 전구간에 대한 단일의 운임을 지급받고 복합운송계약에 따라 책임을 부담하는 자이다. 이를 ICC 통일규칙에서는 'Combined transport operator'(CTO), 유엔협약에서는 'Multimodal transport operator'(MTO), 미국에서는 'Intermodal transport operator'(ITO)라 각각 부르고 있다.

복합운송인의 정의에 관하여, ICC 통일규칙에서는 "복합운송인이라 함은 복합운송서류를 발행하는(모든 상사, 회사 또는 법인을 포함하여) 자를 의미한다. 국내법상 복합운송서류를 발행할 권리에 앞서 어떠한 승인 또는 허가를 받은 자를 요구하고 있는 경우에는, 복합운송인이라 함은 그러한 승인 또는 허가를 받은 자만으로 언급할 수 있다."(제2조 제a항), 또 유엔협약에서는 "복합운송인이라 함은 스스로 또는 자신을 대신하여 행동하는 타인을 통하여 복합운송계약을 체결하고, 송하인이나 복합운송업에 참여하는 운송인의 대리인으로서나 그를 대신하여서가 아니라 본인으로서 행동하고, 계약이행에 관한 책임을 부담하는 모든 자를 말한다." 라고 각각 규정하고 있다(제1조 제2항).

결국 복합운송인은 자기의 명의로 송하인과 복합운송계약을 체결하고 복합운송서류를 발행하는 당사자일 뿐만 아니라, 전구간의 운송에 대한 동일의 책임체계에 따라 운송을 계획하고 각 운송구간을 적절히 연결하여 전체의 운송이 원활하게 이루어지도록 조정하고 감독하는 지위에 있다.

2) 복합운송과 운송주선인

'운송주선인'(freight forwarder)이라 함은 송하인을 위하여 보수를 받고 자신의 명의로 화물운송의 주선을 업으로 하는 자로서(상법 제114조), 실무에서는 forwarding agent, shipping agent, shipping & forwarding agent, air freight agent 등으로 불리고 있고, 현재는 선사나 항공사와 더불어 복합운송인으로서의 역할도 수행하고 있다. 운송주선인이 국제운송에 관여하는 경우를 '국제운송주선인'(international freight forwarder)이라고 하고, 선박을 보유한 선사나 항공사에 대응하여 국제화물을 집하·분배하는 선박비보유운송인[22](NVOCC)으로서 복합운송서류를 발행하기도 한다. 따라서 오늘날의 운송주선인은 컨테이너에 의한 복합운송이 발달하면서 고유의 운송주선업무에만 그치지 아니하고, 서로 다른 운송방법을 유기적으로 결합하여 송하인에게 Door to Door의 일관운송 서비스를 제공하는 복합운송인이라고 하면 선박을 보유한 실제운송인(actual carrier)뿐만 아니라, 선박을 보유하지 않은 미국의 NVOCC, 혼재업자(consolidator), 운송주선인 등과 같은 계약운송인(contracting carrier)도 이에 포함될 수 있다.

운송주선인은 송하인을 위하여는 수출화물의 운송 및 보험수배, 통관수속, 비용의 대납 및 운송서류작성, 실제운송인에게의 화물인도 등의 서비스를 제공하고, 또 수하인을 위하여는 도착화물의 인수, 관리 및 배송업자로서의 기능을 한다. 특히 국제복합운송에서 소량화물(LCL cargo)의 경우, 전구간에 걸쳐 일관운송을 책임지는 운송주체로서 자신의 창고에 화물을 보관, 통합, 분배 또는 혼재업무까지 대행하여 줌으로써, 각 송하인은 소량화물을 단독으로 운송하는 것보다 안전·신속·저렴한 가격의 이점을 누릴 수 있다. 더구나 운송주선업이 고도의 경쟁산업이기 때문에 수출입상에게는 매우 유용하다고 할 수 있다.

4.4 복합운송인의 책임

복합운송인은 하주와 복합운송계약을 체결하며 그 계약내용에 따라 전운송기간에 대하여 책임을 진다. 이 때 복합운송에는 여러 운송수단이 동원되기 때문에 복합운송인의 책임은 개별구간에서 발생하는 손해에 대하여 복합운송인이 동일한 원칙에 따라 책임을 지는 동일책임체계와 운송수단별로 운송인의 책임이 달라지는 이종책임체계, 기본적으로는 동일책임체계를 채택하나 예외적으로 이종책임체계를 가미한 변형동일책임체계가 있다.

동일책임체계(uniform liability system)는 책임의 수준을 어디에 맞추느냐에 따라

22) '船舶非保有運送人'(non-vessel operating common carrier)이라 함은 미국에서 선박과 상관없이 하청운송인과의 사이에서 자신의 명의로 화물운송계약을 체결하는 자이다.

이해가 엇갈리게 되는데 예컨대, 해상수준에 맞출 경우 철도나 도로운송 중에 일어난 손해에 대하여는 유리한 배상의 기회를 잃어버릴 수도 있다.

이종책임체계(network liability system)는 손해발생구간이 확인된 경우에는 손해발생구간에 적용될 국내법이나 국제조약을 적용하며, 손해발생구간이 명확하지 아니한 경우에는 가장 긴 구간인 해상운송구간에서 사고가 발생했다고 추정하여 해상운송구간에 적용될 법을 적용한다.

변형동일책임체계(modified uniform liability system)는 원칙적으로 손해발생구간의 확인여부와 관계없이 동일한 책임규정을 적용하나 손해발생구간이 확인되고 그 구간에 적용될 법에 규정된 책임한도액이 유엔국제물품복합운송운송조약에서 정한 책임한도액보다 높은 경우에는 그 구간법의 책임한도액을 적용하여 책임을 지지만 그렇지 아니한 경우에는 유엔협약을 적용한다.

4.5 복합운송의 주요경로

현재 선박, 철도, 트럭 등으로 조합되는 복합운송은 해상경로가 중심을 이루면서 트럭에 의해 내륙운송이 완결되는 방식과, 랜드브리지 방식에 의한 대륙횡단철도와의 접속에 의한 방식으로 대별된다.

이를 한국을 기점으로 한 목적지별 경로로 분류하면 다음과 같다.

① 시베리안 랜드 브리지(SLB)에 의한 유럽향 경로
② 유럽제항 경유 유럽내륙향 경로
③ 아메리카 랜드 브리지(ALB)에 의한 유럽향 경로
④ 미니 랜드 브리지(MLB)에 의한 동부/걸프향 경로
⑤ 태평양연안 경유 미국중부향 경로 (Micro Bridge or IPI)
⑥ 북태평양연안항 경유 캐나다 동부항/유럽향 경로(CIB)
⑦ 오스트레일리아 항로에 의한 오스트레일리아 동부향 경로
⑧ 부관페리에 의한 한일복합운송경로

이상의 각 경로는 선박회사 및 운송주선인(forwarder) 등에 의해 운영되고 있는 국제복합운송경로이다. 그런데 복합운송에서 중요한 위치를 차지하는 Land Bridge 라는 것은 대륙횡단철도에 의해 바다와 바다가 연결되는 것으로 해-육-해의 경로에 의한 복합운송의 형태를 말하는 것이다. 예컨대, 우리나라에서 유럽까지의 운송인 경우 파나마, 스웨즈운하를 통과하는 극동-유럽간 항로를 대신하여 ① 극동-

선박-북미태평양안-철도-북미대서양안-선박-유럽(American Land Bridge: ALB), ② 극동-선박-보스토치니-철도-유럽(Siberian Land Bridge: SLB)의 경우가 전형적인 경로이다.

1) Siberian Land Bridge(SLB, TSR)

시베리아 철도를 이용한 SLB운송은 극동지역에서 유럽과 중동의 화물을 러시아의 극동항구인 보스토치니 항으로 운송한 다음 시베리아의 서부국경에서 유럽지역이나 반대 루트로 운송하는 시스템이다.SLB는 컨테이너에 의해 시베리아 철도를 경유하여 이뤄지는 극동·유럽간의 복합운송 서비스이다.

SLB의 최대 장점은 거리면에서 볼 때 12,300km로 해상루트에 비해 수송거리가 7,800km나 짧은 60%정도에 불과하다.

한편 1990년 9월 중국횡단철도(Trans China Railroad:TCR)가 TSR에 연결되면서 새로운 복합운송경로가 추가되었다. TCR는 총연장 4,018km로서 산동반도 남쪽 연운항(Lianyunggang)을 기점으로 아라산쿠(Alaraw Shankou)를 종점으로 러시아의 Druzhba를 지나 Novsibirsk에서 TSR와 접속되는 경로로 옛날의 비단길(silk road)과 일치한다.

한편 국토해양부는 가칭 TKR(Trans Korea Railroad)를 검토한 바 있다. TKR의 기본계획은 한반도의 철도를 TSR 또는 TCR에 연결하는 것이다. 즉 경의선을 이용, 평양-북경-신의주 또는 서안에서 TCR과 만나는 루트, 또는 심양-하르빈을 거쳐 Chita에서 TSR로 이어지는 루트, 경원선·원라선(원산-나진)을 이용, 두만강역과 핫산역을 거쳐 보스토치니의 TSR로 연결되는 루트 등이다.TKR는 특히 한국·일본의 화물은 경쟁력이 있을 것으로 분석하고 있다.

2) American Land Bridge(ALB)

ALB는 극동의 주요 항구로부터 북미서안의 주요 항구까지 해상으로 운송하여 내륙운송(육상운송)을 철도에 연결, 북미 동남부항에서 다시 해상으로 유럽지역 항구 또는 유럽내륙까지의 일관운송을 말한다. 즉 ALB는 극동과 유럽간의 화물수송에 있어서 미국대륙을 경유하는 복합운송이라고 정의할 수 있다. 운임체계를 보면, 1972년에 Seatrain사가 처음으로 Land Bridge 운임표(tariff)를 공표하고 영업을 개시하여 당초에는 많은 화물이 수송되었으나 Seatrain사의 영업실패, 시베리안 랜드 브리지의 시작 및 수에즈 운하의 개통으로 크게 위축되어 있는 상태이다.

ALB의 경로

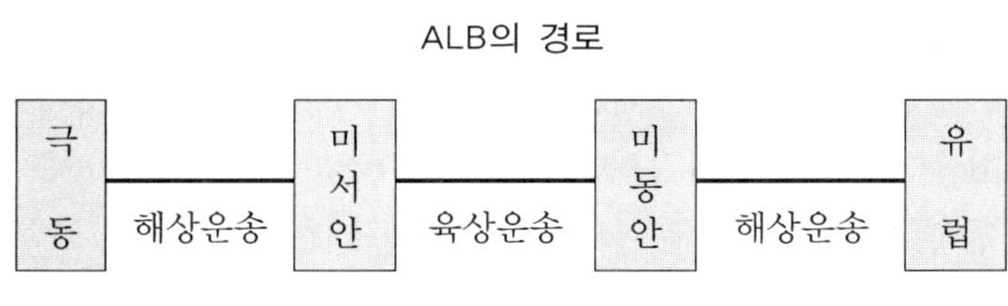

약 19,800km(약 32~33일 소요)

3) Sea & Air(해공복합운송)

이 운송방식의 이점은 해상운송의 저렴성과 항공운송의 신속성이라는 양자의 장점을 결합한 운송방식이다. 항공운송보다는 저렴하게, 해상운송보다는 신속하게 운송되는 방식이라는 점에서 경제적인 운송방식이라 할 수 있다.

가장 일반적으로 행해지고 있는 해공복합운송경로로서는 세계해상운송 중에서 가장 선편이 많은 한국, 일본-북미서해연안의 태평양항로에서는 해상운송을 이용하고, 미국내륙 및 대서양상에서는 항공운송을 이용하여 미국 중동부 및 유럽 각지로 수송하는 것이다.

미국경유 해공복합운송 방식의 경로

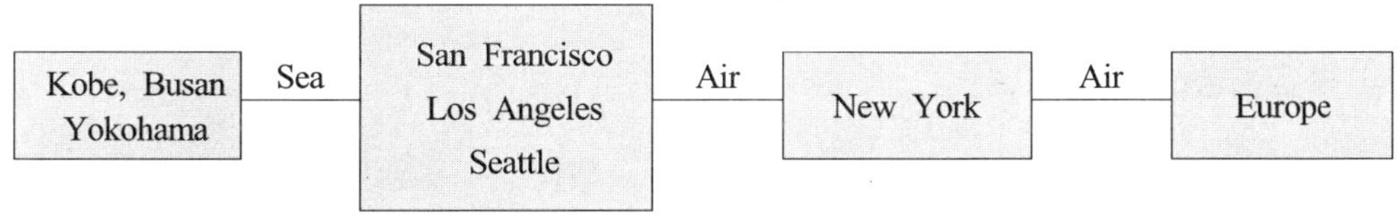

4.6 복합운송에 관한 국제규칙

복합운송을 직접 규율하는 국제적인 법규는 다양하게 제정되어 있으나, 복합운송관련법규의 제정과정상 법전의 역할을 하는 TCM조약안과 1975년 제정된 ICC 복합운송서류 통일규칙, 향후 발효가 기대되는 UN복합운송조약 및 1992년에 발효된 UNCTAD/ICC 복합운송서류에 관한 통일규칙 등이 있다. 다년간 노력의 결정으로 마련된 TCM조약안은 화주의 이익이 충분히 보장되지 않았다는 이유로 개발도상국의 강한 반발에 부딪쳐 결국 백지환원되고 새로운 조약의 마련은 UNCTAD로 넘어가게 되었다.

그 후 1973년 UNCTAD에 국제복합운송조약초안 작성을 위한 정부간준비위원회(IPG; Intergovernmental preparatory group)가 설치되어 약 6년간의 노력 끝에 1980년 국제복합운송조약(UN Convention on International Multimodal Transport of Goods)이 채택되었다. 이 조약의 특징은 선하증권에 관한 함부르크 규칙과 같이 종래의 선주 중심의 법체계가 화주 중심의 법체계로 바뀌어진 것이다. 그러나 이 조약은 아직도 선진국의 반발로 발효되지 못하고 있다. 이 조약의 운송인의 책임한도액은 1포장・단위당 920SDR 또는 1kg당 2.75SDR 중 높은 금액이며 육상운송구간은 CIM, CMR을 적용한다.

이 조약은 오늘날 국제복합운송체계의 확장에 따른 복합운송인과 송하인의 책임체계에 대한 중요한 해석기준이 되고 있다.

국제상업회의소는 1973년 '복합운송증권을 위한 통일규칙'(Uniform Rules for a Combined Transport Document)을 제정하였고 이 규칙은 1991년 말까지 적용되어 오다가 UNCTAD/ICC 규칙(UNCTAD/ICC Rules for Multimodal Transport Documents)으로 대체되었다. 이 규칙은 1988년 헤이그 규칙, 헤이그-비스비 규칙, 복합운송증권을 위한 통일규칙 등을 기초로 제정한 복합운송증권에 관한 국제규칙으로 지금까지 사용되고 있다. 이 규칙에서의 운송인의 책임한도는 포장·단위당 666.67SDR, 1kg당 2SDR 중 높은 금액이며 해상·내수로운송이 제외된 경우 1kg당 8.33SDR이다.

4.7 복합운송서류(Multimodal Transport Document)

1) 복합운송서류의 개념

복합운송서류(multimodal transport document : MTD)란 복합운송계약의 증거로서, 복합운송인에 의한 화물의 수령 및 그 계약조건에 따라 복합운송인이 화물을 인도한다는 약정을 증명하는 서류를 말한다(유엔협약 제1조 제4항). 복합운송서류는 복합운송인과 송하인 사이의 복합운송계약 및 화물수령의 증거가 되고, 화물에 대한 권리증권(document of title), 즉 유가증권으로서의 기능을 한다. 복합운송인은 화물을 수령한 경우에는 송하인의 선택에 따라 유통성 또는 비유통성의 복합운송서류를 발행하여야 한다(제5조 제1-2항). 복합운송서류는 화물의 외관상태에 대한 유보사항이 없는 한 복합운송인이 이 서류에 기재된 대로 화물을 수령하였다는 추정적인 증거가 되며, 특히 유통성 복합운송서류가 발행되고 수하인을 포함하여 화물의 기재사항을 신뢰하고 행동하는 제3자에게 양도된 경우에는, 복합운송인에 의한 반증은 허용되지 아니한다(제10조).

2) 복합운송서류의 발행형태

복합운송서류는 복합운송증권의 유통성에 따라 유통가능증권과 유통불능증권으로 발행된다. 유통가능증권은 지시식 또는 소지인식으로 분류되며, 지시식은 배서에 의해, 소지인식은 배서의 필요 없이 양도된다.

또한 유통불능증권은 지정된 수하인이 기명되어야 하며, 복합운송인은 증권에 지정된 수하인이나 수하인의 대리인이외의 자에게 인도하여서는 안된다.

3) 복합운송서류의 종류

UNCTAD/ICC규칙에 준거하는 복합운송서류에는 복합운송서류를 MTD라고 규정하고 있다. 또한 복합운송증권에 "Negotiable or Non Negotiable Multimodal Transport Documents Subject to UNCTAD/ICC Rules for Multimodal Transport Documents" 라는 준거문언이 있는 경우에는 동 규칙이 적용된다.

FIATA복합운송증권(FIATA for Multimodal Transport Document)은 국제운송주선인협회연맹에 의하여 발행되며, 국제상업회의소가 승인한 표준양식에 의거하여 발행된 복합운송선하증권이다.

4) UCP상의 복합운송서류의 수리요건

신용장통일규칙에서도 신용장상에 두 가지 이상의 서로 다른 운송방식에 의한 복합운송에 적용되는 운송서류가 요구된 경우에는, 별도의 규정이 없는 한, 은행은 그 명칭에 관계없이 (i) 운송인의 명칭을 표시하고 ① 운송인, 또는 운송인을 위한 또는 그를 대리하는 기명대리인 ② 선장, 또는 선장을 위한 또는 그를 대리하는 기명대리인에 의하여 서명되어야 한다. (ii) 운송인, 선장 또는 대리인의 서명은 운송인, 선장 또는 대리인의 서명으로 특정되어야 한다. 대리인의 서명은 그가 운송인을 위하여 또는 대리하여 또는 선장을 위하여 또는 대리하여 서명한 것인지를 표시하여야 한다고 규정하고 있다(제19조 제a항).

5. 항공운송

해상운송에 이어 항공운송이 국제운송에서 점차 일반화되어 가고 있다. 항공운송이란 민간항공기를 이용하여 유상으로 화물이나 여객을 탑재하고 국내외의 어느 공항에서 통상의 공로를 따라 다른 공항까지 운항하는 수송 시스템을 말한다.

5.1 항공운송의 특성

항공운송은 해상이나 육상운송과는 달리 다음과 같은 3가지 특성을 갖고 있다.

첫째, 항공운송의 최대 장점은 신속성이다. 특히 납기가 촉박한 긴급상품이나 계절유행상품 등과 같이 시간에 민감하여 기회비용이 가장 중요시되는 상품은 해상이나 육상운송보다는 신속한 항공운송이 가장 적합하다.

둘째, 항공운송은 가장 안전하다.항공기의 안전성 때문에 물품의 파손이나 분실의 위험이 감소된다. 특히 중량에 비하여 운임부담력이 높은 상품, 파손이나 도난의 위험이 높은 상품 예컨대, 모피, 귀금속, 약품, 전자제품, 광학 기기, 반도체 제품 등과 또한 손상의 위험이 감소되기 때문에 부패하기 쉬운 물품, 시간이 지나면 가치가 떨어지는 상품, 예컨대 생선, 식료품, 생화, 산 동물, 신문, 잡지 원고, 상업서류 등도 이에 적합한 상품들이다.

셋째, 항공운송은 경제성을 갖고 있다. 단위당 운임은 해상운송에 비하여 높으나 포장비, 창고료, 관리비 등을 고려한 종합비용 면에서는 오히려 경제성을 갖춘 경우가 많다. 많은 장점에도 불구하고 항공운송은 대형, 대량화물의 운송에는 부적합하며 대체적으로 운임이 비싸며 화물의 중량이나 이용가능지역이 제한되는 단점이 있다.

5.2 항공운송계약의 준거법

항공운송이 발달하면서 국제적인 업무협조와 통일된 규제를 위하여, 다음과 같은 국제협약이 체결되고 국제항공운송협회의 표준약관도 마련되어 있다.

1) 바르샤바 협약(Warsaw Convention 1929, 1955)

항공운송인의 책임에 관한 협약이 "국제항공운송에 관한 일부규칙의 통일을 위한 협약"(Convention for the Unification of Certain Rules relating to International Transportation by Air : 이하 "바르샤바 협약"이라 함)이란 명칭으로 제정되어 1933년 2월 13일에 발효되었다.

그 후 바르샤바 협약은 제2차 세계대전을 지나는 동안 항공기술과 항공기업의 급속한 발달로 현실에 맞는 개정이 요구되었으며, 이에 국제민간항공기구(ICAO)에 의하여 1955년 9월 헤이그의 국제항공사법회의(International Conference on Private Air Law)에서 일부조항이 개정된 '헤이그 의정서'(Hague Protocol)가 채택되었다. 이는 바르샤바 협약의 일부로서 1963년 8월 1일에 발효되었다. 헤이그 의정서는 사고에 대한 책임한도를 바르샤바 협약의 2배(25 만 프랑)로 인상하여 다소 현실을 반영하였다는 데 의의가 있다.

앞의 1933년 바르샤바 협약에서부터 1999년 몬트리올 협약에 이르기까지 바르샤바 체제는 국제항공운송의 기본법으로서 세계 100여 개국에서 이를 시행하고 있으며, 우리나라는 1963년 8월에 1955년 헤이그 의정서로 개정된 바르샤바 협약에 가입함으로써 1967년 10월 11일부터 발효되고 있다.

이상의 바르샤바 협약은 유상으로 행하는 여객, 수화물 또는 화물에 대한 협약국간의 국제항공운송에만 적용한다(제1조 1항, 2항). 문제는 바르샤바 원협약만을 가입한 국가와 헤이그 개정협약만을 가입한 국가간, 예컨대 미국과 한국간의 국제항공운송에는 어느 협약을 적용하여야 하는 가이다. 이에 관하여는 개정협약상에 아무런 경과규정이 없다. 이러한 경우에는 엄격히 보면 원협약도 개정협약도 적용할 수 없겠지만, 국제항공운송에 관한 규정을 통일하려는 바르샤바 체제의 정신을 반영한다면 적어도 원협약을 적용하여야 할 것이다.

2) IATA 표준약관(Conference Resolutions Manual 1998)

국제항공운송협회(IATA)의 회원인 항공사가 행하는 항공운송계약은 1988년 10월 IATA가 제정한 '화물용(여객용) IATA 표준약관'[Cargo (Passenger) Services Conference Resolutions Manual]에 따라야 하는데, 오늘날 대부분의 항공사에서는 이 약관을 수용하거나 약간의 수정을 가하여 항공화물운송장의 이면에 기재하고 있다. 대한항공의 경우는 1989년 1월 1일 IATA에 가입하였다. IATA 표준약관은 항공운송인과 송화인의 권리의무를 규정한 운송계약조건으로서, 바르샤바 협약에 반하지 아니하는 범위 내에서만 적용된다.

5.3 항공운송인의 책임

탁송수화물과 화물의 운송에 있어서, 송화인이 운송가격을 특별히 신고하고 소정의 종가요금을 지급하지 아니하는 한, 운송인의 책임한도는 1㎏당 250프랑으로 한다(제22조 2항). 여객운송을 제외하고 탁송화물과 화물에 대한 운송인의 책임한도는 1955년 헤이그 의정서에서도 변함이 없다.

여기서 운송인의 보상금액은 중량을 단위로 산정하되, 그 중량은 파손 또는 멸실된 부분만이 아니라 이로 인한 화물 전체에 미치는 손해를 말하는 것이므로 화물 전체의 중량을 기준으로 한다. 또 송화인이 운송가격을 특별히 신고하고 소정의 종가요금을 지급한 경우에는, 운송인은 신고된 가격의 실 손해를 배상하기 때문에, 송화인이 종가요금을 낮출 목적으로 실제가격보다 낮게 운송 가격을 신고하였다면, 그 신고가격이 바로 운송인의 책임한도가 된다.

5.4 항공화물운송장

1) 항공화물운송장의 의의

'항공화물운송장'(air waybill, air consignment note)이라 함은 항공운송인이 운송화물을 인수할 때에 운송계약서 대신에 교부하는 화물수령증을 말한다. 항공화물운송장은 주로 바르샤바 협약에 의한 IATA 표준양식이 사용되고 있으며, 바르샤바협약에서도 화물의 경우 항공화물운송장을 발행하도록 규정하고 있다(제5조 1항). 그러나 항공운송계약이 당사자간의 합의에 의한 낙성계약이기 때문에, 항공화물운송장은 운송계약의 체결, 화물의 인수 및 운송조건에 관한 증빙서류(제11조 1항), 이러한 운송장이 부존재, 불비 또는 멸실되었더라도 운송계약의 존재 또는 효력에는 영향을 미치지 아니한다(제5조 2항). 관습적으로 항공화물운송장은 다음과 같은 기능을 한다.

즉, 항공화물운송장은 운송인과 송화인 사이의 운송계약서로서, 운송장상에 화물의 취급, 인도 등에 관한 지시를 기재한 경우에는 송화인의 지시서가 되며, 운송인이 송화인으로부터 화물을 수령하였다는 화물수령증으로서의 기능을 한다. 나아가 항공화물운송장은 운송인의 운임 정보자료와 수출입통관을 위한 수출입신고서로 사용되며, 또 도착지에서는 수화인이 화물의 내용과 운임 등을 대조하고 검증하는데 사용한다는 점에서 송화인이 발송하는 상업송장으로서의 기능을 하고, 운송인이 도착화물을 인도할 때 수화인의 화물수령서명을 받는다는 점에서 결국 화물인도증명서로서의 기능도 하게 된다.

2) 항공화물운송장과 선하증권의 차이점

항공운송장은 때때로 선하증권에 비유되어, 단순한 B/L이라고 불리우는 경우도 있다. 그러나 양자의 법률적 성격은 몇 가지 중요한 점에 차이가 있다. 항공운송장의 법적 성격을 선하증권과 비교하여 보면 다음과 같다.

첫째, 항공운송장이나 선하증권은 다 같이 운송인과 송하인과의 사이에 운송계약이 성립되었음을 증빙하는 서류라고 하는 점에서는 동일하다. 또한 운송인이 화물을 수취했음을 증명하는 역할에 있어서도 같다. 그러나 항공운송장은 양도성이나 유통성을 갖고 있지 않음이 선하증권과 크게 다르다. 항공운송장에는 'Non negotiable'이라고 표시되어 있으며 유통이 금지된 '비유통성증권'으로서만 발행된다. 즉, 운송장의 수하인용 원본은 목적지에서 화물과 함께 수하인에게 교부되는 것으로서 유통을 목적으로 하는 것이 아니다.

이처럼 항공운송장에 유가증권으로서의 자격을 부여하지 않는 이유는 항공화물이 신속하게 운송되어 수하인에게 전달되기 때문이며 해상화물은 수송에 장시간이 소요되기 때문에 상품의 매매거래를 신속하게 하기 위하여 증권자체를 매매의 대상으로 인정해 준 것이다.

둘째, 선하증권은 선적식인데 반해 항공운송장은 수취식이라 할 수 있다. 즉, 선하증권은 선적을 증명하는 증권이므로 선적이 완료된 후에 발생되는 것이 보통이다. 그러나 항공운송에 있어서는 발착편이 많고 화물을 운송 위탁해서 기적할 때까지 많은 시일을 요하지 않으므로 항공사 창고에 화물이 도착하면 바로 운송장을 발행해 주고 있다.

셋째, 선하증권은 지시식으로 되어 있어 정당한 배서(endorsement)에 의해 누구에게나 양도되는 권리증권(document of title)인 반면 항공운송장은 기명식으로 되어 있어 항공운송장에 기재되어 있는 수하인이 아니면 당해 화물을 인수할 수 없다.

넷째, 법률적으로 항공운송장은 송하인이 작성해서 항공사에 교부하는 형식을 취하고 있는데 반해, 선하증권은 반대로 선박회사가 작성해서 송하인에게 교부하도록 되어 있다.

항공화물운송장과 선하증권의 비교

Air Waybill	Bill of Lading
양도성이 없는 비유가증권(Non-negotiable)	양도성이 있는 유가증권(Negotiable)
창고에 반입후 AWB발행(수취식)	선적후 B/L 발행(선적식)
기명식	무기명식(지시식)
송하인이 작성함이 원칙	선박회사가 작성

5.5 항공운임요율

항공운임은 국제선을 운항하는 항공회사 단체인 국제항공운송협회(IATA)에 의해 정해져 있다. 각국의 대형 항공사는 IATA에 가맹되어 있어 IATA요율의 적용을 받으며, 우리나라도 동 요율제를 정부의 승인을 받아 사용하고 있다. 주요한 요율구분은 다음과 같다.

1) 일반화물요율(General cargo rate)

일반화물요율은 다음에 설명하게 될 특정품목 할인요율(specific commodity rate) 또는 품목분류요율(class rate)이 적용되지 않는 모든 화물에 적용되는 가장 기본되는 요율이다.

일반화물요율에는 최저운임(minimum charge), 45kg 미만 요율, 45kg 이상 요율, 100kg 이상 요율, 300kg 요율 등으로 설정되어 있으며 대체로 중량이 많으면 많을수록 kg당 더 싼 요율이 적용되도록 규정되어 있다.

2) 특정품목할인요율(Specific commodity rate)

이 요율은 특정구간에서 동일품목이 계속적으로 반복하여 운송되는 품목에 대한 일반품목보다 요율을 낮춤으로써 항공운송이용을 촉진·확대하는 데 목적이 있다. 또한 선박이나 해상으로 운송되는 품목 중에서도 항공운송편의 이점이 많은 품목에 대해 이 특정품목할인요율을 설정함으로써 항공이용으로 유도할 수 있다.

이 요율은 해당 요율마다 설정된 최저중량의 제한을 받도록 되어 있으며 이는 대량의 상품운송에 적용하고자 하는 데 목적이 있다.

3) 품목분류요율(Commodity classification rate)

품목분류요율은 몇 가지 특정품목에만 적용되며, 또한 특정지역간에만 적용되기도 한다. 이 요율이 적용되는 특정품목은 ① 신문, 잡지, 정기간행물 등 서적 ② 사체 ③ 비동반 수화물 ④ 귀중화물 ⑤ 생동물 등이다. 그리고 품목분류요율은 별도로 설정된 것이 아니고 기존운임율표에 운송구간에 따라 할인해 주거나 할증하여 적용되는 것이 특색이다.

5.6 항공화물L/G

(1) 의의

항공화물L/G 즉, 화물인도 승낙서란 항공화물운송장에 기재된 발행은행이 물품이 수입지에 도착하였으나 항공화물운송장의 원본이 은행에 도착하지 않거나 원본이 도착한 경우라도 은행이 대금의 확보를 위하여 대금의 확보 후에 발행은행이 운송인에게 물품의 하주에게 물품을 인도하여 줄 것을 부탁하는 서류이다.

(2) 필요성

항공화물운송장(AWB)은 유가증권이 아닌 증서이기 때문에 항공사는 그 서류의 지시인에게 물품을 인도하여야 한다. 따라서 발행은행은 대금의 담보권을 확보하기 위하여 운송서류에는 자신의 지시식으로 명기하여 발행하고, 후에 화주에게 물품이 인도되도록 하기 위하여는 항공화물L/G가 필요한 것이다.

Shipper's Name and Address	Shipper's Account Number	Not negotiable Air Waybill *issued by* KOREAN AIR
		Copies 1, 2 and 3 of this Air Waybil are originals and have the same validity.
Consignee's Name and Address	Consignee's Account Number	It is agreed that the goods described herein are accepted in apparent good order and condition (except as noted) for carriage SUBJECT TO THE CONDITIONS OF CONTRACT ON THE REVERSE HEREOF. THE SHIPPER'S ATTENTION IS DRAWN TO THE NOTICE CONCERNING CARRIER'S LIMITATION OF LIABILITY. Shipper may increase such limitation of liability by declaring a higher value for carriage and paying a supplemental charge if required.
Telephone :		
Issuing Carrier's Agent Name and City		Accounting Information
Agent's IATA Code	Account No.	
Airport of Departure(Addr. of First Carrier) and Requested Routing		

TO	By First Carrier	Routing and Destination	to	by	to	by	Currency	CHGS Code	WT/VAL PPD	WT/VAL COLL	Other PPD	Other COLL	Declared Value for Carriage	Declared Value for Customs

Airport of Destination	Flight/Date	For Carrier Use Only	Flight/Date	Amount of Insurance	INSURANCE-If Carrier offers Insurance, and such insurance is requested in accordance with conditions on reverse hereof, indicate amount to be insured in figures in box marked 'amount of Insurance'.

Handling Information

No. of Pieces RCP	Gross Weight	kg lb	Rate Class / Commodity item No.	Chargeable Weight	Rate / Charge	Total	Nature and Quantity of Goods (incl. Dimensions or Volume)

Prepaid	Weight Charge	Collect	Other Charges
	Valuation Charge		
	Tax		
	Total Other Charges Due Agent		Shipper certifies that the particulars on the face hereof are correct and that insofar as any part of the consignment contains dangerous goods, such part is properly described by name and is in proper condition for carriage by air according to the applicable Dangerous Goods Regulations.
	Total Other Charges Due Carrier		
			Signature of Shipper or his Agent
Total Prepaid		Total Collect	
Currency Conversion Rates		CC Charges In Dest. Currency	Executed on(date) at(place) Signature of Issuing Carrier or its Agent
For Carrier's Use Only at Destination		Charges at Destination	Total Collect Charges

ORIGINAL 3(FOR SHIPPER)

Chapter 10

무역과 보험

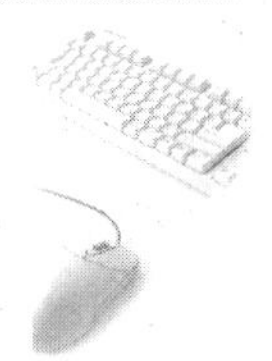

1. 해상보험과 무역

해상보험이란 해상위험에 의하여 발생하는 손해를 보상할 것을 목적으로 하는 보험이다. 또한 해상보험은 해상의 항해중에 일어나는 손해를 보상할 것을 목적으로 하지만 국제상거래의 해상보험이란 항해에 부수되거나 연결되는 육상, 내수로, 항공운송에 관한 위험도 해상보험에 부보함으로서 담보될 수 있다.

이는 영국의 해상보험법 그리고 상법에서도 이러한 해상보험의 범위를 규정하고 있다.

또한 해상보험은 피보험목적물에 따라 그 보험의 부보형태가 달라지게 된다.

2. 해상보험계약의 체결

2.1 해상보험계약의 의의

해상보험은 해상위험 즉 항해에 관한 사고로 인하여 생긴 손해를 보상할 것을 목적으로 하는 보험이다.

이러한 해상보험은 상거래에서 발생한 손해를 보상해 주는 경제적인 제도로서, 이는 해상보험계약에 의해서 구체화된다.

영국해상보험법(Marine Insurance Act 1906, 이상 MIA) 제1조에는 다음과 같이

정의를 내리고 있다.

"해상보험계약은 보험자가 피보험자에 대하여 그 계약에 의하여 합의한 방법과 범위내에서 해상손해 즉 해상모험에서 생기는 손해를 보상할 것을 약속하는 계약이다."

"A contract of marine insurance is a contract whereby the insurer undertakes to indemnify the assured, in manner and to the extent therby agreed, against marine losses, that is to say, the losses incident to marine adventure."

우리 상법 제693조에는 "해상보험계약의 보험자는 항해에 관한 사고로 인하여 생길 손해를 보상할 책임이 있다."고 규정하고 있다.

그러므로 해상보험계약은 보험자가 해상위험에 기인하여 발생할 수 있는 손해를 보상할 것을 약정하고, 이에 대하여 보험계약자가 보험료를 지급할 것을 약정함으로써 그 효력이 생기는 계약이다.

2.2 해상보험계약의 당사자

1) 보험자(insurer, assurer)

보험계약의 당사자로서 보험계약을 인수하는 주체를 말하며 위험(risk)을 담보하고 담보위험으로 인해 사고가 발생하면 그 손해(loss or damage)를 보상하며, 또한 제3자에 대한 배상책임 등 보험계약자를 대신하여 책임지는 일을 과업으로 하는 개인 혹은 회사를 총칭하는 것이다. 영어로는 해상보험자는 보통 Underwriters라고 부르고 있다. 보험자는 일반적으로 주식회사의 형태 혹은 상호회사의 형태를 갖지만 협회나 조합 또는 영국, 독일의 경우에는 로이즈 개인보험업자와 같이 개인이나 개인집단도 보험자라 한다.

2) 보험계약자와 피보험자(assured, insured)

보험자와 함께 보험계약의 당사자로서 보험자와 보험계약을 체결하고, 보험자의 위험인수에 대하여 보수를 지불할 것을 약정하는 자를 보험계약자라 한다.

여기에 대해 보험계약의 당사자는 아니지만 사고가 발생한 경우 피보험이익을 가지며, 보험계약에 의해 손해의 보상을 받을 수 있는 자(보험금의 수취권자)를 피보험자라 한다.

자기를 위하여 보험계약을 체결하는 경우 보험계약자와 피보험자는 동일인이므로 보험료지불의무와 보험금수취권은 동일인에게 귀속되며, 타인을 위하여 보험계약을 체결하는 경우 보험계약자와 피보험자는 동일인이 아니므로 보험계약을 체결하고 보험료지불의무를 지는 자는 보험계약자가 되고, 보험금의 수취권자는 피보험자가 된다.

3. 해상보험의 특성

3.1 보험기간(period of insurance)

보험자의 위험부담기간, 즉 보험자의 위험부담의 시간적 제한을 보험기간 또는 위험기간(duration of risk)이라 한다.

보험자는 보험기간 중에 발생한 위험에 대해서 생길 손해를 보상하는 책임을 진다. 따라서 손해가 보험기간의 개시 후에 발생한 경우, 그 원인인 사고가 보험기간의 개시전에 발생했을 때에는 보험자는 그 손해에 대한 보상책임을 지지 않는다. 이와 반대로 보험기간 중에 사고가 발생하여 손해가 보험기간 만료후에 생겨도 보험자는 그 손해를 보상할 책임을 진다.

1) 항해보험(voyage policy)

해상보험은 보험기간을 정하는 방법에 따라서 항해보험과 기간보험으로 대별된다.

항해보험(voyage policy)이란 보험기간이 A지에서 B지까지 처음 일정항해를 기준으로 하는 보험을 말한다.

MIA제25조 제1항은 보험의 목적이 at and from, or from one place to another or others로 부보될 때는 그 보험증권은 voyage policy라 부른다고 규정하고 있다.

바꾸어 말하면 항해보험에서는 피보험선박 또는 화물은 어느 지에서 다른 지까지의 항해에 대해서 담보되고 보험자는 그 항해에 있어서 생긴 손해를 보상하는 책임을 진다.

화물보험은 통상 항해보험으로 계약되고 선박보험은 보통 기간보험이다.

2) 기간보험(time policy)

항해보험에서는 보험기간이 항해를 기준으로 정해지는데 대하여 몇 년 몇 월 며칠에서 몇 년 몇 월 며칠까지 또는 몇 년 몇 월 며칠에서 1년간이라고 하는 것처럼 일, 주, 년 등 역일을 기준으로 보험기간을 정하는 보험을 기간보험이라고 한다.

선박보험, 선비, 운임보험은 통상 기간보험으로 약정된다. 기간보험의 경우는 보험기간의 시기 및 종기가 명확하다. 기간보험일시의 기준은 보험약정체결지의 일시, 보험목적물의 소재지일시, Greenwich time 통상 특약이 없는 한 보험계약체결지의 시각에 의한다. 또는 원칙적으로 보험기간 중 일체의 항해가 담보되지만, 피보험선박이 항행할 수 있는 수역을 계약에서 정하는 것이 통례이다.

3.2 보험증권과 보험약관

1) 보험증권(Insurance policy)

보험계약의 성립 및 내용을 명백히 하기 위하여 보험자가 작성해서 보험계약자(피보험자)에게 교부하는 증서이다.

원칙적으로 보험증권은 보험계약자의 청구에 의하여 보험자가 발행 교부하지만(상법 제640조), 실무에서는 보험계약자로부터의 청구가 없더라도 보험자는 보험계약자에게 보험증권을 교부하고 있다. 보험증권의 발행은 보험계약당사자 쌍방의 편의를 위한 것이지 계약의 성립요건은 아니고, 또 보험자만이 기명날인 하는 것이므로 계약서도 아니다. 보험증명서(certificate of insurance)를 매도인이 보험증권 대신에 교부할 수 있다.

2) 보험약관

일반 보험계약에 공통된 표준적 사항을 보험자가 미리 정해둔 것으로서 보험증권상의 각종 약속과 규정을 말한다.

원래 해상보험계약의 내용은 '계약자유의 원칙'에 따라 계약당사자의 합의에 의해서 자유로이 결정할 수가 있지만 실제로는 대량의 거래를 신속하게 처리하기 위해 보험자 측이 미리 준비한 정형적 보험약관에 의해 계약되고 있다.

보험약관에는 보통보험약관과 특별보험약관이 있다.

보통보험약관(general clause)은 특정 종류의 보험계약에 공통으로 적용되는 조항을 규정한 기본적인 약관으로서 영문해상보험증권상의 본문에 인쇄되어 있는 각 claues가 이에 해당한다.

특별보험약관(special claues)은 보통보험약관의 내용을 보충 또는 수정하는 내용의 조항을 약관으로서 원칙적으로 특약에 의해 적용된다. 해상보험에 있어서 특별보험약관의 예로서는 ICC(A), ICC(B) 및 ICC(C) 등을 들 수 있다.

3.3 보험금액과 보험가액

보험가액(insurable value)이란 피보험이익의 금전적 평가액 즉 보험의 목적물인 화물의 가액을 말한다.

보험금액(insured amount)은 손해가 발생한 경우에 보험자가 보상할 것을 약정한 금액 또는 최고한도의 보상금액으로써 보험계약의 체결시에 보험자와 보험체결자 간에 약정하는 금액이다. 시간적, 공간적으로 양자를 동일한 금액으로 맞추기는 대단히 곤란하기 때문에 서로 금액간의 차이가 많은 경우가 있는데 ,

보험금액이 보험가액을 초과하는 경우를 초과보험(over insurance)
보험금액이 보험가액에 미달하는 경우를 일부보험(under insurance)
보험금액이 보험가액과 동일한 경우를 전부보험(full insurance)이라 한다.

3.4 피보험이익

1) 의의

해상보험은 침몰, 좌초, 충돌, 기타 해상위험으로 인하여 생길 손해를 보상할 것을 목적으로 한 보험인데 이 경우 위험 발생의 객체가 되는 선박, 적하 및 이에 준하는 유체물을 보험의 목적물 또는 피보험물이라 한다. 즉 보험계약의 대상인 재화가 보험의 목적이다. 그런데 보험이 보호하는 대상은 선박, 적하 및 이들에 준하는 유체물이 아니다.

왜냐하면 보험자는 이들 유체물에 해상위험이 발생하지 않을 것을 보증하는 것은 아니기 때문이다. 보험보호의 대상은 이러한 보험의 목적에 대하여 특정인이 가지는 이해관계이다. 이 이해관계가 보험계약의 목적이며 이것이 바로 피보험이익이다.

즉 피보험이익(insurable interest)이란 보험의 목적이 멸실 또는 손상됨으로써 경제적 손실을 입게 되는 특정인과 그 보험의 목적사이에 존재하는 이해관계를 말한다.

"이익 없는 곳에 보험 없다(no interest, no insurance)"라는 말과 같이 피보험이익이 존재하지 않으면 사고가 발생해도 손해를 보지 않으므로 해상보험은 성립하지 않는다. 따라서 피보험이익이 없는 보험계약은 도박에 지나지 않으며 무효이다.

2) 피보험이익의 요건

피보험이익이 없으면 해상보험계약은 성립되지 않는다. 해상보험은 우연사고의 발생에 의해서 손해를 입는 이해관계 즉 피보험이익의 존재가 유효한 해상보험계약 성립의 전제조건이 되어 있다.

우리나라 상법(제668조)에는 "보험계약은 금전으로 산정할 수 있는 이익에 한하여 보험계약의 목적으로 할 수 있다"고 규정하여 피보험이익의 존재를 요구하고 있다.

MIA에는 "본 법에 별도규정이 있는 경우를 제외하고는, 해상사업(marine adventure)에 이해관계를 가지는 자는 모두 피보험이익(insurable interest)을 가진다."고 규정하고 있다.

유효한 해상보험계약이 성립되기 위해서는 피보험이익은 반드시 다음 요건을 구비하여야 하는데 ①적법성 ② 경제성 ③ 확정성이 그것이다.

3) 해상피보험이익의 종류

(1) 선박(ship)

선박에 관하여 여러 가지 피보험이익이 존재하지만 그 중에서도 대표적인 것은 선박 소유자의 피보험이익이다. 보통 선박보험이라고 하며 이 선박의 소유자로서의 피보험이익에 관한 보험을 가리킨다. 해상보험에서 선박이란 사회통념상 선박이라고 인정되는 모든 선박을 말한다. 따라서 상법상의 선박뿐만 아니라 국공유의 선박, 기상관측선, 유람선 등도 해상보험의 대상이 된다. 선박보험의 피보험이익은 선주가 갖는 선박소유이익이므로 선박보험의 목적물은 선박자체 즉 선박의 구성부분과 그 속구이다.

MIA 제1부칙의 보험증권해석규칙(Rules for Construction of Policy) 제15항에는 선박에는 선원의 식료품, 항해용의 석탄 등 소모품을 포함하는 것으로 규정하고 있다.

(2) 적하(cargo, goods)

적하를 보험의 목적으로 하는 각종 피보험이익을 말하며 보통 적하소유자의 이익을 말한다. 적하보험의 대상이 되는 화물은 광석, 석유, 기계, 자동차 등의 제품은 물론 유가증권, 골동품 등 원칙적으로 선박으로 수송되는 모든 화물을 포함한다.

상법(697조)은 적하의 보험가액에 관하여 적하의 보험에 있어서는 선적한 때와 곳의 적하의 가액과 선적 및 보험에 관한 비용을 보험가액으로 한다고 규정하고 있으며, MIA제16조 제32항도 같은 취지를 규정하고 있다.

그러나 실제로는 보험계약체결시에 보험가액이 협정되며, 적하의 협정보험가액은 보통 송장에 기재된 가액(CIF)에 10%의 희망이익을 가산한 금액으로 한다.

(3) 운임(freight)

운임은 본래 도급계약의 일종인 운송계약에 의해 해상운송인이 완성할 것을 약속한 운송이라는 일의 결과에 대한 보수이므로 운임은 양육항에서 지급하는 것이 원칙이다. 따라서 운송품이 해상위험으로 인하여 멸실된 때에는 해상운송인은 그 운송물에 대한 운임을 청구할 수 없다. 이와 같이 해상위험으로 인하여 상실하게 되는 운임에 대한 보험을 운임보험(freight insurance)이라 한다.

해상운송의 실제에서는 운임은 선불되고, 또 운임의 완성과는 상관없이 운송인이 전액을 취득하며, 가령 운송의 전부 또는 일부가 완성되지 않는 경우에도 반환하지 않는 것이 보통이다. 따라서 해상운송인은 해상위험이 발생해도 운임에 대해서는 손해를 보지 않게 된다. 반면 화주는 운송이 완성되지 않으면 선불운임을 화물의 매각대금으로부터 회수할 수가 없게 되어 운임을 손해보게 된다. 그러나 보통은 적하보험에서 적하의 보험가액에 운임을 포함한 형태로 부보하고 있다.

(4) 희망이익(expected profit)

화물이 무사히 목적지에 도착함으로써 화주가 얻을 수 있는 이익. 즉, 희망이익은 화물의 도착에 의해 그 화물의 매수인이 취득할 것을 기대하는 이익이며 매매가격중에 삽입되어 있는 이익은 아니다. 희망이익은 보통 적하의 보험가액에 포함하여 적하보험으로 부보된다.

3.5 해상보험에 관한 법규

해상보험은 국제성이 가장 강한 보험종목으로 우리나라 상법의 적용보다는 해상보험약관에 준거법약관이 삽입됨으로서 영국의 법과 관습을 따르도록 규정한 준거법을 각 국가에서 채택하고 있기 때문에 우리 상법과 함께 영국 해상보험법이 논의되어야 하고 또한 공동해손(general average)의 경우 상이한 다수 국가의 화주와 선주의 이해관계가 개입되기 때문에 범세계적 공통규범의 필요성에 따라 제정된 공동해손에 관한 국제규칙인 York-Antwerp Rules에 관한 이해도 요구된다.

1) 영국 해상보험법

영국의 해상보험에 관한 법은 1906년 영국 해상보험법(Marine Insurance Act, 1906)이 제정되기까지는 거의 대부분이 관습법(common law)으로 산재되어 있었다.

1906년 영국 해상보험법은 총 94개조로 구성되어 있다.

2) York-Antwerp 규칙

해상보험에 있어 공동해손에 관한 세계 각국의 관습과 법이 모두 상이한 경우가 많았으며 또한 공동해손의 발생시 각 국가별로 이해관계가 배치되는 경우가 많았기 때문에 공동해손에 관한 규칙을 세계적으로 통일하자는 운동이 1860년 개시되어 1864년 York에서 York규칙 11개 조항이 채택되었고, 1877년 Antwerp회의에서 12개조의 공동해손규칙을 제정하였는데, 이것은 York규칙에 기초를 둔 것이므로 York-Antwerp Rules(YAR)라고 부른다.

그 후 1890년 Liverpool에서 18개 조항의 York-Antwerp규칙이 채택되어 34년간 사용되어 오다가 이론적으로나 실무적으로 실정에 맞지 않는 부분이 있어 1924년 Stokholm회의에서 YAR 문자규정으로 A조부터 G조까지 7개 규정과 숫자규정 22개 조로 정비 및 개정하였다.

그리고 1974년 4월 Hamburg에서 국제해운위원회가 개최되어 새로운 YAR을 마련하여 공동해손을 정산할 때는 1994년 York-Antwerp규칙(YAR, 1994)을 기준으로 하고 있다. 1994년 YAR은 해석규정인 7개의 문자규정과 22개의 숫자규정으로 구성되어 있으며, 공동해손을 정산함에 있어서는 숫자규정이 우선하지만 숫자규정에 명시되지 아니한 문제는 문자규정에 따라 해결하도록 규정되어 있다.

3) 해상보험법

우리나라의 해사에 관한 법은 상법 제4편 제2장 제4절 해상법의 제740조에서 제870조까지 선박, 운송, 공동해손, 선박충돌, 해난구조, 선박채권에 관해서 규정하고 있다.

그리고 보험일반에 관해서는 상법 제4편 보험의 통칙과 제2장 해상보험통칙이 있으며 해상보험에 관한 법으로는 상법 제693조에서 제718조까지 해상보험에 관한 규정을 두고 있다.

우리나라 연안해운에 있어서는 물론 우리나라의 해상보험법이 통용되지만 외국무역에 있어서의 해상보험은 국제성을 띠고 있는 만큼 법역이 상이하므로 우리나라 상법이 그대로 통용될 수는 없다. 특히 상법은 임의법으로 약관이 우선하는 것이며 우리나라 및 대부분의 국가에서의 해상보험증권에는 영국의 법과 관습을 따른다는 조항이 삽입되어 있다.

4. 해상위험과 해상손해

4.1 의의

해상보험에 있어서 보험사고는 항해에 관한 사고로서 보통 이것을 해상위험(maritime perils)이라 한다. 즉, 예기치 않은 위험에 대해서 입게 되는 경제적 손실을 보상하기 위한 제도가 보험이라면 해상위험은 해상보험의 기본요건이다. 해상위험이 없다면 해상보험은 존재할 필요가 없는 것이다(no risk, no insurance).

해상보험계약에 있어서 위험은 손해의 원인인 보험사고가 발생할 가능성을 말한다. 이것은 손해발생의 가능성 또는 손해의 가능성이다.

해상손해(marine loss or damage)란 해상위험이 발생한 결과로 피보험목적물의 전부 또는 일부가 멸실 또는 손상됨으로써 피보험자가 입게 되는 경제적 손실을 말한다. 해상손해는 해상에서 발생하는 손해 뿐만 아니라 해상항행에 부수되는 내수 및 육상의 손해까지 포함된다.

4.2 해상손해의 유형

해상손해는 해상손해의 정도와 성격에 따라 물적 손해, 비용손해, 및 배상책임 손해로 나눌 수 있다.

물적 손해는 선박·적하 등과 같은 피보험목적물 자체의 직접적인 손해를 의미하며 손해의 정도에 따라 전손과 분손으로 나누어진다. 비용손해는 피보험목적물의 멸실이나 손상과 관련하여 부수적으로 발생하는 손해방지비용, 구조비용, 특별비용 등 간접손해를 의미한다. 배상책임손해는 손해발생에 책임있는 당사자가 부담해야 하는 손해배상금을 보험자가 담보해 주는 손해를 말한다.

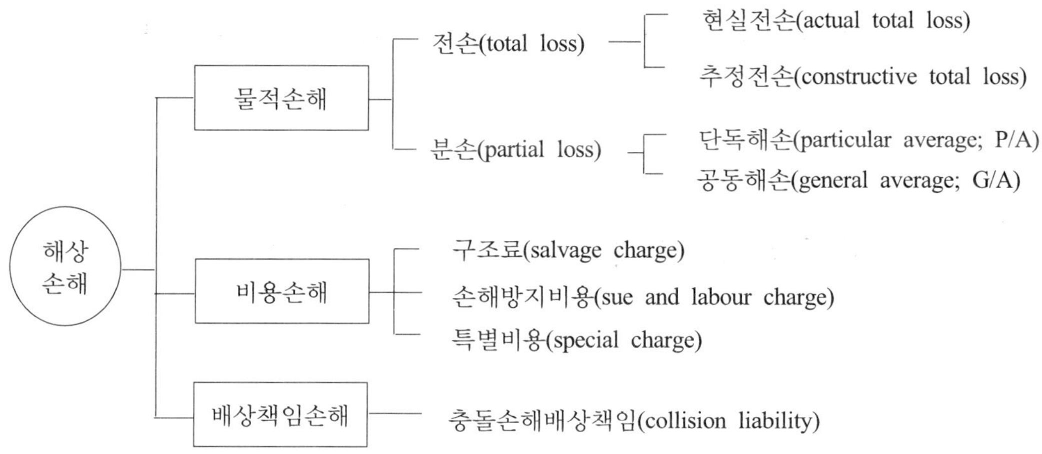

1) 전손(total loss)

선박이나 화물의 전부가 멸실되거나 손상의 정도가 심해서 구조나 수리하는데 드는 비용이 부보된 금액보다 많은 경우를 말한다.

(1) 현실전손(actual total loss)

피보험목적물이 피보험위험에 의해 완전히 멸실되는 경우를 말한다. 화물의 현실전손은 ①실질적인 멸실 ② 성질의 상실로 인한 완전한 가치의 상실 ③ 적국에 포획되었거나 전리품으로 빼앗긴 경우와 같은 회복할 전망이 없는 박탈 등을 말한다.

(2) 추정전손(constructive total loss)

피보험목적물이 현실적으로 멸실된 것은 아니지만 ① 현실전손이 불가피하다고 인정되거나 ② 손해의 정도가 심하여 그 목적물이 가진 용도에 사용할 수 없거나 ③ 손상을 수리하는 비용이 수리 후 그 목적물이 갖는 시가보다 클 경우 등 전손과 같은 효과가 나는 경우에 성립한다. 예컨대, 화물의 수리비와 목적지까지의 운반비를 합친 금액이 목적지에서의 그 화물가액보다 클 경우에 추정전손이 성립한다. 추정전손이 성립하려면 반드시 피보험자의 위부(abandonment)가 있어야 한다.

2) 분손(partial loss)

피보험목적물의 일부만이 손해를 입는 경우를 말하며 전손이 아닌 손해는 모두 분손으로 간주한다. 손해부담자의 범위에 따라 단독해손과 공동해손으로 나누어진다.

(1) 단독해손(particular average)

손해를 입은 이해관계자가 단독으로 부담하는 손해를 말하며 공동해손이 아닌 모든 분손이 여기에 해당한다.

(2) 공동해손(general average)

적하 및 선박이 공동의 위험에 처했을 때 그 위험을 면하기 위하여 적하 또는 선박에 대하여 선장이 자발적으로 합리적이고 이례적인 처분을 하거나 비용을 지출하여 발생된 손해를 말한다. 이 경우 적하나 선박에 직접적으로 발생한 손해 즉 적하의 경우 투하(jettison), 선박의 경우 난파선의 절제나 임의좌초 등을 공동해손 희생손해(general average sacrifice)라 한다. 공동해손행위시 비용이 지출되어 발생한 손해 즉 구조비, 피난항비 등은 공동해손비용손해(general average expenditure)이며, 공동해손행위로 이익을 얻은 관계 당사자가 그 손해를 분담할 경우 이를 공동해손분담금(general average contribution)이라고 한다.

공동해손이 발생하면 그 손해로 인하여 혜택을 입은 자가 분담하게 되는데 이를 공동해손의 정산이라 하며 공동해손의 정산은 요오크·엔트워프규칙(York-Antwerp Rules, 1994)에 따른다.

3) 비용손해

(1) 구조료(salvage charge)

구조계약에 의하지 않고 제3자에 의해 자발적으로 구조되었을 때 구조한 자에게 지불하는 비용으로 해상보험에 의해 보험자가 대신 지불하는 비용이다.

(2) 손해방지비용(sue and labour charge)

적하가 실질적인 위험에 처했을 때 손해를 방지 또는 경감하기 위하여 피보험자 또는 그의 대리인(선장이나 선원 등)이 합리적으로 지출한 비용을 말한다. 피난항에서의 가축사료비용,해상 또는 육상으로의 계반비용, 담보위험으로 인한 재포장비 등이 있다.

(3) 특별비용(special charge)

피보험목적물의 안전이나 보존을 위하여 피보험자에 의하여 또는 피보험자를 위하여 지출된 비용으로서 공동해손비용과 구조비를 제외한 것을 특별비용이라고 한다. 특별비용은 손해조사비용, 양하항에서의 화물의 재포장비 등을 말한다.

4) 배상책임손해

피보험선박이 자신이나 쌍방의 과실로 타선박과 충돌함으로써 상대선박의 선주 또는 화주가 손해를 입게 될 때 과실있는 선박의 보험자가 이러한 손해를 배상하게 되는데 이를 충돌배상책임손해라고 한다. 선박의 충돌에는 일방과실, 쌍방과실, 쌍방 모두 과실이 없는 경우가 있는데 협회적하약관에는 쌍방과실충돌약관(both to blame collision clause)이 있어 선주와 하주의 제3자에 대한 배상책임을 보험자가 보상하고 있다.

5) 위부와 대위

(1) 위부(abandonment)

피보험자가 보험자에게 피보험목적물에 대한 손해를 전손으로 추정토록 하기 위하여 잔존물의 소유권과 제3자에 대한 구상권을 보험자에게 양도하는 것을 말한다. 피보험자는 피보험목적물을 위부할 것을 결정한 경우에는 이를 통지하여야 한다.

피보험자의 위부의 통지를 보험자가 수락하고 전손에 대한 보험금을 지급하면 보험자는 잔존한 피보험목적물에 대한 일체의 권리와 제3자에 대한 구상권을 취득한다. 보험자의 이러한 권리는 피보험자의 위부 통지만으로 취득되는 것은 아니고 보험자가 전손 보험금을 지급하였을 때 취득하는 권리이다.

(2) 대위(subrogation)

보험자가 피보험자에게 보험금을 지급한 경우 피보험목적물에 대한 일체의 권리와 손해발생에 과실이 있는 제3자에 대한 구상권 등을 승계하는 것을 말한다. 해상보험은 실손보상의 원칙이기 때문에 손해를 입은 피보험자가 실손 이상의 보상을 받지 못하도록 하기 위함이다. 위부가 피보험자의 권리인 반면 대위는 전손과 분손을 가리지 않고 보험금을 지급한 보험자의 권리이다.

5. 해상보험증권과 협회적하약관

5.1 해상보험증권의 양식(樣式)

해상보험증권은 1779년 로이즈보험자(Lloyd's underwrites) 총회에서 그 때까지 사용되어오던 여러 가지 양식의 보험증권을 통일한 Ship and Goods Form의 보험증권이 영국 해상보험법(Marine Insurance Act, 1906) 부록에 표준해상보험으로 채택됨으로써 공식적으로 사용되었으며, 이 보험증권에 포함된 내용은 오늘날까지도 해상보험의 골격을 이루고 있다.

그 동안 영국의 로이즈 보험에서는 표준 S.G.Form 보험증권(standard S.G.policy form), 그리고 회사형태의 보험회사들은 주로 ILU회사용보험증권(the institute of London underwrites, companies' combined policy)을 사용하여 왔는데, 1981년 UNCTAD에서는 기존의 해상보험증권은 그 약관의 문장이나 단어가 고어체와 낙후된 부분이 많아 이용자들에게 많은 불편을 주는 관계로 내용이 간단 명료하고 세계각국에서 공통적으로 사용할 수 있는 해상보험증권의 개정안을 발표하였다. 이에 대응하여 영국의 보험업자들은 신양식, 즉 New Lloyd's Marine Policy Form 및 New ILU Marine Policy Form을 제정하였다.

이러한 현재의 신양식은 기존의 해상보험증권에 있던 본문약관 중 주요내용은 협회적하보험약관(institute cargo clause)에 포함시키고, 나머지 본문약관과 이태릭 서체약관(Italic clause) 및 난외약관(marginal clause) 등은 모두 삭제됨으로써 매우 간결하게 되어 있다.

5.2 협회적하약관

1) 구협회적하약관

종래의 해상보험계약은 영국의 로이즈 보험증권과 그 뒷면에 인쇄되어 있는 런던 해상보험업자협회(The Institute of London Underwrites : ILU)에서 제정한 협회적하약관(ICC)에 의해서 체결되어 왔다. 이 구약관에 의한 손해보상범위는 TLO, FPA, WA, 그리고 A/R을 포함하여 네 가지다. 그리고 구약관의 분손부담보조건(FPA)과 분손담보조건(WA)은 열거책임주의를 채택하고 있고, 전위험담보(A/R)조건은 일체의 위험을 담보하는 포괄책임주의를 채택하고 있다. 구약관의 보험조건을 설명하면 다음과 같다.

(1) TLO

전손담보(Total Loss Only)조건이란 보험의 목적물이 전부 멸실한 경우의 손해, 즉 현실전손(actual total loss) 및 보험의 목적물에 막대한 손해를 입어 전손으로 추정하는 경우의 손해, 곧 추정전손(constructive total loss)에 한하여 보험자가 담보의 책임을 지는 조건이다. 이는 분손, 곧 공동해손이나 단독해손의 경우에는 보상하지 않는 조건으로서 실제로는 거의 이용하지 않고 있다.

(2) FPA

분손부담보(Free from Paticular Average)조건이란 보험목적물의 전손 및 공동해손의 경우와 손해방지비용, 구조료, 특별비용, 특정분손 등의 손해를 보상하는 조건이다. 이는 선박의 좌초(stranding), 침몰(sinking), 화재(burning), 충돌(collision)로 인한 경우 이외의 단독해손 손해를 보상하지 않으므로 단독해손부담보조건이라고도 한다. 한편 FPA조건에서는 하역작업중에 발생한 포장단위당의 전손(소위 sling loss)을 보상하고 있으나, 신약관 ICC(C)에서는 이를 보상하지 않는 점에서 그 차이가 있다.

(3) WA

분손담보(With Average)조건이란 FPA조건에서 보상하는 손해에 추가하여 악천후로 인한 단독해손을 추가로 보상해 주는 조건이다. 이 조건은 본문약관의 위험약관에 규정된 담보위험으로 인한 손해중에서 분손에 해당하는 손해를 담보하기는 하지만 특정비율 미만의 손해는 담보하지 않는다. 그러나 분손중에서 공동해손의 경우나 좌초, 침몰, 대화재의 경우에는 비율에 관계없이 담보한다. 실무적으로는 WA 3% 또는 WAIOP(With Average Irrespective of Percentage) 등으로 사용되고 있다. WA 3%로 보험에 가입한 경우 3% 미만의 손해에 대해서는 보상하지 않으며 3%를 초과하게 되면 전액보상 받게 된다. WAIOP조건은 비율에 관계없이 보상을 받는다.

(4) A/R

전위험담보(All Risk)조건은 특정한 면책위험을 제외하고는 전위험을 담보하는 조건이다. A/R조건에서의 면책위험으로는 화물의 고유의 성질이나 하자로 인한 손해와 항해의 지연으로 인한 손해, 그리고 전쟁 및 동맹파업위험 등이 있다. 그러므로 A/R로 부보한 경우라도 전쟁 및 동맹파업위험을 담보받기 위하여는 전쟁위

담보위험의 내용

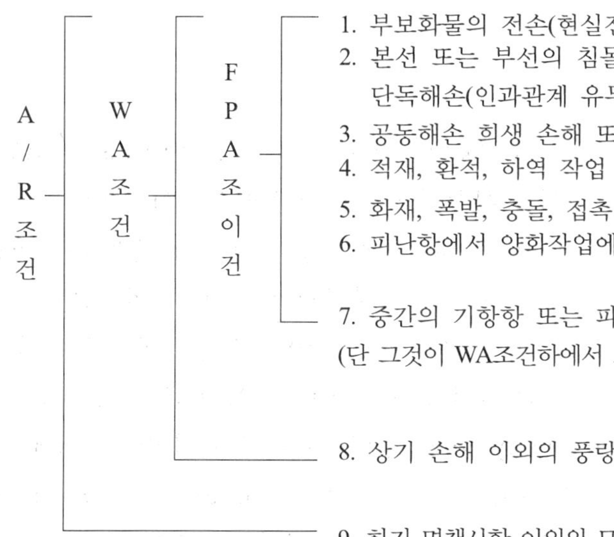

1. 부보화물의 전손(현실전손 및 추정전손)
2. 본선 또는 부선의 침몰, 좌초, 화재를 당했을 경우의 단독해손(인과관계 유무 불문)
3. 공동해손 희생 손해 또는 비용 손해
4. 적재, 환적, 하역 작업 중의 매 포장 단위당의 전손
5. 화재, 폭발, 충돌, 접촉
6. 피난항에서 양화작업에 기인된 손해
7. 중간의 기항항 또는 피난항에서의 특별비용 (단 그것이 WA조건하에서 보험자 부보 책임인 경우에 한함)
8. 상기 손해 이외의 풍랑으로 인해 발생한 단독 해손
9. 하기 면책사항 이외의 모든 외부적 우발원인에 대한 손해

험 등의 담보조건이 추가로 부보되어야 한다. 그러나 화물 고유의 성질이나 하자로 인한 손해나 항해의 지연으로 인한 손해는 어떠한 경우에도 보상되지 아니한다. 이와 같이 보험자가 부담하는 위험범위가 넓은 만큼 보험료도 고율이며 일반적으로 고급잡화제품의 부보에 주로 이용된다.

한편 신약관ICC(A)는 A/R과 담보범위가 동일하며, 다만 신약관에서는 면책위험을 구체적으로 명기함으로써 당사자간의 분쟁의 소지를 어느 정도 해소하였다.

(5) 구약관의 면책조건

보험을 부보하더라도 보험자가 보상하지 않는 손해, 즉 면책조건은 다음과 같다.

① 피보험자의 고의적인 불법행위로 인한 일체의 손해
② 부보화물의 고유의 하자 또는 성질에 의한 손해(inherent vice and nature)
③ 자연감량 등 위험의 요건을 구비하지 않은 사유에 의한 손해, 즉 통상의 손해(ordinary loss).
④ 항해의 지연 (delay in voyage)으로 인한 손해
⑤ 화물의 포장불량으로 인한 손해

한편 보험조건중 FPA, WA조건은 열거책임주의이므로 이 조건으로 부보하는 경우에는 화물의 종류, 성질, 포장상태 등을 고려하여 추가되는 위험들은 부가위험으로 하여 담보받아야 한다.

2) 신협회적하약관

종래의 보험조건은 그 담보범위가 불명확하고 특히 전위험담보(All Risks : A/R) 조건의 담보범위가 각종 면책위험의 불확실성으로 말미암아 분쟁이 자주 발생하였을 뿐만 아니라 분손 부담보(Free from Paricular Average : FPA)와 분손담보(With Average : WA)간의 담보범위에 있어서 그 차이가 불분명하였으므로 피보험자들이 보험조건을 선택하는데 어려움이 많았다. 이에 따라 1978년 11월에 국제무역개발회의(United Nations Conference on Trade and Development : UNCTAD)가 발표한 해상보험에 관한 보고서에서 Lloyd's Policy Form 및 ICC에 대하여 지적한 비판에 따라 런던해상보험업자협회(ILU) 및 로이즈 보험업자들은 Lloyd's S. G. Form 및 Institute Cargo Clause를 개정하여 1982년 1월 1일부터 시행하고 있다.

(1) ICC(A)

ICC(A)는 종래의 보험조건 중 전위험담보조건(All Risks : A/R)과 유사한 것으로서 그 명칭만 변경되었을 뿐 실질적인 내용상의 차이는 별로 없다. 따라서 일정한 면책위험을 제외하고는 모든 위험, 즉 피보험목적물에 발생하는 멸실·손상 또는 비용일체를 모두 담보한다.

ICC(A)에서는 다음과 같은 면책위험을 제외하고 피보험목적물에 발생한 멸실·손상 또는 비용 일체를 모두 담보하여야 한다.

이 협회적화약관 A Clause에는 모두 19개 항의 약관을 두고 있으며, 그 중 제1항의 위험조항(risk clause)은ICC A Clause에서 보험자가 보상해 주는 책임범위를 구체적으로 규정하고 있다. 이 조항에서는 다음의 제4조, 5조 6조 및 7조에서 규정하고 있는 보험자의 면책위험을 제외한 일체의 피보험목적물의 멸실 또는 손상의 위

담보위험의 비교

약관조항	약관내용	A	B	C
제 1 조	1. 아래의 사유에 상당인과관계가 있는 보험의 목적물의멸실·손상			
	① 화재 또는 폭발	○	○	○
	② 본선 또는 부선의 좌초, 교사, 침몰, 전복	○	○	○
	③ 육상운송용구의 전복, 탈선	○	○	○
	④ 본선, 부선, 운송용구의 타물과의 충돌, 접촉	○	○	○
	⑤ 피난항에서의 화물의 하역	○	○	○
	⑥ 지진, 화산의 분화, 낙뢰	○	○	×
	2. 아래의 사유로 생긴 보험의 목적물의 멸실·손상			
	① 공동해손희생손해	○	○	○
	② 투 하	○	○	○
	③ 갑판유실	○	○	×
	④ 본선, 부선, 선창, 운송용구, 컨테이너, 지게차 또는보관장소에 해수, 호수, 강물의 유입	○	○	×
	⑤ 본선, 부선으로의 선적 또는 양륙작업 중 바다에 떨어지거나 갑판에 추락한 짐꾸림 1개당의 전손	○	○	×
	⑥ 위의 이외에 발생한 멸실·손상의 일체의 위험	○	×	×
제 2 조	공동해손·구조비(면책위험과 관련된 것은 제외됨)	○	○	○
제 3 조	쌍방과실충돌	○	○	○

註) ○ 표는 담보, × 표는 부담보

험을 보험자는 담보한다고 규정하고 있다. 따라서 이는 보험자의 포괄책임주의를 표명하고 있어, 보험사고가 발생할 경우 그 손해의 원인이 무엇인가를 증명할 책임은 보험자에게 있게 된다.

한편 A Clause하에서의 면책위험에는 크게 다음에 열거하는 ① 일반면책위험 ② 불내항 및 부적합면책위험 ③ 전쟁면책위험 ④ 동맹파업면책위험이 있다.

(가) 일반면책위험(general exclusions)

① 피보험자의 고의적인 불법행위에 기인하는 멸실, 손상 및 비용
② 피보험목적물의 통상의 누손, 통상적인 중량·용적의 감소 또는 자연소모
③ 피보험목적물의 포장이나 준비의 불완전 또는 부적합으로부터 생기는 멸실, 손상 또는 비용
④ 피보험목적물의 고유의 하자 또는 성질을 근인으로 하는 멸실, 손상 또는 비용
⑤ 지연이 피보험위험으로 인하여 발생한 경우에도 지연에 근인하여 발생한 멸실, 손상 또는 비용
⑥ 본선의 소유자, 관리자, 용선자 또는 운항자의 지급불능 또는 금전상의 채무불이행으로 생기는 멸실, 손상 또는 비용
⑦ 원자핵 또는 핵의 분열, 융합 또는 기타 이와 유사한 반응 또는 방사능이나 방사성물질을 이용한 무기의 사용으로 말미암아 발생한 멸실, 손상 또는 비용
⑧ 1인 또는 복수인의 행위에 의한 보험의 목적의 전부 또는 그 일부에 대한 의도적 손상 또는 의도적 파괴(이 위험은 B, C Clause에만 적용되는 면책위험임))

(나) 불내항 및 부적합 면책위험(unseaworthiness and unfitness exclusion)

① 본선 또는 부선의 불내항
② 본선, 부선, 운송요구, 컨테이너 또는 지게차(liftvan)가 피보험목적물의 안전운송에 부적합한 경우
③ 선박이 내항성이 있고 피보험목적물을 목적지까지 운송하는데 적당하지 않으면 안된다는 묵시담보를 위반한 경우는 피보험자 또는 그 사용인이 이러한 불내항 또는 부적합을 알지 못할 경우에 한하여 보험자는 그 권리를 포기한다.

(다) 전쟁면책위험(war exclusion)

① 전쟁, 내란, 혁명, 모반, 반란 또는 이로 말미암아 발생하는 국내투쟁, 또는 교전세력에 의한 또는 교전세력에 대한 일체의 적대행위

② 포획, 나포, 강류, 억지 또는 억류와 이러한 행위의 결과 또는 이러한 행위를 하고자 기도한 결과
③ 유기된 기뢰, 어뢰, 폭탄, 기타 유기된 전쟁무기에 의하여 발생된 것

(라) 동맹파업 면책위험(strikes exclusion)

① 동맹파업, 직장폐쇄, 노동쟁의, 폭동 또는 소요에 가담한 자에 의하여 기인한 손해
② 동맹파업, 직장폐쇄, 폭동 또는 소요의 결과로 발생한 손해
③ 폭력주의자(terrorist) 또는 정치적 동기를 가지고 행동하는 자에 의하여 기인한 손해

이상의 (A)Clause에서의 면책위험은 (B)Clause와 (C)Clause의 면책위험과 동일하나, 다만 일반면책위험 중 "피보험목적 또는 그 일부에 대한 불법행위에 의한 의도적인 손상 또는 파괴"를 (A)Clause에서는 면책으로 하지 않고 있는 점이 다르다.

(2) ICC(B)

ICC(B)는 종래의 보험조건 중에서 분손담보(WA)의 담보위험이 명확하지 않았던 것을 보완하여 보험자가 보상하여야 할 담보위험을 다음과 같이 제1조 위험약관(risk clause)상에 구체적으로 열거함으로써 피보험자가 담보위험의 범위를 용이하게 이해할 수 있도록 하였다.

ICC(B)의 보험자는 앞에서 설명한 ICC(A)에서와 같이 제4조, 제5조, 제6조 및 제7조 규정에 의한 면책위험을 제외하고 다음의 사항을 보상한다.

① 화재 또는 폭발
② 본선 또는 부선의 좌초, 교사, 침몰 또는 전복
③ 육상운송용구의 전복 또는 탈선
④ 본선, 부선 또는 운송용기와 물 이외의 다른 물건과의 충돌 또는 접촉
⑤ 피난항에서의 화물의 양화
⑥ 지진, 화산의 분화, 낙뢰와 상당인과관계가 있는 보험의 목적의 멸실, 손상
⑦ 공동해손 희생손해
⑧ 투하, 갑판유실로 생긴 보험의 목적의 멸실, 손상
⑨ 본선, 부선, 선창, 운송용구, 컨테이너, 지게차 또는 보관장소에 해수, 조수, 강물의 유입

⑩ 본선 또는 부선에의 선적 또는 양륙작업 중 바다에 떨어지거나 갑판에 추락하여 발생한포장단위당 전손

(3) ICC(C)

ICC(C)는 보험범위가 가장 제한된 보험조건으로 종래의 보험조건 중 FPA(분손부담보)와 유사하다. 보험자의 면책위험은ICC(A)와 같으며 보험자는 다음에 열거한 위험으로 인한 보험의 목적의 멸실 또는 손상의 경우에 보상한다.

① 화재 또는 폭발
② 본선 또는 부선의 좌초, 교사, 침몰 또는 전복
③ 육상운송용구의 전복 또는 탈선
④ 본선, 부선 또는 운송용구와 물 이외의 다른 물건과의 충돌 또는 접촉
⑤ 피난항에서의 화물의 하역
⑥ 공동해손희생손해
⑦ 투하

약관조항	면책위험	A	B	C
제 4 조	① 피보험자의 고의의 불법행위	×	×	×
	② 통상의 누손, 통상의 중량과 용적의 부족 또는 자연소모	×	×	×
	③ 포장 또는 포장준비의 불충분	×	×	×
	④ 피보험자목적의 고유의 하자 또는 성질	×	×	×
	⑤ 지연이 담보위험에 의하여 생긴 경우라도 해당 지연을 근인으로 하여 생긴 멸실, 손상, 비용	×	×	×
	⑥ 선주, 관리자, 용선자, 운항자의 파산 또는 재정상의 채무불이행	×	×	×
	⑦ 피보험목적 또는 그 일부에 대한 어떤 자의 불법행위에 의한 의도적인 손상 또는 파괴	○	×	×
	⑧ 원자핵분열 또는 원자핵융합 또는 동종의 반응 또는 방사능이나 방사성 물질을 이용한 무기의 사용으로 인하여 발생한 멸실 또는 비용	×	×	×
제 5 조	선박·부선의 불내항, 선박, 부선, 운송용구, 컨테이너, 지게차의 부적합(피보험자가 관여하고 있는 경우)	×	×	×
제 6 조	전쟁위험	×	×	×
제 7 조	동맹파업위험	×	×	×

주) ○ 표는 담보, × 표는 부담보

(4) 특수보험조건

특수보험조건이란 협회전쟁약관과 협회동맹파업약관을 말하는데. 해상보험에 있어서 ICC(A), (B), (C)의 어느 보험조건으로 부보하더라도 전쟁위험과 동맹파업 위험은 면책되고 있어 이들 위험을 담보받기 위해서는 특약을 필요로 한다. 실무상으로 전쟁위험과 동맹파업은 단일할증보험료의 지급으로 동시에 부보되는 것이 보통이다.

가) 협회전쟁약관

협회전쟁약관(Institute War Clause : IWC)은 화물의 종류에 따라 ①일반화물, 냉동화물, 석탄에 공용되는 전쟁약관, ② 항공화물전쟁약관, ③ 우송물전쟁약관으로 구분된다.

그리고 해상보험에 있어서의 전쟁의 개념에는 국가간의 전쟁상태 이외에 내란, 혁명 등 국내의 변란을 포함하고 있다.

나) 협회동맹파업약관

협회동맹파업약관(Institute Strike Clause : ISC)은 IWC와는 달리 ① 일반화물, 선편수송화물, ② 냉동식품, ③ 석탄, ④ 항공화물 동맹파업약관이 제정되어 있다.

그리고 해상보험에 있어서의 동맹파업위험은 노동쟁의 외에도 소요, 폭동 등의 위험을 포함하고 있다.

그러나 협회전쟁약관과 협회동맹파업약관에서도 보험자가 원칙적으로 보상하지 않는 일반면책조항(general exclusion clause)과 불내항 및 부적합 면책조항(unseaworthiness and unfitness exclusion clause)이 적용되는데, 구체적으로 ① 피보험자의 비행(불법행위) ② 통상의누손 ③ 포장의 불완전 ④ 고유의 하자 ⑤ 지연 ⑥ 선주 등의 파산 ⑦ 핵무기 ⑧ 선박 등의 불내항 및 부적합 ⑨ 담보위반의 면제 등은 여전히 보험자의 면책사유에 해당된다.

(5) 부가조건

보험계약의 기본조건 중 ICC(B)와 (C)는 구약관인 FPA, WA와 마찬가지로 열거책임주의를 취하고 있으므로 동 조건상에 열거된 담보위험으로 인하여 발생한 손해에 대해서만 보험자가 보상한다.

이러한 경우 위 기본조건에 열거되지 아니한 위험, 즉 부가위험(extraneous risks)

은 특약에 의하여 추가로 보험료를 지급하고 위험을 담보하게 되는데, 이와 같이 기본조건 이외의 위험을 필요에 따라 부가할 수 있는 약관을 부가조건 또는 부가위험담보조건이라 한다.

한편 이러한 부가위험을 일일이 열거하는 노력을 덜기 위해서 이들 각종의 부가위험을 포괄적으로 담보하는 포괄책임주의를 취하고 있는 ICC(A)조건이 있다.

그러나 각종의 부가위험이 포괄적으로 담보되는 ICC(A)조건하에서도 동약관에서 규정하고 있는 면책위험과 전쟁 및 동맹파업위험은 담보되지 않으므로 이들 위험을 특별히 담보받기 위해서는 이 역시 특약을 필요로 한다.

① 도난, 발화, 불착(Theft, Pilferage and Non-Delivery : TPND)

Theft 와 Pilferage 는 물건을 몰래 훔치는 것을 말하는데, Theft는 포장째로 훔치는 것이고, Pilferage는 포장내용물의 일부를 빼내는 것이다. 한편 불착(Non-Delivery)은 포장단위의 화물이 송두리째 목적지에 도착하지 않는 경우를 말한다.

② 빗물 및 담수에 의한 손해(Rain &/or Fresh Water Damage : RFWD)

바닷물 이외의 빗물에 젖어 발생한 손해로서, 예를 들면 하역작업 중 비나 눈이 와서 젖거나 선박의 음료수가 선창에 침투하여 화물에 손해가 발생한 경우가 그것이다. 섬유제품이나 잡화 등을 운송하는 경우에 보통 이 위험을 추가로 담보하게 되는데, 이 위험을 추가 담보하지 않더라도 선박 등이나 보관장소에 호수나 강물이 유입되어 발생한 손해는 보험자가 보상한다.

③ 유류 및 타물과의 접촉(Contact with Oil &/or Other Cargo : COOC)

선박의 연료유 등에 의해 화물이 입게 되는 유손(oil damage), 적재된 타화물에 직접 접촉함으로써 피보험화물에 흠이 생기거나 파손 또는 오손되는 등의 위험이다.

④ 갑판유실(Washing over Board : WOB)

화물은 일반적으로 가장 안전한 적부장소로서의 선창에 적재되지만 목재, 차량 등 특수한 화물은 갑판에 적재되어 운송되는 경우가 많다. 그리고 갑판적재화물은 선창내 적재화물에 비하여 위험의 정도가 훨씬 크기 때문에 ICC(C)조건으로 인수하는 것이 원칙이다. 그러나 ICC(C)조건에서는 보험자가 갑판유실을 담보하지 않은 반면, 갑판적재화물에는 대부분 갑판유실위험이 따르므로 이를 담보받기 위하여 특약이 필요하다.

⑤ 갈고리에 의한 손해(Hook & Hole)

하역작업 중 갈고리를 사용함으로써 생기는 손해로서, 직물이나 잡화 등을 마대 등으로 포장한 경우에는 위험을 추가담보할 필요가 있다.

⑥ 파손(Breakage)

도자기나 유리제품 등 깨어지기 쉬운 화물의 경우는 보통 담보위험 이외의 사유로 인한 파손을 보상받기 위해 특약하게 되는데, 이 파손에는 통상의 손해나 성질손해와 같은 필연적 손해도 포함되므로 보험자는 Excess 조항에 의해 협정한 면책비율을 초과하는 손해만을 보상하는 것이 보통이다.

⑦ 누손, 부족손(Leakage &/or Shortage)

용기의 틈 사이나 파손된 부분에서 화물이 누출하여 누손이나 내용물의 부족을 초래하는 위험으로서, 주로 액체화물이나 분말액의 화물, 가스 등의 운송에서 이 위험을 추가하여 부보한다. 그런데 이 위험도 파손의 경우와 마찬가지로 Excess조항을 삽입하는 것이 보통이다.

⑧ 습기와 가열에 의한 손해(Sweat &/or Heating : SH)

Sweat는 선창내와 선외의 기온차에 의해 선창의 천장 또는 내벽에 응결한 수분이 떨어지거나 또는 그러한 수분에 접촉함으로써 화물이 젖게 되거나 화물자체가 수분을 발산함으로써 젖게 되는 등의 위험이다. 한편 Heating은 항해 중에 기온, 습도 등의 변화에 따라 쪄지는 위험을 말한다. 보통 곡물이나 피혁 등에 이러한 손해가 일어나기 쉽다.

⑨ 곡손(Denting &/or Bending)

Denting은 우그러지는 것이고, Bending은 구부러지는 것으로서 보통 기계류에 생기기 쉽다. 그런데 기계류는 부분적인 파손 또는 전손으로 인하여 사용이 불가능하게 되거나 중대한 손해가 될 염려가 있으므로 협회기계수선약관(institute replacement clause)을 삽입하여 보험자는 손해부분의 수선비 또는 교체비 및 그 부대비용을 보상한도로 하는 것이 보통이다.

⑩ 오염손(Contamination)

액체화학약품이나 유류 등이 해수 또는 담수 등의 혼입으로 입게 되는 품질저하의 위험이다.

⑪ 자연발화(Spontaneous Combustion)

석탄, 성냥, 양모, 화약 등은 항해 중 화물 자체의 화학적 변화에 의해 자연발화하는 경우가 있다. 자연발화는 화물고유의 하자 또는 성질에 의한 것이므로 원래 보험자가 부담하는 것은 아니다. 그러나 자연발화는 전혀 우연성이 없는 사고는 아니며 또 화재원인의 확인이 곤란한 경우도 있으므로 특약에 의해 담보된다. 다만 특약을 하지 않은 경우에도 타화물의 자연발화로 인하여 피보험화물이 입은 손해나 선박이 충돌하고 그 결과로서 석탄 등이 발화한 경우에는 보험자가 이를 보상할 책임이 있다.

⑫ 곰팡이손(Mould & Mildew)

곡물이나 연초, 섬유제품 등이 습도의 증가에 따라 곰팡이가 생김으로써 손해를 입는 경우가 있다. 이 손해도 화물의 고유의 하자 또는 성질에 의한 것으로 보험자는 원칙적으로 면책되지만 특약에 의해 담보 받을 수 있다.

⑬ 녹손(Rust)

금속화물 등에 습기로 인하여 생기는 녹의 위험은 특약에 의해 담보된다.

⑭ 쥐 및 벌레에 의한 손해(Rates & Vermin)

곡물이나 목재 등이 운송 중 쥐나 벌레로 인하여 손해를 입는 위험이다. 이러한 위험은 보통 담보되는 것이 아니므로 특약에 의한 추가담보를 필요로 한다.

이상 살펴 본 부가위험은 그것이 보험증권상 담보위험으로 인하여 생긴 때는 보험자는 특약이 없어도 이를 부담한다. 한편 이들 위험이 특약에 의해 부담된 경우에도 통상 발생하는 위험은 담보되지 않는다. 특히 ICC(A)조건의 경우에도 모든 해상위험이 포괄적으로 담보되지만 위험의 요건을 구비하지 않는 사유로 인하여 생긴 손해, 즉 통상의 운송과정에서 필연적으로 발생하는 통상의 손해나 화물의 고유의 하자 또는 성질에 의한 필연적 손해 등은 보상되지 않는다. 따라서 위의 ⑪-⑭항과 같이 보통화물의 고유의 하자 또는 성질에 의해 발생하는 손해를 보상받기 위해서는 ICC(A)조건에서도 특약을 필요로 한다.

5.3 해상적하보험의 부보

1) 적하보험계약의 성립

해상적하보험계약은 법률상 불요식의 낙성계약이므로 보험계약의 청약과 보험자의 승낙에 의해 유효하게 성립되며, 실무적으로는 청약서를 제출하여 보험회사가 이를 승낙하면 성립하게 된다.

(1) 적하보험계약의 체결

보험계약자는 해상보험회사 소정의 해상적하보험청약서(Marine Cargo Insurance Application)에 소정 사항을 기재하여 제출하고 보험자는 소정의 보험료와 상환으로 보험증권을 발행하여 피보험자에게 교부한다.

(2) 예정보험

청약서의 기재사항이 모두 확정되어 있으면 확정보험이 되지만, 대개의 경우는 보험계약체결시 모든 사항을 알 수 없으므로 차후 기재사항이 확정되는 대로 지체없이 보험자에게 통고할 것을 조건으로 하는 예정보험(open cover)의 형식이 있다.

특히 FOB 또는 CFR조건으로 수입하는 화물에 관해서는 매도인으로부터의 선적통지가 도착하기 이전에 사고가 발생할 수 있기 때문에 매수인은 매매계약이 체결되면 보험자에게 예정보험계약을 신청해야 한다.

예정보험계약은 일종의 보험계약이지 보험계약의 예약은 아니다. 예정보험에는 개별예정보험과 포괄예정보험이 있다.

① 개별예정보험: 어떠한 특정화물에 대하여 일건당 부보하는 예정보험을 개별예정보험계약이라고 하며, 이 계약에 의거하여 발행되는 보험증권을 개별예정보험증권(provisional policy)이라고 한다. 기재사항 중 선박명이 확정되지 못하면 선명미상보험(floating policy)이라 하고, 보험금액이 불확정이면 금액미상보험(unvalued policy)이라 하며, 후일에 미확정사항이 확정될 때 확정보험증권(definite policy)이 발행된다. 예정보험증권에는 간략한 양식으로서 Cover Note가 사용되는데, 이것은 단지 보험계약이 체결되어 있음을 입증하는 보험승인서에 불과하다.

② 포괄예정보험: 대량의 화물을 특정지역으로부터 특정기간에 계속해서 수입하는 경우에는 그 전량에 대해 포괄적으로 예정보험계약을 체결하고 개개의

적출시마다 확정해 나가는 방법을 취한다. 이와 같은 예정보험을 포괄예정보험계약이라고 하여 계약시에 포괄예정보험증권(open policy)이 발행된다. 피보험자가 포괄예정보험계약에 의거하여 보험자에게 확정통지를 하면 보험증명서(Certificate of Insurance)가 발행된다. 보험증명서는 보험증권의 주요한 내용을 간략하게 기재한 것으로 양도성이 부여되고 선적서류 중의 보험증권 대신 사용할 수 있다.

(3) 부보의무

보험계약체결에 관한 부보의무와 관련하여 CIF 또는 CIP조건에서는 매매당사자간에 보험조건을 약정한 대로 수출상인 매도인이 적하보험계약자가 되어 보험자와 보험계약을 체결하지만 FCA, FAS, FOB, CFR, CPT조건의 경우에는 매수인이 자기 자신을 위하여 적하보험을 부보하기 때문에 매수인이 보험계약자이면서 피보험자로 하여 보험자와 보험계약을 체결한다. 이러한 적하보험계약의 청약은 보험증권상에 기재되는 지역의 창고나 보관장소를 떠나기 전에 이루어져야 하며, 특히 수입의 경우는 해외 수출상의 출고 또는 선적의 시기를 수입상은 알지 못하므로 출하 및 선적통지를 미리 통지하여 줄 것을 약정해 두어야 한다.

적하보험의 청약은 외국에서는 보험중개인이나 보험대리점을 통하는 것이 일반적이나 우리나라에서는 보험계약자가 직접 보험회사와 보험계약을 체결한다.

2) 적하보험조건의 선택과 담보기간

(1) 보험조건의 선택

해상적하보험에 부보하는 경우 우선 화물의 운송위험과 관련하여 화물의 종류, 포장·운송항로와 항해기간 등을 고려하여 가장 합리적인 보험조건을 선택하도록 하여야 한다.

무역업자는 어떠한 기본조건을 선택하고 화물과 수송의 특수사정을 고려하여 어떠한 부가위험을 추가할 것이며, 전쟁위험과 동맹파업위험은 어떻게 할 것인가를 결정하여야 한다. 이러한 결정은 보통매매계약을 체결할 당시에 매매당사자의 합의에 의해 이루어진다.

여기서 보험조건의 합리적인 선택이 반드시 보험자의 보상범위가 가장 큰 A/R 혹은 ICC(A) 조건의 경우만 의미하는 것은 아니며, 거래의 채산면에서 매매가격에 보험료가 차지하는 비중을 고려하여 저렴한 보험료를 부담하고도 합리적인 보상이 될 수 있는 적정한 보험조건으로 적하보험청약을 하여야 한다.

보험자는 보험에 가입된 조건의 약관에 명시된 위험만 담보하므로 보험조건을 선택하는데 신중을 기하지 않으면 안된다. 이러한 보험조건을 선택하는데 고려할 사항으로는 상품의 성질, 포장상태, 적재선박 및 항구조건 등이 있다.

따라서 수출화물의 특성 등에 따른 여러 위험의 유형을 먼저 검토하고 그리고 보험조건별로 보험료의 비교분석을 통하여 가장 합리적이고 적정한 보험조건을 선택하여야 한다.

예를 들면 도난이나 파손의 우려가 거의 없는 철재류의 경우는 A/R조건에 의한 보험료를 낭비하기보다는 FPA나 WAIOP조건이 경제적이며, 해수침손과 유류접촉손이 우려되는 경우의 보험조건으로는 "FPA including COOC"가 합리적이라 할 수 있다.

(2) 적하보험의 담보기간

담보기간(Period of Insurance)이란 피보험이익에 대한 위험이 개시되어 종료될 때까지 보험자가 위험을 부담하는 기간, 즉 해상보험에 있어서 보험자의 책임의 시기와 종기를 말한다. 이 담보기간에 관한 해상보험증권상의 약관을 운송약관(transit clause), 일명 창고간 약관(warehouse to warehouse)이라 한다. 이 운송약관은 실무적으로 화물이 선적개시를 위해 창고를 출발할 때부터 입고 될 때까지의 여러 위험이 담보되어야 할 필요성에 의해 제정된 것이다.

3) 해상적하보험료

보험료(insurance premium)는 원칙적으로 적하보험계약의 체결과 동시에 지불되어야 하나 실제에 있어서는 보험료의 후납이 인정되고 있다.

보험료 산출의 근거인 보험요율(premium rate)은 선박의 상태, 항로, 화물종류 및 보험조건 등에 의하여 산정되는데, 현재 우리나라의 해상적하보험요율은 보험개발원에서 산정한 요율을 협정요율로 하여 사용하고 있으며 그 종류는 다음과 같다.

(1) 기본요율

기본요율은 신협회적하약관 및 기타 특별약관에 적용되는 요율로써 해상운송의 경우에는 항구간(port to port), 항공운송의 경우는 공항간(airport to airport)요율을 말한다.

(2) 통상요율

해당 할인·할증을 적용하기 전의 화물별 담보조건요율(부가위험요율, 확장담보조건요율, 적용통칙상요율 등 포함)을 말한다.

(3) 확장담보조건요율

기본요율이 항구간 또는 공항간 요율로 산정되어 있어 ICC의 운송약관에 따른 화물의 전운송구간 , 즉 해상운송에 연결되는 선적항 또는 양화항의 행정구역을 벗어나는 육상운송구간에서의 위험을 담보받기 위하여는 확장담보조건에 따른 보험료를 담보하여야 한다. 이러한 확장담보조건 요율에는 내륙운송 확장보험(Inland Transit Extension : ITE) 요율과 내륙보관 확장담보(Inland Storage Extension : ISE)요율이 있다.

(4) 부가위험요율

ICC(B)나 ICC(C)를 기본담보조건으로 하는 경우에는 당해 위험약관에 열거되어 있는 위험만을 담보하므로 피보험목적물의 특성, 항해구간 등에 따라 특히 발생가능성이 높은 위험에 대비하여 추가담보가 요구된다. 이러한 위험을 가리켜 부가위험이라 하며 추가보험료를 부담하는 조건으로 부가위험을 담보받을 수 있다.

부가위험 중 특히 중요한 것으로는 도난·발화·불착위험(Theft, Pilferage and Non-Delivery : TPND), 우·담수손위험 (Rain &/or Fresh Water Damage : RFWD), 파손위험(Breakage), 누손 및 부족손위험(Leakage/Shortage), 오염위험(Contamination), 갈구리위험(Hook & Hole), 곡손위험(Denting & Bending), 타화물과의 접촉위험(Contact with Oil &/or Other Cargo:COOC) 등이 있다.

(5) 화물별 특수위험요율

ICC(A) 일지라도 품목의 특성을 고려하여 ICC(B)나 ICC(C)에서 담보하는 위험을 초과하는 부가위험을 제외할 수 있으며, 이를 담보할 경우에는 해당 품목별 적용특칙에 따라 별도의 추가보험요율을 부담하여야 하는 점에 유의하여야 한다. 예컨대, 유리, 요업제품 및 정밀기계류에서의 파손위험, 고체화공품에서의 포장의 파손으로 인한 부족손위험, 이사화물에서의 파손위험 등이 이에 해당한다.

보험료율(premium rate)의 적용 예를 살펴보면 다음과 같다.

① 품목 : Computer
② 운송구간 : Los Angeles, U.S.A-Seoul, Korea
③ 선적항 :Los Angeles
④ 양화항 :Pusan Port
⑤ 보험조건 : WA including Breakage in excess of 0.5%, ITE

위의 경우에 적용되는 보험요율은 다음과 같다.

- 기본요율 : 0.301%, Breakage요율 : 0.64%, ITE요율 : 0.15%
- 적용요율 : 0.301% + 0.64% + 0.15% = 1.091%
- 이 경우 보험료는 US $ 10,000 × 0.01091% = US $ 109.1 이 된다.

6. 해상적하보험의 구상

해상적하보험에 부보하는 궁극적인 목적은 보험사고로 인한 피보험목적물의 멸실·손상으로 피보험자가 입게 되는 손해를 보험자에게 구상(claim)하여 보상받는데 있다.

피보험화물에 손해가 발생한 경우에는 피보험자, 수화주 혹은 그 대리인은 즉시 보험회사의 본·지점 또는 대리점에게 그 사실을 통지하여 손해정도의 조사를 받을 절차를 밟을 것과 동시에 스스로 손해의 방지경감에 노력하지 않으면 안된다. 또 손해에 대해서 배상책임이 있는 제3자(예를 들면 선박회사 등)에 대한 구상권을 보전할 의무가 있다. 또한, 손해방지 및 구상권의 보전·행사에 필요한 비용은 상황에 맞게 적절하다고 판단되는 경우 보험자의 사전 승인을 전제로 보험회사에서 부담한다.

6.1 손해통지의무

피보험화물에 손해가 발생했을 때는 지체없이 손상화물의 양하지 또는 그 인접지역의 보험회사의 본·지점 또는 대리점에 통지해서 손해의 사정을 받고 절차를 밟는 것이 필요하다.

손해통지(Claim Notice)의 방법으로서 구두(전화) 혹은 서면의 어느 것이라도 무방하다. 다만, 수출화물에 관한 클레임에 대해서는 도착지의 관행에 의해 서면에 의한 손해의 확대를 막기 위한 조치, 책임있는 제3자(운송인 등)에 대한 손해배상청구권(구상권)의 보전을 위한 절차 등에 대해 보험회사와 빨리 협의하기 위해 신속한 통지가 요망된다. 통지내용은 다음과 같다.

① 보험계약의 내용(증권번호, 화물의 명세, 선명, 보험가입금액, 보험조건 등)

② 손상화물의 상태

③ 화물의 보관장소 및 그 후의 예정

보험회사는 이러한 통지에 의해 어느 시점에서 입회조사를 실시할 지와 또 전문검정기관의 입회조사가 필요한지 아닌지 등을 결정하게 된다.

6.2 손해방지의무

피보험자는 현실적으로 발생한 혹은 발생할 화물의 손해를 방지 또는 경감할 의무가 있다.

만약에 손해방지경감의 조치를 소홀히 했기 때문에 손해가 증대되었다고 하면, 그 증대된 손해에 대해서는 보험회사는 보상하지 않기 때문에 조난화물을 될 수 있는 한 신속하게 구조하고, 건조, 세척, 수선, 도난방지 등의 조치를 해야 한다.

이 경우 "만약 이 화물이 보험부보가 되어 있지 않았더라면 어떻게 조치할까"라는 전제에서 손해방지경감의 조치를 취해야 한다.

6.3 손해배상청구권(구상권) 보전의무

피보험자가 취해야 할 조치중에 현실적으로 발생한 손해에 대해 손해배상청구권의 보전 및 행사가 있다. 이 점은 보험증권 이면에 적색으로 인쇄되어 있는 중요사항(Important Clause)약관에 규정되어 있다.

다음에서는 손해의 유형별 보험구상 절차를 전손과 공동해손의 경우로 나누어 살펴본다.

1) 전손 및 단독해손의 구상

전손 및 단독해손의 경우 보험금청구서류는 다음과 같다.

① 보험금청구서한(Letter of Claim, 손해의 명세 및 손해액계산서를 첨부한다.)
② 보험증권(Insurance Policy ; 원본 또는 부본)
③ 상업송장, 포장중량명세서(Commercial Invoice, Packing and Weight Lists ; 서명된 사본)
④ 선하증권(Bill of Lading ; 서명된 사본. 단 전손인 경우는 원본)
⑤ 손해검정보고서(Survey Report ; 원본 또는 부본)
⑥ 선박회사 또는 기타 수탁자에 대한 Claim 청구서 및 이에 대한 회신
⑦ 해난보고서(Marine Protest ; 단 해난이 있을 경우에 한한다.)
⑧ 위부장(Letter of Abandonment ; 단 추정전손의 경우에 한한다.)
⑨ 대위권양도(Receipt and Letter of Subrogation ; 보험자로부터 보험금을 영수함과 이에 따른 대위권을 양도하는 서류로서 보험자가 작성한 소정의 양식에 서명함으로써 이루어진다.)
⑩ 기타의 입증서류 ; 상기와 같은 서류 이외에도 손해의 형태에 따라 이를 입증하기 위하여 화물인수도 협정서(Cargo Boat Note), 검수보고서(Talley Sheet), 입고확인서(Warehouse Receipt), 기타 제비용을 증빙하는 서류 등이 필요에 따라 보험자의 요구가 있으면 제출하여야 한다.

화물의 전손이 발생한 경우에는 손해검정을 하지 않더라도 전손사실을 증명할 수 있는 적당한 정식서류만 구비하면 된다. 그러나 추정전손의 경우에는 보험자에게 위부통지서를 제출하여야만 전손보험금을 청구할 수 있다.

피보험자 또는 그 대리인은 손해가 발생한 경우 이를 방지 또는 경감하도록 노력을 하여야 하며, 선박회사 또는 기타 수탁자에 대한 권리보전을 위하여 필요한 조치를 게을리하지 말아야 한다.

2) 공동해손의 구상

화물이 해상운송중 공동해손에 관계되는 경우 선주는 공동해손선포(declaration of general average)를 하고 이에 따라 선주가 그 사실을 각 관련 화주에게 통지하게 된다. 선주의 공동해손선포통지서(Notice of General Average)에는 공동해손의 발생경위, 선임된 공동해손정산인, 공동해손분담의 확보를 위한 보증장 등 화주의 구비서류, 기타 공동해손에 따라 화주가 취하여야 할 절차 등에 대한 사항이 기재되어 있다.

화주가 위의 공동해손선포통지서를 즉시 보험자에게 알리고 다음의 서류를 구비하여 필요한 절차를 취해야 한다.

① 공동해손구상장(Claim Letter on G.A)
② 보험증권(Insurance Policy ;원본 또는 부본)
③ 선하증권(Bill of Lading ; 서명된 사본)
④ 상업송장(Commercial Invoice ; 서명된 사본)
⑤ 공동해손선포통지서(Letter of G/A Declaration)

선주가 공동해손을 선포하게 되면 그에 따라 발생된 공동해손희생 및 비용, 즉 공동해손손해를 추후 정산하는 바에 따라 공동해손행위로 인하여 이익을 받게 된 각 이해당사자들이 그 받은 이익에 비례하여 분담을 하게 된다.

3) 제3자에 대한 구상

화물이 운송과정에 멸실·손상된 경우 그로 인한 화주의 손해에 대하여는 운송인 및 그 밖의 수탁자의 운송, 보관중에 발생된 것이므로 일차적으로는 이들에게 책임이 귀속되어야 한다. 그러므로 피보험자인 화주는 보험과는 관계없이 신중한 피보험자로서의 의무를 다하여야 하고 귀책사유있는 제3자에 대한 손해배상청구권을 보전시켜 놓아야 한다.

특히 피보험자의 이러한 의무를 해상적화보험약관에 명시하고 있는데, 이는 보험자가 보험금을 지급한 후 피보험자가 갖고 있는 제3자에 대한 권리를 대위행사하는데 지장이 없도록 하기 위한 것이다. 더욱이 우리상법에서는 보험자의 보험금 지급채무에 대하여는 2년의 소멸시효기간을 설정하고 있기 때문에 위와 같이 피보험자의 의무는 더욱 중요한 의미를 갖게 된다.

LG Insurance Co., Ltd.

CERTIFICATE OF MARINE CARGO INSURANCE

Assured(s), etc THE SAMWON CORPORATION

Certificate No.
002599A65334

Ref. No. Invoice No. DS-070228
L/C No. IOMP20748

Claim, if any, payable at :
GELLATLY HANKEY MARINE SERVICE
842 Seventh Avenue New York 10018
Tel(201)881-9412
Claims are payable in

Amount insured
USD 65,120.-
(USD59,200 XC 110%)

Survey should be approved by
THE SAME AS ABOVE

Conditions
* INSTITUTE CARGO CLAUSE(A) 1982
* CLAIMS ARE PAYABLE IN AMERICA IN THE CURRENCY OF THE DRAFT.

Local Vessel or Conveyance	From(interior port or place of loading)
Ship or Vessel called the KAJA-HO V-27	Sailing on or about MARCH 3, 2007
at and from PUSAN, KOREA	transshipped at
arrived at NEW YORK	thence to

Goods and Merchandiese
16,000YDS OF PATCHWORK COWHIDE LEATHER

Subject to the following Clauses as per back hereof
institute Cargo Clauses Institute War Clauses(Cargo)
Institute War Cancellation Clauses(Cargo)
Institute Strikes Riots and Civil Commotions Clauses
Institute Air Cargo Clauses(All Risks)
Institute Classification Clauses
Special Replacement Clause(applying to machinery)
Institute Radioactive Contamination Exclusion Clauses
Co-Inssurance Clause Marks and Numbers as

Place and Date signed in SEOUL, KOREA MARCH 2, 1999 No. of Certificates issued. TWO

This Certificate represents and takes the place of the Policy and conveys all rights of the original policyholder (for the purpose of collecting any loss or claim) as fully as if the property was covered by a Open Policy direct to the holder of this Certificate.

This Company agrees lossed, if any, shall be payable to the order of Assured on surrender of this Certificate.

Settlement under one copy shall render all otehrs null and viod.

Contrary to the wording of this form, this insurance is governed by the standard from of English Marine Insurance Policy.

In the event of loss or damage arising under this insurance, no claims will be admitted unless a survey has been held with the approval of this Compay's office or Agents specified in this Certificate.

SEE IMPORTANT INSTRUCTIONS ON REVERSE

LG Insurance Co., Ltd.

AUTHORIZED SIGNATORY

This Certificate is not valid unless the Declaration be signed by an authorized representative of the Assued.

7. 무역보험

7.1 무역보험의 의의

1) 수출보험

수출보험이란 수출진흥제도의 일환으로 실시되고 있는 보험제도로서 수출진흥을 목적으로 국제간의 무역거래에서 일어나는 제 위험 가운데 해상보험 등 통상의 보험으로 보상될 수 없는 위험, 즉 수입업자의 계약파기, 파산, 대금지급지연 또는 거절 등의 신용위험과 외국(수입국 및 지급국을 포함)의 전쟁, 내란 또는 환거래 제한 등의 비상위험으로 인하여 수출업자, 수출물품 생산업자, 해외투자자 및 수출지원금융을 담당하는 금융기관 등이 입게 될 손실을 보상해 줌으로써 수출진흥을 도모하기 위한 비영리정책보험으로 한국무역보험공사가 수출보험의 독립전담기관이다.

2) 수입보험

수입보험이란 국내 수입기업이 미리 대금을 지급해야 하는 조건의 수입거래에서 비상위험 등으로 이를 회수할 수 없게 된 경우, 해당 기업의 손실을 보상하거나 이를 대출해 준 금융기관의 손실을 보상함으로써 원자재와 중요 물자 수입거래 지원을 위한 목적으로 하는 비영리 정책보험이다.

7.2 무역보험상품의 종류

1) 단기수출보험

단기수출보험은 결제기간 2년 이내의 수출거래를 대상으로 하며, 수출자가 수출계약을 체결하고 수출상품을 선적한 후에, 수입자로부터 수출대금을 받을 수 없을 때 입게 되는 손실을 보상하는 제도로 수출보험제도 중 가장 많이 활용되는 수출보험종목이다. 가전제품, 휴대폰, 의류 등 일반 소비재 상품 수출거래시에 많이 활용된다. 대상이 되는 거래는 구상무역 및 대응구매 등을 포함한 일반수출(전자무역포함), 위탁가공무역(전자무역포함), 중계무역 등이다.

단기수출보험의 보험금액은 일반수출, 위탁가공무역의 경우는 보험가액의 95%(중소기업의 경우에는 100%)이내이며 중계무역은 95%이내로 제한되어 있다.

2) 농수산물수출보험

농산물수출계약 체결 후 수출이 불가능하게 되거나 수출대금을 받지 못하게 된 경우, 또는 농수산물의 국내가격변동으로 당해 수출계약의 이행에 따라 입게 되는 손실을 보상하는 보험이다. 패키지형 농수산물수출보험은 대금미회수위험, 가격상승위험, 수입국검역위험, 해외마케팅비용위험 등 5가지 위험을 모두 카버한다.

3) 문화수출보험

수출이 계획된 문화상품(영화, 드라마, 게임, 공연 등)의 제작과 관련한 투자 또는 융자에 대한 손실이나 수출(또는 매출)실적 부진에 따른 손실을 보상하는 보험이다

4) 해외마케팅보험

수출자가 해외시장개척을 위해 해외마케팅비용을 지출하였으나 마케팅활동의 효과가 미미하여 지출한 비용을 회수하지 못하는 경우 이를 보상하는 보험이다.

5) 부품·소재 신뢰성보험

부품·소재 전문기업이 제조 및 판매하는 부품소재에 대하여 제조물결함으로 인하여 발생하는 부품소재 자체손해 및 회수비용과 동부품수요기업의 재물손해 및 기업휴지에 따른 손실을 보상하는 보험이다.

6) 중장기수출보험

중장기수출보험은 수출대금의 결제기간이 2년을 초과하는 중장기 수출계약을 체결한 후 수출이 불가능하게 되거나 수출대금을 받을 수 없게 된 때에 입게 되는 손실 또는 수출대금 금융계약을 체결한 후 금융기관이 대출원리금을 받을 수 없게 됨으로써 입게 되는 손실을 보상하는 보험이다. 주로 대금결제기간이 2년 이상인 자본재 수출거래, 예컨대, 건설, 플랜트, 선박, 시스템수출 등에 유용한 수출보험이다.

7) 수출보증보험

수출보증보험은 해외건설공사계약 또는 용역계약에 따라 입찰보증(bid bond), 이행보증(performance bond), 선수금환급보증(advance payment bond), 유보금환급보증(retention payment bond), 하자보수보증(maintenance bond) 및 보증신용장(stand-by L/C)에 의한 수출보증을 포함하여 이를 발행한 외국환은행은 수주자 등이 계약에 정해진 채무를 이행하지 않는 경우 해외발주자로부터 보증채무이행청구를 받아 보증금을 지급함으로써 입게 되는 손실을 보상하는 보험이다.

8) 해외공사보험

해외공사를 행함에 있어 해외공사발주국의 환거래의 제한 또는 금지, 전쟁, 내란 또는 정변 및 해외공사발주자의 파산 등으로 당해 해외공사의 대가를 회수할 수 없게 되거나 공사에 필요한 물품의 수출이 불가능하게 되는 경우 또는 해외공사에 사용할 목적으로 공여된 장비에 대한 권리가 박탈됨으로써 입게 되는 손실을 보상하는 보험이다.

9) 해외투자보험

해외투자가 투자대상국에서 전쟁·혁명·내란에 의한 사업의 계속불능, 피투자국에 의한 수용조치, 원금·이자 또는 배당금 등의 본국송금에 대한 제한 조치 등으로 인하여 그 해외투자의 원리금, 배당금, 등을 회수할 수 없게 되거나 보증채무이행 등으로 입게 되는 손실을 보상하는 보험이다.

10) 해외사업금융보험

국내외 금융기관이 외국인(정부, 공공단체 및 외국법인, 관련 금융기관 등)에게 수출증진이나 외화획득의 효과가 있을 것으로 예상되는 해외사업에 필요한 자금을 상환기간 2년 초과의 조건으로 공여하는 금융계약을 체결한 후 대출원리금을 받을 수 없게 됨으로써 입게 되는 손실을 보상하는 보험이다.

11) 서비스종합보험

수출국내 서비스사업자가 서비스를 의뢰한 해외수입자에게 서비스를 제공하고 수입국 또는 수입자 책임으로 서비스대금을 받지 못하는 경우의 손실을 보상하는 보험이다.

12) 환변동보험

수출거래시나 수출용원자재 수입거래시 공사가 보장해 주는 환율과 실제 결제 시점의 환율을 비교하여 환차손 발생시 그 차액을 보상하고 환차익 발생시에는 그 차액을 환수하는 보험이다.

13) 원자재가격변동보험

수출기업이 원자재가격 변동위험으로 입게되는 손실을 보상하고 이익을 환수하는 보험이다.

14) 이자율변동보험

금융기관이 고정금리로 대출후 차주로부터 받은 이자금액과 변동금리(LIBOR) 대출로 받았을 이자금액을 비교하여 그 차액을 보상 또는 환수하는 보험이다.

이는 국제금융시장에서 대규모자금을 변동금리로 차입하는 상업은행의 입장에서는 당연한 일이지만 기업으로는 커다란 제약이 된다. 이러한 금융계약 당사자들의 이해차이를 해소하여 기업이 수출금융을 원활히 이용할 수 있는 제도이다.

15) 탄소종합보험

교토의정서에서 정하고 있는 탄소배출권 획득사업을 위한 투자, 금융, 보증과정에서 발생할 수 있는 손실을 종합적으로 담보하는 보험이다.

16) 녹색산업종합보험

지원가능한 특약항목을 '녹색산업종합보험' 형태로 제정하고, 녹색산업에 해당하는 경우 기존이용 보험약관에 수출기업이 선택한 특약을 추가하여 우대하는 보험이다.

17) 해외원자재개발펀드보험

해외원자재개발사업에 투자하여 발생할 수 있는 손실을 보상하는 보험(수출보험기금과 별도로 투자위험보증계정 운영)이다.

18) 수출신용보증

수출계약과 관련하여 중소기업이 금융기관으로부터 수출이행자금을 대출받거나(선적 전), 환어음을 매입받을 경우(선적 후) 동 자금을 상환하지 못하게 됨으로써 중소기업이 금융기관에 대하여 부담하는 금전채무에 대하여 무역보험공사가 그 지급을 연대보증하는 제도이다.

19) 수입보험

① 수입자용: 국내수입기업이 선급금 지급조건 수입거래에서 비상위험 또는 신용위험으로 인해 선급금을 회수할 수 없게 된 경우에 발생하는 손실을 보상하는 보험이다.

② 금융기관용: 금융기관이 주요자원 등의 수입에 필요한 자금을 수입기업에 대출(지급보증)한 후 대출금을 회수할 수 없게 된 경우에 발생하는 손실을 보상하는 보험이다.

8. P&I 보험

P&I(Protection & Indemnity) 보험은 선박보험과 함께 해상보험의 일종으로 선박보험에서 담보되지 않는 비용손해 및 배상책임을 담보하기 위하여 선주들이 상호보험조합을 구성하여 운영하는 비영리 상호보험이다.선주 또는 용선자가 선박의 운항에 따른 제3자에 대한 책임 및 선원에 대한 고용주로서의 책임을 보호(protection)라고 하며 운송계약에 따라 운송인으로서 하주에 대한 계약상의 책임을 배상(indemnity)이라 한다. 우리나라는 2000년 1월 한국선주상호보험조합(Korea P&I Club)이 탄생하여 선박소유자, 선박임차인, 용선자, 기타 선박운항업자의 선박운항으로 인하여 발생하는 책임 및 비용에 관한 상호보험인 손해보험사업을 실시하고 있다.

Chapter 11

무역과 결제

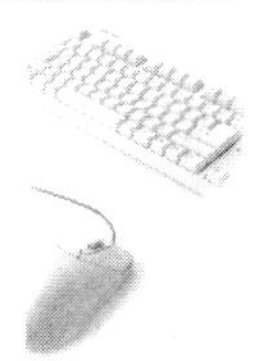

1. 무역결제의 기초

무역거래는 국경을 달리하는 국가간에 이루어지는 것이 보통이므로 국내거래에 비하여 대금결제시에 고려해야 되는 요소들이 많이 있다.

첫째, 국내거래에서는 어디서나 한국은행권이 통용되므로 그것으로 결제하면 되며, 국내의 경우에도 채권자가 채무자와 서로 떨어져 있을 때에는 내국환으로 결제한다.

국제간의 대금결제에 있어서는 물물교환이나 금(gold)으로 할 수 있으나 실제에 있어서는 매우 번잡하고 불편하기 때문에 주로 외국환에 의하여 이루어지고 있다. 일반적으로 환(Exchange)이란「격지자간의 대차결제를 현금을 직접 수송하지 않고 은행의 중개에 의해 어음이나 수표 등의 신용수단으로 결제하는 방법」을 말한다.

둘째, 나라마다 통화가 다르기 때문에 거래당사자는 어느 나라의 통화로 거래할 것인지 무역계약의 체결시 대금결제조건으로 약정해 두어야 한다. 세계적으로 많은 국가가 존재하는 만큼 통화의 명칭도 다양하다. 그리고 같은 명칭이라도 국가별로 사용하는 통화의 종류가 다른 경우도 많다. 예컨대, 미국 달러(U.S.$), 캐나다 달러(C.$), 오스트레일리아 달러(A.$), 홍콩 달러(H.K.$) 그리고 싱가포르 달러(S.$)가 그것이다. 따라서 무역업자는 환위험을 회피하고 외화자산을 보전하기 위하여 무역거래시 어떠한 통화로 대금을 결제할 것인지 고민하게 된다. 수출자는 무역계약의 체결시보다 향후 가치가 상승할 통화를, 반대로 수입자는 허락할 통화를 선호하게 될 것이다. 따라서 환율의 문제가 발생한다.

셋째, 무역거래에서의 수입자의 대금지급의무는 수출자의 물품제공의무와 동시이행조건이다. 따라서 원칙적으로 수입자는 수출자가 물품을 직접 또는 자기가 지정한 운송인에게 인도할 때 지급하면 된다. 그러나 필요에 따라서는 이러한 물품인도시점 전후에 대금을 지급하도록 약정하는 경우가 있는데. 이러한 방식은 무역관습상 동시지급(concurrent payment), 선지급(payment in advance), 후지급(deferred payment), 누진지급(progressive payment) 및 할부지급(instalment payment)으로 구분할 수 있다.

2. 무역대금결제와 외국환어음

2.1 송금결제

송금결제방식은 채무자가 채권자에게 무역대금을 지급하기 위하여 외국환은행에 지급을 위탁하는 방식으로 국내에서의 은행입금과 같다. 즉 대금을 지급하는 수입자가 수입지의 은행에 대금을 지급, 수출지의 은행에 있는 수출자의 구좌에 대금입금을 의뢰하는 방법이다. 수출지의 은행은 그 지시에 따라 수출지의 구좌에 대금을 입금하면 대금결제가 완료된다. 은행간의 결제는 해외은행의 경우는 은행간의 외국환거래 취급계약인 코레스계약에 의하여 이루어진다. 송금결제는 외국환은행간의 지급지시로만 이루어지는 경우와 송금수표를 교부해 주는 방법으로 구분된다.

1) 송금수단에 의한 분류

① 전신송금(telegraphic transfer:T/T): 지급지시(payment order)를 전신으로 하는 경우이다. 전신에 의하여 지시가 이루어지고 당일 결제되므로, 이자 문제가 개입되지 않기 때문에 거액의 송금시에 이용하기 편리하다. 통상은 SWIFT라고 하는 은행간의 전신통신시스템을 통해 지급지시가 송부된다.

② 우편송금(mail transfer:M/T): 코레스은행의 지급지시를 항공우편으로 보내는 방법이다. 수출지의 지급은 우편이 도착한 후이며 전신송금에 비하여 은행수수료가 저렴하다. 소액송금의 경우에 많이 이용된다.

③ 송금수표(demand draft:D/D): 수입지은행이 발행하는 은행수표를 수입자가 수출자에게 직접 송부하는 방법이다. 이 방법은 채무자가 직접 수표를 우송하기 때문에 우송 도중 도난이나 분실의 우려가 있어 이용빈도는 그리 높지 않다.

2) 지급시기에 따른 분류

① 사전 송금방식: 수출입대금전액을 선적전에 외화로 미리 송금받거나 송금하는 결제방식이다. 수출입물품을 선적하기도 전에 수출입대금을 미리 받거나 지급하고 물품을 일정기간 이내에 선적거나 이에 상응하는 물품을 수입하는 거래이다.

② 대금교환도 방식: 물품의 인도와 동시에 또는 인도후 일정기간 이내에 수출대금 전액을 외국환은행을 통하여 송금받는 거래, 대금결제기간은 채권확보 차원에서 수출업체가 자율적으로 결정한다.

Ⓐ 현물상환방식(COD: Cash on Delivery)

수입자가 소재하는 국가에 수출자의 지사나 대리인이 있는 경우, 수출자가 물품을 지사 등에 송부하면(B/L상 수하인이 수출자 지사 등의 지시식으로 기재됨) 수입자가 물품의 품질 등을 검사한 후 물품과 현금을 상환하여 물품대금을 송금하는 방식의 거래, 주로 귀금속 등 고가품으로 직접 물품을 검사하기 전에는 품질 등을 정확히 파악하기 어려운 경우에 많이 활용된다.

Ⓑ 서류상환방식(CAD: Cash against Documents)

수출자가 물품을 선적하고 수입자 또는 수출국에 소재하는 수입자의 대리인이나 지사에게 선적서류를 제시하면 서류와 상환하여 대금을 결제하는 방식의 거래, 통상 수입업자의 지사나 대리인 등이 수출국내에서 물품의 제조과정을 점검하고 수출물품에 대한 선적전검사를 행한다.

③ 사후 송금방식: 물품의 인도(선적)후에 전신환(T/T) 방식으로 대금을 주고 받는 방식의 수출입거래이다.

④ Open account 방식

본·지사간 혹은 고정거래처간에 지속적으로 수출입거래를 하는 경우 거래할 때마다 대금을 결제하지 않고 3개월 또는 6개월 단위로 미리 정한 결산시기에 양자간의 채권·채무를 상계한 후 대금의 차액만을 결제하는 방식이다. 외국환거래 규정에 따라 지정 거래 외국환은행에 신고해야 한다.

2.2 추심결제

추심결제방식은 무신용장 결제방식으로 수출자가 수입자에게 물품을 송부한 후 물품대금에 대한 환어음을 발행하여 은행을 통하여 추심하여 수출대금을 회수하는 거래방식이다. 수입자은행은 대금지급을 약속하지 않고 단순히 어음을 추심하는 업무만 수행한다.

1) 지급인도 조건(D/P: Documents against Payment)

수출자는 수출물품을 선적한 후 수입자를 지급인으로 수출자를 수취인으로 일람불지급조건의 화환어음을 발행하여 선적서류와 함께 화환어음의 추심을 거래은행에 의뢰하고 의뢰받은 은행(추심의뢰은행)은 이를 수입지의 은행에 추심요청을 한다. 추심요청을 받은 추심은행(수입자의 거래은행)은 어음지급인(수입자)이 환어음대금을 지급함과 동시에 선적서류를 수입자에게 인도하고 그 대금을 추심의뢰은행에 송금하여 수출자가 수출대금을 영수하는 거래방식이다.

2) 인수인도 조건(D/A: Documents against Acceptance)

수출자는 기한부지급조건의 환어음을 발행하고 선적서류를 첨부한 화환어음의 추심을 은행에 의뢰하면 추심은행은 수입자에게 화환어음을 제시하고 어음 인수와 교환으로 선적서류를 수입자에게 인도하는 결제방법이다. 추심은행은 어음의 지급만기일에 어음지급인(수입자)으로부터 대금을 지급받아 추심의뢰은행에 송금하면 수출자가 대금을 영수하는 거래방식이다.

3) 추심결제시 유의사항

① 추심결제방식은 수출자가 수입자에게 신용을 공여하는 거래형태이기 때문에 은행은 단순히 서류전달자이고 대금지급을 확약하지 않는다. 때문에 수입자의 신용을 철저히 조사하여야 한다.

② 철저한 손실방지대책이 마련되어야 한다. 예컨대, 선적 후 무역보험에 부보하거나 수입자 거래은행의 지급보증서가 필요하다. 또한 수입자에게 예탁금의 예치나 Stand-by L/C 등을 요구하는 등 적정한 담보제공도 요구할 필요가 있다.

4) 화환어음 추심에 관한 통일규칙(Uniform Rules for Collections, 1995 Revision, ICC Publication No.522: URC522)

국제상업회의소는 국제추심거래시 거래당사자 사이에 관습과 법률의 차이에서 오는 분쟁의 발생가능성을 줄이기 위하여 추심통일규칙을 제정하였다. 추심의 정의, 당사자의 의무와 책임, 추심 및 제시의 형식, 지급, 이자 등이 규정되어 있다. 현재 통일규칙은 1996년 1월 1일부터 시행되고 있으며 'URC522'로 통용되고 있다. 'URC522'가 적용되기 위해서는 추심의뢰인이 추심을 지시하는 의뢰서에 추심통일규칙의 준거문언이 삽입되어 있어야 한다(This collection is subject to Uniform Rules for Collection, 1995 Revision, ICC Publication No.522).

2.3 팩토링과 포페이팅결제

1) 팩토링(factoring)결제

이 방법은 사후송금방식 외상수출거래에 의해서 발생한 수출채권을 수출기업으로부터 상환청구권없이(without recourse) 매입하는 수출금융상품이다. 상환청구권없는 조건이기 때문에 수출팩토링을 이용하는 수출기업은 수출대금의 회수에 대한 불안감없이 안심하고 수출에만 전념할 수 있는 장점이 있다.

팩토링결제의 흐름은 다음과 같다.

① 수출기업이 거래은행에 수출팩토링 금융신청 ② Factor는 수출입기업과 팩토링약정 ③ 선적 ④ 수출Factor 대금지급 ⑤ Factor 만기에 해외수입업자로부터 대금회수

2) 포페이팅(forfaiting)결제

이 방법은 수출업자가 발행한 기한부어음을 포페이터(forfaiter)가 소구권을 행사하지 않는 조건으로 할인·매입해 주는 금융기법이다. 포페이팅에는 신용장매입은행과 유사한 성격의 포페이터와 신용장개설은행에 해당하는 보증은행이 개입한다. 포페이터는 수출업자가 발행한 연불어음을 할인 · 매입하는 은행이고, 보증은행은 수입업자를 위해 환어음의 지급을 보증하거나 지급보증서를 발급하는 은행이다. 수입업자가 주로 금액이 큰 물품을 중장기 연불조건으로 수입할 때 거래은행으로 하여금 수출업자가 발행한 환어음의 지급보증을 요청하고 보증은행이 환어음의 지급을 보증하면 이

어음을 포페이터가 외상기간에 해당하는 이자를 고정금리로 할인하여 수출업자에게 지급하고 포페이터는 만기일에 보증은행을 통해서 어음대금을 지급받는다.

2.4 환어음(bill of exchange)

1) 환어음의 의의

환어음은 외국환을 결제하기 위한 지급위탁의 수단으로서 국제무역거래에서 가장 많이 이용되고 있다. 국제간의 환어음 거래는 1882년에 영국에서 제정된 환어음법(Bill of Exchange Act, 1882)과 1995년에 국제상업회의소에 의해서 개정된 추심에 관한 통일규칙(Uniform Rules for Collection, 1995)에 의해 처리되는데, 환어음이란 국제거래상의 채권자가 채무자에게 대하여 그 채권금액을 지명인 또는 소지자에게 일정한 시일 및 장소에서 지불할 것을 무조건 위탁하는 요식유가증권이다.

환어음의 유통에는 적어도 2개국이 개입되며 각 나라마다 어음 유통력 강화와 공신력 유지를 위해 강력한 규정을 정하고 있는데 환어음의 효력은 원칙적으로 행위지의 법률에 의하여 처리되게 되어 있다.

예를 들어 한국에서 어음을 발행하고, 미국에서 이서(裏書; endorsement)를 하고, 일본에서 인수를 하였다면 발행에 관하여는 한국법, 이서는 미국법, 인수는 일본법에 의하여 결정된다.

환어음은 별첨형식과 같이 보통 2통으로 발행되어 하나가 결제되면 나머지는 자동적으로 무효가 되는 것이다. 환어음의 주요 당사자는 다음과 같이 구별할 수 있다.

① 발행인(Drawer) : 환어음을 발행하고 서명하는 자, 즉 수출업자인 채권자를 말한다.

② 지급인(Drawee) : 환어음의 지급을 위탁받는 채무자로서 통상 신용장 개설은행 또는 수입업자(Accountee)이다.

③ 수취인(Payee) : 환어음의 지급을 받는 자로서 발행인이 될 수도 있고 발행인이 지정하는 제3자일 수도 있다.

2) 환어음의 구분

(1) 화환어음과 무담보어음

만약 환어음이 다른 운송서류와 함께 발행되면 화환어음(documentary bill of

exchange)이라고 하며, 반면 운송서류가 첨부되지 않고 환어음 단독으로도 결제가 가능할 경우에는 무담보어음(clean bill of exchange)이라고 한다.

대부분의 상품대금결제에는 상품을 대표하는 선하증권 등을 비롯한 부대서류가 첨부되기 때문에 이때 발행되는 어음은 하환어음이 된다. 그러나 수수료, 보험료, 운임 등의 지급에는 이러한 운송서류를 필요로하지 않기 때문에 환어음 하나만 가지고도 결제가 가능한 무담보어음이 이용된다.

(2) 일람출급 어음과 기한부 어음

환어음은 어음상에 기재된 만기일(tenor)에 따라서 일람출급어음(sight draft)과 기한부어음(usance bill, time draft, after sight bill)으로 구별되는데. 전자는 어음이 제시되면 즉시 지불되는 조건이며, 후자는 제시된 후 일정기간 후에 지불되는 어음을 말하는데 기한부어음은 다시 다음과 같이 구분한다.

① 일람후 정기불(after sight) : 어음이 수입업자에게 제시되고 난 후 일정기간 후, 즉 30일 또는 60일 후에 지급되는 것인데. 보통 30 days after sight(30d/s), 60 days after sight(60d/s)로 표시된다.

② 일부후 정기불(after date) : 어음이 발행되고 난 후 일정기일이 경과된 후 지불되는 어음, 예를 들면 30 days after date(30d/d), 60 days after date(60d/d)라고 표기되며, 여기서 date라고 하는 것은 어음발행 일자를 말한다. 그러므로, 같은 30일 기한부어음이라도 after sight기준이 after date 기준보다 우편일수 만큼 늦어진다.

한편 기한부어음에서는 어음의 인수(引受; acceptance)행위가 수반되는데. 어음의 인수는 곧 기한부어음이 지급인에게 제시되었을 때 만기일에 지급할 것을 약속하는 서명행위이다. 대부분의 경우 인수인은 만기일에 가서 지급인이 된다.

3. 환율

3.1 환율의 의의

환율(exchange rate)이란 어떤 통화의 한 단위에 대한 다른 통화의 표시가격이다. 원래 가격이란 시장에서 성립되는 상품의 매매가격을 말하는데 환율을 외국통화라는 상품에 대하여 외환시장에서 성립되는 매매가격을 의미한다. 즉, 외환시장에 있어서 성립되는 이종통화간의 교환비율을 말한다. 통화의 가치란 일정 통화단위가 가지고 있는 구매력을 말한다.

3.2 환율의 표시방법

환율을 표시하는 방법에는 두 가지가 있다.

하나는 외국통화를 기준으로 외화 한 단위와 교환되는 자국통화의 단위량을 표시하는 방법을 자국통화 표시환율(rate in home currency) 또는 지급환율(giving quotation)이라고 한다. 예컨대 우리나라에서와 같이 U.S. $1=1,100원으로 표시하는 방법이 그것이다.

이와 반대로 자국통화를 기준으로 하여 자국통화 한 단위와 교환되는 외환단위량을 표시하는 방법을 외국통화 표시환율(rate in foreign currency) 또는 수취환율(receiving quotation)이라고 한다. 예컨대 1원 $= \frac{1}{1300}$ 달러라고 표시한다.

따라서 환율의 등락이라는 뜻도 위의 두 가지 표시방법에 따라 정반대의 뜻을 가지게 된다. 즉, 자국통화표시환율이 오른다는 것은 외국통화표시환율이 내린다는 뜻이다. 우리나라에서는 보통 자국통화표시방법을 사용하고 있으므로 U.S. $1=1,300원에서 U.S. $1=1350원이 되면, 환율이 인상되었다고 하고 원화가 평가절하(depreciation)되었다고 하며, 「달러」화가 평가절상(appreciation)되었다고 한다.

3.3 환율의 종류

우리나라의 환율은 시장평균환율제도에 의하여 산정 고시된 기준환율(매매기준율)을 중심으로 수출거래와 수입거래에 적용될 환율이 결정된다. 은행과 수출입기업간의 외국환거래는 당일에 매매를 실행하는 현물거래와 장래의 어느 시기에 실행하는 선물거래가 있다. 현물거래에 적용되는 환율을 현물환율이라고 하며 선물거래에 적용되는 환율을 선물환율이라고 한다. 선물거래는 환위험의 회피를 위해 장래의 환거래를 예약하는 거래를 말한다. 환거래의 용어는 은행을 중심으로 매도환과 매입환의 용어를 사용하고 있다. 예컨대, 수출업자가 미국달러로 대금결제를 받은 경우 수취한 달러를 은행에 매도하여야 원화를 취득한다. 이 때 은행은 외화를 매입하기 때문에 매입률이 적용된다. 반대로 수입업자가 미국 달러로 대금결제를 해야 하는 경우에는 은행은 수입업자에게 외화를 매도하므로 매도율이 적용된다.

수출업자와 수입업자의 입장에서 각각 적용되는 환율을 표시하면 다음과 같다.

1) 수출업자

① 전신환 매입률=매매기준율-매매 Margin

수출업자 앞으로 전신송금된 외화를 원화로 교환할 때의 환율로 기준환율에 은행수수료를 감한다.

② 일람출급 환어음 매입률=전신환 매입률-환가료

은행이 신용장 일람출급조건의 어음을 매입할 때 적용되는 환율이다. 은행은 수출업자가 발행한 화환어음을 매입하여 추심이 끝날 때까지의 기간 동안 화환어음대금을 미리 지급하게 되며 이 기간의 금리에 해당되는 만큼 전신환매입률에서 공제하게 된다.

③ 기한부어음 매입률=일람출급 환어음 매입률-환가료(환어음기간 이자 포함)

수출지의 은행이 기한부 어음을 매입할 때 적용되는 환율이다. 기한부 어음은 일람출급 어음에 비하여 은행이 미리 지급하는 기간이 더 길어지기 때문에 일람출급 환어음 매입률에서 소요 기일분의 금리가 차감된다.

④ 현찰 매입률=매매기준율-매매 Margin

은행이 외화현금을 매입할 때의 환율로 현금의 보관과 수송의 비용이 차감된다.

2) 수입업자

① 전신환 매도율=매매기준율+매매 Margin

수입업자가 전신송금을 하기 위해 은행에서 외화를 매입할 때 적용되는 환율로 기준환율에 은행수수료가 더해진다.

② 일람출급 환어음 매도율=전신환 매도율+환가료

신용장 일람출급어음 결제를 위해 수입업자가 은행으로부터 외화를 구입할 때 적용하는 환율이다. 수출지의 은행매입시점에서 수입업자가 결제를 할 때까지의 기간, 수입지의 은행에서 대금을 미리 지급하게 되므로 이 기간의 금리를 전신환 매도율에 더한다.

③ 현찰매도율=매매기준율+매매 Margin

은행이 외화예금을 매도할 때의 환율로 현금의 보관과 수송의 비용이 더해진다.

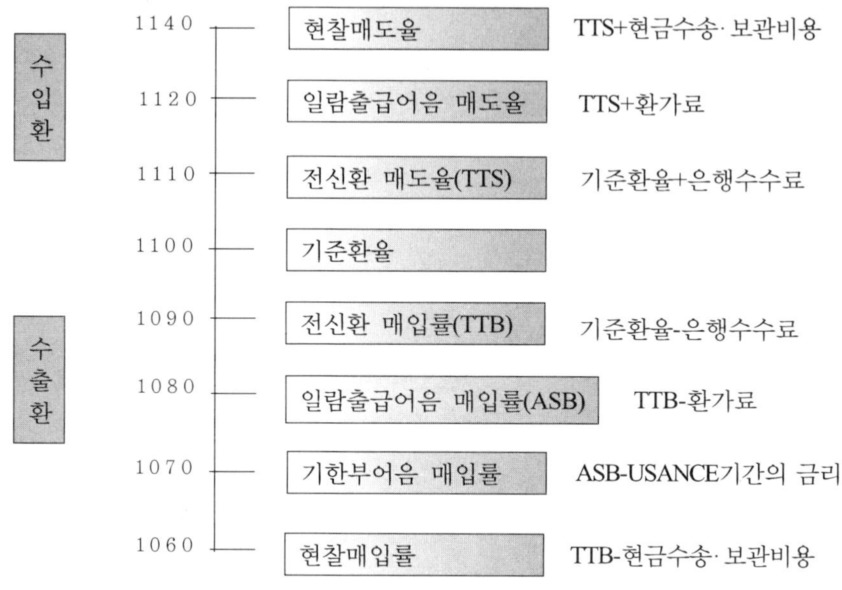

4. 신용장

4.1 신용장의 의의

신용장(Letter of Credit; L/C)이란 무역거래에서 대금결제를 원활하게 하기 위하여 수입상의 거래은행이 수입상의 요청에 따라 개설하는 서장으로, 개설은행이 수출상에게 서류요건 충족 시 대금지급을 약속하는 조건부 지급확약서이다.

UCP 600에는 "신용장은 그 명칭과 상관없이 개설은행이 일치하는 제시에 대하여 결제하겠다는 확약으로서 취소가 불가능한 모든 약정을 의미한다"고 규정(제2조)하면서 결제는 ① 일람지급신용장의 경우에는 일람지급 ② 연지급신용장의 경우에는 연지급 확약 후 만기지급 ③ 인수신용장의 경우에는 수익자에 의해 발행되어진 환어음의 인수 후 만기 지급을 의미한다고 보다 구체적으로 규정하고 있다. 결국 신용장은 은행이 수입상을 위하여 자기의 신용을 제공하는 행위로 불확실한 수입상의 신용을 확실한 은행의 신용으로 대체한 증서이다. 따라서 신용장조건에 맞도록 발행된 화환어음은 비록 수입업자가 대금결제를 못하더라도 개설은행이 어음의 지급인(drawee)이 되든지 또는 지급에 대한 최종적인 책임을 지게 되므로 수출상과 수출상의 환어음을 매입한 매입은행은 안심하고 거래할 수 있다.

4.2 신용장의 효과

신용장은 수출업자와 수입업자의 사이에 신용이 있는 은행이 개입하여 수입업자의 불확실한 신용을 보장하므로 국제무역을 원활하게 하는 기능을 한다. 신용장이 국제무역에 참여하는 수출상, 수입상 및 생산자에게 주는 효과는 다음과 같다.

1) 수출상이 갖는 효과

첫째, 신용장은 수입업자의 지급불능 또는 지급거절에 의하여 대금을 회수할 수 없게 되는 신용위험(credit risk)을 제거하여 준다.

둘째, 수출상은 신용장에 의하여 금융상의 편익을 누릴 수 있다. 즉, 수출상은 수출대금을 선적 후 바로 은행과의 화환취결을 통하여 회수할 수 있을 뿐만 아니라 선적 전에도 수출상품의 생산, 집화 및 가공에 필요한 수출금융의 혜택을 누릴 수 있다.

셋째, 수입국의 전쟁, 내란, 혁명, 외환관리 및 수입제한에 따라 수입상이 대금결제를 할 의사가 있어도 할 수 없는 경우가 있다. 이 경우에도 이미 개설된 신용장은 수입허가와 수입대금지급허가를 받았기 때문에 위와 같은 이전위험(transfer risk)도 어느 정도 회피할 수 있다.

넷째, 수출계약이 체결되어도 신용장이 개설되지 않으면 계약이 취소 될 가능성이 많으나 취소불능신용장이 개설된 뒤에는 취소하기가 어렵기 때문에 주문이 확보된다.

2) 수입상이 갖는 효과

첫째, 수입상은 신용장방식으로 수입할 경우 상업위험을 비교적 회피할 수 있다. 즉, 계약에 일치된 약정품을 납기일에 납품하도록 할 수 있다.

둘째, 수출상이 신용장방식으로 수출할 경우 신용위험이 보호되기 때문에 신용장이 없는 경우보다 싼 가격으로 Offer할 것이며, 이로 인하여 수입상은 보다 싼 가격으로 수입할 수 있다.

셋째, 수입상은 일류은행을 통하여 신용장을 개설하므로 자기의 신용을 높일 수 있고, 일단 신용장이 개설되면 상품의 입수를 확보할 수 있다

넷째, 수출상은 대금회수를 위하여 신용장에서 요구한 서류를 정확히 제시하여야 하므로 계약물품이 선적기일내에 선적될 것이라고 확신을 가질 수 있다.

다섯째, 수입상은 서류를 인도받으면서 개설은행으로부터 수입화물대도(T/R)에 의한 신용을 공여받아 물품이 도착하여 판매되는 기간동안 대금결제를 연기받는 혜택을 누릴 수 있다.

3) 생산자가 갖는 효과

첫째, 주문을 받은 수출상으로부터 일정비율의 전도금(advance money)을 받을 수 있고, 이것으로 원·부자재 및 제조비에 충당할 수 있다.

둘째, 수출상이 받은 신용장을 기초로 하여 내국신용장(local L/C)을 받을 수 있으므로 대금회수의 안전성을 확보할 수 있다.

셋째, 수출상과 같이 거래의 안전성을 확보할 수 있다. 즉, 수출계약이 취소되는 등의 불안이 없기 때문에 안심하고 제조·생산에 임할 수 있다.

4.3 신용장거래의 기본원칙과 한계

4.3.1 독립 · 추상성의 원칙

1) 독립성의 원칙

매매당사자가 매매계약의 지급조건(terms of payment)에서 취소불능 신용장으로 수출대금을 결제하기로 약정할 경우 매수인인 수입업자는 자기의 거래은행에 신용장의 개설을 의뢰하게 된다. 신용장은 분명히 매매계약에 근거를 두고 개설되지만, 일단 개설되면 신용장은 매매계약과 독립된 거래가 된다. 이것은 신용장거래에 매매당사자가 아닌 은행이 개입하기 때문이다. UCP 600 제4조 a항에는 다음과 같이 규정하여 그 독립성을 천명하고 있다.

신용장은 그 본질상 그 기초가 되는 매매 또는 다른 계약과는 별개의 거래이다. 신용장에 그러한 계약에 대한 언급이 있더라도 은행은 그 계약과 아무런 관련이 없고, 또한 그 계약 내용에 구속되지 않는다. 따라서 신용장에 의한 결제(honour), 매입 또는 다른 의무이행의 확약은 개설은행 또는 수익자와 개설의뢰인의 사이의 관계에서 비롯된 개설의뢰인의 주장이나 항변에 구속되지 않는다. 수익자는 어떠한 경우에도 은행들 사이 또는 개설의뢰인과 개설은행 사이의 계약관계를 원용할 수 없다.

A credit by its nature is a separate transaction from the sale or other contract on which it may be based. Banks are in no way concerned with or bound by such contract, even if any reference whatsoever to it is included in the credit. Consequently, the undertaking of a bank to honour, to negotiate or to fulfil any other obligation under the credit is not subject to claims or defences by the applicant resulting from its relationships with the issuing bank or the beneficiary.

A beneficiary can in no case avail itself of the contractual relationships existing between banks or between the applicant and the issuing bank.

따라서 수입상은 신용장의 조건이 매매계약조건과 다르다는 이유로 대금지급을 지연시킬 수 없고, 또한 수출상은 신용장거래에서 매매계약조건을 이유로 은행이나 수입상에게 대항할 수 없다. 설령 매매계약 자체가 취소되었다고 하더라도 신용장조건대로 이행한 수출상은 은행으로부터 대금결제를 확보할 수 있다. 이것이 신용장의 독립성이다.

2) 추상성의 원칙

이 원칙은 신용장거래는 상품거래가 아니고 서류상의 거래이다. 이것을 신용장거래의 추상성이라고 하며 이를 UCP 600 제5조는 다음과 같이 규정하고 있다.

은행은 서류로 거래하는 것이며 그 서류가 관계된 물품, 서비스 또는 의무이행으로 거래하는 것은 아니다.

Banks deal with documents and not with goods, services or performance to which the documents may relate.

신용장거래에 있어서 수출상이 약정품을 선적하고 신용장에서 요구하는 서류를 제시하면 은행은 그 서류만을 가지고 수리여부를 판단해야 한다. 따라서 상품이 목적지에 도착하였더라도 상품을 검사한 뒤에 대금을 지급하겠다는 주장은 있을 수 없다.

이 원칙은 은행이 취급하는 서류가 비록 수익자(수출자)가 개설의뢰인(수입자)에게 발송하는 물품과 관련되고 또한 당해 서류의 기재사항이 당해 물품과 관련한 것이라 하더라도, 제3자인 은행은 당해 물품이 아니라 오직 서류만을 거래의 대상으로 삼는다는 의미이다.

따라서 개설은행이 대금결제은행으로부터 송부되어 온 서류를 접수한 후 심사하여 그러한 서류를 수리할 것인가, 또는 이를 거절하고 일치하지 않는다는 이유로 클레임을 제기할 것인가의 여부를 오로지 서류만을 근거로 결정해야 한다.

3) 의 의

이러한 독립·추상성은 어디까지나 신용장거래를 당해 거래의 근거가 되는 무역계약 등 실물거래와 분리하고 신용장거래과정상 취급하게 되는 대상을 계약품 등 실물이 아닌 서류로 설정하여 무역계약당사자인 수출자, 즉 수익자와 수입자, 즉 개설의뢰인을 제외한 은행으로 하여금 안심하고 신용장거래에 참가할 수 있도록 배려한 원칙이다. 만일 이러한 원칙이 없다면 은행은 계약품 등 실물을 대가로 수익자에게 대금을 지급하게 되는 바, 그러면 당해 실물에 대해 비전문가인 은행으로서는 이의 수령, 검사, 보관 및 발송에 따른 엄청난 부담으로 인하여 신용장거래에 참여할 수 없게 될 것이다.

그런데 이 원칙은 무역계약당사자인 수출자와 수입자에게는 상반된 이해관계를 발생시키게 된다. 수익자로서 수출자는 신용장의 입수로 인하여 무역계약으로부터 독립·추상화된 대금청구권을 획득하게 되는 반면, 개설의뢰인으로서 수입자는 송부되어 온 서류가 신용장조건에 일치하는 한 이를 수령하고 대금을 지급해야 하는 불리한 처지에 놓이게 된다. 즉, 수출자는 무역계약상 부적격품을 발송한다 하더라도 신용장조건에 일치하는 서류를 구비함으로써 무조건 수출대금을 회수할 수 있게 되는 반면, 수입자는 신용장거래상 이를 이유로 대금지급거절을 항변할 수 없게 된다.

4) 독립 · 추상성의 예외

서류가 문면상 신용장조건과 일치하면 은행은 대금을 지급하여야 하지만 여기에는 예외가 있다. 즉 서류가 문면상 신용장의 조건과 일치하였으나 사기로 작성되고 수익자가 이에 관련된 것이 입증되면 은행은 지급을 거절하여야 하는데 이를 사기거래 예외의 원칙(Fraud rule, Fraud exception)이라 한다. 이 원칙은 신용장제도의 근간인 독립추상성의 원칙을 악용한 사기적 지급청구에 대처하기 위한 것으로 명백한 증거가 뒷받침되는 경우에 한하여 예외를 인정하고 있다. 이 경우 법원의 지급정지명령(injunction)을 받아 대금지급을 거절할 수 있다. 지급정지명령은 우리

법원의 가처분에 해당하는 것으로 신용장거래에서 신용장 개설은행의 대금지급을 금지하는 법원의 결정을 말한다. 이 명령은 신용장거래가 서류거래라는 대원칙을 훼손하는 것으로 사기와 같은 불법성에 기인한 것이어야 하는데 ① 개설은행의 대금지급 이전일 것 ② 수출상의 사기행위에 대한 명백하고 확실한 증거가 존재할 것 ③ 매입은행의 피해가 없을 것 등의 요건을 엄격하게 설정하고 있다.

4.3.2 엄격일치의 원칙

1) 개 념

엄격일치(Strict compliance)의 원칙이란 신용장거래에서 명시하고 있는 요구서류에 근거하여 은행에 제시되는 모든 서류는 신용장조건과 문면상 엄격하게 일치하여야 하고 은행은 신용장조건과 문면상 엄격하게 일치하는 서류만을 수리하여야 하며 신용장조건과 문면상 엄격하게 일치하지 않는 서류는 수리를 거절한다는 원칙이다.

그러나 현실적으로 볼 때, 신용장의 내용이 상당하고 경우에 따라서는 그 조건이 까다로운 예도 많기 때문에 서류와 신용장의 조건이 일어일구까지 완벽하게 일치시키기 어려운 경우가 많다. 또한 그 결과 수익자와 은행으로서는 수출대금을 결제하고 상환받는데 불편과 어려움을 당하게 된다.

이러한 점을 고려하여 일찍이 독일과 미국을 중심으로 제기된 것이 상당일치(reasonable, substantial compliance)의 원칙이다. 즉, 서류상의 표현이 신용장조건과 엄격하게 일치하지 않더라도, 그것이 신용장조건을 전혀 해하는 것이 아닐 경우, 예컨대, 오자나 탈자 또는 신용장에서 요구하는 사항 이외의 내용을 부가적으로 표현하는 것 등은 신용장조건과 합치하는 것으로 양해하는 원칙이다.

상당일치의 원칙은 현실을 감안한 것이기는 하나, 일치하는 것으로 용인하는 한계가 어느 정도까지인가 하는 새로운 문제점이 제기되어, 오늘날에는 다시 엄격일치의 원칙을 존중하는 방향으로 나아가고 있다.

UCP 600 제14조 a항에서는 "지정에 따라 행동하는 지정은행, 확인은행이 있는 경우의 확인은행 그리고 개설은행은 서류에 대하여 문면상 일치하는 제시가 있는지 여부를 단지 서류만에 의해서 심사하여야 한다."고 규정하여 엄격일치의 원칙을 강조하고, 상당일치의 원칙과 관련된 양해범위는 국제표준은행관습에 맡기고 있다.

A nominated bank acting on its nomination, a confirming bank, if any, and the issuing bank must examine a presentation to determine, on the basis of the documents alone, whether or not the documents appear on their face to constitute a complying presentation.

2) 의 의

이 원칙은 전래로 수입자인 개설의뢰인의 이해관계를 도모하는 차원에서 구상되었다. 즉, 자기의 대금지급의무를 신용장의 개설로 이행하는 수입자로서는 수입지에서 적격품의 적기입수를 원만히 하고자 그 내용을 신용장조건으로 설정하였다. 예컨대, 수입자가 여러 신용장조건 중에서 계약품의 판매시기를 고려하여 선적기한을 19××년 10월 31일로 정하였을 경우가 그것이다.

이 경우 수출자가 여타 제조건을 이행하였다 하더라도 이러한 선적기한 내에 선적하지 못하게 되면, 결국 수입자는 계약품의 적기입수를 하지 못하게 되고, 그 결과 무역거래상 수입자의 이해관계가 본질적으로 훼손되는 결과를 초래하게 될 것이다. 따라서 수출자인 수익자가 대금을 결제하여 수출대금을 회수하는 대가로 이러한 신용장조건을 엄격히 이행하여 서류화하는 의무를 부담함은 당연하다 할 것이다.

4.3.3 신용장의 한계성

앞에서 언급한 바와 같이 신용장은 독립·추상성을 바탕으로 국제거래를 촉진시켜 주는 편리한 결제수단이다. 그러나 원만한 계약이행을 위해서는 매매당사자의 성실성이 중요한 것이지, 신용장이 개설되었다고 모든 것이 다 원만하게 해결되는 것은 아니다. 다시 말해서 신용장에도 몇 가지 제약점들이 있다.

첫째로, 신용장은 하나의 독립된 지급수단이 될 수 없다는 점이다. 사실 신용장은 단지 계약의 성질을 지니고 있기 때문에, 특정 조건에 부합하는 제반서류를 지정된 기일내에 제시하면 신용장금액을 지불하겠다는 은행의 약속이지 그 자체가 유통될 수 있는 어음과 같이 독립된 지급수단은 아니다.

둘째로, 현대의 은행신용장에서 개설은행은 매매계약의 당사자가 아니며 단지 일정한 조건을 충족시키는 경우에 한해서만 개설은행이 지급·인수 또는 매입을 하겠다는 독자적인 약속을 하는 것으로서, 매수인이 상품대금을 지급하지 않으면 은행이 대신 갚아 준다고 생각해서는 안 된다.

셋째로, 신용장은 반드시 계약상품이 인수된다고 보장하지도 않는다는 점이다. 신용장거래는 어디까지나 서류상의 거래이기 때문에 서류상으로만 신용장의 조건을 충족시키게 되면 은행은 대금을 지불하게 되나, 매도인이 계약과 다른 물품을 선적하고 서류만 신용장 내용대로 작성하여 은행에 제시하고 대금결제를 받아도 은행은 면책이 된다. 그러므로 수입업자가 신용장을 개설하였다고 자기가 계약했던 물품을 100% 정확하게 입수하리라는 보장은 없다.

신용장은 오랫동안 무역거래를 해온 상인들이 그들의 거래를 원만하고 편리하게 하기 위하여 만들어 낸 것이며 이것 자체가 절대적이거나 영원불변한 대금결제 수단이 될 수는 없다. 따라서 신용장을 이용할 때는 신용장의 어떤 기술적 문제 때문에 제약을 받기보다는 국제간의 상품거래를 원활히 한다는 신용장의 목적을 이해하는 자세가 필요하다. 결론적으로 중요한 것은 무역거래에 수반되는 위험과 담보의 문제인데, 이들을 균형 있게 잘 조정하여 무역을 증진시키는 것이 해결되어야 할 과제이다.

4.4 신용장거래의 절차와 관계당사자

1) 신용장거래의 절차

신용장거래에 관련되는 자를 관계당사자라고 하고 이들 관계당사자를 보다 쉽게 이해하기 위하여 먼저 매입신용장거래의 일반적 절차를 설명한다.

(1) 먼저 수출상과 수입상 사이에 매매계약이 체결되고 그 계약조건의 하나인 지급조건(terms of payment)을 신용장에 의하도록 약정한다.

(2) 위의 계약조건에 따라 수입상은 자기의 거래은행에 신용장개설을 의뢰한다. 이때 수입상이 개설의뢰인(applicant)이 된다.

(3) 거래은행이 신용장을 개설하면 개설은행(issuing bank)이 되며, 개설은행은 수출상의 소재지에 있는 환거래은행은 통지은행(advising bank)이 되고 통지를 받은 수출상은 수익자(beneficiary)가 된다.

(4) 신용장을 받은 수익자인 수출상은 상품을 생산 또는 집화하여 선적한다.

(5) 선적후 수익자는 환어음을 발행하고 신용장상에 명기한 선적서류를 첨부하여 자신의 거래은행에서 화환취결을 통하여 수출대금을 회수한다. 이때 화환취결은행을 매입은행(negotiating bank)이라고 한다.

(6) 화환어음을 매입한 매입은행은 이를 개설은행 앞으로 송부하고 개설은행으로부터 매입대금을 보상받는다.
(7) 개설은행은 신용장의 개설의뢰인인 수입상으로부터 수입대금을 받고 송부되어온 선적서류를 인도한다.
(8) 수입상은 마지막으로 이 서류를 운송인에게 인도하고 수입상품을 인도받게 된다.

앞에서 설명한 것은 일반적인 경우이고 신용장의 종류와 결제방법에 따라 위에 언급된 당사자 외에도 확인은행(confirming bank), 지급은행(paying bank), 인수은행(accepting bank)이 개입할 경우도 있다.

[그림 1-1] 신용장의 거래 과정

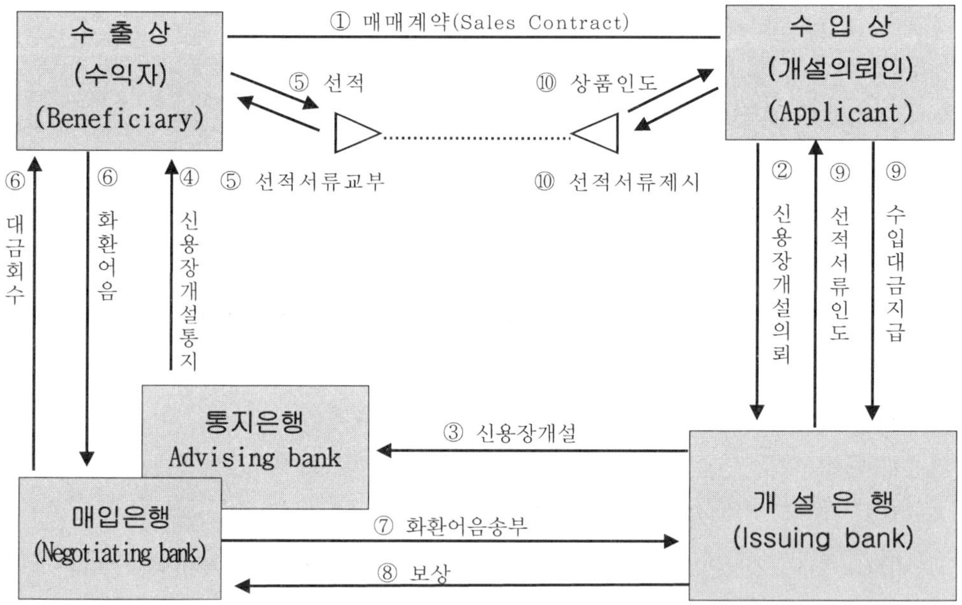

2) 신용장의 당사자

(1) 개설의뢰인(Applicant)

물품 매매의 당사자인 수입업자가 매매계약에 따라 자기 거래은행에 대해서 수출업자 앞으로 신용장을 개설할 것을 의뢰하게 되므로 수입업자를 신용장 개설의뢰인이라고 하며, 무역용어로는 Applicant, Opener, Buyer, Accountee, Consignee, Drawee, Accredited buyer 등으로 통한다.

(2) 개설은행(Issuing bank)

수입업자의 거래은행으로 수입업자의 요청과 지시에 의하여 수출업자가 발행하는 환어음을 지급·인수 또는 매입할 것을 확약한다는 신용장을 발행하는 은행인데, Issuing bank, Opening bank, Credit writing bank, Grantor 등으로 부른다.

(3) 통지은행(Advising bank)

수출국에 있는 수입지 개설은행의 본·지점이나 환거래은행으로 발행된 신용장을 단순히 수익자에게 통지해 주는 은행으로서 거래에 관해서 하등의 책임을 지거나 약정을 하는 것은 아니며, Advising, Notifying 또는 Transmiting bank라고 부른다. 또한 통상 통지은행이 Nego 은행이 되는 것이 국제금융업계의 관례이다.

(4) 지급·인수 또는 매입은행(Paying·Accepting or Negotiating bank)

수출업자는 신용장의 내용대로 선적을 완료하면 수입업자 또는 신용장 개설은행 앞으로 환어음을 발행하여 관계 선적 서류와 함께 자기 거래은행(대개는 통지은행)에 이 어음의 매입을 요청하게 되는데, 신용장에 제한조건이 없으면 아무 은행이나 어음을 매입하는 은행이 곧 매입은행이 되며, 개설은행의 지시와 신용장 조건에 따라 어음을 인수하는 은행을 인수은행이라고 하며, Straight Credit조건하에서 어음의 지급을 행하는, 즉 발행어음의 Addressee은행을 지급은행이라고 한다.

신용장 조건 또는 신용장의 종류에 따라 표현이 다르긴 하지만 모두가 다 어음발행자에게 화환어음과 상환으로 수출대금을 지불하는 은행으로서 보통 Nego은행으로 통하며, 대개는 통지은행과 같은, 수출업자의 거래은행이 된다.

(5) 확인은행(Confirming bank)

화환신용장은 원거리에 있는 수입업자의 신용을 확실하게 해주기 위하여 공신력을 가진 은행의 신용을 개입시켜 그 개설은행으로 하여금 신용장에 의해서 발행된 화환어음의 선의의 소지자(bona-fide holder)에게 대해서도 지급·인수 또는 매입할 것을 확약시키는 것인데, 만약 이 확약을 하는 개설은행이 수출업자에게는 잘 알려지지 않은 지방은행이거나 아프리카 소왕국의 은행 같으면 수출업자는 이런 신용장을 받아도 선적후에 화환어음이 반드시 지급·인수 또는 매입될 수 있는지 의심스러울 때가 있다. 이런 경우에 수출업자는 수입상에게 연락하여 수출국에 있는 권위있는 은행에다 당해 신용장을 보증해 줄 것을 요청한다. 수입상은 다시 개설은행에다 이 사실을 알리고 수출국에 있는 제3의 은행에 소정의 "Confirming Fee"를 지불하고 확인 받는다.

(6) 수익자(Beneficiary)

신용장 개설의뢰인인 수입업자의 지시에 따라 신용장 발행의 혜택을 받는 사람, 즉 신용장을 받는 수출업자를 수익자라고 하며, Accreditee, Addressee 또는 User라고 부른다.

4.5 신용장의 분류와 종류

1) 신용장의 분류

(1) 상업신용장(Commercial letter of credit)과 무담보신용장(Clean letter of credit)

① 상업신용장

상업신용장은 통상 국제무역거래에서 대금결제를 위하여 사용되는 신용장으로 반드시 상품의 이동을 수반한다. 상업신용장은 다시 선적서류가 첨부되느냐의 여부에 따라 화환신용장(Documentary letter of credit)과 무화환신용장으로 나눈다. 전자는 신용장의 수익자인 수출상이 선적 후에 발행한 환어음과 그것에 첨부된 선적서류가 신용장조건과 일치하면 수입상의 거래은행인 개설은행이 그 어음의 지급·인수를 보증하는 증서(Instrument)로 일반적으로 상업신용장이라고 하면 이를 지칭한다.

후자는 수출상이 선적서류를 수입상에게 직접 송부하고 은행에는 환어음만 제출하여 대금을 회수하는 신용장으로 동일기업의 본·지점간이나 수입상의 신용을 전적으로 믿을 수 있는 경우에 이용되며 개설은행은 신용 있는 기업의 의뢰에 의해서만 신용장을 발행한다. 그 예로는 선대신용장이 대표적인 것이다.

② 무담보신용장

무담보신용장은 해외여행에 이용되는 여행자신용장(Traveller's letter of credit)과 운임, 보험료 및 계약의 담보금 등에 이용되는 보증신용장(Stand-by letter of credit)

으로 나눌 수 있다. 특히 UCP500(1983)부터는 보증신용장을 그 적용대상으로 규정함으로써 지금까지 물품거래에 따르는 화환신용장에만 한정하였던 동 규칙의 적용범위를 금융거래상의 채무에 대한 지급보증에까지 확대하였다.

여행자신용장은 해외여행자가 많은 현금을 휴대하는데 따른 불편과 위험을 덜어주기 위하여 개설된 신용장으로 여행자가 행선지에서 개설은행 또는 개설은행이 지정하는 은행 앞으로 발행한 일람출급어음을 매입할 것을 개설은행이 자기의 본·지점 또는 환거래은행에 의뢰하고 그 어음의 지급을 약정한 신용장이다. 따라서 이 신용장은 개설의뢰인과 수익자가 같고 매입은행이 개설은행의 본·지점 또는 환거래은행에 한정되어 있다.

한편, 보증신용장은 현지금융의 수단으로서 해외지점의 채무보증을 위하여 채권자인 현지은행 앞으로 본사의 의뢰에 의하여 본사의 거래은행이 개설한다. 만약 현지의 해외지점이 채무를 이행하지 못하면 현지은행이 신용장개설은행 앞으로 어음을 발행하여 구상하게 된다. 이 밖에도 보증신용장은 입찰보증금(Bid bond)이나 이행보증금(Performance bond)의 적립시에도 이용된다.

(2) 전신신용장(Cable letter of credit)과 우편신용장(Mailing letter of credit)

신용장의 개설방법에 따른 분류로, 신용장을 전신으로 개설했으면 전신신용장이며 우편으로 개설했으면 우편신용장이다.

2) 신용장의 종류

무역거래에서 사용되는 신용장은 원칙적으로 화환신용장이다. 화환신용장도 관점에 따라 여러 가지로 구분되기 때문에 하나의 신용장이 단일의 성질을 나타내는 것이 아니고 여러 가지 성질을 겸하고 있다. 신용장을 성질별로 분류하면 다음과 같다.

(1) 취소불능신용장(Irrevocable credit)과 취소가능신용장(Revocable credit)

UCP600 제3조에는 취소가능신용장이 실제 사용되는 경우가 흔치 않다는 관행을 반영하여 "신용장은 취소불능이라는 표시가 없더라도 취소가 불가능하다(A credit is irrevocable even if there is no indication to that effect)"고 규정하고 있다.

취소불능신용장은 개설은행이 신용장의 조건에 따라 발행한 환어음과 선적서류의 선의의 소지인에게 신용장에서 명시된 지급, 인수 또는 매입을 틀림없이 이행하겠다는 확약(definite undertaking)이며 취소불능신용장에는 다음과 같은 확약문언이 인쇄되어 있다.

"We hereby agree with bona fide holders that all drafts drawn under and in compliance with the terms of the credit shall be duly honored on due presentation and by delivery of documents as specified to the drawee if drawn and presented for negotiation on or before expiration date of this credit."

취소불능신용장은 개설은행이 일단 신용장을 개설하여 수익자에게 통지한 이상 신용장의 관계당사자인 개설은행, 확인은행(확인신용장인 경우에 한함) 및 수익자의 동의 없이는 취소나 조건변경을 할 수 없는 신용장을 말한다.

취소가능신용장은 개설은행과 수익자 사이에 확약이 없는 신용장으로 개설은행이 수익자에게 사전에 통지하지 않고 일방적으로 신용장을 취소하거나 조건변경을 할 수 있는 신용장이다. 그러나 수익자가 취소가능신용장을 받고 난 뒤 그 신용장의 취소나 조건변경의 통고를 받기 전에 그 신용장에 따라 발행된 어음을 지급, 인수 또는 매입한 은행에 대해서는 개설은행이 상환의무가 있다. 취소가능신용장은 언제 취소 또는 변경될지 모르기 때문에 수출상의 입장에서는 매우 불안하며 개설은행의 지급보증확약이 없기 때문에 신용장의 기능을 충분히 할 수 없다.

(2) 확인신용장(Confirmed credit)과 무확인신용장(Unconfirmed credit)

확인신용장은 신용장의 개설은행 이외에 제3은행, 특히 국제적으로 신용이 있는 은행이 개설은행의 요청에 의해서 수익자가 발행한 어음의 지급, 인수 또는 매입을 확약한 신용장을 말하며, 무확인신용장이란 이러한 확약이 추가되지 않는 신용장을 말한다.

확인신용장은 개설은행 이외에 국제적으로 신용이 있는 은행의 지급확약, 즉 지급보증이 추가되어 개설은행의 지급불능시에도 수익자는 어음대금을 회수할 수 있기 때문에 그만큼 수익자의 권리가 강화되는 셈이다.

UCP600 제2조 정의규정에는 확인(Confirmation)과 확인은행(Confirmation bank)에 대하여 다음과 같이 규정하고 있다. 즉 "확인은 일치하는 제시에 대하여 결제 또는 매입하겠다는 개설은행의 확약에 추가하여 확인은행이 하는 확약을 의미하며 확인은행은 개설은행의 확약에 추가하여 확인은행이 하는 확약을 의미한다"고 규정하고 있다.

확인신용장의 확약문헌에 관한 예는 다음과 같다.

"We confirm the credit and thereby undertake that all drafts drawn and presented as specified will be duly honored by us."

(3) 상환청구가능신용장(With recourse credit)과 상환청구불능신용장 (Without recourse credit)

상환청구가능신용장은 신용장에 따라 수익자가 발행한 환어음을 매입한 은행이나 이를 소지한 자는 선의의 소지인이 된다. 이러한 환어음이 지급인에게 제시되어 지급 또는 인수가 거절된 때 그 선의의 소지인 또는 배서인은 환어음의 발행인에게 지급한 환어음 대금의 청구를 할 수 있는 신용장을 말한다.

상환청구불능신용장은 어음을 소지한 은행의 상환청구에 어음발행인이 상환의무를 부담하지 않는 신용장을 말한다. 보통 상환청구가능신용장은 신용장면에 'With recourse'의 표시가 있거나 아무런 표시가 없으면 상환청구가능신용장으로 간주한다. 그러므로 상환청구불능신용장에는 'Without recourse'의 표시가 있어야 한다. 그러나 우리나라 어음법에서는 어음발행인이 어음을 발행함으로 인하여 그 어음의 인수와 지급을 담보하는 것이므로 인수나 지급이 없을 때에는 어음발행인이 스스로 지급을 해야 한다. 그러므로 신용장상에 'With recourse'나 'Without recourse'의 표시는 별 의미가 없고 어음발행국의 어음법에 따라야 할 문제이다. 왜냐하면 우리나라의 경우 어음법은 국내강행법규이므로 신용장상의 특약에 우선한다. 우리나라에서는 수출상이 화환어음 매입시 매입은행에 「외국앞 화환어음약정서」를 제출하게 된다. 이 약정서에는 어음지급인이 지급하지 않거나 지급불능시 매입은행이 수출상에게 상환청구를 할 수 있고 수출상은 이 청구에 응할 것을 확약하고 있다.

신용장의 해석에 있어서의 우선순위는, 첫째, 수출국 또는 수입국의 국내강행법규(어음·수표법, 민법, 상법, 섭외사법), 둘째, 당사자간의 특약, 셋째, 신용장통일규칙의 순서로 정해진다. 그러나 위의 국내법이나 특약 등은 적용범위가 한정되어 있기 때문에 신용장실무에서 가장 광범위한 구속력을 가지는 것은 신용장통일규칙이라고 할 수 있다.

(4) 매입신용장(Negotiation credit)과 지급신용장(Straight credit)

신용장에 의하여 발행되는 환어음이 매입되는 것을 전제로 매입은행에 대하여 지급확약을 하고 있는 신용장을 매입신용장이라고 한다. 매입신용장에서는 개설은행이 수익자인 어음의 발행인(drawer)뿐만 아니라, 배서인(endorser) 및 선의의 소지인(bona fide holder)에게도 지급을 확약하고 있다. 매입신용장의 지급확약문언은 다음과 같다.

"We hereby agree with the drawers, endorsers and bona fide holder that drafts drawn under and in compliance with the terms of this credit will be duly honored upon presentation and delivery of documents as specified to the drawee if drawn and presented for negotiation on or before expiration date of this credit it."

지급신용장은 배서인이나 선의의 소지인에 대한 약정이 없고 단지 신용장개설은행이나 개설은행의 환거래은행 앞으로 어음이 발행되어 제시되면 지급하겠다는 약정이 있는 신용장을 말한다. 지급신용장은 개설은행이 수출지의 환거래은행에 대하여 일정한 선적서류와 상환으로 지급을 위탁하는 것이므로 수출상의 어음은 그 지급은행 앞으로 발행된다. 지급신용장에서도 어음의 매입을 금지하는 것이 아니므로 매입은행은 원한다면 자기의 위험부담으로 매입을 해야 한다. 왜냐하면 개설은행의 지급확약이 없기 때문이다. 지급신용장의 경우 본문서두의 문언과 지급확약문언은 다음과 같다.

〈본문서두문언〉

"We hereby establish in your favor this documentary credit which is available by payment against presentation of the following document."

〈지급확약문언〉

"We hereby agree with you that payment will be duly made against documents presented in compliance with the terms of this credit. Drafts must be presented to the drawee for payment not later than…."

(5) 양도가능신용장과 양도불능신용장

양도가능신용장이란 신용장상에 'Transferable'이라는 표시가 있어 수익자(fist beneficiary 또는 original beneficiary)가 제3자(second beneficiary)에게 신용장 금액의 전부 또는 일부의 사용권을 양도할 수 있도록 허용된 신용장을 말한다. 그러나 신용장상에 'Transferable'이란 표시가 없으면 양도될 수 없는 양도불능신용장으로 간주하며, 「양도가능」이란 표현은 'Transferable'이란 용어만 사용하도록 UCP 600 제38조 b항에 규정하고 있다.

신용장의 양도는 1회에 한하며, 별도로 분할선적 금지조항이 없으면 여러 개의 분할 양도도 가능하며 이 경우 분할양도 총액이 원신용장의 금액을 초과할 수 없다. 제2의 수익자 앞으로 양도될 때에는 원신용장에 명시된 조건하에서만 양도되나 신용장의 금액, 단가, 선적기일 및 유효기일에 대하여는 그 중 어느 것이든지 또는 전부에 대하여 감축 또는 단축이 가능하다.

(6) 일람출급신용장(Sight credit)과 기한부신용장(Usance credit)

일람출급신용장은 신용장조건에 맞는 환어음을 발행하여 은행에 제시하면 즉시 지급되어야 하는 일람출급어음(Sight bill, Demand bill 또는 Sight draft)을 발행할 수 있는 신용장을 말하며 기한부신용장은 일람후정기출급(At X days after sight), 일부후정기출급(At X days after date of B/L)으로 되어 있는 기한부어음(Time bill 또는 Time draft, Usance bill 또는 Usance draft)을 발행하는 신용장을 말한다.

일람출급신용장하에서는 환어음의 지급인(Drawee)이 개설은행이거나 개설의뢰인이거나를 불문하고 개설은행이 지급을 확약하고 있으므로 환어음이 제시되면 지급인은 즉시 지급하여야 한다. 그러나 기한부신용장의 경우, 즉 ‘at 90 days after sight’인 경우 일람후 90일간 지급이 유예되므로 수입상은 그 기간만큼 금융상의 혜택을 누릴 수 있고 수출상은 90일을 기다리지 않고 미리 선이자를 제공하고 할인매입할 수도 있다.

(7) 보통신용장(General credit)과 특정신용장(Special restricted credit)

특정신용장은 신용장상에 어음매입은행이 지정되어 있는 신용장을 말하며, 보통신용장은 신용장상에 매입은행을 지정하지 않고 어느 은행에서나 환어음을 매입할 수 있는 신용장으로 자유매입신용장이라고도 한다. 신용장상에 매입은행을 지정하는 이유는 개설은행이 수출지의 자행지점이나, 환거래은행이 지정은행밖에 없는 경우로 수익자의 입장에서는 보통신용장이 훨씬 편리하다. 우리나라의 경우에는 수출상이 특정신용장을 받더라도 자기의 거래은행에서 매입하고 매입한 은행이 특정은행에 재매입하는 절차를 취하고 있다. 특정신용장에는 다음과 같은 제한문언(restriction clause)이 있다.

“Negotiation under this credit is restricted to X Bank.” 혹은 “This credit is available only to X Bank.”

(8) 내국신용장(Local credit)과 원신용장(Master credit)

내국신용장이란 수익자인 수출상이 수출상품이나 수출용원자재를 국내에서 공급받기 위하여 국내의 원자재공급자나 완제품공급자 앞으로 자신이 해외에서 받은 신용장을 견질로 외국환은행을 통하여 이들 공급자 앞으로 발행하는 신용장을 말한다. 이에 반하여 해외에서 받은 신용장을 원신용장(Original L/C 또는 Master L/C)이라고 부른다.

내국신용장은 수출상에게 수출상품을 구매함에 있어서 사전에 대금을 지급하지 않아도 되는 편익을 제공하고 국내의 원자재나 완제품공급자에게는 개설은행의 지급확약을 부여받기 때문에 수출신용금융방식의 일종이다.

양도가능신용장은 신용장 자체가 양도되는 데 반하여 내국신용장은 원신용장을 견질로 발행된 제2신용장(Secondary L/C)이며, 양도가능신용장은 원신용장을 개설한 외국에 있는 은행의 지급확약이 있으나 내국신용장은 국내은행의 지급확약에 따라 발행된다.

내국신용장의 조건 중에 금액, 단가, 선적기일 및 유효기일을 제외하고는 원신용장과 일치하나 보통 원신용장보다 단가가 적고 유효기일도 단축되는 것이 일반적이다. 이것은 원신용장의 수익자가 차액을 취하기 위해서이다. 내국신용장의 수익자는 원신용장의 수익자와 같은 금융 및 세제상의 혜택을 누릴 수 있고 내국신용장에 대한 입금실적은 수출실적으로 인정된다.

내국신용장의 수익자는 원신용장과 관계없이 인도기일내에 물품을 인도하고 신용장개설의뢰인 앞으로 어음을 발행하여 내국신용장개설은행을 통하여 대금을 회수한다.

(9) 연지급신용장(Deferred payment credit)

연지급신용장이란 수출상이 수입상을 믿고, 상품대금의 지급을 일정기간 유예하는 신용장이다. 즉 신용장 조건과 일치하는 서류를 신용장에서 지정한 연지급확약은행에 제시하면 약정된 만기일에 지급한다고 약정된 신용장으로 신용장상에 연지급을 위한 서류를 제시할 은행과 지급 만기일을 지정하여야 한다. 연지급신용장의 서두문언은 다음과 같다.

"We hereby issue in your favor this documentary credit which is available by payment at 90 days after B/L date against presentation of the following documents marked⋯."

연지급신용장은 기한부신용장과는 달리 연지급확약을 받는 시점에서 환어음을 동반하지 않는다.

(10) 회전신용장(Revolving credit)

수출상과 수입상간에 동일상품을 계속적으로 거래해야 할 경우, 매 거래시마다 신용장을 개설하면 번거로움이 따르고 그렇다고 거래예상금액을 한꺼번에 개설하면 많은 개설담보금이 필요하기 때문에 개설의뢰인에게 너무 과중한 자금부담이 생긴다. 이런 경우 일정한 기간 동안 일정한 범위내에서 신용장금액이 자동적으로 갱신되도록 되어 있는 신용장을 회전신용장이라고 한다. 회전신용장은 기간과 관련하여 회전되는 방법과 금액과 관련하여 회전하는 방법이 있다.

첫째, 일정한 기간마다 그 금액이 갱신되는 방법에는 누적적 방법과 비누적적 방법이 있다. 누적적 방법은 전기의 미사용잔액이 당기에 누적될 수 있는 것이고 비누적적 방법은 전기의 미사용 잔액이 누적되지 않는 것을 말한다. 기간과 관련된 회전신용장의 관련 문언은 다음과 같다.

"We hereby issue in your favor this documentary Letter of Credit in sum of U.S.$ 4,000,000 revolving monthly non-cumulative for account of X."

둘째, 금액과 관련된 회전신용장에서는 유효기간 내에 사용된 신용장금액이 자동적으로 갱신되는 것으로 갱신방법은 신용장조건에 일치된 화환어음이 지급되었다는 통지가 있으면 갱신되는 방법과 화환어음의 결제일수를 정해 놓고 그 기간 동안에 부도의 통지가 없으면 자동적으로 갱신되는 방법이 있다. 금액과 관련된 회전신용장의 문언은 다음과 같다.

"The amount of drawings made under this credit becomes automatically reinstated on payment by us. Drafts drawn under this credit must not exceed to U.S. $ 50,000 in any calendar month."

회전신용장은 신용장의 전금액은 명시할 필요가 없으며, 전금액이 명시되고 할부선적이 허용되는 신용장은 회전신용장이 아니다. 회전신용장이 아닌 일반신용장도 신용장금액의 증액, 선적 및 유효기간의 연장 등의 조건변경을 통하여 회전신용장과 같은 효과를 얻을 수 있다.

(11) 선대신용장(Red Clause(Packing) credit)

수출상이 선적전에 상품의 생산·집화 또는 구입자금을 조달할 수 있도록 신용장개설의뢰인의 의뢰에 대하여 개설은행이 통지은행에게 선급을 수권한 신용장을 선대신용장 또는 전대신용장이라고 한다.

이러한 선급허용조건을 붉은 글자로 표시하였다고 하여 Red Clause L/C라고도 부른다.

선대신용장은 수입상의 본·지점간 또는 매매당사자간 신용도가 높은 경우에 한하여 자금의 효율적인 운영을 도모하기 위하여 사용되거나 매도인이 거래의 주도권을 장악하는 Seller's market에서 주로 이용된다. 따라서 수출상이 선급시 제출하는 서류는 영수증과 각서로 각서의 내용은 선적이 끝나면 모든 서류를 매입은행에 제출하겠다는 진술서이다.

만약 수출상이 수출을 이행하지 않아 선대은행이 대금회수를 할 수 없는 경우에는 선급금에 이자를 가산한 금액을 신용장개설은행에 청구할 수 있고 개설은행은 다시 개설의뢰인에게 상환청구권을 갖는다.

(12) 구상무역신용장

① Escrow credit

Escrow credit은 Back to back credit과 마찬가지로 두 나라 사이에 무역균형을 유지하기 위하여 사용되는 구상무역의 일종이다.

'Escrow'란 용어는 은행이나 신탁회사에 어떤 것을 신탁하고 일정한 조건이 충족되면 이를 타인에게 양도할 것을 의뢰하는 신탁행위를 말한다.

Escrow credit은 수입상이 수입신용장개설시에 신용장조건상으로 그 신용장에 의하여 발행된 어음의 매입대금을 수익자에게 지급하지 않고 수익자 명의의 Escrow계정에 입금해 두었다가 그 수익자가 원신용장개설국으로부터 상품수입에만 사용하도록 규정한 신용장을 말한다. 그러나 Escrow credit은 Back to back credit과는 달리 꼭 같은 금액의 신용장이 동시에 발행되는 것이 아니므로 물품선택과 기일이 훨씬 자유롭다.

② Back to back credit

미국에서는 이 신용장을 원신용장을 견질로 하여 개설된 내국신용장의 뜻으로 사용되고 있으나, 이는 Escrow credit과 마찬가지로 양국의 무역균형을 유지하기 위하여 사용되는 신용장으로 한 나라의 수입상이 일정액의 수입신용장을 개설할 경우 그 신용장은 상대방에게서 같은 금액의 수입신용장을 개설하는 경우에만 유효하다는 조건이 붙은 신용장을 말한다. Escrow credit은 수출신용장과 수입신용장이 개설되는데 시차가 있지만 Back to back credit은 두 개의 신용장이 원칙적으로 동시에 개설되는 것이 특색이다.

③ TOMAS credit

일·중국의 무역거래에서 처음 사용한 신용장으로 일본의 무역상사의 전신약호(Cable Address)인 'TOMAS'를 따서 생긴 명칭이다.

예를 들면, A국의 수입상이 B국의 수출상으로부터 수입하기 위하여 수입신용장을 개설할 경우 신용장을 받은 B국의 수출상이 역으로 A국으로부터 수입을 해야 하는데 아직 수입상품이 확정되지 않았다면 반드시 수출에 대응하는 수입을 하겠다는 요지의 보증서를 매입은행에 제출하므로 A국의 수입신용장이 유효하게 되는 것을 말한다.

(13) 어음매입수권서와 지시서

수권서(Letter of authority)나 지시서(Letter of instruction)는 은행의 지급확약이 없기 때문에 신용장이라고 할 수는 없으나 신용장과 함께 국제결제에 이용된다는 점에서 신용장과 유사한 기능을 한다. 수권서에는 어음매입수권서와 어음지급수권서가 있다.

① 어음매입수권서(Authority to purchase)

수입지의 은행이 수입상의 의뢰에 의하여 수출상 소재지에 있는 자기의 지점 또는 환거래은행에 대하여 수출상이 선적서류를 첨부하고 수입상 앞으로 발행한 환어음을 매입할 것을 지시한 통지서이다. 그러나 이를 매입한 은행은 이 어음의 인수 또는 지급을 확약하는 것이 아니고 어음의 지급인이 수입상이므로 어음의 지급이 거절될 경우에는 수출상은 상환청구에 응하지 않으면 안된다.

② 어음지급수권서

수입상의 요청에 따라 수입상의 거래은행이 수출지에 있는 지점이나 환거래은행에 대하여 수출상이 통지은행 앞으로 발행하는 어음을 지급할 것을 지시하는 통지서이다. 이것이 어음매입수권서와 다른 점은 어음을 수입상 앞으로 발행하는 것이 아니라 통지은행 앞으로 발행하는 일람출급어음이라는 점이다. 그러나 이러한 지급수권서를 통지해 주는 통지은행은 지급에 대한 어떤 확약도 하지 않으며 또 수익자에게 사전에 아무런 통지없이 취소할 수 있다.

4.6 신용장의 구성내용

신용장의 구성내용을 규제하는 성문법이나 관습법은 존재하지 않기 때문에 국제상업회의소에서 표준양식을 제정하여 각국의 은행이 이를 채택하도록 권고하고 있다. 그러나 신용장은 개설은행이나 개설국가에 따라 그 내용이 다양하다. 그러나 신용장이 무역거래에서 가장 일반적으로 사용되는 대금결제수단이며 독립추상성이라는 특성을 갖고 있기 때문에 신용장의 기재내용도 어느 정도 공통점을 갖고 있다. 우선 취소불능신용장에 기재되는 공통사항을 다음과 같이 분류할 수 있다.

- 신용장 자체에 관한 사항
- 환어음에 관한 사항
- 상품 및 선적에 관한 사항
- 서류에 관한 사항
- 기타 사항

신용장 발행을 위한 SWIFT Message Type

(MT700 Issue of Documentary Credit)

M/O	Tag	Field Name	Content/Options
M	27	Sequence of Total	1n/1n
M	40A	Form of Documentary Credit	24x
M	20	Documentary Credit Number	16x
O	23	Reference to Pre-Advice	16x
O	31C	Date of Issue	6n
M	31D	Date and Place of Expiry	6n29x
O	51a	Applicant Bank	A or D
M	50	Applicant	4*35x
M	59	Beneficiary	[/34x]4*35x
M	32B	Currency Code, Amount	3a 15number
O	39A	Percentage Credit Amount Toterance	2n/2n
O	39B	Maximum Credit Amount	13x
O	39C	Additional Amounts Covered	4*35x
M	41a	Available with … By …	A or D
O	42C	Draft at…	3*35x
O	42a	Drawee	A or D
O	42M	Mixed Payment Details	4*35x
O	42P	Deferred Payment Details	4*35x
O	43P	Partial Shipment	1*35x
O	43T	Transshipment	1*35x
O	44A	Loading on Board/Dispatch/Taking in Charge at/from…	1*65x
O	44B	For Transportion to…	1*65x
O	44C	Latest Date of Shipment	6n
O	44D	Shipment Period	6*65x
O	45A	Description of Goods and/or Services	50*65x
O	46A	Documents Required	50*65x
O	47A	Additional Conditions	50*65x
O	71B	Charges	6*35x
O	48	Period for Presentation	4*35x
M	49	Confirmation instructions	7x
O	53a	Reimbursement Bank	A or D
O	78	instructions to the Paying/Accepting/Negotiating Bank	12*65x
O	57a	"Advise Through" Bank	A, B or D
O	72	Sender to Receiver Information	6*35x

수입신용장(SWIFT MT700)

Application header block :

: Input/Output Identifer	: I Outgoing Message
: Transaction Typer	: 700 issue of a documentary credit
: Transaction Prioity	: n Normal
: From	: WOORI BANK, SEOUL
: To	: HANKOOK BANK HONG KONG BRANCH. HONG KONG

Text Block :

/27 : sequence of total	: 1/1
/40A : form of documentary credit	: IRREVOCABLE
/20 : documentary credit number	: M1234 606NS00018
/31C : date of issue	: 06/06/24
/31D : date and place of expiry	: 06/08/20 HONG KONG
/50 : applicant	: KOREA TOYS CO., LTD. 159-1SAMSUNGDONG KANGNAMGU, SEOUL, KOREA
/59 : beneficiary	: CHINA TOYS CO., LTD. RM 1000 CHAI WAN IND. CITY PHASE 1, 60 WING TAIRO, CHAIWAN H.K.
/32B : currency code amount	: USD 119,000.00
/39A : pct credit amount toterance	: 10/10
/41D : available with by name, address	: ANY BANK BY NEGOTIATION
/42C : drafts at	: AT SIGHT
/42A : drawee	: HONG KONG FIRST BANK LTD., HONG KONG(ADDR 2007, JARDINE HOUSE 1 CONNAUGHT PLACE, CENTRAL, HONG KONG)
/43P : partial shipment	: ALLOWED
/43T : transshipment	: NOT ALLOWED
/44A : on board/Disp/taking charge	: SHIDAO, CHINA
/44B : for transportion to	: BUSAN, KOREA
/44C : latest date of shipment	: 06/08/10

/45A : descr goods and/or services

700PAIRS OF CHINESE GIANT BEAR TOY
SIZE : MIN 1.5 METERS AT USD170.00
F.O.B.SHIDAO.CHINA

/46A : documents required

+SIGNED COMMERCIAL INVOICE IN QUINTUPLICATE
+PACKING LIST IN TRIPLICATE
+FULL SET OF CLEAN ON BOARD OCEAN BILL OF LADING MADE OUT TO THE ORDER OF WOORI BANK MARKED FREIGHT COLLECT AND NOTIFY APPLICANT
+CERTIFICATE OF ORIGIN

/47A : additional conditions

ALL DOCUMENTS MUST BEAR OUR CREDIT NUMBER M1234 606NS00018
T/T REIMBURSEMENT NOT ALLOWED
OUANTITY 10PCT MORE OR LESS ALLOWED
+THIRD PARTY DOCUMENTS ACCEPTABLE

/71B : charges	: ALL BANKING COMMISSIONS AND CHARGES INCLUDING REIMBURSEMENT CHARGES OUTSIDE KOREA ARE FOR ACCOUNT OF BENEFICIARY
/49 : confirmation instructions	: WITHOUT
/53A : reimbursement bank	: HONG KONG FIRST BANK LTD., HONG KONG(ADDR 2007, JARDINE HOUSE 1 CONNAUGHT PLACE, CENTRAL, HONG KONG)

/78 : instructions to the pay/acc/neg bk

DRAFTS MUST BE SENT TO DRAWEE BANK FOR YOUR REMBURSEMENT
AND ALL DOCUMENTS TO US BY COURIER SERVICE IN ONE LOT

/72 : sender to receiver information	: THIS CREDIT IS SUBJECT TO U.C.P(2007 REVISION) I.C.C. PUBLICATION NO. 600

4.7 신용장통일규칙

1) 제정 및 적용범위

신용장통일규칙(Uniform Customs and Practice for Documentary Credits : UCP)은 민간단체인 ICC가 국제적 신용장관련관습을 법규의 형식을 빌려 규정화한 국제규칙이다. 1933년 제정된 이래 1951, 1962, 1974, 1983 및 1993, 2007년에 걸쳐 6차례 개정이 이루어졌다. 그러므로 그 자체만으로 법적 구속력을 가지는 것은 아니며, 어디까지나 채택은행간에, 또한 신용장거래상 관계를 가지는 은행 이외의 당사자, 예컨대, 개설의뢰인이나 수익자가 이에 따를 것으로 합의한 경우 비로소 구속력을 가지게 된다. UCP600 제1조에는 "2007년 개정, 국제상업회의소 간행물 제600호에 발표된 화환신용장통일규칙 및 관례(신용장통일규칙)는 신용장의 문면에 위 규칙이 적용된다는 것을 명시적으로 표시한 경우, 모든 화환신용장(적용가능한 범위내에서 보증신용장을 포함)에 적용된다. 이 규칙은 신용장에서 명시적으로 수정되거나 그 적용이 배제되지 않는 한 모든 당사자를 구속한다."고 규정하고 있다.

신용장통일규칙은 국제상업회의소가 사실상 모든 은행들의 신용장에 의한 대금결제와 관련한 제반 관습과 관행을 정리하여 통일화한 것이다. 따라서 이는 그 자체만으로 법적 구속력을 지니는 것이 아니며, 어디까지나 채택은행간에, 또한 신용장거래상 직접관계를 지니는 당사자, 예컨대, 개설의뢰인이나 수익자가 이에 따를 것으로 합의한 경우 구속력을 가지게 된다.

그런데 현실적으로 볼 때, 세계 대다수 국가 및 지역에서 이 규칙을 채택하고 있고 또한 그 자체가 국제상관습법으로서 법적 문제의 해결에 하나의 법원으로 인정되는 경우가 많아 신용장거래실무상 큰 혼란은 발생하지 않고 있다.

그리고 신용장거래에 있어 당해 규칙을 채택하지 않은 은행과 거래할 경우에는 대금 결제에 관한 준거법을 적용하게 되고, 이러한 준거법조차 없는 경우는 국제사법의 정신에 따라 신용장의 개설지 또는 당해 조건의 이행지법이 적용되게 된다.

그런데 신용장통일규칙이 적용되지 않는다면 개설·확인·통지·매입은행의 책임, 신용장 제조건의 해석 및 거래과정의 규율 등을 당해 개설지 또는 이행지법에 따라 해석해야 하는 데, 대표적으로 미국의 UCC가 신용장에 관한 규정을 두고 있고 대부분의 나라는 신용장에 관한 규정을 두고 있지 않다. 그러한 연유로 대부분의 국가가 신용장통일규칙을 준거법으로 설정하여 신용장을 개설함으로써 신용장거래상의 혼란과 오류를 방지하고 있다.

총 39개조로 구성된 UCP의 조문별 내용은 다음과 같다.

제1조 적용범위

제2조 정의규정

제3조 해석

제4조 신용장과 계약관계

제5조 서류와 물품·서비스·채무이행관계

제6조 제시의 사용가능성·유효기일·장소

제7조 개설은행의 확약

제8조 확인은행의 확약

제9조 신용장·변경의 통지

제10조 변경

제11조 전신·예고신용장과 변경

제12조 지정

제13조 은행간 보상협정

제14조 서류심사의 기준

제15조 일치하는 제시

제16조 하자서류, 권리포기 및 통고

제17조 원본서류와 사본

제18조 상업송장

제19조 둘 이상의 상이한 운송방식을 카버하는 운송서류

제20조 선하증권

제21조 비유통성 해상화물운송장

제22조 용선계약부 선하증권

제23조 항공운송서류

제24조 도로·철도 내수로 운송서류

제25조 특사수령증·우편수령증·우송증명서

제26조 갑판적·부지조항·운임추가경비

제27조 무고장 운송서류

제28조 보험서류와 보험담보

제29조 제시의 유효기일·최종일자의 연장

제30조 신용장금액·수량·단가의 오차한도

제31조 분할어음발행·분할선적
제32조 할부어음발행·할부선적
제33조 제시의 시간
제34조 서류효력에 관한 면책
제35조 송달·번역에 관한 면책
제36조 불가항력
제37조 피지시자 행위에 관한 면책
제38조 양도가능 신용장
제39조 대금의 양도

2) eUCP의 제정

전자무역의 출현으로 신용장관습도 이에 맞춰 변화하지 않을 수 없게 되었다. 때문에 국제상업회의소 은행위원회는 기존 UCP의 보칙으로 eUCP(Supplement to UCP500 for Electronic Presentation)를 제정하였고 2002년 4월 1일부터 적용하게 되었다. eUCP의 목적은 종이서류를 대신하는 전자제시(electronic presentation)가 보다 보편화 될 때 발생할 수 있는 몇 가지 불확실성을 사전에 제거하기 위한 것이다.

(1) eUCP의 적용범위

eUCP는 전자기록 또는 전자기록과 혼용된 제시에 이용할 목적으로 만들어졌다. 따라서 eUCP는 신용장이 eUCP에 따른다는 명시가 있어야 UCP의 부칙으로서 적용된다.

(2) UCP와의 관계

eUCP에 적용되는 신용장은 기존 UCP의 적용을 명시하지 않더라도 UCP가 적용된다. eUCP와 UCP가 상충될 때에는 eUCP를 우선 적용한다. eUCP는 전자기록만의 제시 또는 전자기록과 종이문서의 혼합형태의 제시로도 적용될 수 있으나 전자서류의 제시는 eUCP, 종이서류의 제시는 UCP가 적용된다고 할 수 있다.

4.8 국제표준은행관습

1) ISBP의 의의

국제표준은행관습(International Standard Banking Practice for the Examination of Documents: ISBP)은 UCP 600의 적용에 관한 실무상의 보완서로서 ICC 은행위원회에 의하여 2002년 10월에 제정되고, 2007년 4월에 개정 배포된 화환신용장 서류심사를 위한 기준을 말한다. ISBP는 UCP의 효력을 변경하지 않고 UCP를 일상에 어떻게 적용해야 하는지 자세하게 설명하고 있으며 UCP 600 제14조 d항 등에 규정된 '국제표준은행관습'을 조문화하는데 기본취지를 두고 있다. ISBP는 UCP 600에 규정된 일반원칙과 신용장 실무자들의 일상업무 사이에 부족한 공백을 충족시켜주는 것으로, 양자를 하나로 이해하여야 하며 별개로 보아서는 아니된다. ISBP가 해당 국가의 강행규정에 저촉되지 아니하는 한 신용장상에 이를 삽입하지 아니하여도 UCP 600과 함께 신용장거래의 일상업무에 널리 사용되고 있다.

2) ISBP의 구성체계

ISBP 2007은 UCP 600의 제14조부터 제33조에 규정된 심사대상서류에 관련하여 총 11장 89절 185개 조항의 세부적인 서류심사목록으로 구성하여 서류심사를 위한 기준을 제시하고 있다. 구성내용은 다음과 같다.

① 예비적 고려(제1조-5조)
② 일반원칙(제6조-42조)
③ 환어음과 만기일자 계산(제43조-56조)
④ 송장(제57조-67조)
⑤ 둘 이상의 상이한 운송방식을 카버하는 운송서류(제68조-90조)
⑥ 선하증권(제91조-114조)
⑦ 용선계약부 선하증권(제115조-133조)
⑧ 항공운송서류(제134조-156조)
⑨ 도로 · 철도 · 내수로 운송서류(제157조-169조)
⑩ 보험서류와 보험담보(제170조-180조)
⑪ 원산지증명서(제181조-185조)

4.9 신용장의 취급과정

1) 신용장의 개설, 통지, 확인, 변경 및 양도

(1) 신용장의 개설

신용장거래가 발생하기 위해서는 먼저 수입자가 개설의뢰인으로서 자신의 거래은행을 개설은행으로 선정하여 신용장의 개설을 요청해야 하는 바, 이는 수출자와 무역계약상 대금을 신용장에 의해 결제하기로 약정한 계약조건으로부터 비롯된다. 수입자가 개설은행에 신용장 개설을 신청함에 있어서는 신용장개설신청서(application for commercial letter of credit), 신용장거래약정서(commercial letter of credit agreement), 수입승인서(import licence ; I/L), 그리고 보험증권(insurance policy, CIF 및 CIP계약의 경우는 제외) 등의 개설신청서류를 제출하고 개설담보로 소정의 수입보증금을 적립해야 한다.

신용장의 개설은 개설은행이 대외적으로 지급을 확약하는 여신행위이므로, 외국환은행은 신용장의 개설시 개설의뢰인에게 수입거래약정서를 요구한다. 이러한 약정서는 개설의뢰인의 개설신청(청약)에 대해 개설은행이 합의(승낙)한 내용을 담은 신용장개설계약서에 해당한다. 신용장의 개설 후 개설의뢰인의 파산이나 지불불능의 사태에 대비하여 개설은행은 신용장개설의 담보로 일정의 수입보증금을 적립하도록 요구한다.

한편 개설은행은 이러한 수입보증금에 더하여 수입품도 담보로 활용하기도 한다. 예컨대, 유가증권인 선하증권 등 운송서류상의 수하인의 표기를 개설은행의 지시식(to the order of bank)으로 발행케 하여 개설은행의 배서·양도 없이는 물품의 권리가 수입자에게 이전되지 않도록 하는 방법이 그것인데, 이런 경우에 대비하여 개설은행은 개설의뢰인으로부터 담보차입증을 받아 두기도 한다.

신용장의 개설을 위한 지시와 관련한 기재사항은 완전·정확해야 하는 바, 그렇다고 하여 그것이 과도하거나 애매한 용어로 표기되어서는 안된다.

UCP에서는 개설은행으로 하여금 개설의뢰인의 개설신청상의 지시내용이 지나치게 상세할 경우 그러한 시도를 억제하도록 규정하고 있다.

또한 신용장상의 애매한 용어는 그 관습과 문화가 다른 거래당사자간에 해석상 오해나 혼란을 야기시킬 가능성이 있다. 따라서 UCP에서는 그간 신용장의 사용과 정상 문제시된 애매한 표현을 예시적으로 열거하여 그 사용을 금하고 있다.

(2) 신용장의 통지

신용장은 수입업자에게 대금지급을 확약하는 수단이므로 궁극적으로 수익자에게 통지되는데, 그 경로는 크게 개설은행이 직접 수익자에게 통지하는 방법 그리고 통지은행을 이용하는 방법으로 구분된다. 이 중 신용장 통지과정상 안전성을 도모하기 위해, 또한 오늘날 많은 신용장이 SWIFT 등에 의해 통지되는 기술적인 문제로 인해 통상 은행을 이용하여 통지하게 된다. 이 경우 개설은행은 수익자 소재지에 있는 자행의 본·지점이나 환거래은행을 통지은행으로 지정하고 신용장을 송부하면, 당해 통지은행은 통지되어 온 신용장의 외관상의 진정성을 확인하고 신용장의 관리목적상 통지번호를 부여하여 수익자에게 교부하게 된다.

오늘날 대부분의 은행들은 신용장거래의 안전성을 고려하여 신용장을 통지함에 있어 통지은행을 이용하고 있는데 이와 관련하여 UCP600에서는 통지은행의 통지행위에 최소한의 의무를 부과하고 있다. 즉, 통지은행이 신용장을 통지하기로 결정한 경우 당해 신용장의 외관상의 진정성을 확인하기 위하여 상당한 주의를 기울여야 하며, 만약 신용장을 통지하지 아니하기로 결정한 경우에는 이를 지체없이 개설은행에 알리도록 규정한 조항이 그것이다.

(3) 신용장의 확인

신용장은 수입자, 즉 개설의뢰인을 대리하여 수입대금을 지급하겠다는 개설은행의 약속을 담은 서장이다. 따라서 수익자, 즉 수출자는 신용장을 수령하는 즉시 먼저 당해 신용장이 어떠한 은행으로부터 개설되었는지 검토하여야 한다.

수출자로서는 아무리 신용장을 많이 받았다 하더라도, 개설은행이 파산 또는 지불불능사태에 처하거나, 내란이나 전쟁의 발발로 은행업무를 중단하게 되거나 또는 외환상태가 악화되어 정부 또는 중앙은행으로부터 대외지급의 정지 내지는 연기령이 내려지면 수출대금을 회수할 수 없게 되며, 그 결과 당해 신용장의 사용을 꺼리게 된다. 이러한 위험이 있는 경우, 수익자는 개설은행에 대하여 여타 신용있는 외국환은행으로 하여금 신용장상 개설은행의 지급확약에 대하여 보증을 추가하도록 요구하게 되는 바, 이러한 재보증을 확인(confirmation)이라 한다.

신용장의 확인은 개설은행이 지급·인수 또는 매입을 확약한 취소불능신용장에 대하여 타은행이 개설은행의 수권이나 요청에 따라 개설은행과 동등하게 지급·인수하거나 또는 환어음의 발행인에게 수권이나 요청에 따라 개설은행과 매입한다는 확약을 추가하는 것을 의미한다. 여기서 말하는 확인이란 개설은행의 지급확약을 보증하는 부차적 또는 2차적 의미의 것이 아니라 이와는 독립된 별개의 확약이다. 따라서 확인신용장은 수익자로 하여금 독립된 이중의 보증장치에 의해 수출대금을 안전하게 회수케 하는 의미를 지닌다 하겠다. 그 결과 신용장을 확인하는 은행은 개설은행에 비해 신뢰나 평판 등 신용면에서 우수한 일류은행이다.

이렇게 확인신용장이 그 의의를 제대로 지니기 위해서는 몇 가지 요건을 필요로 하는바, 이를 대별하면 다음과 같다.

첫째, 확인은 어디까지나 개설은행의 수권(authorization) 또는 요청(request)에 의해 이루어지는 점이다.

둘째, 확인은 취소불능신용장(irrevocable credit)에 한하여 이루어진다는 점이다. 왜냐하면 취소가능신용장은 개설 후 대금결제시까지 일방적으로 취소될 여지가 있고, 그렇게 되면 확인의 의미가 없어지기 때문이다.

셋째, 매입신용장의 경우 환어음의 발행이나 선의의 소지인에게 상환청구없이 매입을 확약하여야 한다는 점이다. 왜냐하면 이 경우 확인은행이 상환청구권을 행사하게 된다면, 수익자는 무확인신용장하에 대금을 회수한 것과 동일한 결과를 당하게 되기 때문이다.

넷째, 지급, 인수 또는 매입의무에 대한 확인은 신용장조건과 일치한 서류가 확인은행에 제시된 경우에 한하여 유효하다.

(4) 신용장의 변경

신용장이 개설되어 왔을 때 수익자는 수령한 신용장의 제조건을 검토해야 하는데, 당해 조건들을 이행하기가 어렵거나 또한 당초 무역계약의 체결시 약정한 내용에서 벗어나는 것일 경우에는 이를 수입자에게 통보하여 변경해 줄 것을 요청하게 된다. 이러한 변경조치는 신용장의 제조건이 무역계약의 내용과 부합하여 설정된 경우에도 선의적으로 발생하게 되는데 신용장을 수령할 때까지 수익자, 즉 수출자에게 발생한 사정변경 등이 이에 해당된다. 예컨대, 무역계약을 체결할 때 선적일을 정하고 신용장도 이러한 취지로 개설되었으나, 계약품의 생산·조달지연 등 수출자의 사정으로 당해 선적일을 지키지 못하게 된 경우, Clean Nego를 위해 수출자는 자기의 사정에 맞도록 신용장조건의 변경을 요청하게 된다.

신용장변경의 개념에는 이처럼 조건의 일부를 수정·변경하는 조건변경과 기개설된 신용장의 내용을 철회하여 그 효력을 해지시키는 취소가 포함된다.

실무상으로 신용장을 변경하려 할 경우, 개설의뢰인은 신용장조건변경신청서

(application for amendment to letter of credit)를 개설은행에 제출하여야 한다.

신용장이 유효하게 변경되기 위해서는 몇 가지 요건을 필요로 하는데 이를 대별하면 다음과 같다.

첫째, 취소불능신용장의 변경에는 기본당사자, 즉 개설의뢰인, 개설은행 및 수익자 그리고 확인신용장의 경우 확인은행을 포함한 당사자 전원의 합의가 요구된다.

둘째, 하나의 조건변경통지서에 둘 이상의 조건변경이 기재되어 있을 경우 그 일부만 변경·승낙하는 것은 허용되지 않는다는 점이다.

(5) 신용장의 양도

① 신용장양도의 의의

신용장의 양도란 원수익자, 즉 제1수익자가 대금결제은행에 요청하여 양도가능신용장(transferable L/C)상의 권리의 전부 또는 일부를 제2수익자에게 양도하는 것을 말한다.

신용장을 양도하는 이유는 여러 가지로 지적될 수 있으나 대표적인 경우를 열거하면 다음과 같다.

첫째, 오퍼상 등 생산·제조기능을 가지고 있지 않는 전문무역상이 해외 수입자와 수출계약을 체결한 뒤 자기는 수수료만 취하고 생산·제조업체인 하청업체에게 당해 수출자로서의 지위를 이전시키려는 경우이다.

둘째, 수출자의 수출실적을 여타 업체에 이전시키려는 경우이다. 예컨대, 어떤 업체가 정부가 시행하고 있는 수출장려정책과 관련하여 특혜를 받고자 할 때, 여타 업체로부터 수출실적을 이전받아 그 실적을 높이려는 경우가 그것이다. 이러한 예는 특히 재벌그룹내 종합무역상사가 정부로부터 받는 수출금융상의 혜택을 증대시키기 위하여 계열회사의 수출실적을 이전받고자 하는 경우에 많이 발생한다.

셋째, 수입자가 다수의 수출자 앞으로 신용장을 일일이 개설하는 번거로움을 피하고자 어느 특정 수출자 앞으로 하나의 양도가능신용장을 개설해 두고, 당해 특정 수출자가 형편에 따라 여타 수출자에게 신용장을 양도하여 대금을 결제하는 경우이다.

신용장의 양도에는 일정한 요건을 필요로 하는 바, 이는 대체로 다음 일곱 가지로 요약된다.

첫째, 신용장이 양도되기 위해서는 먼저 신용장에 'transferable'이란 용어가 표시되어야 한다. 'divisible'. 'fractionable', 'assignable' 또는 'transmissible' 등과 같은 용

어는 양도가능의 의미로 해석되지 않으며 무시된다.

둘째, 신용장의 양도는 반드시 원수익자의 요청으로 양도은행에 의해 이루어져야 한다. 이는 매입, 인수, 지급 또는 연지급확약하도록 특별히 수권된 은행만이 취급할 수 있으며, 또한 이러한 양도은행은 자기가 명시적으로 동의한 방법과 범위내에서 양도할 의무를 진다. 양도를 요청할 때, 제1수익자는 신용장이 양도된 후 원신용장이 변경된 경우 양도은행이 제2수익자에게 그러한 변경을 통지할 수 있는지 여부에 대하여 양도은행에게 철회불능으로 지시해야 한다. 그리고 양도은행이 이러한 지시에 동의한 경우, 양도를 행할 때 그 취지를 제2수익자에게 통지해야 한다.

셋째, 신용장은 1회에 한하여 양도될 수 있다. 이는 개설의뢰인, 즉 수입자의 입장을 보호하기 위한 조치이다. 즉, 수입자의 주된 관심은 대금을 지급하는 대가로 적격의 수입품을 적기에 입수하는 것이며, 이를 가장 효율적으로 도모해 줄 당사자라면 역시 수출자, 즉 원수익자이다. 제2수익자가 양도받은 신용장을 다시 원수익자에게 재양도하는 것은 가능하다. 왜냐하면 그렇게 되면 개설의뢰인으로선 당초에 기대한 대로 원수익자 즉, 수출자가 수입품을 선적·발송하게 되기 때문이다.

넷째, 신용장의 분할양도는 원신용장이 분할선적 및 분할어음발행을 허용하고 있는 경우에만 가능하다. 그리고 이 경우 분할양도분의 신용장 총금액은 원신용장의 총금액을 초과하지 않아야 한다. 신용장이 여러 명의 제2수익자에게 분할양도된 경우 어느 분할 양도분이 여타 분할양도분에 영향을 미치지 아니한다.

다섯째, 신용장이 양도된 경우 취소불능신용장의 취소 또는 조건변경에 있어 제2수익자는 제1수익자와 동일한 승낙권을 갖게 된다. 신용장이 전액 양도된 경우 당해 신용장의 취소 또는 조건변경에는 개설의뢰인, 개설은행, 제1수익자 및 제2수익자 전원의 동의가 필요하다. 그러나 이렇게 하여 조건이 변경된 신용장에 대한 제반 권리와 의무는 제2수익자에게 효력을 미친다. 왜냐하면 신용장이 한 사람에게 전액 양도된 경우 신용장금액에 대한 제1수익자의 청구권이 제2수익자에게 이전되기 때문이다.

여섯째, 신용장은 원신용장의 조건에 따라 양도되어야 한다. 신용장의 제조건은 개설의뢰인의 적격품을 적기에 입수하도록 도모하는 차원에서 설정한 것이므로, 신용장이 양도되더라도 제2수익자가 이를 그대로 이행할 필요가 있다 하겠다. 그러나 제1수익자에게 양도차익을 보장하고 제2수익자에게 개설의뢰인을 숨기도록 배려하는 측면에서, 신용장의 금액 또는 물품의 단가, 유효기일과 선적기일, 제1수익자의 명의 그리고 보험금액 등에 걸쳐 몇 가지 예외적 조치를 마련하고 있다.

일곱째, 양도가능신용장의 경우 별도의 지시가 없는 한 타국에서 양도가 허용된다. 이와 관련하여 UCP600에서는 제1수익자가 제2수익자에 대한 지급 또는 매입이 신용장의 유효기일까지 신용장이 양도된 타국에서 행해지도록 요청할 수 있도록 배려하고 있는데 이는 최근에 보편화되고 있는 다국적기업간의 무역거래를 지원하기 위한 조치이다.

② 신용장대금의 양도

UCP600 제39조에는 "신용장이 양도가능하다고 기재되어 있지 않다는 사실은, 수익자가 신용장하에서 받거나 받을 수 있는 어떤 대금을 준거법의 규정에 따라 양도할 수 있는 수익자의 권리에 영향을 미치지 않는다. 이 조항은 오직 대금의 양도와 관한 것이고 신용장 하에서 이행할 수 있는 권리를 양도하는 것에 관한 것은 아니다."라고 규정하고 있다.

즉, 신용장상의 수익자는 그 신용장의 양도가능여부와는 관계없이 신용장 또는 특정한 법률규정에 의거하여 자신에게 수권된 모든 대금을 양도할 권리를 갖는다. 이는 양도불능신용장이 개설되었다 하더라도 수익자는 법률에 따라 자신에게 수권된 채권, 즉 대금의 청구권을 여타 당사자에게 양도할 수 있음을 의미하는데, 반면 신용장조건에 따라 이행하여야 할 의무 또는 권리는 양도할 수 없다.

③ 송장대체

원수익자가 원신용장금액을 초과하지 않는 범위내에서 원신용장의 단가대로 작성된 자기의 송장과 제2수익자의 송장을 대체시키는 것으로 양도시에 감액하지 않았다 하더라도 원수익자는 송장을 대체할 권리가 있다. 원수익자는 양 송장 사이의 차액에 대하여 어음을 발행할 권리를 보유한다.

2) 수출대금의 회수

(1) 수출거래약정의 체결

수익자는 신용장상의 계약물품을 발송하는 측면에서 신용장조건을 이행한 후 대금결제서류를 구비하여 자기의 거래은행, 즉 대금결제은행에 제시하여 수출대금을 회수하게 되는데, 이 때 수익자, 즉 수출자는 대금결제은행과 수출거래약정을 체결하게 된다.

수출거래약정이란 외국환은행이 수출자로부터 대금결제서류를 매입하기 전에

이 매입으로 발생할 수 있는 문제점을 어떻게 해결할 것인지 포괄적으로 약정하는 계약을 의미하는 것으로서, 실무상으로는 선적서류를 수반하는 환어음의 매입에 많이 적용되므로 '화환어음거래약정'이라고도 불린다.

(2) 대금결제

수익자가 대금결제은행으로부터 신용장조건과 일치하는 대금결제서류를 제시하고 이의 대가로 수출대금을 회수하게 되는데, 그 방법은 당해 은행이 서류를 취급하는 형태에 따라 매입(negotiation), 지급(payment), 연지급(deferred payment), 인수(acceptance) 등 네 가지로 구분된다. 결제(honour)는 이중 매입신용장의 매입을 제외한 위의 나머지 세가지 신용장을 포괄하는 개념이다(UCP600 제2조)

첫째, 매입이란 수익자가 발행한 일람불 또는 기한부 화환어음을 매입하고 그 대가로 수출대금을 수익자에게 지급하는 행위를 말한다. 이 경우 환가료 및 우편료에 해당하는 금액만큼 할인할 수 있으며, 또한 기한부 어음의 경우 usance이자를 포함한 금액만큼 할인이 일어나게 된다. 매입을 행한 은행은 매입은행이 되는데, 이는 신용장의 개설시 개설은행에 의하여 지정·제한될 수도, 또한 그러지 않을 수도 있다. 매입은행은 화환어음을 정당하게 매입하는 한 선의의 소지인으로서 개설은행으로부터 상환을 받게 된다.

둘째, 지급이란 대금결제은행이 개설은행이나 개설은행으로부터 지정을 받은 예치환거래은행(depository correspondent bank)으로부터 예치받은 신용장대금을 대금결제서류와 상환으로 직접 수익자에게 지급하는 행위를 말한다. 지급행위는 수익자가 발행한 화환어음의 금액을 할인없이, 또는 환어음없이 선적서류만을 상대로 이루어지기도 하는데, 후자가 보통이다. 그리고 지급이 이루어지는 시기에 따라 일람지급(sight payment)과 연지급(deferred payment)으로 나누어지는 바, 전자는 일람 후 즉시, 후자는 신용장에 정한 장래의 특정일에 대금지급이 이루어지는 방법이다. 수출대금을 수출국의 통화로 지급하는 신용장거래의 경우 개설은행은 수출국에 있는 통지은행을 지급은행으로 지정하는 경우가 많다. 그리고 환어음이 지급은행 앞으로 발행되어 수출대금이 지급되었다 하더라도 신용장의 지급확약에 따라 최종적인 지급책임은 개설은행에게 전가된다.

셋째, 연지급이란 수익자가 환어음 또는 선적서류를 제시하면 지정은행이 만기에 대금을 지급하겠다는 연지급약정서를 수출상에게 교부하고 만기에 지급하는 것을 말한다.

넷째, 인수란 신용장의 조건에 따라 수익자가 발행한 기한부 환어음을 은행이 인수하고 만기일에 지급하는 것을 말한다. 인수은행은 만기일에는 지급은행으로서 무조건 지급책임을 지게 된다. 그러므로 신용장상 어느 은행이 인수은행으로 지정받았다 하더라도 명시적으로 합의하고 이를 수익자에게 통보하지 않는 한, 그 은행은 환어음을 인수할 의무를 지지 아니한다. 인수은행으로 지정된 은행이 환어음을 인수하지 아니한 경우, 신용장의 지급확약에 근거하여 개설은행이 최종적으로 이를 인수하고 만기일에 지급할 책임을 부담한다.

대표적인 대금결제서류로는 수출화물의 선적을 증명하는 서류로서 송장이나 선하증권같이 모든 경우에 꼭 필요한 필수서류와 그 밖의 부속서류로 구분된다.

송장에는 대금청구서 및 가격계산서의 역할을 하는 서류로 수출자가 작성·서명하여 환어음 및 다른 운송서류와 함께 수입업자에게 보내는 상업송장(Commercial Invoice)과 특수한 목적으로 사용되는 공용송장이 있다. 공용송장은 영사송장(Consular Invoice)과 세관송장(Customs Invoice)이 있다.

부속서류로는 보험증권(Insurance Policy) 또는 보험증명서(Insurance Certificate), 포장명세서(Packing List), 원산지증명서(Certificate of Origin), 품질증명서(Certificate of Quality) 및 성분분석증명서(Certificate of Analysis), 검사증(Certificate of Inspection), 검역증(Certificate of Quarantine) 및 위생증명서(Certificate of Health or Sanitary Certificate), 용적중량증명서(Certificate of Measurement and/or Weight), 대변표(Credit Note) 및 차변표(Debit Note) 등이 있다.

(3) 대금결제서류의 발송

대금결제은행은 수익자가 제시한 화환어음을 매입하여 수출대금을 지급한 뒤, 다음과 같은 일련의 절차를 거쳐 당해 서류를 개설은행으로 보내게 된다.

우선 대금결제은행은 수익자에게 수출대금을 지급하면서 관련 신용장의 이면에 당해 화환어음의 매입사실, 예컨대, 매입일자, 은행 및 금액 등을 기록하여 수익자에게 반환한다. 이러한 조치는 특히 분할선적에 의한 분할결제의 경우 수익자가 신용장금액을 초과하여 수출대금을 회수하게 되는 점을 예방하는 데 그 의미를 두고 있다.

COMMERCIAL INVOICE

<table>
<tr><td colspan="2" rowspan="2">Shipper/Seller
Hansol Automobile Tire Inc.
C.P.O. Box No.7917
Seoul. Korea</td><td>No. & date of invoice
HS-070613 June 13, 2007</td></tr>
<tr><td>No. & date of L/C
IMP20748 March 15, 2007</td></tr>
<tr><td colspan="2">For account & risk of Messers.
Wilson & Company, Limited
50 Liberty Street
New York, N. Y. 10001</td><td>L/C issuing bank
CHASE LINCOLN FIRST BANK N.A.</td></tr>
<tr><td colspan="2">Notify party
Same as above</td><td>Remarks :
Details are as per P/O No.DIC-07-03-10 Dated March 10, 2007 to be issued by Wilson & Company, Limited.
Origin : Republic of Korea</td></tr>
<tr><td>Port of loading
Busan, Korea</td><td>Final destination
New York, U.S.A.</td><td>Payment Terms
Letter of Credit. At sight</td></tr>
<tr><td>Carrier
m.s. Brown 709E</td><td>Sailing on or about
June 15, 2007</td><td>Price Term :
CIF Busan, Korea</td></tr>
</table>

Marks & numbers of Pkg	Description of Goods	Quantity	Unit-price	Amount
"WS" IN TRIANGLE C/NO : 1-2500 USD 171,500.00 ITEM : AUTO TUBE SIZE : Q'TY :	AUTOMOBILE TUBE SIZE VALVE 500R13 TR13	50,000PCS	USD3.43	USD171,500.00

//

P.O.Box :
E-mail :
Telefax No. :
Telephone No. :

Signed by ____________________
Manager

3) 선적서류의 수리와 인도

(1) 선적서류의 심사

대금결제은행이 대금결제서류를 송부하면 개설은행 또는 이들을 대신하여 행동하는 지정은행은 이를 받아 서류가 당해 신용장 조건과 일치하는지 심사하여 이상이 있으면 거절하고 그렇지 않으면 수리한다.

이 때 개설은행 등이 서류를 심사하는 방법과 내용은 대금결제은행의 경우와 동일하다. 즉, 당해 서류가 문면상 신용장조건과 일치하는지를 오로지 서류만을 기초로 심사하여야 하며, 그 심사과정에 상당한 주의를 기울여야 한다. 그리고 신용장상의 제조건과 일치성은 국제적 은행표준관습에 따라 결정된다.

(2) 선적서류의 수리거절

서류심사의 결과 당해 서류가 신용장조건과 일치하면 개설은행 등은 이를 수리하고 대금결제은행에 상환하고, 그렇지 않은 경우 상당한 절차를 거쳐 이를 수리거절하게 된다. 물론 서류가 신용장 조건과 불일치하더라도 개설은행 등은 서류를 수령한 날로부터 제7은행 영업일내에 독자적인 판단으로 개설의뢰인을 상대로 불일치서류에 대한 권리포기, 즉 서류거절권을 포기하고 수입대금을 지급할 것인지를 교섭할 수 있다.

그러나 개설은행 등이 서류를 수리거절하기로 결정한 경우, 서류의 수령일로부터 제7은행 영업일 마감시간 내에 지체없이 전신, 또는 그 이용이 불가능한 경우에는 기타 신속한 수단으로 그러한 취지를 통지해야 하는 바, 이러한 통지는 서류를 송부한 대금결제은행, 또는 그 서류를 직접 수익자로부터 수령한 경우에는 그 수익자에게 행하여야 한다.

(3) 선적서류의 인도

① 수입대금의 결제

개설은행 등은 선적서류를 심사하여 수리하면 개설의뢰인에게 이를 통지하게 된다. 선적서류는 운송화물의 지배권을 표창하고 있으므로 개설의뢰인, 즉 수입자는 선적서류를 인도 받기 전에 수입대금을 결제하여야 한다.

개설은행이 대금을 결제 받기 위해서는 먼저 선적서류 도착통지서(arrival notice of documents)를 개설의뢰인에게 발송하게 된다. 그러면, 기한부 신용장의 경우를 제외하고 개설의뢰인은 이를 접수한 후 제7은행 영업일내에 대금을 직접 지급하거나 신용장개설시 예치한 보증금 또는 수입금융으로 수입대금을 결제하고 선적서류를 인도받게 되는데, 이때 개설은행에 선적서류수령증(receipt of shipping documents)을 제출하게 된다.

여기서 개설의뢰인이 수입대금을 결제하는 방법은 크게 환어음이 발급되는 경우와 그렇지 않은 경우로 대별된다.

첫째, 우선 환어음이 발급되고 그 지급인이 개설은행으로 설정되어 있는 경우이다. 이 경우에는 개설은행이 환어음을 일람하고 선적서류를 수리하는 즉시 개설의뢰인에게 대금결제를 요청하게 된다. 한편, 환어음이 발급되고 그 지급인이 개설은행의 환거래은행으로 설정되어 있는 경우이다. 이 경우 환어음은 환거래은행 앞으로, 그리고 선적서류는 개설은행 앞으로 내도하게 되므로, 개설은행은 환거래은행으로부터 차기통지서를 받은 후 즉시 개설의뢰인에게 대금결제를 요청하게 된다.

둘째, 환어음이 발행되지 않고 선적서류와 상환으로 대금을 지급하도록 된 경우이다. 이 경우 개설은행 앞으로 선적서류만 내도하므로 개설은행은 당해 서류를 심사하여 수리한 후 즉시 개설의뢰인에게 대금결제를 요청하게 된다.

② 수입화물대도

개설의뢰인, 즉 수입자는 개설은행 등으로부터 선적서류 도착통지서를 받고 대금을 즉시 결제해야 하는데, 이 때 결제할 자금이 없거나 부족한 경우가 발생하게 된다. 이 경우 당해 개설은행으로부터 금융을 받아 대금을 결제할 수가 있는데, 이를 수입화물대도(trust receipt :T/R)라 부른다.

이는 개설은행이 자금을 융자해 주어 대금을 결제하도록 배려하고 선적서류를 수입자에게 인도하는 대가로 수입화물에 대한 담보권을 갖도록 약정하는 제도이다. 이 제도는 미국의 신탁증권법(Uniform Trust Receipt Act, 1934)에 기원을 두고 있는 바, 당해 제도하에서는 화물의 위탁자(entrustor)인 개설은행이 수탁자(trustee)인 수입자에게 선적서류를 인도하고, 반면 수탁자는 위탁자에 대하여 수입화물의 송장금액에 상당하는 채무를 지게 된다.

개설의뢰인이 T/R을 이용하기 위해서는 수입화물대도신청서와 함께 수입화물보관 및 처분약정서, 선하증권 사본, 상업송장, 포장명세서, 수입신용장 및 수입승인서 사본 등을 개설은행에 제출해야 한다.

이 제도는 자금사정이 어려운 개설의뢰인에게 수입화물을 입수, 처분하여 수입대금을 마련하도록 금융편의를 제공하는 데 의의를 두고 있는 반면 개설은행의 입장에서는 자금사정이 어려운 수입자에게 융자하여 수입화물을 처분케 한 후 대금을 원만하게 결제받게 하는 효과를 거두게 된다.

이 제도는 기한부 신용장의 경우에는 잘 활용되지 않는다. 왜냐하면 당해 신용장하에서는 개설은행이 제시하는 환어음에 대한 인수서명만으로 선적서류를 인도 받을 수 있기 때문이다. 우리나라의 경우 수출용 원자재의 수입시 이 제도를 이용하게 되며, 그 수입대금을 신용장에 의해 완제품을 수출하였을 때 결제할 수 있도록 배려하고 있다.

그러나 T/R은 수입업자에 대한 개설은행의 금융적 신뢰도가 높을 때 시행될 수 있다. 왜냐하면 이 제도에 의해 수입자가 선적서류를 인도받아 화물을 수령, 처분한 후 부도 사태에 처하게 될 때, 개설은행은 수입화물에 담보권을 행사하여 수입대금을 만회할 수 있는 여지가 더 이상 없어지기 때문이다. 이는 T/R이 오로지 개설은행과 개설의뢰인간의 약정으로서, 개설은행이 개설의뢰인으로부터 화물을 취득한 선의의 제3자에게 대항할 수 없게 되는 데 기인한다.

③ 수입화물선취보증

수입화물이 해상운송되는 경우 이를 표창하는 운송서류로 선하증권이 발행된다. 해상운송의 경우 운송기간이 길어 당해 서류가 대금결제서류의 일부로서 신용장거래과정을 거쳐 개설의뢰인에게 전달되는 시점보다 수입화물이 늦게 도착되는 경우가 많다. 그러나 한국과 일본, 대만 또는 홍콩간의 해상운송의 경우에는 화물이 당해 운송서류보다 훨씬 빨리 도착하게 된다.이 경우 수입자가 운송서류가 도착할 때까지 화물의 인도를 청구할 수 없게 된다면 여러 가지로 불이익과 불편을 당하게 된다. 예컨대, 전매선으로부터 납기지연에 따라 손해배상청구를 받게 되거나, 상기를 잃어 수요자를 놓치게 되거나 가격하락으로 손해를 볼 수도 있으며, 수입항에서의 보관중 화물 자체의 변질이나 손상으로 인하여 상품가치가 저하하거나 화물의 보관상 창고료나 관리비의 부담이 커질 가능성이 발생하게 된다.

이러한 문제점에 대비하여 개설의뢰인, 즉 수입자가 선하증권을 제출하지 않은 채 선박회사로부터 수입화물을 수령하고 은행과 연대보증하여 제출하는 서류를 수입화물선취보증장(letter of guarantee: L/G)이라 하는데, 그 양식은 다음 표와 같다. L/G는 은행으로부터 인도받은 선하증권을 추후 선박회사에 반드시 제출하며, 아울러 그러지 못함에 따라 발생하는 제반 책임을 부담하고 부대적 의무를 이행하겠다는 약정이다. 이는 여타 거래에도 사용될 수 있는 바, 그 결과 연대보증은행도 대금결제방식에 따라 개설은행이나 추심은행 등으로 달라지게 된다.

LETTER OF GUARANTEE

DATE:

In consideration of your granting us delivery of the above-mentioned cargo which we declare has been shipped to our consignment, but Bills of Lading of which have not been received, we hereby engage to deliver to you the said Bills of Lading immediately upon our receipt thereof and we further guarantee to indemnify yourselves and/or the owners of the said vessel against any claims that may be made by other parties on account of the aforesaid cargo, and to pay to you on demand any freight or other charges that may be due here or that may have remained unpaid at the port of shipment in respect to the above-mentioned goods.

In the event of the Bills of Lading for the cargo herein mentioned being hypothecated to any other bank, company, firm or person, we further guarantee to hold you harmless from all consequences whatsoever arising therefrom and furthermore undertake to inform you immediately in the event of the Bills of Lading being so hypothecated.

Yours faithfully,

<table>
<tr><td colspan="2" rowspan="2">SHIPPING CO</td><td>NUMBER OF CREDIT</td><td>L/G NUMBER</td></tr>
<tr><td colspan="2">NUMBER OF B/L</td></tr>
<tr><td colspan="2" rowspan="3">SHIPPER</td><td colspan="2">VESSEL NAME</td></tr>
<tr><td colspan="2">ARRIVAL DATE</td></tr>
<tr><td colspan="2">VOYAGE NUMBER</td></tr>
<tr><td colspan="2" rowspan="2">INVOICE VALUE</td><td colspan="2">PORT OF LOADING</td></tr>
<tr><td colspan="2">PORT OF DISCHARGE</td></tr>
<tr><td>NOS & MARKS</td><td>PACKAGES</td><td colspan="2">DESCRIPTION OF GOODS</td></tr>
</table>

Party claiming right of delivery

We hereby guarantee to surrender to you the corresponding Bills of Lading. Kindly be advised that this guarantee shall be automatically null and void, upon your acknowledging receipt of the corresponding Bills of Lading which are to be endorsed and presented to you by bank for only purpose of the redemption of this letter of guarantee.

Authorized Signature

4.10 내국신용장과 구매확인서

1) 내국신용장

내국신용장(Local L/C)이란 수출신용장(Original L/C 또는 Master L/C)을 받거나 과거 수출실적을 보유하고 있는 수출업자가 수출물품을 제조·가공하는데 소요되는 원자재 또는 수출용 완제품을 국내의 물품공급업자나 제조업자로부터 원활하게 조달하기 위하여 자신에게 내도된 원수출신용장이나 과거 수출실적을 근거로 물품의 공급자나 제조업자를 수익자로 하고 발행은행이 지급보증한 국내용 신용장을 말한다.

내국신용장에 의하여 물품을 공급한 공급자나 제조업자는 내국신용장 개설은행으로부터 대금지급을 보장받기 때문에 안심하고 공급할 수 있으며, 공급분에 대하여 부가가치세 매출세율의 영세율 적용, 무역금융의 혜택 그리고 수출실적의 인정 등 많은 편익을 누리게 된다.

이와 같은 내국신용장제도는 국산원자재의 사용을 촉진하고 수출능력이 없는 제조업자를 지원한다는 측면도 있다.

2) 구매확인서

구매확인서라 함은 국내에서 물품구매자가 구매하는 원자재(또는 완제품)가 수출물품을 생산하는데 사용될 것이라는 사실을 외국환은행이 입증하는 서류이다.

구매확인서는 내국신용장제도와 같이 수출용원자재를 국내에서 조달하도록 하는 방법이나 수출금융혜택을 받을 수 있는 것이 내국신용장과 같은 점이며, 수출업자가 국산원자재나 수출물품을 구매하는 경우 외국환은행의 장이 수출업자 및 공급자 앞으로 발급하는 확인서를 말하며 금융기관이 신용을 보증하는 것이 아니기 때문에 운용에는 상당한 제약이 있다.

4.11. 무역어음제도

1) 무역어음의 개념

무역어음이란 수출신용장 등의 수익자가 무역어음취급기관과의 일정한 약정에 따라 수출신용장 등에 의한 무역거래에 필요한 운영자금을 조달하기 위한 목적으로 인수기관을 지급인으로 하여 발행하는 기한부 환어음을 말한다. 수출상은 이러한 환어음을 할인기관에 할인 매각하여 자금을 조달한다. 무역어음은 무역금융과 같이 한국은행의 재할인대상이 되는 정책금융이 아니고, 취급기관이 자체적인 재원을 바탕으로 무역업체가 발행한 환어음을 인수, 할인, 매입하여 이를 다시 일반투자자에게 매각하며 일반투자자는 만기일에 인수기관에 이를 제시하고 대금을 회수하는 제도이다.

이러한 무역어음제도는 1989년 8월 1일부터 시행하고 있는 수출금융지원제도의 일종이다.

2) 무역어음제도의 흐름

무역어음제도는 선적전 금융지원제도로서, 무역어음을 발행하는 수출업자, 동 어음을 지급보증함으로써 안정성을 높여주는 인수기관, 인수어음의 할인 및 매출을 담당하는 중개기관, 그리고 할인된 무역어음을 투자상품으로 보고 이를 매입하는 일반투자자 등 네 당사자의 유기적 구성으로 이루어진다.

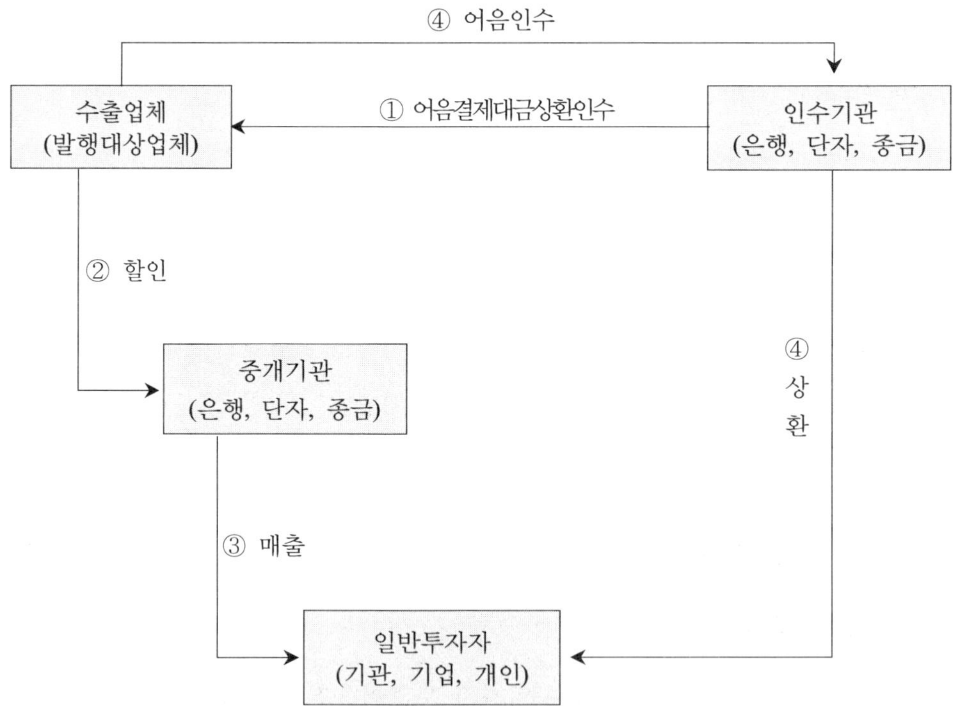

먼저 수출업자는 수출이행에 필요한 자금을 확보하기 위하여 금융기관의 지급보증(인수)을 받는다. 다음 수출업자는 은행이 지급보증(인수)한 환어음을 중개기관에 매입시켜 수출에 필요한 자금을 조달하고 어음대금을 수출상품 선적 후 수출환어음의 매입 또는 추심대금으로 결제하게 된다.

어음을 할인 매입한 중개기관(인수기관과 중복될 수 있음)은 할인어음을 그대로 보유할 수도 있지만 이를 일반투자자에게 매출함으로써 할인에 따른 자금압박을 완화하거나 매매차익을 취득할 수 있다. 물론 어음 발행자인 수출업자가 만기일에 이를 결제하지 못하면 동 어음의 인수기관이 책임을 져야 한다.

그림을 보면 무역어음의 인수와 할인 및 매출(중개)이 서로 다른 금융기관에서 발생하는 것으로 보이지만 실제에 있어서는 한 금융기관이 동 어음의 인수와 할인을 동시에 할 수 있다.

Chapter 12

수출입 통관과 관세

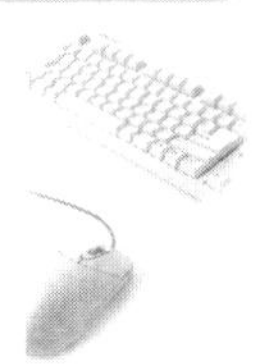

1. 통관의 의의

통관(customs clearance)이란 관세법의 규정에 의한 절차를 이행하여 물품을 수출, 수입, 반송하는 것을 말한다. 통관은 곧 관세선을 통과하는 것이며, 관세선의 현실적인 관문인 '세관을 통과하는 것'을 의미한다. 국제적인 물품의 이동에 대한 정책적인 규제는 통관이라는 절차를 통하여 실현되고 있다.

2. 수출 및 반송통관

2.1. 수출통관의 의의

관세법상 수출이란 내국물품을 외국으로 반출하는 것을 말한다(관세법 제2조). 내국물품이란 우리나라에 있는 물품 중 외국물품이 아닌 것과, 우리나라 선박에 의하여 공해(公海)에서 채집된 수산물을 말한다. 수출통관이란 수출신고를 받은 세관장이 수출신고사항을 확인하여 일정한 요건을 충족시킬 때 수출을 허용하는 세관장의 처분이다.

2.2. 수출통관절차

수출하고자 하는 모든 물품은 세관의 수출통관절차를 밟아야 한다. 수출통관절차는 수출하고자 하는 물품을 세관에 수출신고를 한 후 신고수리를 받아 물품을 우리나라와 외국간을 왕래하는 운송수단에 적재하기까지의 절차를 말한다. 현재는 EDI방식 및 인터넷을 통한 수출통관절차로서 수출물품을 간단하고 신속하게 통관하고 있으며 과세의 문제가 없기 때문에 수입통관절차에 비해 매우 간편하다.

1) 수출신고

물품을 수출하고자 하는 자는 당해 물품의 적재전까지 당해 물품이 장치된 물품소재지를 관할하는 세관장에게 수출신고를 하여야 한다. 수출신고인은 전자문서로 작성된 신고자료를 통관시스템에 전송해야 한다. 다만 경우에 따라서는 신고자료를 통관시스템에 전송한 후 수출신고서 및 해당 구비서류를 세관장에게 제출하여야 한다.

2) 물품의 검사와 심사

수출신고 물품에 대한 검사는 원칙적으로 생략한다. 다만 현품을 확인할 필요가 있는 경우에는 선별검사(Cargo selectivity:C/S)조회 등을 통해 검사 또는 심사대상으로 분류되면 세관공무원이 당해 물품이 장치되어 있는 곳으로 출장하여 물품검사를 행하거나 심사를 한다. 그러나 그 비율은 매우 낮다. 그 이외의 것은 즉시 신고가 수리된다.

3) 수출신고필증의 교부

세관장은 종이문서를 제출한 수출신고를 수리한 때에는 수출신고필증에 수출신고수리인과 처리담당 공무원의 일자를 날인하여 교부한다.

관세사 또는 수출물품의 화주(완제품공급자 포함)가 EDI방식으로 신고한 때에는 신고수리 여부를 전산으로 조회한 다음 (본)신고필증은 수출통관사무처리에 관한 고시의 규정에 의하여 P/L신고를 하여 세관장으로부터 신고수리된 것을 확인하여 교부한 것이며 고무인과 관세사 또는 화주(완제품공급자 포함)의 인장을 날인한다.

4) 선(기)적 관리

수출신고가 수리된 물품은 수출신고가 수리된 날부터 30일 내에 외국무역선(기)에 적재하여야 한다.

수출신고를 수리한 세관장은 이 선(기)적 기간이 경과할 때까지 적재되지 아니한 물품에 대하여는 세관장은 원인을 규명하게 되며 그 결과 수출신고의 수리를 취소하고 과태료를 부과하기도 한다.

2.3. 반송통관

반송(返送)이란 외국으로부터 우리나라에 도착한 물품을 외국물품 상태에서 다시 외국으로 반출하는 것을 말하며 반송에 관련된 절차를 반송통관이라 한다.

반송을 하는 경우로는 다음과 같은 것들이 있다.

① 수입한 물품이 무역계약과 달라 외국의 수출상과 합의하에 반출하는 경우
② 수입하고자 하는 물품이 수입제한요건에 해당되어 수입이 불가능하여 반출하는 경우
③ 보세전시장에서 전시가 끝난 물품을 다시 반출하는 경우
④ 외국무역선(기)에서 판매하기 위한 물품(양주, 담배 등)을 보세구역에 반입·장치하였다가 외국무역선(기)에 적재하는 경우
⑤ 보세공장에 반입한 외국물품을 제조·가공하여 외국에 판매하는 경우
⑥ 중계무역을 하는 물품으로 우리나라에 반입된 외국물품을 보세구역(보세구역외 장치장포함)에 장치하였다가 다시 외국으로 반출하는 경우
⑦ 외국으로부터 보세창고에 반입된 물품으로 국내 수입화주가 결정되지 아니하여 다시 외국으로 반출하는 경우

반송통관의 절차는 수출통관의 경우와 큰 차이가 없으나 반송신고시 당해 물품이 반드시 보세구역에 장치되어 있어야 한다는 점, 세관공무원이 반드시 물품검사를 한다는 점, 그리고 보세운송을 통해서만 국내를 이동할 수 있다는 점 등에서 차이가 있다.

3. 수입통관

3.1 수입통관의 의의

관세법상 수입이란 외국물품을 우리나라에 반입(보세구역을 경유하는 것은 보세구역으로부터 반입)하는 것을 말하며, 수입통관(import clearance)이란 수입신고를 받은 세관장이 수입신고사항을 확인하여 일정한 요건을 충족시킬 때 수입신고수리를 하는 세관장의 처분이다.

3.2 수입통관절차

1) 수입신고

수입신고는 물품을 수입하겠다는 즉, 수입업자가 외국물품을 국내로 반입하겠다는 의사를 세관에 하는 공식적인 의사표시이다. 신속한 통관을 위하여 수입물품을 선적한 선박 또는 항공기가 선적항에서 출항한 이후부터 입항하기 전까지 수입신고를 할 수 있다(대개 선박의 경우 우리나라에 입항하기 5일 전, 항공기의 경우 1일 전).

수입신고를 하기 위하여 수입업자는 화물인도지시서에 의해 본선으로부터 화물을 수령하여 보세구역에 반입하고 장치확인을 받는다. 그러나 화물의 성질이나 특수한 사정으로 보세구역에 반입할 수 없는 경우에는 보세구역 이외에 장치하여 수입신고를 한다.

수입신고는 신고시점에서 과세물건이 확정되며 신고일에 시행되는 법령이 당해 수입물품에 적용되고 신고시점의 정상거래가격이 원칙적으로 과세가격으로 적용되기 때문에 대단히 중요하다. 수입신고는 수출신고와 마찬가지로 화주,관세사,통관취급법인,관세사법인의 명의로 다음의 서류를 첨부하여 하여야 한다(전자서류에 의한 수입신고를 하는 경우에는 구비서류제출 생략)

① 수입신고서

② 수입승인서 또는 수입인정서(대외무역법에 의한 대상품목의 경우에 한함)

③ 송장(Invoice)

④ B/L 또는 AWB 부본(副本)

⑤ 포장명세서(Packing List)
⑥ 원산지증명서(Certificate of Origin) 단, 해당 물품의 경우에 한함
⑦ 관세법 제226조의 규정에 따라 세관장 확인물품 및 확인방법지정고시에 따른 신고수리 전 구비서류 등이다.

2) 현품검사와 심사

수입신고인이 수입신고서를 EDI로 전송하면 세관의 처리 담당자는 단말기를 통하여 당해 수입신고 건에 대한 C/S 조회 등을 참고하여 물품의 검사 및 심사 여부를 판단한다.

물품검사란 수입신고한 사항이 현품과 일치하는지, 또는 수입과 관련한 각종 법령의 규정에 적합한지 여부를 세관공무원이 확인하는 것을 말한다.

심사는 과세가격의 적정여부, 세번분류와 세율적용의 정확여부, 감면 또는 분할납부요건의 적합 여부 등을 세관공무원이 확인하는 것이다. 심사는 신속한 업무처리를 위해 원칙적으로 수입통관이 종료된 후 사후심사로서 행한다. 그러나 감면이나 분할납부신청 물품, 관세체납자가 수입한 물품 등에 대해서는 수입신고를 수리하기 전에 사전검사를 행한다.

3) 관세 등의 납부

수입물품에는 관세가 부과된다(관세법 제4조). 관세의 납부기한은 신고납부의 경우에는 수입신고 수리일로부터 15일, 부과고지의 경우에는 납부고지를 받은 날로부터 15일이다. 관세는 수입신고가 수리되기 전에 납부할 수도 있고, 수입신고가 수리된 후에 납부할 수도 있다. 만일 관세를 납부하기 전에 먼저 물품을 반출하고자 할 때는 관세 등에 상당하는 담보를 제공하여야 한다.

4) 수입신고필증의 교부

세관장이 수입신고서를 수리한 때에는 수입신고서에 신고서 수입신고수리인과 처리담당 세관공무원의 인장을 날인한 수입신고필증을 교부한다. 관세사가 수입통관을 위탁 받아 EDI방식으로 신고한 때에는 관세사가 신고수리 여부를 전산으로 조회한 다음 수입신고필증을 발급한다.

수입신고필증이 교부됨으로써 일련의 수입통관절차는 종료되고, 수입상은 해당

수입신고필증을 보세구역 설치 · 운영인에게 제시하고 물품을 반출하여 사용·소비할 수 있게 된다.

3.3. 관세의 과세절차

수입물품에는 관세가 부과된다. 물품을 수입하고자 하는 자는 세관장에게 수입신고를 하고 관세를 납부하여야 한다. 관세를 부과하기 위해서는 일정요건이 갖추어져야 한다. 이를 과세 요건이라 한다. 과세의 4대 요건은 과세물건, 납세의무자, 관세율, 과세표준을 말한다.

1) 과세물건

관세의 과세물건은 수입물품이다(법 제14조). 우리나라는 모든 수입물품을 과세물건으로 하는 관세의무주의(관세포괄주의)를 채택하고 있다.

수입되는 물품은 무역계약에서 수입까지 장기간 소요되는 것이 보통이며 이 과정에서 시기에 따라 그 물품의 수량과 성질이 달라질 수 있다. 즉 운송중이나 통관의 과정중에 변질, 도난, 파손 등으로 인해서이다. 따라서 관세를 부과하기 위해서는 어느 한 때를 기준으로 하여야 하는데 이를 과세물건의 확정시기라 한다.

과세물건의 확정시기는 그 물품이 수입되는 방법에 따라 달라진다. 정상적으로 수입신고를 하는 대부분의 물품은 수입신고를 할 때의 성질과 수량이 과세 물건이 된다.

그러나 선용품이나 기용품을 허가받은 대로 당해 외국무역선(기)에 적재하지 않아 관세를 징수하는 경우와 같이 관세법에서 정한 특정한 사유가 발생하여 관세를 징수할 때는 예외적으로 관세법에 따로 규정한 때의 성질과 수량이 과세물건이 된다.

2) 납세의무자

관세의 납세의무자는 국가에 대한 관세를 납부하여야 할 법률상 의무를 지는 자를 말한다. 관세는 전전되므로 납세의무자는 관세를 실제로 부담하는 최종 소비자와는 다르다. 관세법에 규정된 원칙적인 납세의무자는 물품을 수입하는 화주이다.

그러나 관세사가 수입신고하여 통관된 물품에 대해 납부세액에 부족이 있을 때 신고인이 화주를 명백히 하지 못하거나 화주의 주소 등이 불명확할 때는 그 신고인인 관세사가 수입화주와 연대하여 납세의무자가 되는 경우도 있다. 이때의 관세사를 연대납세의무자라 한다. 또 선용품이나 기용품을 허가받은 대로 적재하지 않아 관세를 징수하는 등 관세법에 규정하고 있는 특정사유가 발생하여 관세를 징수할 때는 관세법에 규정한 특정인이 특별 납세의무자로서 관세의 납세의무를 진다.

그 외에 관세납부를 보증한 납세보증자와 국세기본법에 의한 제2차 납세의무자가 관세의 납세의무를 지는 경우도 있다.

3) 관세율

관세율이란 세액결정을 위해 과세표준에 적용하는 비율을 말한다. 가격을 과세표준으로 하는 종가세((從價稅)는 백분율(%)로 표시하고, 수량을 과세 표준으로 하는 종량세(從量稅)는 단위당 금액으로 표시한다. 우리나라는 종가세를 원칙으로 관세율을 정하고 있으나 영화용 필름, 일부농산물 등에 예외적으로 종량세를 정해두고 있다.

종가세의 경우 거래가격(일반적으로 CIF가격)을 기초로 한 과세가격에 과세환율을 곱하고 다시 관세율을 곱하여 결정한다. 수입물품에는 관세 이외에도 물품에 따라 특별소비세, 주세, 부가가치세 및 교육세 등의 내국세도 부과되고 있다.

현재 우리나라에서 시행되는 관세율은 기본세율 및 잠정세율(관세법 별표 관세율표에 게기), 관세법 제51조 내지 77조의 규정에 의하여 대통령령 또는 재정경제부령이 정하는 세율이 있다. 특정 물품에 대하여 여러 가지 관세율이 정해져 있는 경우에는 협정세율이 가장 우선 적용되고 양허세율, 탄력세율, 잠정세율, 기본세율 순으로 정해진다. 관세법 제50조에서는 관세율간의 적용순서에 관하여 규정하고 있다. 세율의 적용순서는 다음과 같다.

① 덤핑방지관세(제51조), 상계관세(57조), 보복관세(제63조), 긴급관세(제65조), 농림축산물에 대한 특별관세(제68조)
② 국제협력관세(제73조), 편익관세(제74조)
③ 조정관세(제69조), 할당관세(제71조, 할당관세는 GSP보다 낮은 경우에만 우선), 계절관세(제72조)
④ 일반특혜관세(제76조)
⑤ 잠정관세
⑥ 기본관세

4) 과세표준

과세표준이란 관세액 결정의 기준이 되는 과세물건의 가격 및 수량을 말한다. 과세표준에 관세율을 곱하여 산출한 금액이 물품 수입시 납부하게 하는 관세액이 된다. 과세표준은 수입 물품의 가격(종가세) 또는 수량(종량세)이다. 가격을 과세표준으로 하는 수입물품에 대하여 정하여진 원칙에 따라 관세의 과세가격을 결정하는 절차를 관세평가라 한다. 현행 관세법상 과세가격을 결정하는 방법은 다음 여섯 가지이며, 이와 같은 여섯 가지 방법이 순차적으로 적용된다. 즉, 제1방법 적용이 불가능할 경우 제2방법이, 제2방법이 불가능할 경우 제3방법 순으로 적용된다. 다만, 납세의무자의 요청이 있는 경우에는 제5방법을 제4방법에 우선하여 적용할 수 있다. 현재 우리나라의 경우 거의 대부분의 수입물품이 제1방법에 의해 과세가격이 결정되고 있다.

제1방법 : 당해 수입물품의 거래가격을 기초로 한 과세가격의 결정(법 제30조)
제2방법 : 동종·동질물품의 거래가격을 기초로 한 과세가격 결정(법 제31조)
제3방법 : 유사물품의 거래가격을 기초로 한 과세가격의 결정(법 제32조)
제4방법 : 국내판매가격을 기초로 한 과세가격 결정(법 제33조)
제5방법 : 산정가격을 기초로 한 과세가격 결정(법 제34조)
제6방법 : 합리적 기준에 의한 과세가격의 결정(법 제35조)

수입물품의 과세표준은 원칙적으로 '거래가격'을 기초로 한다. 거래가격은 '수입자가 실제로 지급하였거나 지급하여야 할 가격'에 '가산요소금액'을 더하고 '공제요소금액'을 뺀 금액이다.

(1) 가산요소

거래가격에 과세가격으로 가산되어야 하는 금액은 다음과 같다(관세법 제30조 제1항).

① 구매자가 부담하는 수수료 및 중개료(다만 구매수수료는 제외), ② 수입물품과 동일체로 취급되는 용기의 비용과 당해 물품의 포장에 소요되는 노무비 및 자재비로서 구매자가 부담하는 비용, ③ 구매자가 당해 물품의 생산 및 수출거래를 위하여 무료 또는 인하된 가격으로 직접 또는 간접으로 대통령령이 정하는 물품 및 용역을 공급하는 때에는 그 가격 또는 인하 차액, ④ 특허권, 실용신안권, 의장권, 상표권 및 이와 유사한 권리를 사용하는 대가로 지급하는 것으로서 대통령령

이 정하는 바에 의하여 산출된 금액, ⑤ 수입물품의 수입후의 전매, 처분 또는 사용에 따른 수익금액중 판매자에게 직접 또는 간접으로 귀속되는 금액, ⑥ 수입항까지의 운임, 보험료 기타 운송에 관련되는 비용으로서 대통령령이 정하는 바에 의하여 결정된 금액(단 기획재정부령이 정하는 물품의 경우에는 이의 전부 또는 일부를 제외할 수 있다).

(2) 공제요소

수입자가 지급하였으나 과세가격에서 공제될 수 있는 요소는 다음과 같다(관세법 제30조 제2항).

① 수입후에 행하여지는 당해 수입물품의 건설, 설치, 조립, 정비, 유지 또는 당해 수입물품에 관한 기술지원에 필요한 비용, ② 수입항에 도착한 후 당해 수입물품의 운송에 필요한 운임, 보험료 기타 운송에 관련되는 비용, ③ 우리나라에서 당해 수입물품에 부과된 관세 등의 세금 기타 공과금, ④ 연불조건수입의 경우에는 당해 수입물품에 대한 연불이자.

3.4. 관세부담의 완화제도

물품을 수입할 때는 과세표준에 법률로 정해진 관세율을 곱하여 관세액을 산출한 다음 수입신고수리부터 15일 내에 전액 납부하여야 하는 것이 원칙이다. 그러나 특정요건이 충족 되었을 때는 관세율을 경감하여 적용하거나, 무관세율을 적용하기도 하고, 장기간에 걸쳐 관세를 분할하여 납부하기도 한다. 또 이미 납부한 관세를 되돌려 받는 경우도 있다. 이러한 것들은 모두 특정정책 목적 달성을 위해 관세부담을 완화시키는 제도이다.

1) 감면제도

(1) 감면제도의 의의

관세는 법률로 정한 관세율대로 징수할 때 재정수입 확보와 산업보호 등 관세부과의 본래목적을 달성할 수 있으나, 이러한 본래 목적외에 다른 여러 정책적 목적을 위해 관세 감면이 필요하다. 기간산업의 육성, 학술연구의 진흥, 물가안정, 외교 관례의 존중, 사회복지의 확충 등 경제·사회·문화적 목적을 위해 관세부담을 경감시키는 것이다.

(2) 감면제도의 종류

관세의 감면제도에는 조건부 감면제도와 무조건 감면제도가 있다. 조건부 감면이란 수입을 할 때 당해 물품을 일정한 용도에 사용할 것을 조건으로 관세를 감면하는 것이다. 만일 조건을 어기고 지정된 용도외에 사용하게 되면 감면된 관세를 징수하여야 하기 때문에 세관장은 일정기간(1년 내지 3년)동안 용도 외 사용여부를 확인하는 사후관리를 하게 된다. 무조건 감면이란 수입할 때 특정한 요건을 갖추고 있으면 감면을 승인하고 수입신고가 수리된 후에도 사후관리를 하지 않는 것을 말한다.

2) 분할납부제도

관세의 분할납부제도는 수입을 할 때 관세전액을 납부하는 것이 아니라 수입일로부터 5년 이내의 기간을 정하여 분할 납부할 수 있도록 한 제도이다.

분할납부제도는 관세납부를 위한 일시적 자금부담을 완화시킴으로써 지원하는 것이다. 분할납부의 대상은 수입물품을 기준으로 하는 경우와 수입자 및 수입물품을 기준으로 하는 두 가지 경우가 있다.

3) 환급제도

관세의 환급제도는 관세환급특례법에 의한 수출용원재료에 대한 환급과 관세법에 의한 과오납환급 및 위약물품환급 제도가 있다. 과오납환급의 대상이 될 수 있는 것은 관세, 가산금, 가산세 또는 체납처분비 등이다. 위약물품 환급에는 다음과 같은 것들이 있다.

① 수입물품이 계약내용과 상이하여 재수출하는 경우 환급

② 계약내용과 상이한 수입물품을 세관장의 승인을 얻어 보세구역에서 폐기하는 경우의 환급

③ 수입신고 수리된 물품이 지정보세구역안에 있는 동안 멸실, 변질, 손상된 경우의 환급

④ 징수유예 또는 분할납부 중에 있는 위약물품에 대한 관세부과의 취소

3.5. 관세의 부과와 징수

관세의 납세의무는 물품이 수입될 경우에 발생하거나 현실적인 납세의 실현은 관세가 구체적으로 확정되어야 가능하다. 관세를 확정하는 방식에는 신고납부와 부과고지의 두 가지가 있다.

(1) **신고납부제도**: 납부의무자 스스로가 세액을 결정하여 세관장에게 신고하고 이를 납부하는 것을 말한다. 또한 이를 자진신고납부제도라고 한다.

(2) **부과고지제도**: 특정한 사유가 발생하였을 때 세관장이 납부세액을 결정하여 고지하면 납세의무자가 부과고지된 세액을 납부하는 하는 것을 말한다.

(3) 가산금과 가산세 제도

(가) 가산금

납세의무자가 관세를 납부기간에 납부하지 아니하였을 때 당해 관세에 대하여 가산금을 징수한다. 가산금제도는 관세를 납기내에 납부하도록 유도하려는데 목적이 있다. 가산금은 납부기한이 경과한 날부터 체납된 관세액의 3/100를 1차 가산금으로 부과하고, 납부기한이 경과한 날부터 매1월이 경과할 때마다 12/1000씩을 중가산금으로 당초 관세액에 가산하여 부과한다. 이 경우 중가산금을 가산하여 징수하는 기간은 60개월까지이다.

그러나 국가 또는 지방자치단체가 직접 수입하는 물품과 우편물(정식 수입신고하는 것은 제외)에 대해서는 가산금을 부과하지 아니한다. 또 체납된 관세가 50만원 미만일 경우에는 1차 가산금만 부과하고 중가산금은 부과하지 아니한다.

(나) 가산세

가산세는 관세법에 규정한 각종 의무의 성실한 이행을 촉구하기 위하여 관세액에 일정한 금액을 가산하여 징수하는 제도이다. 가산세는 징수하여야 할 관세액의 20/100 범위 내에서 대통령령으로 정하고 있다. 관세법상 가산세가 부과되는 것은 다음과 같다.

① 신고납부한 세액이 부족이 있어 수정신고를 하고 부족관세를 납부할 때
② 세관장의 경정 처분에 의하여 부족관세를 징수할 때
③ 재수출면세 또는 재수출감면을 받아 수입한 물품을 규정된 기간내에 재수출하지 아니한 때

④ 지정장치장 등에 장치된 물품 중 대통령령으로 정하는 물품을 일정 기간내에 수입 또는 반송 신고를 하지 아니한 때
⑤ 여행자가 반입대상 물품을 신고하지 아니하거나, 이사자가 과세대상 이사물품을 신고하지 아니한 때
⑥ 수입신고전 물품반출신고를 한자가 반출신고를 한날로부터 10일 이내에 수입신고를 하지 아니할 때

(4) 관세의 징수절차

신고납부의 경우나 부과고지의 납부를 불문하고 세관이 관세를 징수하기 위해서는 납세의무자에게 신고납부서 또는 납세고지서를 교부하는 것이 원칙이다.

납세고지서는 납세의무자에게 직접 교부하는 것을 제외하고는 인편, 우편 또는 공시송달 방법에 의해 송달한다.

징수기관은 수입통관 업무를 행하는 세관장이고, 수납기관은 출납공무원, 한국은행 또는 체신관서이다.

관세납부에 있어 납세의무자가 신고납부서 또는 납세고지서에 의해 자진하여 수납기관에 관세를 납부하는 것을 임의징수라 한다.

이에 비해 납세의무자가 자진하여 관세를 납부하지 아니할 경우 세관장이 권력을 행사하여 관세를 징수하는 것을 강제징수라 한다.

(5) 납부세액의 정정

납세의무자가 세액을 자진하여 신고하였다 하더라도 세관장은 그 세액의 정확여부를 심사하여 세액을 정정할 수 있으며, 납부의무자도 신고한 세액 또는 신고납부한 세액에 과부족이 있을 경우에는 이를 정정할 수 있다.

(6) 관세납부의 시효

시효제도는 진실한 법률관계가 어떤가를 불문하고 일정한 기간 계속된 사실상태를 존중하여 법률생활을 안정시키려는 것을 목적으로 하는 것이다.

관세법에도 관세부과의 제척기간과 관세징수권 및 환급청구권의 소멸시효 제도를 두고 있다. 관세부과의 제척기간은 당해 관세를 부과할 수 있는 날로부터 2년이다. 즉, 당해관세를 부과할 수 있는 날로부터 2년이 지나면 세관장은 그 수입물품에 대해 더 이상 관세를 부과 할 수 없는 것이다. 그러나 사위(詐僞)기타 부정한

방법으로 관세를 포탈하였거나 환급을 받은 경우 또는 관세법 제9조의 2(가격신고)의 규정을 위반하여 가격을 신고하지 않았거나 과세가격의 일부를 신고하지 아니하여 납부세액이 부족이 있는 경우 제척기간은 당해 관세를 부과할 수 있는 날부터 5년이다.

한편, 일단 부과된 관세를 징수하는 관세징수권은 이를 행사할 수 있는 날로부터 5년간 행사하지 아니하면 소멸시효가 완성한다.

소멸시효가 완성된다는 것은 납세의무가 소멸된다는 것을 의미한다. 그러나 관세징수권의 소멸시효는 납세고지, 경정처분, 납세독촉, 납세 최고(催告), 고발, 공소제기, 교부청구, 압류로 인해 중단될 수 있다.

시효가 중단되면 중단사유가 발생한 날까지의 시효는 효력이 없어지고, 그 중단사유가 끝난 다음날이 새로운 시효의 기산일이 된다.

환급청구권의 소멸시효는 이를 행사할 수 있는 날부터 2년간이다. 환급청구권도 청구권의 행사로서 시효가 중단된다. 따라서 신청금액 중 미지급금액이 있으면 환급금 지급이 끝난 다음날부터 새로운 시효가 진행된다.

3.6. 담보제도

수입물품에 대한 관세채권의 확보를 위해 관세법에는 담보제도를 두고 있다. 관세의 담보는 일반담보와 특별담보의 두 가지가 있다.

일반담보	관세를 납부하여야 할 물품 자체를 말한다. 관세법에서는 관세를 납부하여야 할 물품에 대하여는 다른 조세 기타의 공과 및 채권에 우선하여 관세를 징수한다고 규정하여 관세미납 물품에 대한 관세징수의 우선을 명시하고 있다. 사실상 관세미납 물품을 담보물화하고 있기 때문에 이를 일반담보라 하는 것이다.
특별담보	관세를 징수하여야 할 물품, 즉 일반담보물인 물품이 보세구역 등을 벗어나는 경우에 관세징수의 확보를 위하여 세관장의 명령에 의하여 별도로 제공되는 담보물을 말한다.

4. 보세제도

보세란 대체로 관세유보 또는 관세미납의 뜻으로 해석하고 있으나 관세부과 대상이 아닌 무세품도 수입신고수리 이전에는 보세화물이라 부르고 있기 때문에 보세의 의의를 엄격히 정의하면 수입신고수리가 종료되지 않은 상태, 즉 수입신고수리 미필상태를 말한다.

보세제도는 보세구역제도와 보세운송제도롤 나눌 수 있는데, 보세구역은 보세화물을 반입·장치·가공·제조·건설·전시·판매하는 장소로서 세관장이 지정하거나 특허한 장소를 말하고, 보세운송은 보세화물을 보세상태에서 운송하는 것을 말한다.

보세구역 또는 보세운송은 보세화물을 세관의 엄격한 통제하에 둠으로써 부정유출을 방지하고 원칙적으로 수입신고수리를 받기 전에는 보세구역을 벗어나지 못하게 함으로써 관세채권을 확보하기 위해서이다. 또한 통관업무의 효율화, 수출 및 산업지원을 위해서 필요한 제도이다.

4.1 보세구역

1) 지정보세구역

세관장이 주로 국가나 공공기관의 토지·시설 등의 일정구역을 지정한 곳으로서 통관을 하고자 하는 물품을 일시 장치하거나 검사하기 위한 장소로서, 지정장치장과 세관검사장이 있다.

(1) 지정장치장

통관하고자 하는 물품을 일시적으로 장치할 수 있는 장소이다. 장치가능한 기간은 6개월이다. 지정장치장은 대개 부두나, 공항, 또는 세관청사 내에 특정 지역을 세관장이 지정하고 있다.

(2) 세관검사장

수입 또는 수출통관하고자 하는 물품의 검사를 할 수 있는 장소이다. 공항입국장의 세관검사장이 대표적이다. 수출입 물품 중 세관검사가 필요한 물품이 모두 세관검사장에 반입되어야 하는 것은 아니며 대개 여행객의 휴대품이나 이사물품, 기타 탁송물품의 검사에 세관검사장이 이용된다.

2) 특허보세구역

민간인의 신청에 의해 세관장이 특허한 곳으로 주로 개인의 토지·시설 등의 일정한 구역에 대하여 세관장이 보세구역으로 특허한 장소를 말한다. 특허세보구역의 종류는 다음과 같다.

(1) 보세창고

수출 또는 수입통관하고자 하는 물품을 장치할 수 있는 장소로 보세구역의 대부분을 차지한다. 보세창고에는 영리를 목적으로 불특정 다수인의 수출입물품을 보관해 주는 영업용 창고와 운송회사 또는 제조업체가 자신의 필요에 의해 운영하는 자가용 창고의 두 가지가 있다. 보세창고에 물품을 장치할 수 있는 기간은 1년이다. 종전에는 보세장치장과 보세창고를 구분하였으나, 2001년 개정관세법에서는 양자를 통합하여 보세창고란 명칭으로 통일하였다.

(2) 보세공장

외국물품이나, 외국물품과 내국물품을 원재료로 제조·가공 작업을 하기 위한 장소이다. 보세공장에는 수출용물품만을 제조·가공하는 수출용보세공장과 수입하기 위한 물품을 제조·가공하는 내수용보세공장, 그리고 이 둘을 겸하는 수출·내수겸용 보세공장이 있다. 보세공장에는 외국물품 장치에 따로 제한기간을 두지 않는다. 보세공장은 원재료를 외국물품상태에서 제조·가공이 가능하므로 자금부담의 완화 등에 큰 도움이 될 수 있다.

(3) 보세전시장

박람회·전시회 등을 위하여 외국물품을 장치하거나 사용할 수 있는 장소이다 보세전시장제도는 일시적으로 국내에 반입되어 전시 등을 한 다음 다시 외국으로 반출되는 물품에 유용하게 적용할 수 있다. 수출입통관절차 없이 반입과 반출이 가능하기 때문이다. 보세전시장은 대개 해당 박람회·전시회 등의 기간 동안 특허되고, 외국물품의 장치기간도 보세전시기간 동안이다.

(4) 보세건설장

외국물품 상태로 산업시설의 건설공사를 할 수 있는 장소이다. 건설된 시설은 가동하기 전에 수입통관절차를 필하여야 한다. 보세건설장제도는 대규모 산업시설 등의 건설에서 자금부담 완화에 큰 도움이 될 수 있다. 보세건설장은 당해 건설공사기간을 고려하여 일정기간동안 특허되며, 외국물품의 장치·사용기간은 해당 특허기간과 같다.

(5) 보세판매장

외국물품을 보세상태에서 판매할 수 있는 장소이다. 공항 출국장의 면세점이 대표적이고 시내 주요 백화점 등에도 일부 설치되어 있다. 보세판매장을 이용할 수 있는 자는 외교관 면세권자나 출국예정자에 국한된다. 출국예정자가 보세판매장에서 구입한 물품은 공항의 출국장에서 인도되며, 반드시 국외로 반출하여야 한다.

3) 종합보세구역

공항 또는 항만의 일정한 지역을 관세행정기관이나 지방자치단체 또는 종합보세구역을 운영하고자하는 자의 요청에 의하거나 관세청장의 직권으로 지정한다. 특허보세구역은 하나의 기업단위로 설치되는 것이 일반적이고 종합보세구역은 공항 또는 항만의 일정지역을 지정하므로 해당 지역에 여러 기업이 입주할 수 있다. 종합보세구역은 보세창고, 보세공장, 보세전시장, 보세건설장, 보세판매장의 기능을 종합적으로 수행할 수 있는 장소이다. 종합보세구역을 이용하기 위해서는 먼저 종합보세구역에 입주하여야 한다. 물품의 장치기간에 제약이 없다.

4) 자유무역지역·관세자유지역과의 구분

자유무역지역과 관세자유지역은 관세법의 규정에 의한 보세구역이 아니라 자유무역지역의 지정 등에 관한 법률과 국제물류기지 육성을 위한 관세자유지역의 지정 및 운영에 관한 법률에 의해 지정된 지역이다. 그러나 외국물품이 보세상태에서 반입될 수 있다는 점에서 보세구역으로서의 성격을 갖는다. 그 외에 관세법에 의해 세관장의 허가를 받아 물품을 임시 장치하는 보세구역외의 장치장도 보세구역은 아니지만 외국물품을 반입할 수 있다는 점에서 보세구역으로서의 성격이 있다. 보세구역외의 장치장은 종전의 타소장치장의 명칭을 2001년 개정관세법에서 변경한 것이다.

4.2 보세운송제도

보세운송이란 외국물품을 보세상태로 국내에서 운송하는 것을 말한다. 개항에 도착한 수입물품을 당해 항구 또는 공항내의 보세구역에서 수입통관 한다면 보세운송은 불필요할 것이다. 그러나 그 물품을 내륙지에 있는 보세구역으로 이송하여 통관하고자 한다면 도착항으로부터 내륙목적지의 보세구역까지 보세운송에 의해 운송하여야 한다.

5. 관세환급

5.1 관세환급의 개요

1) 관세환급의 개념

환급(drawback)이란 국가가 일단 부과·징수한 조세를 일정한 요건이 구비되었을 때 되돌려 주는 것을 말한다. 관세환급에는 관세법에 의한 과오납환급과 위약물품환급 그리고 2004년에 신설된 종합보세구역에서의 외국인 관광객에 관한 환급이 있으며, 수출용원재료에 대한 관세 등 환급에 관한 특례법(약칭하여 환급특례법)에 의한 환급이 있다. 일반적으로 환급이라 하면 환급특례법에 의한 환급을 의미한다.

관세환급은 물품을 수출하였을 때 그 수출물품의 생산에 소요된 원재료를 당초 수입할 때 납부한 관세 등을 수출자 등에게 되돌려 주는 것을 말한다. 이는 관세 등의 부담을 제거함으로써 수출상품의 가격경쟁력을 지원하기 위한 것이다. 물품수출에 따른 관세의 환급은 수출을 이행하였다는 사실을 입증할 수 있는 서류를 갖추어 환급을 신청한 경우에만 가능하다. 수출하였다는 사실만으로 자동적으로 환급금이 지급되지는 않는다.

2) 환급대상 조세

물품 수출에 따른 조세의 환급은 수출물품의 생산에 사용된 원재료를 외국에서 수입할 때 징수한 조세를 환급하는 경우와, 상품이 국내에서 거래되는 단계에서 징수한 조세를 환급하는 경우의 두 가지가 있다.

이들 조세는 환급하는 방법과 환급하는 국가기관이 서로 다르다.

먼저, 원재료를 수입할 때 징수될 수 있는 조세는 관세, 특별소비세, 주세, 교통세, 농어촌특별세, 교육세, 부가가치세, 임시수입부가세 등이다.

이들 조세 중 부가가치세를 제외한 나머지 조세는 환급특례법에 의해서 세관장이 환급한다. 환급특례법에서 관세 등의 환급이라 할 때는 이와 같은 일곱 가지 조세를 총칭하여 환급한다는 의미이다. 그러나 원재료를 수입할 때 징수되었다 하더라도, 가산금이나 가산세, 벌금 등은 당해 원재료로 물품을 생산하여 수출하였다 하더라도, 환급대상이 될 수 없다.원재료를 수입할 때 징수된 조세 중 부가가치세는 부가가치세법 및 국세기본법에 의하여 세무서장이 환급한다.

3) 환급대상 수출

환급을 허용하는 수출의 범위는 세법마다 차이가 있다. 환급특례법에서 정하고 있는 환급대상 수출은 다음과 같다.

(1) 일반유상수출

관세법에 의하여 수출신고가 수리된 물품 중 유상수출의 물품은 모두 관세환급이 가능하다.

(2) 무상수출

무상수출의 경우에는 기획재정부장관이 정한 다음의 경우만 환급대상이 된다.

① 박람회·전시회 등에 출품을 위한 수출(수출 후 판매된 경우만 해당)

② 해외투자·건설용 기자재와 용품의 수출

③ 대체물품의 수출

④ 견본용물품의 수출

⑤ 수탁가공한 물품의 수출, 위탁가공을 위한 물품의 수출

⑥ 위탁판매를 위한 물품이 수출(수출 후 판매된 경우만 해당)

(3) 외화판매·외화공사

관세법에 의해 수출신고가 수리되지 아니하는 즉, 국내에서의 외화를 대가로 판매되거나, 공사를 한 경우 등으로서 다음에 해당하는 것도 관세환급의 대상이 될 수 있다.

① 주한미군에 대한 물품의 판매
② 주한미군·주한 외국공관 등에 대한 공사
③ 주한미군·주한 외교관 등에 대한 국산승용차의 판매
④ 외국인투자기업에 대한 자본재의 판매
⑤ 국제경쟁입찰 낙찰물품의 판매
⑥ 해외취업근로자에 대한 외화면세 판매물품

(4) 수출 등에 제공하기 위한 물품공급

① 보세창고에 대한 물품의 공급
② 보세공장에 대한 물품의 공급
③ 보세판매장에 대한 물품의 공급
④ 종합보세구역 입주기업체에 대한 물품의 공급
⑤ 자유무역지역과 관세자유지역 입주기업체에 대한 물품의 공급

(5) 기타 수출

① 외항선(기)에 대한 선(기)용품의 공급
② 원양어선에 대한 물품의 송부

(6) 대북반출물품

북한지역으로 반출되는 물품에 대해서는 남북교류협력에 관한 법률에 의해 당해 물품 생산에 소요된 원재료가 수입될 때 납부한 관세 등을 관세환급특례법에 의한 관세 등과 마찬가지로 세관장이 환급하고 있다.

4) 환급대상 수입

(1) 수출물품 자체(원상태 수출물품)
(2) 수출물품제조에 사용된 원재료
① 수출물품을 형성하는 원재료
② 수출물품을 형성하지는 않지만 수출물품의 제조가공에 직접 사용되는 화공약품
③ 수출물품을 상품화하는데 소요되는 포장재 등
④ 수출물품의 제조가공에 사용되는 단용원재료

5.2 환급액의 결정방법

1) 개별환급제도

(1) 환급액의 산출방법

관세환급 방법에는 개별환급과 정액환급의 두 가지가 있다.

개별환급방법은 물품을 수출한 다음 환급을 받고자 하는 자가 스스로 환급액을 산출하여 세관장에게 신청하는 것이다.

개별환급방법에 의해 환급액을 산출하기 위해서는 다음 세 가지 사실이 서로 연결되어 확인되어야 한다.

첫째, 어떤 물품을 얼마만큼 수출하였는가 하는 것이다. 이 사실의 확인은 수출신고필증 등 수출사실 확인서류에 의한다.

둘째, 당해 수출물품에는 어떤 원재료가 얼마만큼 소요되었는가 하는 것이다. 이 사실의 확인은 소요량계산서에 의한다.

셋째, 소요량계산서에 표시된 소요원재료별로 그 원재료가 수입될 때 납부한 관세 등의 세액은 얼마인가 하는 것이다. 이 사실의 확인은 그 물품을 수입하여 사용한 것이라면 수입할 때 세관장으로부터 발급 받은 수입신고필증이나 수입신고필증분할증명서 또는 평균세액증명서로 한다.

(2) 자율소요량 계산제도

소요량은 수출물품을 생산하는데 소요되는 원재료의 량으로서 생산과정에서 정상적으로 발생하는 손모량을 포함하는 것을 말한다. 즉, 소요량은 수출물품을 형성하고 있는 원재료의 량(단위실량)과 생산과정에서 발생하는 손모량을 합한 개념이다.

관세환급에 있어 소요량은 종전에는 기준소요량제도 등을 통해 정부가 그 량을 증명서로서 발급하는 소요량증명제도에 의하였다. 그러나 1997년 7월부터는 수출물품 생산기업 스스로가 소요량을 산정하여 이를 환급액산출에 사용하는 자율소요량계산제도에 의하고 있다.

2) 정액환급제도

정액환급방법은 관세청장이 수출물품별로 소요된 원재료와 그 원재료가 수입될 때 납부되는 관세 등의 세액을 확인하여 이를 평균한 다음 그 금액을 정액환급율표로서 고시해 두고, 해당 물품을 수출한 자가 세관장에게 신청하면 고시된 금액을 환급하는 것이다.

정액환급제도에는 특수공정물품 정액환급제도와 간이정액환급제도의 두 가지가 있으나 현재 운용되고 있는 것은 간이정액환급제도 뿐이다.

간이정액환급은 정부가 수출물품별로 소요된 원재료와 그 원재료가 수입될 때 납부되는 관세 등의 세액을 확인하여 고시한 정액환급율표를 적용한다. 따라서 환급을 신청하는 수출상으로서는 원재료의 소요량계산이나 그 원재료를 수입할 때 납부한 세액이 얼마인지 등을 확인하여 계산할 필요가 없고 수출 사실을 증명하는 서류만 첨부하여 환급을 신청하면 되므로 환급절차가 매우 간편하다.

간이정액환급율표는 HS 10단위별료 10,000원당 환급액을 고시하고 있다. 따라서 다음과 같은 공식에 의해 환급액을 산출한다.

$$\frac{\text{수출금액(FOB₩)}}{10{,}000} \times \text{간이정액환급율표의 금액(₩)}$$

간이정액환급율표의 적용 기준일은 환급의 경우는 수출신고수리일이며, 기초원재료납세증명의 경우는 국내거래일이다.

정액환급은 수출품목별로 평균 개념을 적용하여 환급액을 책정·고시한다.

정액환급방법을 적용하여 환급받는 수출상에 따라서는 실제 환급받아야 할 세액(즉, 그 수출물품에 소요된 원재료가 수입될 때 납부한 세액)보다 많이 받는 경우도 있고 적게 받는 경우도 있다.

실제 환급이 이루어지는 실적을 보면 전체의 90% 이상이 개별환급방법에 의해 이루어지고 있다.

5.3. 사후정산제도

물품을 수입하고자 하는 자는 관세법의 규정에 의해 수입신고 수리일부터 15일 이내에 관세를 납부하여야 한다. 원재료의 경우에도 마찬가지이다.

한편 물품을 수출하였을 때는 당해 물품을 생산하는데 소요된 원재료가 당초 수입될 때 납부한 관세 등을 환급받을 수 있다. 이와 같이 원재료 수입시 관세를 납부하고, 물품 수출시 환급하는 것은 기업의 자금부담문제, 통관절차의 번잡 문제 등이 있으므로 이에 대한 예외적 조치로서 운영되고 있는 것이 사후정산제도이다.

6. 관세의 납세의무자에 대한 권리의 구제

6.1 행정구제제도의 개념

행정청의 하자있는 행정처분으로 인하여 권리·이익의 침해를 받는 자가 그 처분청이나 상급감독청에 대하여 이의 시정을 요구하는 제도를 행정구제제도라 한다. 관세의 부과·징수 및 관세와 관련된 처분은 국민의 재산권에 직접 영향을 미치며, 관세가 갖는 특수성 때문에 관세법은 행정심판법과 별도로 관세에 관한 행정구제제도를 따로 규정하고 있다.

6.2 관세에 관한 행정구제

1) 직권구제

직권구제는 처분청 스스로 위법·부당한 처분을 발견하여 스스로 이를 취소변경함으로써 납세자의 권리를 사전구제하는 직권시정을 말한다.

2) 행정구제

행정구제는 관세행정상의 처분으로 권익을 침해받은 자가 세관장에게 이의신청, 관세청장에게 심사청구, 국세심판원장에게 심판청구를 제기하여 그 처분의 취소 또는 변경이나 필요한 처분을 청구하는 것이다. 예외적으로 감사원법에서는 감사원장에게 심사청구를 할 수 있으며, 감사원장의 결정에 대하여 불복하는 자는 국세심판원장의 심판청구를 거치지 않고 바로 행정소송을 제기할 수 있다.

제1단계 구제절차는 이의신청, 심사청구, 감사원 심사청구 중 어느 방법을 선택하여도 무방하지만 이의신청 및 심사청구서류의 제출은 일단 처분 행정청에 제출하여야 한다(단 관세청장이 결정한 처분에 대하여는 심사청구만 가능). 2,3단계의 구제절차인 심판청구나 행정소송은 반드시 전단계 구제절차를 거친 후 제기하여야 한다.

6.3 사전적 구제절차(과세전적부심사)

납세자의 실질적인 권리구제를 하기 위하여 세관장이 납세액의 부족을 이유로 세액을 경정하여 부족분을 징수하고자 하는 때에는 미리 납세자에게 통지함으로서 납세자가 관세의 경정에 관하여 불복하는 경우에 과세의 적정성을 사전에 심사하기 위한 제도를 과세전적부심사라 한다. 과세전적부심사의 절차는 다음과 같다.

① 세관장은 납부세액이나 납부하여야 하는 세액에 부족한 금액을 징수하는 때에는 납세의무자에게 그 내용을 서면으로 통지하여야 한다.

② 납세의무자는 통지를 받은 때에는 그 통지를 받은 날로부터 20일 이내에 세관장에게 통지 내용에 대한 적법성여부에 관한 심사를 청구할 수 있다.
다만, 관세청장이 유권해석을 변경하여야 하거나 새로운 해석이 필요한 경우에는 관세청장에게 이를 청구할 수 있다.

③ 과세전적부심사를 청구 받은 세관장과 관세청장은 청구를 받은 날로부터 30일 이내에 과세전적부심사위원회의 심의를 거쳐 그 결과를 통보하여야 한다.

6.4 사후적 구제절차

1) 이의 신청

이의 신청이란 관세법 기타 관세에 관한 법률 또는 조약에 의한 처분에 불복하여 그 처분을 한 세관장에게 그 처분의 재심사를 요구하는 제도이다.

이의신청은 세관장이 자기가 행한 처분에 대하여 재심사하고 결정한다는 점에서 권리구제적인 측면에서 실효성이 적으므로 청구권자가 이의신청을 거치지 않고 바로 관세청장에게 심사청구를 할 수 있는 임의적 선택절차이다.

이의신청은 당해 처분을 한 세관장이 재결권자이고 처리기간인 30일 이내인 점을 제외하고는 심사청구 관련규정을 준용하고 있다. 이의신청 결정에 이의가 있을 때에는 결정서를 받은 날로부터 60일 이내에 관세청장에게 심사청구를 하여야 한다.

2) 심사청구

심사청구란 관세법 기타 관세에 관한 법률 또는 조약에 의한 처분으로서, 위법·부당한 처분을 받거나 필요한 처분을 받지 못함으로서, 권리 또는 이익을 침해당한 자가 관세청장에게 그 처분의 취소 또는 변경 또는 필요한 처분을 요구하는 행정구제 수단이다. 이는 행정심판 전치주의에 따라 동일한 처분에 관하여 심사청구와 심판청구를 중복하여 제기할 수 없으며, 심사청구는 당해 처분이 있는 것을 안 날부터 90일 이내에 하여야 한다. 이의신청을 거친 후 심사청구를 하고자 하는 때에는 이의신청에 대한 결정의 통지를 받은 날부터 90일 이내에 하여야 한다. 심사청구에 대한 결정의 유형은 각하[23]· 기각[24]· 인용[25]이 있다.

3) 심판청구

심판청구는 심사청구에 대한 결정에 이의가 있거나 결정을 받지 못한 경우에 전문 조세기관인 조세심판원장에 처분의 취소 또는 변경이나 필요한 처분을 청구하는 행정심의 최종심이며, 행정소송의 필요적 전심제도이다. 심판청구에 대한 결정은 심판청구를 받은 날로부터 90일 이내에 심리를 거쳐 결정한다. 심판청구에 대한 조세심판원의 결정은 관계행정청을 기속한다. 심판청구에 대한 결정유형은 심사청구와 같이 각하· 기각· 인용이 있다.

4) 감사원법에 의한 심사청구

감사원법에 의한 심사청구는 감사원의 감사를 받는 자의 직무에 관한 처분 기타 행위에 관하여 이해관계가 있는 자가 감사원장에게 그 시정을 청구하는 제도이다. 관세청장 및 세관장은 감사원의 피감사기관이므로 세관장의 처분에 대하여 불복

---

23) 각하(却下): 본안 심리전에 소를 제기하는 것이 부적합한 경우에 내리는 판결. 이 경우는 원고가 소를 제기하는 방식에서 잘못이 있는 것이기 때문에 법이 정한 정상적인 절차를 밟으면 다시 제소할 수 있다. 예컨대, 소송에서 대표자를 잘못 기록한 경우 올바른 대표자로 고쳐 다시 소송을 제기하면 된다.

24) 기각(棄却): 본안 심리를 해서 그 청구가 옳은지 그른지를 가린 후에 내리는 판결이다. 청구인의 주장을 받아들이지 않고 원처분이 정당하다는 판결이다. 기각판결이 내려진 경우 항소나 상소를 하지 않고 일정기간이 지나 판결이 확정되면 그 뒤에 같은 내용으로 소송을 걸 수 없다.

25) 인용(引用): 청구인의 주장이 옳고 그 주장하는 이유가 적법하다고 인정하여 세관장의 원처분을 취소·경정 또는 필요한 처분을 하도록 결정하는 것이다.

하는 경우에 청구인은 감사원장에게 심사청구할 수 있다. 감사원 심사결정에 대하여 이의가 있을 때에는 그 심사청구에 대한 결정통지를 받은 날로부터 60일 이내에 처분청을 당사자로 하여 행정소송을 제기할 수 있다.

5) 행정소송

위법한 처분에 대한 심판청구 및 감사원 심사청구 결정에 의의가 있거나 결정기간(90일)내에 결정통지를 받지 못한 경우, 심판청구 및 감사원심사청구의 결정기간(90일)내에 처분의 통지를 받지 못한 경우는 결정기간(90일) 경과일로부터 60일 이내에 관할 행정법원에 행정소송을 제기할 수 있다. 행정소송은 행정소송법의 규정에도 불구하고 이 법에 의한 심사청구 또는 심판청구와 그에 대한 결정을 거치지 아니하면 제기할 수 없다. 그러나 수입물품에 대하여 관세와 같이 부과되는 내국세(부가가치세, 주세, 특별소비세, 농어촌특별세, 교통세)의 부과, 징수, 감면, 환급 등에 관한 세관장의 처분에 대하여 불복이 있는 자는 관세법 절차에 의한 이의신청, 심사청구, 심판청구를 할 수 있다.

제5편

무역계약의 종료

Chapter 13

무역클레임과 분쟁의 해결

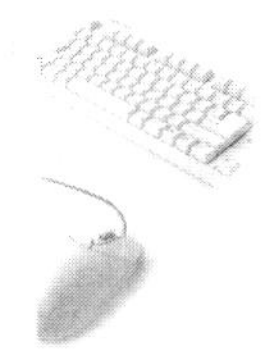

1. 무역클레임

1.1 무역클레임의 개념

무역거래는 언어, 관습, 문화, 법률 등을 달리하는 당사자간에 이루어지는 거래라는 점에서 매우 복잡한 요소가 포함되어 있다.

무역상 클레임이란 매매계약의 위반행위로 인한 손해에 대하여 매매당사자간에 일어나는 상사분쟁의 구상(Claim for Trade Dispute)과 운송중의 사고에 따른 손해화물의 구상(Claim for Loss and Damage of Cargo)을 말한다. 그러나 일반적으로 클레임이라 부를 때에는 전자를 가리키는 데 양자의 구별을 확실하게 하기 위하여 이를 무역클레임이라 부른다. 즉 매매당사자의 일방이 매매계약의 내용을 충실히 이행하지 않으므로 인하여 손해를 입은 당사자가 손해를 일으키게 한 당사자에게 손해배상 또는 기타의 의무이행을 청구하는 것을 말한다.

1.2 무역클레임의 원인

1) 직접적인 원인

① 교섭에 원인이 있는 경우

무역계약은 청약과 승낙으로 이루어진다. 무역계약은 이러한 교섭과정 중에 매우 많은 의사의 교환이 있고 이러한 과정에서 인식의 차이, 오해, 문언해석상의 차이, 부주의 등에 의하여 클레임이 일어난다.

② 계약에 원인이 있는 경우

청약과 승낙의 조건이 애매모호하면 계약서를 작성, 서명할 때 반드시 분쟁이 생기게 된다. 계약은 구두에 의한 합의만 있더라도 유효하게 성립한다. 그러나 구두만으로는 불완전한 경우가 많다. 따라서 계약체결시에 완전합의에 이르기까지 충분한 이해와 검토가 필요하다.

③ 계약의 이행에 원인이 있는 경우

이 경우에 속하는 클레임은 매우 많으며 대표적으로는 선적의 지연에 관한 클레임, 품질에 관한 클레임, 포장클레임, 대금지급에 관한 클레임, 검량 및 검수에 관한 클레임 등 여러 가지가 있다.

2) 간접적인 원인

무역클레임의 간접적인 원인으로는 여러 가지가 있지만 대표적으로는 ① 언어의 차이 ② 상관습과 법률의 차이 ③ 이메일 등 통신사용에서 오는 위험 ④ 신용조사의 미비 ⑤ 운송중의 위험 ⑥ 도량형의 상위 등이 있다.

1.3 무역클레임의 해결형태

1) 무역클레임의 철회

클레임의 철회 또는 취소는 클레임의 제기자(Claimant)가 자신이 제기한 클레임을 스스로 철회 또는 취소함으로써 이를 백지화하는 것을 말한다. 철회의 이유는 ① 클레임 제기자가 클레임이 자기 자신의 실수 또는 오해에 기인한 것을 인정하고 철회하는 경우 ② 피제기자가 제기자에 대하여 반증을 들어 클레임의 부당성을 지적하였고 이를 수락하여 클레임을 철회하는 경우이다.

2) 클레임의 거절

클레임의 거절이라 함은 피제기자가 제기자로부터 제기당한 클레임을 거절하는 것을 말한다. 제기된 클레임을 거절하기 위해서는 그 부당성을 입증할 만한 증거와 이유를 반드시 제시하여야 한다.

3) 클레임의 수락

클레임의 수락이란 제기자가 제기한 클레임을 피제기자가 이를 인정하고 수락하는 것을 말한다. 이 경우 제기자가 청구한 클레임을 모두 인정하고 이를 이행하는 전면적 수락과 클레임의 내용 가운데 일부만을 수락하는 부분적 수락이 있다.

1.4 클레임에 대한 대책

무역클레임이 발생한 후 그 해결책을 강구하는 것도 중요하지만 클레임의 발생을 미리 예방하여 국제상거래계약이 원활하게 이행되도록 하여야 한다.다음과 같은 예방책을 강구해 두는 것이 좋다.

1) 신의성실의 원칙

이 원칙은 윤리적, 도덕적 규범일 뿐만 아니라 공사법의 모든 영역에 있어서 기본원리이며, 국제상거래에서도 당연히 최고의 규범이다. 거래당사자들은 서로가 신용있는 거래처가 되도록 노력하여 원활한 국제상거래이행이 되도록 하여야 한다.

2) 해외시장조사의 철저

수입국에서의 수입제한이나 외화에 관한 제한 등에 대비하여 미리 클레임의 발생 가능성에 대하여 조사하는 것을 말한다.

3) 신용조사의 철저

무역계약의 체결시부터 상대방의 신용조사를 철저히 하여 애초에 믿을 수 있는 거래처를 확보하는 것이 대단히 중요하다.

4) 제조업체의 엄선

수출상이 직접 생산하지 않을 경우에는 계약에 적합한 물품을 확보하기 위하여 믿을 수 있는 제조업체를 선정하여야 한다.

5) 각종 서류의 완비

무역계약은 후에 제기될 수 있는 클레임에 대비하기 위하여 계약서를 완벽하게 작성하여야 하며 특히 일반거래협정서의 교환은 클레임방지를 위한 좋은 방법중의 하나이다. 또한 상대방이 클레임제기 의혹이 있는 경우 미리 공인된 감정서를 준비하여 클레임제기를 사전에 차단하는 것도 필요하다.

6) 업계간 정보의 공유

업계와 관련기관과의 협조체계를 구축하여 신용불량 거래처에 관한 정보나 해외시장조사에 관한 자료를 공유함으로써 클레임의 제기가능성을 낮추어야 한다.

2. 국제상사분쟁의 해결

2.1 국제상사분쟁의 해결내용

1) 손해배상금의 지급

손해배상금의 지급은 클레임 제기자가 입은 손해를 클레임제기를 받은 자가 손해의 금액만큼 금전적으로 배상하는 것을 말한다. 손해배상은 본래 계약불이행에 의하여 손해를 입은 자에게 계약이 이행된 것과 같은 상태로 회복시켜 주는 것을 목적으로 한다.

2) 대금의 감액

매도인이 매수인으로부터 품질이나 포장의 불충분, 계약물품과의 불일치 등을 이유로 계약가격의 감액을 허락하는 것을 말한다.

3) 물품의 반송

매수인이 반송의 대상이 되는 물품(예컨대, 계약과 다른 물품, 품질불량품, 규격상위품 등)의 인수를 거절하고 수출국으로 다시 보내는 것을 말한다. 또한 반송의 결과로 매도인은 매수인에게 반송된 물품 대신에 계약에 일치하는 대체품을 무상으로 선적하여 인도하거나 위의 조치 대신에 반송된 물품에 대하여 그 대금을 매수인에게 반환하여야 한다. 이 경우 매도인은 매수인이 지급한 반송비용과 대체품이 도착할 때까지 시가의 변동으로 매수인이 입은 손해를 보상하여야 한다.

4) 계약의 이행청구

클레임 제기자가 계약의 이행을 하지 않은 자에게 이행을 최고하는 것을 말하며 클레임 청구를 받은 자는 청구의 내용대로 이행하는 것을 말한다. 예컨대, 매도인이 계약된 물품과 다른 물품을 선적하였다면 매수인은 그 물품의 수령을 거절하고 계약물품의 선적을 요구할 수 있다.

2.2 국제상사분쟁의 해결방법

1) 당사자간의 해결방법

이 방법은 제3자의 개입없이 당사자간의 교섭에 의하여 분쟁을 우호적으로 해결하는 방법을 말하며 청구권의 포기와 화해가 있다.

(1) 청구권의 포기(waiver of claim)

청구권의 포기는 제기한 클레임의 포기를 말하는 것으로 피해자가 상대방에게 클레임청구권을 행사하지 않는 것이다. 청구권의 포기 사유는 클레임의 구상금액이 너무 적은 경우, 상대방의 방어능력이 너무 강하거나 장차 거래가능 잠재력이 큰 경우, 상대방의 재력이 너무 빈약하여 청구권을 행사하여도 이를 변제할 가능성이 없는 경우에 이루어진다.

(2) 화해(amicable settlement)

당사자 쌍방이 직접 또는 중개인의 교섭을 통하여 합리적인 선에서 청구액의 범위와 구상방법을 합의하는 것으로 가장 바람직한 해결방법이며 대부분의 클레임은 이 방법에 의하여 해결되고 있다. 당사자 간의 교섭에 의하여 이루어지는 재판외의 화해와 법원의 중개에 의한 소송상의 화해가 있다.

2) 제3자에 의하여 해결하는 방법

당사자간의 직접적인 해결방법이 바람직하긴 하지만, 쌍방의 주장이 대립될 때, 쌍방 또는 일방의 감정이 악화되었을 때, 상대방이 무성의하기 때문에 타협 또는 양보를 할 수 없을 때, 학식과 경험이 풍부한 제3자가 개입하여 분쟁을 해결하는 방법으로 알선, 조정, 중재, 소송 등이 있다.

(1) 알선(intercession, recommendation)

당사자의 일방 또는 쌍방의 의뢰에 의하여 공정한 제3의 기관이 사건에 개입하여 해결을 위하여 제시한 알선안에 당사자가 따름으로써 분쟁을 해결하는 것을 말한다. 알선은 쌍방의 협력이 없으면 실패로 돌아간다. 알선은 강제력은 없으나 알선을 맡은 제3자적 기관이 당사자에게 강한 영향력을 미칠 경우에는 성공하는 예가 많다.

(2) 조정(conciliation, mediation)

양 당사자가 공정한 제3자를 조정인으로 선임하여 분쟁해결방안을 제시하여 줄 것을 부탁하고 조정인이 제시하는 해결(조정)안에 당사자가 자주적으로 합의함으로써 분쟁을 해결하는 방법이다. 조정은 다음과 같은 특징을 가지고 있다.

첫째, 당사자 중 어느 일방의 마음대로 조정에 붙일 수 없다.

둘째, 당사자는 조정안을 수락해야 할 의무는 없다. 어느 일방이 조정안에 불만이면 조정은 실패한다.

셋째, 조정은 법률적 구속력이 없기 때문에 불완전한 해결방법이다.

넷째, 조정은 비교적 단시일내에 해결이 가능하다.

우리나라의 경우 중재신청사건에 있어서 당사자 쌍방의 요청이 있는 경우 중재절차를 개시하기 전에 분쟁을 조정에 회부하도록 하고 있다. 이 경우 조정이 성립하면 조정결정은 중재판정과 동일한 효력을 갖는다.

(3) 중재(arbitration)

당사자간의 합의로 사법상의 법률관계를 법원의 소송절차에 의하지 아니하고 제3자인 중재인을 선임하여 그 분쟁을 중재인에게 맡기고 중재인의 판정에 무조건 복종함으로써 분쟁을 해결하는 방법이다. 중재를 하기 위해서는 당사자간 중재합의가 있어야 하고, 중재인의 판정에 절대복종하여야 하며 그 효력은 법원의 확정판결과 동일하다. 또한 '외국중재판정의 승인 및 집행에 관한 유엔협약'에 의하여 체약국끼리는 판정의 집행을 보장해 주고 승인해 주므로 소송보다 더 큰 효력이 있다.

중재는 제3자의 개입에 의한 해결, 소송보다 신속한 해결방법이라는 점에서 조정과 유사하지만, 조정안을 수락할 것인가의 여부는 조정의 경우 당사자의 자유의사에 달려있지만, 중재의 경우는 중재판정을 거부할 수 없다. 따라서 당사자의 일방이 중재판정에 따르지 않을 때에는 법원에 신청하여 강제집행이 가능하다.

(4) 소송(litigation)

국가기관인 법원의 판결에 의하여 분쟁을 강제적으로 해결하는 방법이다. 중재합의가 없거나 당사자간의 교섭만으로 도저히 분쟁을 해결할 수 없는 경우에 이용되며 중재와 비교할 때 복잡한 소송절차, 3심제도, 비용의 과다 등의 단점이 있다. 특히 재판의 효력은 상대국까지 미치지 않으며 강제집행도 할 수 없다. 그러므로 무역분쟁을 소송에 의할 경우 현실적으로 적지 않은 장애와 한계가 있다.

3. 상사중재

3.1 중재의 장점

1) 분쟁의 신속해결

중재는 우리나라를 비롯한 대부분의 나라가 단심제이고, 당사자들은 합의로써 판정기간을 정할 수 있기 때문에 긴급성에 따라 그 기간을 명시하여 단축시킬 수 있다. 우리나라 중재법에는 이러한 기간을 당사자들이 정하지 않은 때에는 중재가 개시된 날로부터 3월 이내에 판정을 하도록 되어 있다.

2) 비용의 절감

신속한 분쟁의 해결은 그 만큼 비용을 절감할 수 있다. 소송의 경우 변호사의 보수를 비롯하여 매 심급마다 인지대가 비싸지므로 중재보다 비용이 많이 들게 된다.

3) 전문가에 의한 판정

무역분쟁은 매매조건, 무역관습 등에 지배되는 경우가 많아 중재인을 선정하는

데는 상관습과 국제상거래에 정통한 중재인의 판정이 보다 현실적이고 타당하다. 우리나라 대한상사중재원은 법조계, 학계, 실업계, 각종 업종별 단체의 대표자, 공공단체 대표, 공인회계사, 변리사, 주한 외국인 등을 엄선하여 중재인단을 구성하고 있다.

4) 절차의 비공개

소송절차는 공개주의에 의하므로 판결도중에 중대한 회사의 영업비밀이 대외적으로 알려지게 마련이다. 그러나 중재는 이러한 점을 감안하여 절차를 공개하지 않기 때문에 모든 사업상의 비밀이나 회사의 명성을 그대로 유지할 수 있다.

5) 국제적인 승인과 집행

법원판결은 자국내에서만 효력을 미치고 다른 상대방의 국가에 대하여는 그 효력이 미칠 수 없다. 그러나 중재판정은 국내적 효력은 대법원의 확정판결과 동일하며 국제적 효력은 '외국중재판정의 승인 및 집행에 관한 유엔협약'에 의하여 외국에서도 승인 및 집행을 보장받을 수 있다.

6) 자주적 분쟁해결방식

중재는 중재계약으로부터 중재판정에 이르기까지 모든 절차를 당사자의 합의로 결정할 수 있는 자주적 분쟁해결방식이다. 또한 중재는 당사자의 의사를 존중하여 별도의 격식없이 평화적 분위기속에서 진행된다.

3.2 중재의 단점

1) 단심제로 인한 상소제도의 결여

중재는 소송과 달리 판정을 취소할 중대한 결함이 없는 한 중재판정에 무조건 복종하여야 하는 단심제이다. 이는 시간과 비용을 절감시키는 중재의 장점이지만 중재 이용자에게 불안을 안겨주는 요인이기도 하다.

2) 예측가능성의 결여

소송은 절차법에 따라 진행되고 실체법이 적용되므로 당사자가 재판결과를 어느 정도 예측할 수 있다. 그러나 중재는 법률이 엄격히 적용되지 않으므로 그 결과를 예측하기 어렵다.

3) 강제성의 결여

소송의 경우 판사는 법률에 의거 각종 권한이 부여되어 있으나 중재인에게는 아무런 강제적인 권한이 부여되어 있지 않다. 때문에 증거조사에 증인 및 감정인이 응하지 않을 때에는 중재인은 법원에 협력을 구할 수밖에 없다(중재법 제28조)

4) 예방성의 결여

보전처분(가압류, 가처분)을 할 경우에는 별도로 법원에 이를 청구하여야 하므로(중재법 제10조) 중재신청인은 그 권리를 보전하기 위하여 번거로운 절차를 거쳐야 한다.

3.3 중재계약

1) 중재의 적용대상

중재절차는 중재계약의 존재를 전제로 하기 때문에 중재에 의하여 분쟁을 해결하려는 당사자는 먼저 중재계약을 체결하여야 한다. 중재의 대상은 당사자가 자유로이 처분할 수 있는 사법상의 분쟁으로서 현재 또는 장래에 발생할 분쟁이다(중재법 제1조 및 제2조). 따라서 당사자가 자유로이 처분할 수 없는 법률관계(형사사건, 비송사건, 강제집행사건, 행정소송사건 등)는 중재의 대상이 아니다.

2) 중재계약의 내용

실제로 분쟁이 발생한 경우에 중재의뢰를 원활하게 하기 위해서는 ① 중재지 ② 중재기관 ③ 적용될 중재규칙 또는 준거법 등이 중재계약에 반드시 명시되어 있을 필요가 있다.

3) 중재계약의 방법

중재계약은 현존분쟁에 관한 것과 장래분쟁에 관한 것으로 나눌 수 있다.

전자는 분쟁이 발생하였을 때 양 당사자가 중재부탁서를 작성하여 중재기관에 제출함으로서 분쟁을 해결하는 방법이다. 후자는 분쟁이 발생하기 전 매매계약을 체결할 때 계약서에 중재조항을 삽입하는 방법이다. 대한상사중재원이 만든 영문 중재부탁서(submission to arbitration)와 권장하는 표준중재조항(standard arbitration clause)은 다음과 같다.

■ submission to arbitration

We, the undersigned parties, hereby agree to submit the below dispute to the Korean Commercial Arbitration Board for arbitration under the Commercial Arbitration Rules of the Korean Commercial Arbitration Board with impeccable understanding that the arbitral award to be rendered on the dispute shall be final and binding upon all the parties concerned.

■ standard arbitration clause

All disputes, controversies or differences which may arise between the parties, out of or in relation to or in connection with this contract, or for the breach thereof, shall be finally settled by arbitration in Seoul, Korea in accordance with the Commercial Arbitration Rules of The Korean Commercial Arbitration Board and under the laws of Korea. The award rendered by the arbitrators shall be final and binding upon both parties concerned.

4) 중재계약의 효력

중재계약의 효력은 다음과 같다.

첫째, 직소금지의 효력이다. 중재계약이 있는 경우에는 법원에 소송을 제기할 수 없다(중재법 제9조). 다만 중재계약이 무효, 효력상실, 이행불능의 경우에는 그러하지 아니한다.

둘째, 중재계약에 따라 선정된 중재인은 사건에 관한 판정권을 가지며 당사자 일방의 요청에 따라 타방 당사자에게 재산보존조치를 지시할 수 있다(상사중재규칙 제40조).

셋째, 서면의 중재합의는 유엔협약에 따라 승인 및 집행이 보장된다(뉴욕협약 제2조).

넷째, 중재계약은 독립성 내지 분리가능성을 갖는다. 중재조항이 포함된 계약의 주요 부분이 무효가 된 경우 중재조항 만큼은 유효하다고 보는 것이 국제적 통설이다. 즉 주된 계약이 무효가 되더라도 중재합의는 당연히 무효가 되지 아니하고 유효하다고 보는 것이 국제적 통설이다.

3.4 중재판정

1) 중재절차

중재판정을 위한 중재절차는 당사자의 계약에 따라 정할 수 있으나 당사자의 합의가 없는 경우에는 상사중재규칙에 따라 정한다. 즉, 중재신청→중재신청의 접수통지→중재인 선정(1인 또는 3인)→심문기일통지→심문개최→반대신청서 접수→심문종결→중재판정→중재판정문 정본(당사자) 및 원본(법원)송달→사건종결과 같이 중재절차가 진행된다.

중재판정부는 당사자간 별도의 약정이 없는 한 중재심리가 종결된 날로부터 30일 이내에 중재인 과반수 찬성으로 판정하여야 하며 판정시에 중재비용의 부담자와 부담비율을 명하여야 한다.

2) 중재판정의 효력과 집행

중재판정은 법원의 확정판결과 동일한 효력이 있다(중재법 제35조). 하지만 중재판정은 판결과는 달리 그 자체만으로는 집행력이 없다. 따라서 강제집행절차의 기본이 되는 채무명의를 얻기 위하여는 따로 법원의 집행판결을 얻어야 한다(중재법 제37조 제1항). 중재판정의 국제적 효력은 우리나라도 이미 '외국중재판정의 승인 및 집행에 관한 뉴욕협약'에 가입하였기 때문에 국경이나 법역을 넘어 외국에서도 그 효력을 미치고 있다.

3) 중재판정의 취소

중재판정에 대한 불복은 법원에 제기하는 중재판정취소의 소에 의해서만 가능하다. 중재판정의 취소는 취소를 요구하는 당사자가 취소사유를 증명하거나 법원이 직권으로 취소사유에 해당한다고 인정하는 경우이다(중재법 제36조).

3.5 중재관련 국제법규와 주요 국제중재기관

1) 뉴욕협약(New York Convention)

뉴욕협약은 '외국중재판정의 승인과 집행에 관한 유엔협약'(United Nations Convention on the Recognition and Enforcement of Foreign Arbitral Award)으로써 1959년 정식으로 발효되었으며 우리나라는 1973년 5월에 가입하였다. 현재 총 가입국은 156개국에 달하고 있다(2015년 말 현재). 협약의 가입으로 체약국간에는 중재판정의 효력이 승인되고 그 집행도 보장받게 되었다. 동 협약은 승인 및 집행의 요건으로 ① 중재계약이 유효하고 ② 중재절차가 적법하며 ③ 판정이 확정력 및 구속력이 있고 ④ 공공질서에 반하지 않아야 한다(뉴욕협약 제5조)고 규정하고 있다.

2) 국제중재법원(ICC International Court of Arbitration)

국제상업회의소(ICC) 국제중재법원은국제상사분쟁의 중재를 통한 해결을 목적으로 1919년 설립되어 프랑스 파리에 본부를 두고 있으며 현재 사용중인 ICC 중재규칙(총 35개 조항)은 그 동안 수차례의 개정과정을 거쳐 오늘에 이르고 있다. 그 밖에 LCIA(London Court of International Arbitration), AAA(American Arbitration Association), ICSID(International Center for Settlement of Investment Disputes) 등이 있다.

부록

1. CISG
2. Incoterms 2010
3. UCP 600

1. CISG

THE STATES PARTIES TO THIS CONVENTION, BEARING IN MIND the broad objectives in the resolutions adopted by the sixth special session of the General Assembly of the United Nations on the establishment of a New International Economic Order,

CONSIDERING that the development of international trade on the basis of equality and mutual benefit is an important element in promoting friendly relations among States,

BEING OF THE OPINION that the adoption of uniform rules which govern contracts for the international sale of goods and take into account the different social, economic and legal systems would contribute to the removal of legal barriers in international trade and promote the development of international trade,

HAVE AGREED as follows :

PART Ⅰ. SPHERE OF APPLICATION AND GENERAL PROVISIONS

CHAPTER Ⅰ. SPHERE OF APPLICATION

Article 1.

(1) This Convention applies to contracts of sale of goods between parties whose places of business are in different States ;

(a) when the States are Contracting States ; or

(b) when the rules of private international law lead to the application of the law of a Contracting State.

(2) The fact that the parties have their places of business in different States is to be disregarded whenever this fact does not appear either from the contract or from any dealings between, or from information disclosed by, the parties at any time before or at the conclusion of the contract.

(3) Neither the nationality of the parties nor the civil or commercial character of the parties or of the contract is to be taken into consideration in determining the application of this Convention.

Article 2.

This Convention does not apply to sales :

(a) of goods bought for personal, family or household use, unless the seller, at any time before or at the conclusion of the contract, neither knew nor ought to have known that the goods were bought for any such use ;

(b) by auction ;

(c) on execution or otherwise by authority of law ;

(d) of stocks, shares, investment securities, negotiable instruments or money ;

(e) of ships, vessels, hovercraft or aircraft ;

(f) of electricity.

Article 3.

(1) Contracts for the supply of goods to be manufactured or produced are to be considered sales unless the party who orders the goods undertakes to supply a substantial part of the materials necessary for such manufacture or production.

(2) This Convention does not apply to contracts in which the preponderant part of the obligations of the party who furnishes the goods consists in the supply of labour or other services.

Article 4.

This Convention governs only the formation of the contract of sale and the rights and obligations of the seller and the buyer arising from such a contract. In particular, except as otherwise expressly provided in this Convention, it is not concerned with :

(a) the validity of the contract or of any of its provisions or of any usage :

(b) the effect which the contract may have on the property in the goods sold.

Article 5.

This Convention does not apply to the liability of the seller for death or personal injury caused by the goods to any person.

Article 6.

The parties may exclude the application of this Convention or, subject to article 12, derogate from or vary the effect of any of its Provisions.

CHAPTER Ⅱ. GENERAL PROVISIONS

Article 7.

(1) In the interpretation of this Convention, regard is to be had to its international character and to the need to promote uniformity in its application and the observance of good faith in international trade.

(2) Questions concerning matters governed by this Convention which are not expressly settled in it are to be settled in conformity with the general principles on which it

is based or, in the absence of such principles, in conformity with the law applicable by virtue of the rules of private international law.

Article 8.

(1) For the purposes of this Convention statements made by and other conduct of a party are to be interpreted according to his intent where the other party knew or could not have been unaware what that intent was.

(2) If the preceding paragraph is not applicable, statements made by and other conduct of a party are to be interpreted according to the understanding that a reasonable person of the same kind as the other party would have had in the same circumstances.

(3) In determining the intent of a party or the understanding a reasonable person would have had, due consideration is to be given to all relevant circumstances of the case including the negotiations, any practices which the parties have established between themselves, usages and any subsequent conduct of the Parties.

Article 9.

(1) The parties are bound by any usage to which they have agreed and by any practices which they have established between themselves.

(2) The parties are considered, unless otherwise agreed, to have impliedly made applicable to their contract or its formation a usage of which the parties knew or ought to have known and which in international trade is widely known to, and regularly observed by, parties to contracts of the type involved in the particular trade concerned.

Article 10.

For the purposes of this Convention :

(a) if a party has more than one place of business, the place of business is that which has the closest relationship to the contract and its performance, having regard to the circumstances known to or contemplated by the parties at any time before or at the conclusion of the contract ;

(b) if a party does not have a place of business, reference is to be made to his habitual residence.

Article 11.

A contract of sale need not be concluded in or evidenced by writing and is not subject to any other requirement as to form. It may be proved by any means, including witnesses.

Article 12.

Any provision of article 11, article 29 or Part Ⅱ of this Convention that allows a contract of sale or its modification or termination by agreement or any offer, acceptance or other indication of intention to be made in any form other than in writing does not apply where any party has his place of business in a Contracting State which has made a declaration under article 96 of this Convention. The parties may not derogate from or vary the effect of this article.

Article 13.

For the purposes of this Convention "writing" includes telegram and telex.

PART Ⅱ. FORMATION OF THE CONTRACT

Article 14.

(1) A proposal for concluding a contract addressed to one or more specific persons constitutes an offer if it is sufficiently definite and indicates the intention of the offeror to be bound in case of acceptance. A proposal is sufficiently definite if it indicates the goods and expressly or implicitly fixes or makes provision for determining the quantity and the price.

(2) A proposal other than one addressed to one or more specific persons is to be considered merely as an invitation to make offers, unless the contrary is clearly indicated by the person making the proposal.

Article 15.

(1) An offer becomes effective when it reaches the offeree.

(2) An offer, even if it is irrevocable, may be withdrawn if the withdrawal reaches the offeree before or at the same time as the offer.

Article 16.

(1) Until a contract is concluded an offer may be revoked if the revocation reaches the offeree before he has dispatched an acceptance.

(2) However, an offer cannot be revoked :

(a) if it indicates, whether by stating a fixed time for acceptance or otherwise, that it irrevocable ; or

(b) if it was reasonable for the offeree to rely on the offer as being irrevocable and the offeree has acted in reliance on the offer.

Article 17.

An offer, even if it is irrevocable, is terminated when a rejection reaches the offeror.

Article 18.

(1) A statement made by or other conduct of the offeree indicating assent to an offer is an acceptance. Silence or inactivity does not in itself amount to acceptance.

(2) An acceptance of an offer becomes effective at the moment the indication of assent reaches the offeror. An acceptance is not effective if the indication of assent does not reach the offeror within the time he has fixed or, if no time is fixed, withen a reasonable time, due account being taken of the circumstances of the transaction, including the rapidity of the means of communication employed by the offeror. An oral offer must be accepted immediately unless the circumstances indicate otherwise.

(3) However, if, by virtue of the offer or as a result of practices which the parties have established between themselves or of usage, the offeree may indicate assent by performing an act, such as one relating to the dispatch of the goods or payment of the price, without notice to the offeror, the acceptance is effective at the moment the act is performed, provided that the act is performed within the period of time laid down in the preceding paragraph.

Article 19.

(1) A reply to an offer which purports to be an acceptance but contains additions, limitations or other modifications is a rejection of the offer and constitutes a counter-offer.

(2) However, a reply to an offer which purports to be an acceptance but contains additional or different terms which do not materially alter the terms of the offer constitutes an acceptance, unless the offeror, without undue delay, objects orally to the discrepancy or dispatches a notice to that effect. If he does not so object, the terms of the contract are the terms of the offer with the modifications contained in the acceptance.

(3) Additional or different terms relating, among other things, to the price, payment, quality and quantity of the goods, place and time of delivery, extent of one party's liability to the other or the settlement of disputes are considered to alter the terms of the offer materially.

Article 20.

(1) A period of time for acceptance fixed by the offeror in a telegram or a letter begins to run from the moment the telegram is handed in for dispatch or from the date shown on the letter or, if no such date is shown, from the date shown on the envelope. A period of time for acceptance fixed by the offeror by telephone, telex or other means of instantaneous communication, begins to run from the moment that the offer reaches the offeree.

(2) Official holidays or non-business days occurring during the period for acceptance

are included in calculating the period. However, if a notice of acceptance cannot be delivered at the address of the offeror on the last day of the period because that day falls on an official holiday or a non-business day at the place of business of the offeror, the period is extended until the first business day which follows.

Article 21.

(1) A late acceptance is nevertheless effective as an acceptance if without delay the offeror orally so informs the offeree or dispatches a notice to that effect.

(2) If a letter or other writing containing a late acceptance shows that it has been sent in such circumstances that if its transmission had been normal it would have reached the offeror in due time, the late acceptance is effective as an acceptance unless, without delay, the offeror orally informs the offeree that he considers his offer as having lapsed or dispatches a notice to that effect.

Article 22.

An acceptance may be withdrawn if the withdrawal reaches the offeror before or at the same time as the acceptance would have become effective.

Article 23.

A contract is concluded at the moment when an acceptance of an offer becomes effective in accordance with the provisions of this Convention.

Article 24.

For the purposes of this Part of the Convention, an offer, declaration of acceptance or any other indication of intention "reaches" the addressee when it is made orally to him or delivered by any other means to him personally, to his place of business or mailing address or, if he does not have a place of business or mailing address, to his habitual residence.

PART Ⅲ. SALE OF GOODS

CHAPTER Ⅰ. GENERAL PROVISIONS

Article 25.

A breach of contract committed by one of the parties is fundamental if it results in such detriment to the other party as substantially to deprive him of what he is entitled to expect under the contract, unless the party in breach did not foresee and a reasonable person of the same kind in the same circumstances would not have foreseen such a result.

Article 26.

A declaration of avoidance of the contract is effective only if made by notice to the other party.

Article 27.

Unless otherwise expressly provided in this Part of the Convention, if any notice, request or other communication is given or made by a party in accordance with this Part and by means appropriate in the circumstances, a delay or error in the transmission of the communication or its failure to arrive does not deprive that party of the right to rely on the communication.

Article 28.

If, in accordance with the provisions of this Convention, one party is entitled to require performance of any obligation by the other party, a court is not bound to enter a judgement for specific performance unless the court would do so under its own law in respect of similar contracts of sale not governed by this Convention.

Article 29.

(1) A contract may be modified or terminated by the mere agreement of the parties.
(2) A contract in writing which contains a provision requiring any modification or termination by agreement to be in writing may not be otherwise modified or terminated by agreement. However, a party may be precluded by his conduct from asserting such a provision to the extent that the other party has relied on that conduct.

CHAPTER Ⅱ. OBLIGATIONS OF THE SELLER

Article 30.

The seller must deliver the goods, hand over any documents relating to them and transfer the property in the goods, as required by the contract and this Convention.

SECTION Ⅰ. DELIVERY OF THE GOODS AND HANDING OVER OF DOCUMENTS

Article 31.

If the seller is not bound to deliver the goods at any other particular place, his obligation to deliver consists :

(a) if the contract of sale involves carriage of the goods in handing the goods over to the first carrier for transmission to the buyer ;

(b) if, in cases not within the preceding subparagraph, the contract relates to specific goods, or unidentified goods to be drawn from a specific stock or to be manufactured or produced, and at the time of the conclusion of the contract the parties knew that the goods were at, or were to be manufactured or produced at, a particular place in placing the goods at the buyer's disposal at that place ;

(c) in other cases in placing the goods at the goods at the buyer's disposal at the place where the seller had his place of business at the time of the conclusion of the contract.

Article 32.

(1) If the seller, in accordance with the contract or this Convention, hands the goods over to a carrier and if the goods are not clearly identified to the contract by markings on the goods, by shipping documents or otherwise, the seller must give the buyer notice of the consignment specifying the goods.

(2) If the seller is bound to arrange for carriage of the goods, he must make such contracts as are necessary for carriage to the place fixed by means of transportation, appropriate in the circumstances and according to the usual terms for such transportation.

(3) If the seller is not bound to effect insurance in respect of the carriage of the goods he must, at the buyer's request, provide him with all available information necessary to enable him to effect such insurance.

Article 33.

The seller must deliver the goods :

(a) if a date is fixed by or determinable from the contract, on that date ;

(b) if a period of time is fixed by or determinable from the contract, at any time within that period unless circumstances indicate that the buyer is to choose a date ; or

(c) in any other case, within a reasonable time after the conclusion of the contract.

Article 34.

If the seller is bound to hand over documents relating to the goods, he must hand them over at the time and place and in the form required by the contract. If the seller has handed over documents before that time, he may, up to that time, cure any lack of conformity in the documents, if the exercise of this right does not cause the buyer unreasonable inconvenience or unreasonable expense. However, the buyer retains any right to claim damages as provided for in this Convention.

SECTION Ⅱ. CONFORMITY OF THE GOODS AND THIRD PARTY CLAIMS

Article 35.

(1) The seller must deliver goods which are of the quantity, quality and description required by the contract and which are contained or packaged in the manner required by the contract.

(2) Except where the parties have agreed otherwise, the goods do not conform with the contract unless they :

(a) are fit for the purposes for which goods of the same description would ordinarily be used ;

(b) are fit for any particular purpose expressly or impliedly made known to the seller at the time of the time of the conclusion of the contract, except where the circumstances show that the buyer did not rely, or that it was unreasonable for him to rely, on the seller's skill and judgement ;

(c) possess the qualities of goods which the seller has held out to the buyer as a sample or model ;

(d) are contained or packaged in the manner usual for such goods or, where there is no such manner, in a manner adequate to preserve and protect the goods.

(3) The seller is not liable under sub-paragraphs (a) to (d) of the preceding paragraph for any lack of conformity of the goods if at the time of the conclusion of the contract the buyer knew or could not have been unaware of such lack of conformity.

Article 36.

(1) The seller is liable in accordance with the contract and this Convention for any lack of conformity which exists at the time when the risk passes to the buyer, even though the lack of conformity becomes apparent only after that time.

(2) The seller is also liable for any lack of conformity which occurs after the time indicated in the preceding paragraph and which is due to a breach of and of his obligations, including a breach of any guarantee that for a period of time the goods will remain fit for their ordinary purpose or for some particular purpose or will retain specified qualities or characteristics.

Article 37.

If the seller has delivered goods before the date for delivery, he may, up to that date, deliver any missing part or make up any deficiency in the quantity of the goods delivered, or deliver goods in replacement of any non-conforming goods delivered or remedy any lack of conformity in the goods delivered, provided that the exercise of this right does not cause the buyer unreasonable inconvenience or unreasonable expense. However, the buyer retains any right to claim damages as provided for in this Convention.

Article 38.

(1) The buyer must examine the goods, or causes them to be examined, within as short a period as is practicable in the circumstances.

(2) If the contract involves carriage of the goods, examination may be deferred until after the goods have arrived at their destination.

(3) If the goods are redirected in transit or redispatched by the buyer without a reasonable opportunity for examination by him and at the time of the conclusion of the contract the seller knew or ought to have known of the possibility of such redirection or redispatch, examination may be deferred until after the goods have arrived at the new destination.

Article 39.

(1) The buyer loses the right to rely on a lack of conformity of the goods if he does not give notice to the seller specifying the nature of the lack of conformity within a reasonable time after he has discovered it or ought to have discovered it.

(2) In any event, the buyer loses the right to rely on a lack of conformity of the goods if he does not give the seller notice thereof at the latest within a period of two years from the date on which the goods were actually handed over to the buyer, unless this time-limit is inconsistent with a contractual period of guarantee.

Article 40.

The seller is not entitled to rely on the provisions of articles 38 and 39 if the lack of conformity relates to facts of which he knew or could not have been unaware and which he did not disclose to the buyer.

Article 41.

The seller must deliver goods which are free from any right or claim of third party, unless the buyer agreed to take the goods subject to that right or claim. However, if such right or claim is based on industrial property or other intellectual property, the seller's obligation is governed by article 42.

Article 42.

(1) The seller must deliver goods which are free from any right or claim of a third party based on industrial property or other intellectual property, of which at the time of the time of the conclusion of the contract the seller knew or could not have been unaware, provided that the right or claim is based on industrial property or other intellectual property :

(a) under the law of the State where the goods will be resold or otherwise used, if it was contemplated by the parties at the time of the conclusion of the contract that the goods would be resold or otherwise used in that State : or

(b) in any other case, under the law of the State where the buyer has his place of business.

(2) The obligation of the seller under the preceding paragraph does not extent to cases where ;

(a) at the time of the conclusion of the contract the buyer knew or could not have been unaware of the right or claim : or

(b) the right or claim results from the seller's compliance with technical drawings, designs, formulae or other such specifications furnished by the buyer.

Article 43.

(1) The buyer loses the right to rely on the provisions of article 41 or article 42 if he does not give notice to the seller specifying the nature of the right or claim of the third party within a reasonable time after he has become aware or ought to have become aware of the right or claim.

(2) The seller is not entitled to rely on the provisions of the preceding paragraph if he knew of the right or claim of the third party and the nature of it.

Article 44.

Notwithstanding the provisions of paragraph (1) of article 39 and paragraph (1) of article 43, the buyer may reduce the parice in accordance with article 50 or claim damages, except for loss of profit, if he has a resonable excuse for his failure give the required notice.

SECTION Ⅲ. REMEDIES FOR BREACH OF CONTRACT BY THE SELLER

Article 45.

(1) If the seller fails to perform any of his obligations under the contract or this Convention. the buyer may :

(a) exercise the rights provided in articles 46 to 52 ;

(b) claim damages as provided in articles 74 to 77.

(2) The buyer is not deprived of any right he may have to claim damages by exercising his right to other remedies.

(3) No period of grace may be granted to the seller by a court or arbitral tribunal when the buyer resorts to a remedy for breach of contract.

Article 46.

(1) The buyer may require performance by the seller of his obligations unless the buyer

has resorted to a remedy which is inconsistent with this requirement.

(2) If the goods do not conform with the contract, the buyer may require delivery of substitute goods only if the lack of conformity constitutes a fundamental breach of contract and a request for substitute goods is made either in conjunction with notice given under article 39 or within a reasonable time thereafter.

(3) If the goods do not conform with the contract, the buyer may require the seller to remedy the lack of conformity by repair, unless this is unreasonable having regard to all the circumstances. A request for repair must be made either in conjunction with notice given under article 39 or within a reasonable time thereafter.

Article 47.

(1) The buyer may fix an additional period of time of reasonable length for performance by the seller of his obligations.

(2) Unless the buyer has received notice from the seller that he will not perform within the period so fixed, the buyer may not, during that period, resort to any remedy for breach of contract. However, the buyer is not deprived thereby of any right he may have to claim damages for delay in performance.

Article 48.

(1) Subject to article 49, the seller may, even after the date for delivery, remedy at his own expense any failure to perform his obligations, if he can do so without unreasonable delay and without causing the buyer unreasonable inconvenience or uncertainty of reimbursement by the seller of expenses advanced by the buyer. However, the buyer retains any right to claim damages as provided for in this Convention.

(2) If the seller requests the buyer to make known whether he will accept performance and the buyer does not comply with the request within a reasonable time, the seller may perform within the time indicated in his request. The buyer may not, during that period of time, resort to any remedy which is inconsistent with performance by the seller.

(3) A notice by the seller that he will perform within a specified period of time is assumed to include a request, under the preceding paragraph, that the buyer make known his decision.

(4) A request or notice by the seller under paragraph (2) or (3) of this article is not effective unless received by the buyer.

Article 49.

(1) The buyer may declare the contract avoided :

(a) if the failure by the seller to perform any of his obligations under the contract or this Convention amounts to a fundamental breach of contract ; or

(b) in case of non-delivery, if the seller does not deliver the goods within the additional period of time fixed by the buyer in accordance with paragraph (1) of article 47 or declares that he will not deliver within the period so fixed.

(2) However, in cases where the seller has delivered the goods, the buyer loses the right to declare the contract avoided unless he does so :

(a) in respect of late delivery, within a reasonable time after he has become aware that delivery has been made ;

(b) in respect of any breach other than late delivery, within a reasonable time :

(i) after he knew or ought to have known of the breach :

(ii) after the expiration of any additional period of time fixed by the buyer in accordance with paragraph (1) of article 47, or after the seller has declared that he will not perform his obligations within such an additional period : or

(iii) after the expiration of any additional period of time indicated by the seller in accordance with paragraph (2) of article 48, or after the buyer has declared that he will not accept performance.

Article 50.

If the goods do not conform with the contract and whether or not the price has already been paid, the buyer may reduce the price in the same proportion as the value that the goods actually delivered had at the time of the delivery bears to the value that conforming goods would have had at that time. However, if the seller remedies any failure to perform his obligations in accordance with article 37 or article 48 or if the buyer refuses to accept performance by the seller in accordance with those articles, the buyer may not reduce the price.

Article 51.

(1) If the seller delivers only a part of the goods or if only a part of the goods delivered is in conformity with the contract, articles 46 to 50 apply in respect of the part which is missing or which dose not conform.

(2) The buyer may declare the contract avoided in its entirety only if the failure to make delivery completely or in conformity with the contract amounts to a fundamental breach of the contract.

Article 52.

(1) If the seller delivers the goods before the date fixed, the buyer may take delivery or refuse to take delivery.

(2) If the seller delivers a quantity of goods greater than that provided for in the contract, the buyer may take delivery or refuse to take delivery of the excess quantity. If the buyer takes delivery of all or part of the excess quantity, he must

pay for it at the contract rate.

CHAPTER Ⅲ. OBLIGATIONS OF THE BUYER

Article 53.

The buyer must pay the price for the goods and take delivery of them as required by the cortract and this Convention.

SECTION Ⅰ. PAYMENT OF THE PRICE

Article 54.

The buyer's to pay the price includes taking such steps and complying with such formalities as may be required under the contract or any laws and regulations to enable payment to be made.

Article 55.

Where a contract has been validly concluded but does not expressly or implicitly fix or make provision for determining the price, the parties are considered, in the absence of any indication to the contrary, to have impliedly made reference to the price generally charged at the time of the conclusion of the contract for such goods sold under comparable circumstances in the trade concerned.

Article 56.

If the price is fixed according to the weight of the goods, in case of doubt it is be determined by the net weight.

Article 57.

(1) If the buyer is not bound to pay the price at any other particular place, he must pay it to the seller :
   (a) at the seller's place of business : or
   (b) if the payment is to be made against the handing over of the goods or of documents, at the place where the handing over takes place.

(2) The seller must bear any increase in the expenses incidental to payment which is caused by a change in his place of business subsequent to the conclusion of the contract.

Article 58.

(1) If the buyer is not bound to pay the price at any other specific time, he must pay

it when the seller places either the goods or documents controlling their disposition at the buyer's disposal in accordance with the contract and this Convention. The seller may make such payment a condition for handing over the goods or documents.

(2) If the contract involves carriage of the goods, the seller may dispatch the goods on terms whereby the goods, or documents controlling their disposition, will not be handed over to the buyer except against payment of the price.

(3) The buyer is not bound to pay the price until he has had an opportunity to examine the goods, unless the procedures for delivery or payment agreed upon by the parties are inconsistent with his having such an opportunity.

Article 59.

The buyer must pay the price on the date fixed by or determinable from the contract and this Convention without the need for any request or compliance with any formality on the part of the seller.

SECTION Ⅱ. TAKING DELIVERY

Article 60.

The buyer's obligation to take delivery consists :

(a) in doing all the acts which could reasonably be expected of him in order to enable the seller to make delivery : and

(b) in taking over the goods.

SECTION Ⅲ. REMEDIES FOR BREACH OF CONTRACT BY THE BUYER

Article 61.

(1) If the buyer fails to perform any of his obligations under the contract or this Convention, the seller may :

(a) exercise the rights provided in articles 62 to 65 :

(b) claim damages as provided in articles 74 to 77.

(2) The seller is not deprived of any right he may have to claim damages by exercising his right to other remedies.

(3) No period of grace may be granted to the buyer by a court or arbitral tribunal when the seller resorts to a remedy for breach of contract.

Article 62.

The seller may require the buyer to pay the price, take delivery or perform his other obligations, unless the seller has resorted to a remedy which is inconsistent with this requirement.

Article 63.

(1) The seller may fix an additional period of time of reasonable length for performance by the buyer of his obligations.

(2) Unless the seller has received notice from the buyer that he will not perform within the period so fixed, the seller may not, during that period, resort to any remedy for breach of contract. However, the seller is not deprived thereby of any right he may have to claim damages for delay in performance.

Article 64.

(1) The seller may declare the contract avoided :

(a) if the failure by the buyer to perform any of his obligations under the contract or this Convention amounts to a fundamental breach of contract : or

(b) if the buyer does not, within the additional period of time fixed by the seller in accordance with paragraph (1) of article 63, perform his obligation to pay the price or take delivery of the goods, or if he declares that he will not do so within the period so fixed.

(2) However, in cases where the buyer has paid the price, the seller loses the right to declare the contract avoided unless he does so :

(a) in respect of late performance by the buyer, before the seller has become aware that performance has been rendered : or

(b) in respect of any breach other than late performance by the buyer, within a reasonable time :

(i) after the seller knew or ought to have known of the breach : or

(ii) after the expiration of any additional period of time fixed by the seller in accordance with paragraph (1) of article 63, or after the buyer has declared that he will not perform his obligations within such an additional period.

Article 65.

(1) If under the contract the buyer is to specify the form, measurement or other features of the goods and he fails to make such specification either on the date agreed upon or within a reasonable time after receipt of a request from the seller, the seller may, without prejudice to any other rights he may have, make the specification himself in accordance with the requirements of the buyer that may be known to him.

(2) If the seller makes the specification himself, he must inform the buyer of the details thereof and must fix a reasonable time within which the buyer may make

a different specification. If, after receipt of such a communication, the buyer fails to do so within the time so fixed, the specification made by the seller is binding.

CHAPTER Ⅳ. PASSING OF RISK

Article 66.

Loss of or damage to the goods after the risk has passed to the buyer does not discharge him from his obligation to pay the price, unless the loss or damage is due to an act or omission of the seller.

Article 67.

(1) If the contract of sale involves carriage of the goods and the seller is not bound to hand them over at a particular place, the risk passes to the buyer when the goods are handed over to the first carrier for transmission to the buyer in accordance with the contract of sale. If the seller is bound to hand the goods over to a carrier at a particular place, the risk does not pass to the buyer until the goods are handed over to the carrier at that place. The fact that the seller is authorized to retain documents controlling the disposition of the goods does not affect the passage of the risk.

(2) Nevertheless, the risk does not pass to the buyer until the goods are clearly identified to the contract, whether by markings on the goods, by shipping documents, by notice given to the buyer or otherwise.

Article 68.

The risk in respect of goods sold in transit passes to the buyer from the time of the conclusion of the contract. However, if the circumstances so indicate, the risk is assumed by the buyer from the time the goods were handed over to the carrier who issued the documents embodying the contract of carriage. Nevertheless, if at the time of the conclusion of the contract of sale the seller knew or ought to have known that the goods had been lost or damaged and did not disclose this to the buyer, the loss or damage is at the risk of the seller.

Article 69.

(1) In cases not within articles 67 and 68, the risk passes to the buyer when he takes over the goods or, if he does not do so in due time, from the time when the goods are placed at his disposal and he commits a breach of contract by failing to take delivery.

(2) However, if the buyer is bound to take over the goods at a place other than a place of business of the seller, the risk passes when delivery is due and the buyer is

aware of the fact that the goods are placed at his disposal at that place.

(3) If the contract relates to goods not then identified, the goods are considered no to be placed at the disposal of the buyer until they are clearly identified to the contract.

Article 70.

If the seller had committed a fundamental breach of contract, articles 67, 68 and 69 do not impair the remedies available to the buyer on account of the breach.

CHAPTER Ⅴ. PROVISIONS COMMON TO THE OBLIGATIONS OF THE SELLER AND OF THE BUYER

SECTION Ⅰ. ANTICIPATORY BREACH AND INSTALMENT CONTRACTS

Article 71.

(1) A party may suspend the performance of his obligations if, after the conclusion of the contract, it becomes apparent that the other party will not perform a substantial part of his obligations as a result of :

(a) a serious deficiency in his ability to perform or in his credit worthiness : or

(b) his conduct in preparing to perform or in performing the contract.

(2) If the seller has already dispatched the goods before the grounds described in the preceding paragraph become evident, he may prevent the handing over of the goods to the buyer even though the buyer holds a document which entitles him to obtain them. The present paragraph relates only to the rights in the goods as between the buyer and the seller.

(3) A party suspending performance, whether before or after dispatch of the goods, must immediately give notice of the suspension to the other party and must continue with performance if the other party provides adequate assurance of his performance.

Article 72.

(1) If prior to the date for performance of the contract it is clear that one of the parties will commit a fundamental breach of contract, the other party may declare the contract avoided.

(2) If time allows, the party intending to declare the contract avoided must give reasonable notice to the other party in order to permit him to provide adequate assurance of his performance.

(3) The requirements of the preceding paragraph do not apply if the other party has declared that he will not perform his obligations.

Article 73.

(1) In the case of a contract for delivery of goods by instalments, if the failure of one party to perform any of his obligations in respect of any instalment constitutes a fundamental breach of contract with respect to that instalment, the other party may declare the contract avoided with respect to that instalment.

(2) If one part's failure to perform any of his obligations in respect of any instalment gives the other party good grounds to conclude that a fundamental breach of contract will occur with respect to future instalments, he may declare the contract avoided for the future, provided that he does so within a reasonable time.

(3) A buyer who declares the contract avoided in respect of any delivery may, at the same time, declare it avoided in respect of deliveries already made or of future deliveries if, by reason of their interdependence, those deliveries could not be used for the purpose contemplated by the parties at the time of the conclusion of the contract.

SECTION Ⅱ. DAMAGES

Article 74.

Damages for breach of contract by one party consist of a sum equal to the loss, including loss of profit, suffered by the other party as a consequence of the breach. Such damages may not exceed the loss which the party in breach foresaw or ought to have foreseen at the time of the conclusion of the contract, in the light of the facts and matters of which he then knew or ought to have known, as a possible consequence of the breach of contract.

Article 75.

If the contract is avoided and if, in a reasonable manner and within a reasonable time after avoidance, the buyer has bought goods in replacement or the seller has resold the goods, the party claiming damages may recover the difference between the contract price and the price in the substitute transaction as well as any further damages recoverable under article 74.

Article 76.

(1) If the contract is avoided and there is a current price for the goods, the party claiming damages may, if he has not made a purchase or resale under article 75, recover the difference between the price fixed by the contract and the current price at the time of avoidance as well as any further damages recoverable under article 74. If, however, the party claiming damages has avoided the contract after taking

over the goods, the current price at the time of such taking over shall be applied instead of the current price at the time of avoidance.

(2) For the purpose of the preceding paragraph, the current price is the price prevailing at the place where delivery of the goods should have been made or, if there is no current price at that place, the price at such other place as serves as a reasonable substitute, making due allowance for differences in the cost of transporting the goods.

Article 77.

A party who relies on a breach of contract must take such measures as are reasonable in the circumstances to mitigate the loss, including loss of profit, resulting from the breach. If he fails to take such measures, the party in breach may claim a reduction in the damages in the amount by which the loss should have been mitigated.

SECTION Ⅲ. INTEREST

Article 78.

If a party fails to pay the price or any other sum that is in arrears, the other party is entitled to interest on it, without prejudice to any claim for damages recoverable under article 74.

SECTION Ⅳ. EXEMPTIONS

Article 79.

(1) A party is not liable for a failure to perform any of his obligations if he proves that the failure was due to an impediment beyond his control and that he could not reasonably be expected to have taken the impediment into account at the time of the conclusion of the contract or to have avoided or overcome it or its consequences.

(2) If the party's failure is due to the failure by a third person whom he has engaged to perform the whole or a part of the contract, that party is exempt from liability only if :

(a) he is exempt under the preceding paragraph : and

(b) the person whom he has so engaged would be so exempt if the provisions of that paragraph were applied to him.

(3) The exemption provided by this article has effect for the period during which the impediment exists.

(4) The party who fails to perform must give notice to the other party of the

impediment and its effects on his ability to perform. If the notice is not received by the other party within a reasonable time after the party who fails to perform knew or ought to have known of the impediment, he is liable for damages resulting from such non-receipt.

(5) Nothing in this article prevents either party from exercising any right other than to claim damages under this Convention.

Article 80.

A party may not rely on a failure of the other party to perform, to the extent that such failure was caused by the first part's act or omission.

SECTION Ⅴ. EFFECTS OF AVOIDANCE

Article 81.

(1) Avoidance of the contract releases both parties from their obligations under it, subject to any damages which may be due. Avoidance does not affect any provision of the contract for the settlement of disputes or any other provision of the contract governing the rights and obligations of the parties consequent upon the avoidance of the contract.

(2) A party who has performed the contract either wholly or in part may claim restitution from the other party of whatever the first party has supplied or paid under the contract. If both parties are bound to make restitution, they must do so concurrently.

Article 82.

(1) The buyer loses the right to declare the contract avoided or to require the seller to deliver substitute goods if it is impossible for him to make restitution or the goods substantially in the condition in which he received them.

(2) The preceding paragraph does not apply :

  (a) if the impossibility of making restitution of the goods or of making restitution of the goods substantially in the condition in which the buyer received them is not due to his act or omission :

  (b) if the goods or part of the goods have perished or deteriorated as a result of the examination provided for in article 38 : or

  (c) if the goods or part of the goods have been sold in the normal course of business or have been consumed or transformed by the buyer in the course of normal use before he discovered or ought to have discovered the lack of conformity.

Article 83.

A buyer who has lost the right to declare the contract avoided or to require the seller to deliver substitute goods in accordance with article 82 retains all other remedies uner the contract and this Convention.

Article 84.

(1) If the seller is bound to refund the price, he must also pay interest on it, from the date on which the price was paid.

(2) The buyer must account to the seller for all benefits which he has derived from the goods or part of them :

(a) if he must make restitution of the goods or part of them : or

(b) if it is impossible for him to make restitution of all or part of the goods or to make restitution of all or part of the goods substantially in the condition in which he received them, but he has nevertheless declared the contract avoided or required the seller to deliver substitute goods.

SECTION Ⅵ. PRESERVATION OF THE GOODS

Article 85.

If the buyer is in delay in taking delivery of the goods or, where payment of the price and delivery of the goods are to be made concurrently, if he fails to pay the price, and the seller is either in possession of the goods or otherwise able to control their disposition, the seller must take such steps as are reasonable in the circumstances to preserve them. he is entitled to retain them until he has been reimbursed his reasonable expenses by the buyer.

Article 86.

(1) If the buyer has received the goods and intends to exercise any right under the contract or this Convention to reject them, he must take such steps to preserve them as are reasonable in the circumstances. He is entitled to retain them until he has been reimbursed his reasonable expenses by the seller.

(2) If goods dispatched to the buyer have been placed at his disposal at their destination and he exercises the right to reject them, he must take possession of them on behalf of the seller, provided that this can be done without payment of the price and without unreasonable inconvenience or unreasonable expense. This provision does not apply if the seller or a person authorized to take charge of the goods on his behalf is present at the destination. If the buyer takes possession of the goods under this paragraph, his rights and obligations are governed by the

preceding paragraph.

Article 87.

A party who is bound to take steps to preserve the goods may deposit them in a warehouse of a third person at the expense of the other party provided that the expense incurred is not unreasonable.

Article 88.

(1) A party who is bound to preserve the goods in accordance with article 85 or 86 may sell them by any appropriate means if there has been an unreasonable delay by the other party in taking possession of the goods or in taking them back or in paying the price or the cost of preservation, provided that reasonable notice of the intention to sell has been given to the other party.

(2) If the goods are subject to rapid deterioration or their preservation would involve unreasonable expense, a party who is bound to preserve the goods in accordance with article 85 or 86 must take reasonable measures to sell them. To the extent possible he must give notice to the other party of his intention to sell.

(3) A party selling the goods has the right to retain out of the proceeds of sale an amount equal to the reasonable expenses of preserving the goods and of selling them. He must account to the other party for the balance.

PART Ⅳ. FINAL PROVISIONS

Article 89.

The Secretary-General of the United Nations is hereby designated as the depositary for this Convention.

Article 90.

This Convention does not prevail over any international agreement which has already been or may be entered into and which contains provisions concerning the matters governed by this Convention, provided that the parties have their places of business in States parties to such agreement.

Article 91.

(1) This convention is open for signature at the concluding meeting of the United Nations Conference on Contracts for the International Sale of Goods and will remain open for signature by all States at the Headquarters of the United Nations,

New York until 30 September 1981.
(2) This Convention is subject to ratification, acceptance or approval by the sinatory States.
(3) This Convention is open for accession by all States which are not signatory States as from the date it is open for signature.
(4) Instruments of ratification, acceptance, approval and accession are to be deposited with the Secretary-General of the United Nations.

Article 92.

(1) A Contracting State may declare at the time of signature, ratification, acceptance, approval or accession that it will not be bound by Part Ⅱ of this Convention or that it will not be bound by part Ⅲ of this Convention.
(2) A Contracting State which makes a declaration in accordance with the preceding paragraph in respect of part Ⅱ or Part Ⅲ of this Convention is not to be considered a Contracting State within paragraph (1) of article 1 of this Convention in respect of matters governed by the Part to which the declaration applies.

Article 93.

(1) If a Contracting State has two or more territorial units in which, according to its constitution, different systems of law are applicable in relation to the matters dealt with in this Convention, it may, at the time of signature, ratification, acceptance, approval or accession, declare that this Convention is to extend to all its territorial units or only to one or more of them, and may amend its declaration by submitting another declaration at any time.
(2) These declaration are to be notified to the depositary and are to state expressly the territorial units to which the Convention extends.
(3) If, by virtue of a declaration under this article, this Convention extends to one or more but not all of the territorial units of a Contracting State, and if the place of business of a party is located in that State, this place of business, for the purposes of this Convention, is considered not to be in a Contracting State, unless it is in a territorial unit to which the Convention extends.
(4) If a Contracting State makes no declaration under paragraph (1) of this article, the Convention is to extend to all territorial units of that State.

Article 94.

(1) Two or more Contracting States which have the same or closely related legal rules on matters governed by this Convention may at any time declare that the Convention is not to apply to contracts of sale or to their formation where the parties have their places of business in those States. Such declarations may be

made jointly or reciprocal unilateral declarations.

(2) A Contracting State which has the same or closely related legal rules on matters governed by this Convention as one or more non-Contracting States may at any time declare that the Convention is not to apply to contracts of sale or to their formation where the parties have their places of business in those States.

(3) If a State which is the object of a declaration under the preceding paragraph subsequently becomes a Contracting State, the declaration made will, as from the date on which the Convention enters into force in respect of the new Contracting State, have the effect of a declaration made under paragraph (1), provided that the new Contracting State joins in such declaration or makes a reciprocal unilateral declaration.

Article 95.

Any State may declare at the time of the deposit of its instrument of ratification, acceptance, approval or accession that it will not be bound by subparagraph (1)(b) of article 1 of this Convention.

Article 96.

A Contracting State whose legislation requires contracts of sale to be concluded in or evidenced by writing may at any time make a declaration in accordance with article 12 that any provision of article 11, article 29, or Part Ⅱ of this Convention, that allows a contract of sale or its modification or termination by agreement or any offer, acceptance, or other indication of intention to be made in any form other than in writing, does not apply where any party has his place of business in that State.

Article 97.

(1) Declarations made under this Convention at the time of signature are subject to confirmation upon ratification, acceptance or approval.

(2) Declarations and confirmations of declarations are to be in writing and be formally notified to the depositary.

(3) A declaration takes effect simultaneously with the entry into force of this Convention in respect of the State concerned. However, a declaration of which the depositary receives formal notification after such entry into force takes effect on the first day of the month following the expiration of six months after the date of its receipt by the depositary. Reciprocal unilateral declarations under article 94 take effect on the first day of the month following the expiration of six months after the receipt of the latest declaration by the depositary.

(4) Any State which makes a declaration under this Convention may withdraw it at any time by a formal notification in writing addressed to the depositary. Such

withdrawal is to take effect on the first day of the month following the expiration of six months after the date of the receipt of the notification by the depositary.

(5) A withdrawal of a declaration made under article 94 renders inoperative, as from the date on which the withdrawal takes effect, any reciprocal declaration made by another State under that article.

Article 98.

No reservations are permitted except those expressly authorized in this Convention.

Article 99.

(1) This Convention enters into force, subject to the provisions of paragraph (6) of this article, on the first of the month following the expiration of twelve months after the date of deposit of the tenth instrument of ratification, acceptance, approval or accession, including an instrument which contains a declaration made under article 92.

(2) When a State ratifies, accepts, approves or accedes to this Convention after the deposit of the tenth instrument of ratification, acceptance, approval or accession, this Convention, with the exception of the Part excluded, enters into force in respect of that State, subject to the provisions of paragraph (6) of this article, on the first day of the month following the expiration of twelve months after the date of the deposit of its instrument of ratification, acceptance, approval or accession.

(3) A State which ratifies, accepts, approves or accedes to this Convention and is a party to either or both the Convention relating to a Uniform Law on the Formation of Contracts for the International Sale of Goods done at The Hague on 1 July 1964(1964 Hague Formation Convention) and the Convention relating to a Uniform Law on the International Sale of Goods done at The Hague on 1 July 1964(1964 Hague Sales Convention) shall at the same time denounce, as the case may be, either or both the 1964 Hague Sales Convention and the 1964 Hague Formation Convention by notifying the Government of the Netherlands to that effect.

(4) A State party to the 1964 Hague Sales Convention which ratifies, accepts, approves or accedes to the present Convention and declares or has declared under article 92 that it will not be bound by Part Ⅱ of this Convention shall at the time of ratification, acceptance, approval or accession denounce the 1964 Hague Sales Convention by notifying the Government of the Netherlands to that effect.

(5) A State party to the 1964 Hague Formation Convention which ratifies, accepts, approves or accedes to the present Convention and declares or has declared under article 92 that it will not be bound by Part Ⅲ of this Convention shall at the time of ratification, acceptance, approval or accession denounce the 1964 Hague Formation Convention by notifying the Government of the Netherlands to that effect.

(6) For the purpose of this article, ratifications, acceptances, approvals and accessions

in respect of this Convention by States parties to the 1964 Hague Formation Convention or to the 1964 Hague Sales Convention shall not be effective until such denunciations as may be required on the part of those States in respect of the latter two Conventions have themselves become effective. The depositary of this Convention shall consult with the Government of the Netherlands, as the depositary of the 1964 Conventions, so as to ensure necessary co-ordination in this respect.

Article 100.

(1) This Convention applies to the formation of a contract only when the proposal for concluding the contract is made on or after the date when the Convention enters into force in respect of the Contracting States referred to in subparagraph (1)(a) or the Contracting State referred to in subparagraph (1)(b) of article 1.

(2) This Convention applies only to contracts concluded on or after the date when the Convention enters into force in respect of the Contracting States referred to in subparagraph (1)(a) or the Contracting State referred to in subparagraph (1)(b) of article 1.

Article 101.

(1) A Contracting State may denounce this Convention, or Part Ⅱ or Part Ⅲ of the Convention, by a formal notification in writing addressed to the depositary.

(2) The denunciation takes effect on the first day of the month following the expiration of twelve months after the notification is received by the depositary. Where a longer period for the denunciation to take effect is specified in the notification, the denunciation takes effect upon the expiration of such longer period after the notification is received by the depositary.

DONE at Vienna, this day of eleventh day of April, one thousand nine hundred and eighty, in a single original, of which the Arabic, Chinese, English, French, Russian and Spanish texts are equally authentic. IN WITNESS WHEREOF the undersigned plenipotentiaries, being duly authorized by their respective Governments, have signed this Convention.

2. Incoterms 2010

CONTENTS

FOREWORD

By Rajat Gupta, ICC Chairman

The global economy has given businesses broader access than ever before to markets all over the world. Goods are sold in more countries, in larger quantities, and in greater variety. But as the volume and complexity of global sales increase, so do possibilities for misunderstandings and costly disputes when sale contracts are not adequately drafted.

The Incoterms rules, the ICC rules on the use of domestic and international trade terms, facilitate the conduct of global trade.

Reference to an Incoterms 2010 rule in a sale contract clearly defines the parties' respective obligations and reduces the risk of legal complications.

Since the creation of the Incoterms rules by ICC in 1936, this globally accepted contractual standard has been regularly updated to keep pace with the development of international trade. The Incoterms<g) 2010 rules take account of the continued spread of customs-free zones, the increased use of electronic communications in business transactions, heightened concern about security in the movement of goods and changes in transport practices. Incoterms 2010 updates and consolidates the 'delivered' rules, reducing the total number of rules from 13 to 11, and offers a simpler and clearer presentation of all the rules. Incoterms 2010 is also the first version of the Incoterms rules to make all references to buyers and sellers gender-neutral.

The broad expertise of ICC's Commission on Commercial Law andPractice, whose membership is drawn from all parts of the world and all trade sectors, ensures that the Incoterms 2010 rules respond to business needs everywhere.

ICC would like to express its gratitude to the members of the Commission, chaired by Fabio Bortolotti (Italy), to the Drafting Group, which comprised Charles Debattista (Co-Chair, UK), Christoph Martin Radtke CCo-Chair, France), Jens Bredow (Germany), Johnny Herre (Sweden), David Lowe (UK), Lauri Railas (Finland), Frank Reynolds (US), and Miroslav Subert (Czech Republic), and to Asko Raty (Finland) for assistance with the images depicting the 11 rules.

INTRODUCTION

The Incoterms[1)] rules explain a set of three-letter trade terms reflecting business-to-business practice in contracts for the sale of goods. The Incoterms rules describe mainly the tasks, costs and risks involved in the delivery of goods from sellers to buyers.

How to use the Incoterms 2010 rules

1. Incorporate the Incoterms 2010 rules Into your contract of sale

If you want the Incoterms 2010 rules to apply to your contract, you should make this clear in the contract, through such words as, "[the chosen. Incoterms rule including the named. place, followed by] Incoterms 2010".

2. Choose the appropriate Incoterms rule

The chosen Incoterms rule needs to be appropriate to the goods, to the means of their

1) "Incoterms" is registered trademark of the International Chamber of Commerce.

transport, and above all to whether the parties intend to put additional obligations, for example such as the obligation to organize carriage or insurance, on the seller or on the buyer. The Guidance Note to each Incoterms rule contains information that is particularly helpful when making this choice. Whichever Incoterms rule is chosen, the parties should be aware that the interpretation of their contract may well be influenced by customs particular to the port or place being used.

3. Specify your place or port as precisely as possible

The chosen Incoterms rule can work only if the parties name a place or port, and will work best if the parties specify the place or port as precisely as possible.

A good example of such precision would be:

"FCA 38 Cours Albert 1er, Paris, France Incoterms 2010".

Under the Incoterms rules Ex Works (EXW), Free Carrier (FCA), Delivered at Terminal (DAT), Delivered at Place (DAP), Delivered Duty Paid (DDP), Free Alongside Ship (FAS), and Free on Board (FOB), the named place is the place where delivery takes place and where risk passes from the seller to the buyer. Under the Incoterms rules Carriage Paid To (CPT), Carriage and Insurance Paid To (CIP), Cost and Freight (CFR) and Cost, Insurance and Freight (CIF), the named place differs from the place of delivery. Under these four Incoterms rules, the named place is the place of destination to which carriage is paid. Indications as to place or destination can helpfully be further specified by stating a precise point in that place or destination in order to avoid doubt or argument.

4. Remember that Incoterms rules do not give you a complete contract of sale

Incoterms rules do say which party to the sale contract has the obligation to make carriage or insurance arrangements, when the seller delivers the goods to the buyer, and which costs each party is responsible for. Incoterms rules, however, say nothing about the price to be paid or the method of its payment. Neither do they deal with the transfer of ownership of the goods, or the consequences of a breach of contract. These matters are normally dealt with through express terms in the contract of sale or in the law governing that contract. The parties should be aware that mandatory local law may override any aspect of the sale contract, including the chosen Incoterms rule.

Main features of the Incoterms 2010 rules

1. Two new Incoterms rules - DAT and DAP - have replaced the Incoterms 2000 rules DAF, DES, DEQ and DDU

The number of Incoterms rules has been reduced from 13 to 11. This has been achieved by substituting two new rules that may be used irrespective of the agreed mode of transport - DAT, Delivered at Terminal, and DAP, Delivered at Place - for the Incoterms 2000 rules DAF, DES, DEQ and DDU.

Under both new rules, delivery occurs at a named destination: in DAT, at the buyer's disposal unloaded from the arriving vehicle (as under the former DEQ rule); in DAP likewise at the buyer's disposal, but ready for unloading (as under the former DAF, DES and DDU rules).

The new rules make the Incoterms 2000 rules DES and DEQ superfluous.

The named terminal in DAT may well be in a port, and DAT can therefore safely be used in cases where the Incoterms 2000 rule DEQ once was. Likewise, the arriving "vehicle" under DAP may well be a ship and the named place of destination may well be a port: consequently, DAP can safely be used in cases where the Incoterms 2000 rule DES once was. These new rules, like their predecessors, are "delivered", with the seller bearing all the costs (other than those related to import clearance, where applicable) and risks involved in bringing the goods to the named place of destination.

2. Classification of the 11 Incoterms 2010 rules

The 11 Incoterms 2010 rules are presented in two distinct classes:

RULES FOR ANY MODE OR MODES OF TRANSPORT

EXW	EX WORKS
FCA	FREE CARRIER
CPT	CARRIAGE PAID TO
CIP	CARRIAGE AND INSURANCE PAID TO
DAT	DELIVERED AT TERMINAL
DAP	DELIVERED AT PLACE
DDP	DELIVERED DUTY PAID

RULES FOR SEA AND INLAND WATERWAY TRANSPORT

FAS	FREE ALONGSIDE SHIP
FOB	FREE ON BOARD
CFR	COST AND FREIGHT
CIF	COST INSURANCE AND FREIGHT

The First class includes the seven Incoterms 2010 rules that can be used irrespective of the mode of transport selected and irrespective of whether one or than one mode of transport is employed. EXW, FCA, CPT, CIP, DAT, DAP and DDP belong to this class. They can be used even when there is no maritime transport at all. It is important to remember, however, that these rules can be used in cases where a ship is used for part of the carriage.

In the second class of Incoterms 2010 rules, the point of delivery and the place to which the goods are carried to the buyer are both ports, hence the label "sea and inland waterway" rules. FAS, FOB, CFR and CIF belong to this class. Under the last three Incoterms rules, all mention of the ship's rail as the point of delivery has been omitted in preference for the goods being delivered when they are "on board" the vessel. This more closely reflects modern commercial reality and avoids the rather dated image of the risk swinging to and fro across an imaginary perpendicular line.

3. Rules for domestic and international trade

Incoterms rules have traditionally been used in international sale contracts where goods pass across national borders. In various areas of the world, however, trade blocs, like the European Union, have made border formalities between different countries less significant.

Consequently, the subtitle of the Incoterms 2010 rules formally recognizes that they are available for application to both international and domestic sale contracts. As a result, the Incoterms 2010 rules clearly state in a number of places that the obligation to comply with export/import formalities exists only where applicable.

Two developments have persuaded ICC that a movement in this direction is timely. Firstly, traders commonly use Incoterms rules for purely domestic sale contracts. The second reason is the greater willingness in the United States to use Incoterms rules in domestic trade rather than the former Uniform Commercial Code shipment and delivery terms.

4. Guidance Notes

Before each Incoterms 2010 rule you will find a Guidance Note. The Guidance Notes explain the fundamentals of each Incoterms rule, such as when it should be used, when risk passes, and how costs are allocated between seller and buyer. The Guidance Notes are not part of the actual Incoterms 2010 rules, but are intended to help the user accurately and efficiently steer towards the appropriate Incoterms rule for a particular transaction.

5. Electronic communication

Previous versions of Incoterms rules have specified those documents that could be replaced by EDI messages. Articles A1/B1 of the Incoterms 2010 rules, however, now give electronic means of communication the same effect as paper communication, as long as the parties so agree or where customary. This formulation facilitates the evolution of new electronic procedures throughout the lifetime of the Incoterms 2010 rules.

6. Insurance cover

The Incoterms 2010 rules are the first version of the Incoterms rules since the revision of the Institute Cargo Clauses and take account of alterations made to those clauses. The Incoterms 2010 rules place information duties relating to insurance in articles A3/B3, which deal with contracts of carriage and insurance. These provisions have been moved from the more generic articles found in articles A10/B10 of the Incoterms 2000 rules. The language in articles A3/B3 relating to insurance has also been altered with a view to clarifying the parties' obligations in this regard.

7. Security-related clearances and information required for such clearances

There is heightened concern nowadays about security in the movement of goods, requiring verification that the goods do not pose a threat to life or property for reasons other than their inherent nature. Therefore, the Incoterms 2010 rules have allocated obligations between the buyer and seller to obtain or to render assistance in obtaining security-related clearances, such as chain-of-custody information, in articles A2/B2 and A10/B10 of various Incoterms rules.

8. Terminal handling charges

Under Incoterms rules CPT, CIP, CFR, CIF, DAT, DAP, and DDP, the seller must make arrangements for the carriage of the goods to the agreed destination. While the freight is paid by the seller, it is actually paid for by the buyer as freight costs are normally included by the seller in the total selling price. The carriage costs will sometimes include the costs of handling and moving the goods within port or container terminal facilities and the carrier or terminal operator may well charge these costs to the buyer who receives the goods. In these circumstances, the buyer will want to avoid paying for the same service twice: once to the seller as part of the total selling price and once independently to the carrier or the terminal operator. The Incoterms 2010 rules seek to avoid this happening by clearly allocating such costs in articles A6/B6 of the relevant Incoterms rules.

9. String sales

In the sale of commodities, as opposed to the sale of manufactured goods, cargo is frequently sold several times during transit "down a string". When this happens, a seller in the middle of the string does not "ship" the goods because these have already been shipped by the first seller in the string. The seller in the middle of the string therefore performs its obligations towards its buyer not by shipping the goods, but by "procuring" goods that have been shipped. For clarification purposes, Incoterms 2010 rules include the obligation to "procure goods shipped" as an alternative to the obligation to ship goods in the relevant Incoterms rules.

Variants of Incoterms rules

Sometimes the parties want to alter an Incoterms rule. The Incoterms 2010 rules do not prohibit such alteration, but there are dangers in so doing. In order to avoid any unwelcome surprises, the parties would need to make the intended effect of such alterations extremely clear iii their contract. Thus, for example, if the allocation of costs in the Incoterms 2010 rules is altered in the contract, the parties should also clearly state whether they intend to vary the point at which the risk passes from seller to buyer.

Status of this introduction

This introduction gives general information on the use and interpretation of the Incoterms 2010 rules, but does not form part of those rules.

Explanation of terms used. in the Incoterms 2010 rules

As in the Incoterms 2000 rules, the seller's and buyer's obligations are presented in mirror fashion, reflecting under column A the seller's obligations and under column B the buyer's obligations. These obligations can be carried out personally by the seller or the buyer or sometimes, subject to terms in the contract or the applicable law, through intermediaries such as carriers, freight forwarders or other persons nominated by the seller or the buyer for a specific purpose.

The text of the Incoterms 2010 rules is meant to be self-explanatory. However, in order to assist users the following text sets out guidance as to the sense in which selected terms are used throughout the document.

Carrier: For the purposes of the Incoterms 2010 rules, the carrier is the party with whom carriage is contracted.

Customs formalities: These are requirements to be met in order to comply with any applicable customs regulations and may include documentary, security, or physical inspection obligations.

Delivery: This concept has multiple meanings in trade law and practice, but in the Incoterms 2010 rules, it is used to indicate where the risk of loss of or damage the goods passes from the seller to the buyer.

Delivery document: This phrase is now used as the heading to article A8. It means a document used to prove that delivery has occurred. For many of the Incoterms 2010 rules, the delivery document is a transport document or corresponding electronic record. However, with EXW, FCA, FAS and FOB, the delivery document may simply be a receipt. A delivery document may also have other functions, for example as part of the mechanism for payment.

Electronic record or procedure: A set of information constituted of one or more electronic messages and, where applicable, being functionally equivalent with the corresponding paper document.

Packaging: This word is used for different purposes:

1. The packaging of the goods to comply with any requirements under the contract of sale.
2. The packaging of the goods so that they are fit for transportation.
3. The stowage of the packaged goods within a container or other means of transport.

In the Incoterms 2010 rules, packaging means both the first and second of the above. The Incoterms 2010 rules do not deal with the parties' obligations for stowage within a container and therefore, where relevant, the parties should deal with this in the sale contract.

RULES FOR ANY MODE OR MODES OF TRANSPORT

EXW

EX WORKS

EXW (insert named place of delivery) Incoterms 2010

GUIDANCE NOTE

This rule may be used irrespective of the mode of transport selected and may also used where more than one mode of transport is employed. It is suitable for domestic trade, while FCA is usually more appropriate for international trade.

"Ex Works" means that the seller delivers when it places the goods at the disposal of the buyer at the seller's premises or at another named place(i. e., works, factory, warehouse, etc.). The seller does not need to load the goods on any collecting vehicle, nor does it need to clear the goods for export, where such clearance is applicable.

The parties are well advised to specify as clearly as possible the point within the named place of delivery, as the costs and risks to that point are for the account of the seller. The buyer bears all costs and risks involved in taking the goods from the agreed point, if any, at the named place of delivery.

EXW represents the minimum obligation for the seller. The rule should be used with care as:

a) The seller has no obligation to the buyer to load the goods, even though in practice the seller may be in a better position to do so. If the seller does load the goods, it does so at the buyer's risk and expense. In cases where the seller is in a better position to load the goods, FCA, which obliges the seller to do so at its own risk and expense, is usually more appropriate.
b) A buyer who buys from a seller on an EXW basis for export needs to be aware that the seller has an obligation to provide only such assistance as the buyer may require to effect that export: the seller is not bound to organize the export clearance. Buyers are therefore well advised not to use EXW if they cannot directly or indirectly obtain export clearance.
c) The buyer has limited obligations to provide to the seller any information regarding the export of the goods. However, the seller may need this information for, e. g., taxation or reporting purposes.

A THE SELLER'S OBLIGATIONS

A1 General obligations of the seller

The seller must provide the goods and the commercial invoice in conformity with the contract of sale and any other evidence of conformity that may be required by the contract.

Any document referred to in A1-A10 may be an equivalent electronic record or procedure if agreed bet-ween the parties or customary.

A2 Licences, authorizations, security clearances and other formalities

Where applicable, the seller must provide the buyer, at the buyer's request, risk and expense, assistance in obtaining any export licence, or other official authorization necessary for the export of the goods.

Where applicable, the seller must provide, at the buyer's request, risk and expense, any information in the possession of the seller that is required for the security clearance of the goods.

A3 Contracts of carriage and Insurance

a) Contract of carriage

The seller has no obligation to the buyer to make a contract of carriage.

b) Contract of insurance

The seller has no obligation to the buyer to make a contract of insurance. However, the seller must provide the buyer, at the buyer's request, risk andexpense(if any), with information that the buyer needs for obtaininginsurance.

A4 Delivery

The seller must deliver the goods by placing them at the disposal of the buyer at the agreed point, if any, at the named place of delivery, notloaded on any collecting vehicle. If no specific point has been agreed withinthe named place of delivery, and if there are several points available, the seller may select the point that best suits its purpose. The seller must deliver the goods on the agreed date or within the agreed period.

A5 Transfer of risks

The seller bears all asks of loss of or damage to the goods until they have been delivered tn accordance with A4 with the exception of loss or damage in the circumstances described in B5.

A6 Allocation of costs

The seller must pay all costs relating to the goods until they have been delivered in accordance with A4, Other than those payable by the buyer as envisaged in B6.

A7 Notices to the buyer

The seller must give the buyer any notice needed to enable the buyer to take delivery of the goods.

A8 Delivery document

The seller has no obligation to the buyer.

A9 Checking - packaging - marking

The seller must pay the costs of those checking operations (such as checking quality, measuring, weighing, counting) that are necessary for the purpose of delivering the goods in accordance with A4.

The seller must, at its own expense, package the goods, unless it is usual for the particular trade to transport the type of goods sold unpackaged. The seller may package the goods in the manner appropriate for their transport, unless the buyer has notified the seller of specific packaging requirements before the contract of sale is concluded, Packaging is to be marked appropriately.

A10 Assistance with information and related costs

The seller must, where applicable, in a timely manner, provide to or render assistance in obtaining for the buyer, at the buyer's request, risk and expense, any documents and information, including security-related information, that the buyer needs for the export and/or import of the goods and/or for their transport to the final destination.

B THE BUYER'S OBLIGATIONS

B1 General obligations of the buyer

The buyer must pay the price of the goods as provided in the contract of sale.

Any document referred to in B1-B10 may be an equivalent electronic record or procedure if agreed between the parties or customary.

B2 Licences, authorizations, security clearances and other formalities

Where applicable, it is up to the buyer to obtain, at its own risk and expense, any export and import licence or other official authorization and carry out all customs formalities for the export of the goods.

B3 Contracts of carriage and Insurance

a) Contract of carriage

The buyer has no obligation to the seller to make a contract of carriage.

b) Contract of Insurance
The buyer has no obligation to the seller to make a contract of insurance.

B4 Taking delivery

The buyer must take delivery of the goods when A4 and A7 have been complied with.

B5 Transfer of risks

The buyer bears all risks of loss of or damage to the goods from the time they have been delivered as envisaged in A4.

If the buyer fails to give notice in accordance with B7, then the buyer bears all risks of loss of or damage to the goods from the agreed date or the expiry date of the agreed period for delivery, provided that the goods have been clearly identified as the contract goods.

B6 Allocation of costs

The buyer must:

a) Pay all costs relating to the goods from the time they have been delivered as envisaged in A4;
b) Pay any additional costs incurred by failing either to take delivery of the goods when they have been placed at its disposal or to give appropriate notice in accordance with B7, provided that the goods have been clearly identified as the contract goods;
c) Pay, where applicable, all duties, taxes and other charges, as well as the costs of carrying out customs formalities payable upon export; and
d) reimburse all costs and charges incurred by the seller in providing assistance as envisaged in A2.

B7 Notices to the seller

The buyer must, whenever it is entitled to determine the time within an agreed period and/or the point of taking delivery within the named place, give the seller sufficient notice thereof.

B8 Proof of delivery

The buyer must provide the seller with appropriate evidence of having takendelivery.

B9 Inspection of goods

The buyer must pay the costs of any mandatory pre-shipment inspection, including inspection mandated by the authorities of the country of export.

B10 Assistance with information and related costs

The buyer must, in a timely manner, advise the seller of any security information requirements so that the seller may comply with A10.

The buyer must reimburse the seller for all costs and charges incurred by the seller in providing or rendering assistance in obtaining documents and information as envisaged in A10.

FCA

Free Carrier

FCA (insert named place of delivery) Incoterms 2010

GUIDANCE NOTE

This rule may be used irrespective of the mode of transport selected and may also be used where more than one mode of transport is employed.

"Free Carrier" means that the seller delivers the goods to the carrier or another person nominated by the buyer at the seller's premises or another named place. The parties are well advised to specify as clearly as possible the point within the named place of delivery, as the risk passes to the buyer at that point.

If the parties intend to deliver the goods at the seller's premises, they should identify the address of those premises as the named place of delivery, if, on the other hand, the parties intend the goods to be delivered at another place, they must identify a different specific place of delivery.

FCA requires the seller to clear the goods for export, where applicable. However, the seller has no obligation to clear the goods for import, pay any import duty or carry out any import customs formalities.

A THE SELLER'S OBLIGATIONS

A1 General obligations of the seller

The seller must provide the goods and the commercial invoice in conformity with the contract of sale and any other evidence of conformity that may be required by the contract.

Any document referred to in A1-A10 may be an equivalent electronic record or procedure if agreed between the parties or customary.

A2 Licences, authorizations, security clearances and other formalities

Where applicable, the seller must obtain, at its own risk and expense, any export licence or other official authorization and carry out all customs formalities necessary for the export of the goods.

A3 Contracts of carriage and insurance

a) Contract of carriage

The seller has no obligation to the buyer to make a contract of carriage. However, if requested by the buyer or if it is commercial practice and the buyer does not give an instruction to the contrary in due time, the seller may contract for carriage on usual terms at the buyer's risk and expense. In either case, the seller may decline to make the contract of carriage and, if it does, shall promptly notify the buyer.

b) Contract of insurance

The seller has no obligation to the buyer to make a contract of insurance. However, the seller must provide the buyer, at the buyer's request, risk, and expense (if any), with information that the buyer needs for obtaining insurance.

A4 Delivery

The seller must deliver the goods to the carrier or another person nominated by the buyer at the agreed point, if any, at the named place on the agreed date or within the agreed period.

Delivery is completed:

a) If the named place is the seller's premises, when the goods have been loaded on the means of transport provided by the buyer.

b) In any other case, when the goods are placed at the disposal of the carrier or another person nominated by the buyer on the seller's means of transport ready for unloading.

If no specific point has been notified by the buyer under B7 d) within the named place of delivery, and if there are several points available, the seller may select the point that best suits its purpose.

Unless the buyer notifies the seller otherwise, the seller may deliver the goods for carriage in such a manner as the quantity and/or nature of the goods may require.

A5 Transfer of risks

The seller bears all risks of loss of or damage to the goods until they have been delivered in accordance with A4, with the exception of loss or damage in the circumstances described in B5.

A6 Allocation of costs

The seller must pay

a) all costs relating to accordance with A4, envisaged in B6; and the goods until they have been delivered in other than those payable by the buyer as
b) where applicable, the costs of customs formalities necessary for export, as well asall duties, taxes, and other charges payable upon export.

A7 Notices to the buyer

The seller must, at the buyer's risk and expense, give the buyer sufficient notice either that the goods have been delivered in accordance with A4 or that the carrier or another person nominated by the buyer has failed to take the goods within the time agreed.

A8 Delivery document

The seller must provide the buyer, at the seller's expense, with the usual proof that the goods have been delivered in accordance with A4.

The seller must provide assistance to the buyer, at the buyer's request, risk and expense, in obtaining a transport document.

A9 Checking - packaging - marking

The seller must pay the costs of those checking operations (such as checking quality, measuring, weighing, counting) that are necessary for the purpose of delivering the goods in accordance with A4, as well as the costs of any pre-shipment inspection mandated by the authority of the country of export.

The seller must, at its own expense, package the goods, unless it is usual for the particular trade to transport the type of goods sold unpackaged. The seller may package the goods in the manner appropriate for their transport, unless the buyer has notified the seller of specific packaging requirements before the contract of sale is concluded. Packaging is to be marked appropriately.

A10 Assistance with Information and related costs

The seller must, where applicable, in a timely manner, provide to or render assistance in obtaining for the buyer, at the buyer's request, risk and expense, any documents and information, including security-related information, that the buyer needs for the import of the goods and/or for their transport to the final destination.

The seller must reimburse the buyer for all costs and charges incurred by the buyer in providing or rendering assistance in obtaining documents and information as envisaged in B10.

B THE BUYER'S OBLIGATIONS

B1 General obligations of the buyer

The buyer must pay the price of the goods as provided in the contract of sale.

Any document referred to in. B1-B10 may be an equivalent electronic record or procedure if agreed between the parties or customary.

B2 Licences, authorizations, security clearances and other formalities

Where applicable, it is up to the buyer to obtain, at its own risk and expense, any import licence or other official authorization and carry out all customs formalities for the import of the goods and for their transport through any country.

B3 Contracts of carriage and Insurance

a) Contract of carriage

The buyer must contract at its own expense for the carriage of the goods from the named place of delivery, except when the contract of carriage is made by the seller as provided for in A3 a).

b) Contract of insurance

The buyer has no obligation to the seller to make a contract of insurance.

B4 Taking delivery

The buyer must take delivery of the goods when they have been delivered as envisaged in A4.

B5 Transfer of risks

The buyer bears all risks of loss of or damage to the goods from the time they have been delivered as envisaged in A4.

If

a) the buyer fails in accordance with B7 to notify the nomination of a carrier or another person as envisaged in A4 or to give notice; or

b) the carrier or person nominated by the buyer as envisaged in A4 fails to take the goods into its charge, then, the buyer bears all risks of loss of or damage to the goods:

(i) from the agreed date, or in the absence of an agreed date,

(ii) from the date notified by the seller under A7 within the agreed period; or, if no such date has been notified, from the expiry date of any agreed period for delivery, provided that the goods have been clearly identified as the contract goods.

B6 Allocation of costs

The buyer must pay

a) all costs relating to the goods from the time they have been delivered as envisaged in A4, except, where applicable, the costs of customs formalities necessary for export, as well as all duties, taxes, and other charges payable upon export as referred to in A6 b);

b) any additional costs incurred, either because:

(i) the buyer fails to nominate a carrier or another person as envisaged in A4, or

(ii) the carrier or person nominated by the buyer as envisaged in A4 fails to take the goods into its charge, or

(iii) the buyer has failed to give appropriate notice in accordance with B7, provided that the goods have been clearly identified as the contract goods; and

c) where applicable, all duties, taxes and other charges as well as the costs of carrying out customs formalities payable upon import of the goods and the costs for their transport through any country.

B7 Notices to the seller

The buyer must notify the seller of

a) the name of the carrier or another person nominated as envisaged in A4 within sufficient time as to enable the seller to deliver the goods in accordance with that article;

b) where necessary, the selected time within the period agreed for delivery when the carrier or person nominated will take the goods;

c) the mode of transport to be used by the person nominated; and

d) the point of taking delivery within the named place.

B8 Proof of delivery

The buyer must accept the proof of delivery provided as envisaged in A8.

B9 Inspection of goods

The buyer must pay the costs of any mandatory pre-shipment of goods inspection, except when such inspection is mandated by the authorities of the country of export.

B10 Assistance with Information and related costs

The buyer must, in a timely manner, advise the seller of any security information requirements so that the seller may comply with A1Q.

The buyer must reimburse the seller for all costs and charges incurred by the seller in providing or rendering assistance in obtaining documents and information as envisaged in A10.

The buyer must, where applicable, in a timely manner, provide to or render assistance in obtaining for the seller, at the seller's request, risk and expense, any documents and information, including security-related information, that the seller needs for the transport and export of the goods and for their transport through any country.

CPT

CARRIAGE PAID TO

CPT (insert named place of destination) Incoterms 2010

GUIDANCE NOTE

This rule may be used irrespective of the mode of transport selected and may also be used where more than one mode of transport is employed.

"Carriage Paid To" means that the seller delivers the goods to the carrier or another person nominated by the seller at an agreed place (if any such place is agreed between the parties) and that the seller must contract for and pay the costs of carriage necessary to bring the goods to the named place of destination.

When CPT, CIP, CFR or CIF are used, the seller fulfils its obligation to deliver when it hands the goods over to the carrier and not when the goods reach the place of destination.

This rule has two critical points, because risk passes and costs are transferred at different places. The parties are well advised to identify as precisely as possible in the contract both the place of delivery, where the risk passes to the buyer, and the named place of destination to which the seller must contract for the carriage. If several carriers are used for the carriage to the agreed destination and the parties do not agree on a specific point of delivery, the default position is that risk passes when the goods have been delivered to the first carrier at a point entirely of the seller's choosing and over which the buyer has no control. Should the parties wish the risk to pass at a later stage (e. g., at an ocean port or airport), they need to specify this in their contract of sale.

The parties are also well advised to identify as precisely as possible the point within the agreed place of destination, as the costs to that point are for the account of the seller. The seller is advised to procure contracts of carriage that match this choice precisely. If the seller incurs costs under its contract of carriage related to unloading at the named place of destination, the seller is not entitled to recover such costs from the buyer unless otherwise agreed between the parties.

CPT requires the seller to clear the goods for export, where applicable.

However, the seller has no obligation to clear the goods for import, pay any import duty or carry out any import customs formalities.

A THE SELLER'S OBLIGATIONS

A1 General obligations of the seller

The seller must provide the goods and the commercial invoice inconformity with the contract of sale and any other evidence of conformity that may be required by the contract.

Any document referred to in A1-A10 may be an equivalent electronic record or procedure if agreed between the parties or customary.

A2 Licences, authorizations, security clearances and other formalities

Where applicable, the seller must obtain, at its own risk and expense, any export licence or other official authorization and carry out all customs formalities necessary for the export of the goods, and for .their transport through any country prior to delivery.

A3 Contracts of carriage and insurance

a) Contract of carriage

The seller must contract or procure a contract for the carriage of the goods from the agreed point of delivery, if any, at the place of delivery to the named place of destination or, if agreed, any point at that place. The contract of carriage must be made on usual terms at the seller's expense and provide for carriage by the usual route and in a customary manner. If a specific point is not agreed or is not determined by practice, the seller may select the point of delivery and the point at the named place of destination that best suit its purpose.

b) Contract of insurance

The seller has no obligation to the buyer to make a contract of insurance. However, the seller must provide the buyer, at the buyer's request, risk, and expense (if any), with information that the buyer needs for obtaining insurance.

A4 Delivery

The seller must deliver the goods by handing them over to the carrier contracted in accordance with A3 on the agreed date or within the agreed period.

A5 Transfer of risks

The seller bears all risks of loss of or damage to the goods until they have been delivered in accordance with A.4, with the exception of loss or damage in the circumstances described in B5.

A6 Allocation of costs

The seller must pay

a) all costs relating to the goods until they have been delivered in accordance with A4, other than those payable by the buyer as envisaged in B6;
b) the freight and all other costs resulting from A3 a), including the costs of loading the goods and any charges for unloading at the place of destination that were for the seller's account under the contract of carriage; and
c) where applicable, the costs of customs formalities necessary for export, as well as all duties, taxes and other charges payable upon export, and the costs for their transport through any country that were for the seller's account under the contract of carriage.

A7 Notices to the buyer

The seller must notify the buyer that the goods have been delivered in accordance with A4.

The seller must give the buyer any notice needed in order to allow the buyer to take measures that are normally necessary to enable the buyer to take the goods.

A8 Delivery document

If customary or at the buyer's request, the seller must provide the buyer, at the seller's expense, with the usual transport document[s] for the transport contracted in accordance with A3.

This transport document must cover the contract goods and be dated within the period agreed for shipment, if agreed or customary, the document must also enable the buyer to claim the goods from the carrier at the named place of destination and enable the buyer to sell the goods in transit by the transfer of the document to a subsequent buyer or by notification to the carrier.

When such a transport document is issued in negotiable form and in several originals, a full set of originals must be presented to the buyer.

A9 Checking - packaging - marking

The seller must pay the costs of those checking operations (such as checking quality, measuring, weighing, counting) that are necessary for the purpose of delivering the goods in accordance with A4, as well as the costs of any pre-shipment inspection mandated by the authority of the country of export.

The seller must, at its own expense, package the goods, unless it is usual for the particular trade to transport the type of goods sold unpackaged. The seller may package the goods in the manner appropriate for their transport, unless the buyer has notified the seller of specific packaging requirements before the contract of sale is concluded, packaging is to be marked appropriately.

A10 Assistance with information and related costs

The seller muse, where applicable, in a timely manner, provide to or render assistance in obtaining for the buyer, at the buyer's request, risk and expense, any documents and information, including security-related information, that the buyer needs for the import of the goods and/or for their transport to the final destination.

The seller must reimburse the buyer for all costs and charges incurred by the buyer in providing or rendering assistance in obtaining documents and information as envisaged in B10.

B THE BUYER'S OBLIGATIONS

B1 General obligations of the buyer

The buyer must pay the price of the goods as provided in the contract ofsale.

Any document referred to in B1-B10 may be an equivalent electronic recordor procedure if agreed between the parties or customary.

B2 Licences, authorizations, security clearances and other formalities

Where applicable, it is up to the buyer to obtain, at its own risk and expense, any import licence or other official authorization and carry out all customs formalities for the import of the goods and for their transport through any country.

B3 Contracts of carriage and Insurance

a) Contract of carriage

The buyer has no obligation to the seller to make a contract of carriage.

b) Contract of insurance

The buyer has no obligation to the seller to make a contract of insurance. However, the buyer must provide the seller, upon request, with the necessary information for obtaining insurance.

B4 Taking delivery

The buyer must take delivery of the goods when they have been delivered as envisaged in A4 and receive them from the carrier at the named place of destination.

B5 Transfer of risks

The buyer bears all risks of loss of or damage to the goods from the time they have been delivered as envisaged in A4.

If the buyer fails to give notice in accordance with B7, it must bear all risks of loss of or damage to the goods from the agreed date or the expiry date of the agreed period for delivery, provided that the goods have been clearly identified as the contract goods.

B6 AI location of costs

The buyer must, subject to the provisions of A3 a), Pay

a) all costs relating to the goods from the time they have been delivered as envisaged in A4, except, -where applicable, the costs of customs formalities necessary for export, as well as all duties, taxes, and other charges payable upon export as referred to in A6 c);
b) all costs and charges relating to the goods while in transit until their arrival at the agreed place of destination, unless such costs and charges were for the seller's account under the contract of carriage;
c) unloading costs, unless such costs were for the seller's account under the contract of carriage;
d) any additional costs incurred if the buyer fails to give notice in accordance with B7, from the agreed date or the expiry date of the agreed period for dispatch, provided that the goods have been clearly identified as the contract goods; and
e) where applicable, all duties, taxes and other charges, as well as the costs of carrying out customs formalities payable upon import of the goods and the costs for their transport through any country, unless included within the cost of the contract of carriage.

B7 Notices to the seller

The buyer must, whenever it is entitled to determine the time for dispatching the goods and/or the named place of destination or the point of receiving the goods within that place, give the seller sufficient notice thereof.

B8 Proof of delivery

The buyer must accept the transport document provided as envisaged in A8 if it is in conformity with the contract.

B9 Inspection of goods

The buyer must pay the costs of any mandatory pre-shipment inspection, except when such inspection is mandated by the authorities of the country of export.

B10 Assistance with information and related costs

The buyer must, in a timely manner, advise the seller of any security information requirements so that the seller may comply with A10.

The buyer must reimburse the seller for all costs and charges incurred by the seller in providing or rendering assistance in obtaining documents and information as envisaged in A10.

The buyer must, where applicable, in a timely manner, provide to or render assistance in obtaining for the seller, at the seller's request, risk and expense, any documents and information, including security-related information, that the seller needs for the transport and export of the goods and for their transport through any country.

CIP

CARRIAGE AND INSURANCE PAID TO

CIP (insert named place of destination) Incoterms 2010

GUIDANCE NOTE

This rule may be used irrespective of the mode of transport selected and may also be used where more than one mode of transport is employed.

"Carriage and Insurance Paid to" means that the seller delivers the goods to the carrier or another person nominated by the seller at an agreed place (if any such place is agreed between the parties) and that the seller must contract for and pay the costs of carriage necessary to brine the goods to the named place of destination.

The seller also contracts for insurance cover against the buyer's risk of loss of or damage to the goods during the carriage. The buyer should note that under CIP the seller is required to obtain insurance only on minimum cover. Should the buyer wish to have more insurance protection, it will need either to agree as much expressly with the seller or to make its own extra insurance arrangements.

When CPT, CIP, CFR or CIF are used, the seller fulfils its obligation to deliver when it hands the goods over to the carrier and not when the goods reach the place of destination.

This rule has two critical points, because risk passes and costs are transferred at different places. The parties are well advised to identify as precisely as possible in the contract both the place of delivery, where the risk passes to the buyer, and the named place of destination to which the seller must contract for carriage. If several carriers are used for the carriage to the agreed destination and the parties do not agree on a specific point of delivery, the default position is that risk passes when the goods have been delivered to the first carrier at a point entirely of the seller's choosing and over which the buyer has no control, Should the parties wish the risk to pass at a later stage (e. g., at an ocean port or an airport), they need to specify this in their contract of sale.

The parties are also well advised to identify as precisely as possible the point within the agreed place of destination, as the costs to that point are for the account of the seller. The seller is advised to procure contracts of carriage that match this choice precisely. If the seller incurs costs under its contract of carriage related to unloading at the named place of destination, the seller is not entitled to recover such costs from the buyer unless otherwise agreed between the parties.

CIP requires the seller to clear the goods for export, where applicable. However, the seller has no obligation to clear the goods for import, pay any import duty or carry out any import customs formalities.

A THE SELLER'S OBLIGATIONS

A1 General obligations of the seller

The seller must provide the goods and the commercial Invoice In conformity with the contract of sale and any other evidence of conformity that may be required by the contract.

Any document referred to In A1-A10 may be an equivalent electronic record or procedure if agreed between the parties or customary

A2 Licences, authorizations, security clearances and other formalities

Where applicable, the seller must. obtain, at its own risk and expense, any export licence or other official authorization and carry out all customs formalities necessary for the export of the goods and for their transport through any country prior to delivery.

A3 Contracts of carriage and insurance

a) Contract of carriage

The seller must contract or procure a contract for the carriage of the goods from the agreed point of delivery, if any, at the place of delivery to the named place of destination or, if agreed, any point at that place. The contract of carriage must be made on usual terms at the seller's expense and provide for carriage by the usual route and in a customary manner. If a specific point is not agreed or is not determined by practice, the seller may select the point of delivery and the point at the named place of destination that best suit its purpose.

b) Contract of insurance

The seller must obtain at its own expense cargo insurance complying at least with the minimum cover as provided by Clauses (C) of the institute Cargo Clauses (LMA/IUA) or any similar clauses. The insurance shall be contracted with underwriters or an insurance company of good repute and entitle the buyer, or any other person having an insurable interest in the goods, to claim directly from the insurer.

When required by the buyer, the seller shall, subject to the buyer providing any necessary information requested by the seller, provide at the buyer's expense any additional cover, if procurable, such as cover as provided by Clauses (A) or (B) of the Institute Cargo Clauses (LMA/IUA) or any similar clauses, and/or cover complying with the Institute War Clauses and/or Institute Strikes Clauses (LMA/IUA) or any similar clauses.

The insurance shall cover, at a minimum, the price provided in the contract plus 10% (i. e., 110%) and shall be in the currency of the contract.

The insurance shall cover the goods from the point of delivery set out in A4 and A5 to at least the named place of destination.

The seller must provide the buyer -with the insurance policy or other evidence of insurance cover.

Moreover, the seller must provide the buyer, at the buyer's request, risk, and expense (if any), with information that the buyer needs to procure any additional insurance.

A4 Delivery

The seller must deliver the goods by handing them over to the carrier contracted in accordance with A3 on the agreed date or within the agreed period.

A5 Transfer of risks

The seller bears all risks of loss of or damage to the goods until they have been delivered in accordance with A4, with the exception of loss or damage in the circumstances described in B5.

A6 Allocation of costs

The seller must pay

a) all costs relating to the goods until they have been delivered in accordance with A4, other than those payable by the buyer as envisaged in B6;
b) the freight and all other costs resulting from A3 a), including the costs of loading the goods and any charges for unloading at the place of destination that were for the seller's account under the contract of carriage;
c) the costs of insurance resulting from A3 b); and
d) where applicable, the costs of customs formalities necessary for export, as well as all duties, taxes and other charges payable upon export, and the costs for their transport through any country that were for the seller's account under the contract of carriage.

A7 Notices to the buyer

The seller must notify the buyer that the goods have been delivered in accordance with A4.

The seller must give the buyer any notice needed in order to allow the buyer to take measures that are normally necessary to enable the buyer to take the goods.

A8 Delivery document

If customary or at the buyer's request, the seller must provide the buyer, at the seller's expense, with the usual transport document[s] for the transport contracted in accordance with A5.

This transport document must cover the contract goods and be dated within the period agreed for shipment, if agreed or customary, the document must also enable the buyer to claim the goods from the carrier at the named place of destination and enable the buyer to sell the goods in transit by the transfer of the document to a subsequent buyer or by notification to the carrier.

When such a transport document is issued in negotiable form and in several originals, a full set of originals must be presented to the buyer.

A9 Checking - packaging - marking

The seller must pay the costs of those checking operations (such as checking quality, measuring, weighing, counting) that are necessary for the purpose of delivering the goods in accordance with A4 as well as the costs of any pre-shipment inspection mandated by the authority of the country of export.

The seller must, at its own expense, package the goods, unless it is usual for the particular trade to transport the type of goods sold unpackaged. The seller may package the goods in the manner appropriate for their transport, unless the buyer has notified the seller of specific packaging requirements before the contract of sale is concluded, packaging is to be marked appropriately.

A10 Assistance with information and related costs

The seller must, where applicable, in a timely manner, provide to or render assistance in obtaining for the buyer, at the buyer's request, risk and expense, any documents and information, including security-related information, that the buyer needs for the import of the goods and/or for their transport to the final destination.

The seller must reimburse the buyer for all costs and charges incurred by the buyer in providing or rendering assistance in obtaining documents and information as envisaged in B10.

B THE BUYER'S OBLIGATIONS

B1 General obligations of the buyer

The buyer must pay the price of the goods as provided in the contract of sale.

Any document referred to in B1-B10 may be an equivalent electronic record or procedure if agreed between the parties or customary.

B2 Licences, authorizations, security clearances and other formalities

Where applicable, it is up to the buyer to obtain, at its own risk and expense, any import licence or other official authorization and carry out all customs formalities for the import of the goods and for their transport through any country.

B3 Contracts of carriage and Insurance

a) Contract of carriage

The buyer has no obligation to the seller to make a contract of carriage.

b) Contract of insurance

The buyer has no obligation to the seller to make a contract of insurance. However, the buyer must provide the seller, upon request, with any information necessary for the seller to procure any additional insurance requested by the buyer as envisaged in A3 b).

B4 Taking delivery

The buyer must take delivery of the goods when they have been delivered as envisaged in A4 and receive them from the carrier at the named place of destination.

B5 Transfer of risks

The buyer bears all risks of loss of or damage to the goods from the time they have been delivered as envisaged in A4.

If the buyer fails to give notice in accordance with B7, it must bear all risks of loss of or damage to the goods from the agreed date or the expiry date of the agreed period for delivery, provided that the goods have been clearly identified as the contract goods.

B6 Allocation of costs

The buyer must, subject to the provisions of A 3a), pay

a) all costs relating to the goods from the time they have been delivered as envisaged in A4, except, where applicable, the costs of customs formalities necessary for export, as well as all duties taxes and other charges payable upon export as referred to in A6 d);

b) all costs and charges relating to the goods while in transit until their arrival at the agreed place of destination, unless such costs and charges were for the seller's account under the contract of carriage;

c) unloading costs, unless such costs were for the seller's account under the contract of carriage;

d) any additional costs incurred if it fails to give notice in accordance with B7, from the agreed date or the expiry date of the agreed period for dispatch, provided that the goods have been clearly identified as the contract goods;

e) where applicable, all duties, taxes and other charges as well as the costs of carrying out customs formalities payable upon import of the goods and the costs for their transport through any country, unless included within the cost of the contract of carriage; and

f) the costs of any additional insurance procured at the buyer's request under A3 and B3.

B7 Notices to the seller

The buyer must, whenever it is entitled to determine the time for dispatching the goods and/or the named place of destination or the point of receiving the goods within that place, give the seller sufficient notice thereof.

B8 Proof of delivery

The buyer must accept the transport document provided as envisaged in A8 if it is in conformity with the contract.

B9 Inspection of goods

The buyer must pay the costs of any mandatory pre-shipment inspection, except when such inspection is mandated by the authorities of the country of export.

B10 Assistance with Information and related costs

The buyer must, in a timely manner, advise the seller of any security information requirements so that the seller may comply with A10.

The buyer must reimburse the seller for all costs and charges incurred by the seller in providing or rendering assistance in obtaining documents and information as envisaged in A10.

The buyer must, where applicable, in a timely manner, provide to or render assistance in obtaining for the seller, at the seller's request, risk and expense, any documents and information, including security-related information, that the seller needs for the transport and export of the goods and for their transport through any country.

DAT

DELIVERED AT TERMINAL

DAT(insert named terminal at port or place of destination)

Incoterms 2010

GUIDANCE NOTE

This rule may be used irrespective of the mode of transport selected and may also be used -where more than one mode of transport is employed.

"Delivered at Terminal" means that the seller delivers when the goods, once unloaded from the arriving means of transport, are placed at the disposal of the buyer at a named terminal at the named port or place of destination. "Terminal" includes any place, whether covered or not, such as a quay, warehouse, container yard or road, rail or air cargo terminal. The seller bears all risks involved in bringing the goods to and unloading them at the terminal at the named port or place of destination.

The parties are well advised to specify as clearly as possible the terminal and, if possible, a specific point within the terminal at the agreed port or place of destination, as the risks to that point are for the account of the seller. The seller is advised to procure a contract of carriage that matches this choice precisely.

Moreover, if the parties intend the seller to bear the risks and costs involved in transporting and handling the goods from the terminal to another place, then the DAP or DDP rules should be used.

DAT requires the seller to clear the goods for export, where applicable. However, the seller has no obligation to clear the goods for import, pay any import duty or carry out any import customs formalities.

A THE SELLER'S OBLIGATIONS

A1 General obligations of the seller

The seller must provide the goods and the commercial invoice in conformity with the contract of sale and any other evidence of conformity that may be required by the contract.

Any document referred to in A1-A10 may be an equivalent electronic record or procedure if agreed between the parties or customary.

A2 Licences, authorizations, security clearances and other formalities

Where applicable, the seller must obtain, at its own. risk and expense, any export licence and other official authorization and carry out all customs formalities necessary- for the export of the goods and for their transport through any country prior to delivery.

A3 Contracts of carriage and insurance

a) Contract of carriage

The seller must contract at its own expense for the carriage of the goods to the named terminal .at the agreed port or place of destination. If a specific terminal is not agreed or is not determined by practice, the seller may select the terminal at the agreed port or place of destination that best suits its purpose.

b) Contract of insurance

The seller has no obligation to the buyer to make a contract of insurance. However, the seller muse provide the buyer, at the buyer's request, risk, and expense (if any), with information that the buyer needs for obtaining insurance.

A4 Delivery

The seller must unload the goods from the arriving means of transport and must then deliver them by placing them at the disposal of the buyer at the named terminal referred to in A3 a) at the port or place of destination on the agreed date or within the agreed period.

A5 Transfer of risks

The seller bears all risks of loss of or damage to the goods until they have been delivered In accordance with A4 with the exception of loss or damage in the circumstances described in B5.

A6 Allocation of costs

The seller must pay

a) in addition to costs resulting from A5 a), all costs relating to the goods until they have been delivered in accordance with A4, other than those payable by the buyer as envisaged in B6; and b) where applicable, the costs of customs formalities necessary for export as well as all duties, taxes and other charges payable upon export and the costs for their transport through any country, prior to delivery in accordance with A4.

A7 Notices to the buyer

The seller must give the buyer any notice needed in order to allow the buyer to take measures that are normally necessary to enable the buyer to take delivery of the goods.

A8 Delivery document

The seller must provide the buyer, at the seller's expense, with a document enabling the buyer to take delivery of the goods as envisaged in A4/B4.

A9 Checking - packaging - marking

The seller must pay the costs of those checking operations (such as checking quality, measuring, weighing, counting) that are necessary for the purpose of delivering the goods in accordance with A4, as well as the costs of any pre-shipment inspection mandated by the authority of the country of export.

The seller must, at its own expense, package the goods, unless it is usual for the particular trade to transport the type of goods sold unpackaged. The seller may package the goods in the manner appropriate for their transport, unless the buyer has notified the seller of specific packaging requirements before the contract of sale is concluded. Packaging is to be marked appropriately.

A10 Assistance with information and related costs

The seller must, where applicable, in a timely manner, provide to or render assistance in obtaining for the buyer, at the buyer's request, risk and expense, any documents and information, including security-related information, that the buyer needs for the import of the goods and/or for their transport to the final destination.

The seller must reimburse the buyer for all costs and charges incurred by the buyer in providing or rendering assistance in obtaining documents and information as envisaged in B10.

B THE BUYER'S OBLIGATIONS

B1 General obligations of the buyer

The buyer must pay the price of the goods as provided in the contract of sale.

Any document referred to in B1-B10 may be an equivalent electronic record or procedure if agreed between the parties or customary.

B2 Licences, authorizations, security clearances and other formalities

Where applicable, the buyer must obtain, at its own risk and expense, any import licence or other official authorization and carry out all customs formalities for the Import of the goods.

B3 Contracts of carriage and insurance

a) Contract of carriage

The buyer has no obligation to the seller to make a contract of carriage.

b) Contract of insurance

The buyer has no obligation to the seller to make a contract of insurance. However, the buyer must provide the seller, upon request, with the necessary information for obtaining insurance.

B4 Taking delivery

The buyer must take delivery of the goods when they have been delivered as envisaged in A4.

B5 Transfer of risks

The buyer bears all risks of loss of or damage to the goods from the time they have been delivered as envisaged in A4.

If

a) the buyer fails to fulfil its obligations in accordance with B2, then it bears all resulting risks of loss of or damage to the goods; or
b) the buyer fails to give notice in accordance with B7, then it bears all risks of loss of or damage to the goods from the agreed date or the expiry date of the agreed period for delivery, provided that the goods have been clearly identified as the contract goods.

B6 Allocation of costs

The buyer must pay

a) all costs relating to the goods from the time they have been delivered as envisaged in A4;
b) any additional costs incurred by the seller if the buyer fails to fulfil its obligations in accordance with B2, or to give notice in accordance with B7, Provided that the goods have been clearly identified as the contract goods; and
c) where applicable, the costs of customs formalities as well as all duties, taxes and other charges payable upon import of the goods.

B7 Notices to the seller

The buyer must, whenever it is entitled to determine the time within an agreed period and/or the point of taking delivery at the named terminal, give the seller sufficient notice thereof.

B8 Proof of delivery

The buyer must accept the delivery document provided as envisaged in A8.

B9 Inspection of goods

The buyer must pay the costs of any mandatory pre-shipment inspection, except when such inspection Is mandated by the authorities of the country of export.

B10 Assistance with Information and related costs

The buyer must, in a timely manner, advise the seller of any security information requirements so that the seller may comply with A10.

The buyer must reimburse the seller for all costs and charges incurred by the seller in providing or rendering assistance in obtaining documents and information as envisaged in A10.

The buyer must, where applicable, in a timely manner, provide to or render assistance In obtaining for the seller, at the seller's request, risk and expense, any documents and information, including security-related information, that the seller needs for the transport and export of the goods and for their transport through any country.

DAP

DELIVERED AT PLACE

DAP (insert named place of destination) Incoterms 2010

GUIDANCE NOTE

This rule may be used irrespective of the mode of transport selected and may also be used -where more than one mode of transport is employed.

"Delivered at Place" means that the seller delivers when the goods are placed at the disposal of the buyer on the arriving means of transport ready for unloading at the named place of destination. The seller bears all risks involved in bringing the goods to the named place.

The parties are well advised to specify as clearly as possible the point within the agreed place of destination, as the risks to that point are for the account of the seller. The seller is advised to procure contracts of carriage that match this choice precisely. If the seller incurs costs under its contract of carriage related to unloading at the place of destination, the seller is not entitled to recover such costs from the buyer unless otherwise agreed between the parties.

DAP requires the seller to clear the goods for export, where applicable. However, the seller has no obligation to clear the goods for import, pay any import duty or carry out any import customs formalities. If the parties wish the seller to clear the goods for import, pay any import duty and carry out any import customs formalities, the DDP term should be used.

A THE SELLER'S OBLIGATIONS

A1 General obligations of the seller

The seller must provide the goods and the commercial invoice in conformity with the contract of sale and any other evidence of conformity that may be required by the contract.

Any document referred to in A1-A10 may be an equivalent electronic record or procedure if agreed between the parties or customary.

A2 Licences, authorizations, security clearances and other formalities

Where applicable, the seller must obtain, at its own risk and expense, any export licence and other official authorization and carry out all customs formalities necessary for the export of the goods and for their transport through any country prior to delivery.

A3 Contracts of carriage and Insurance

a) Contract of carriage

The seller must contract at its own expense for the carriage of the goods to the named place of destination or to the agreed point, if any, at the named place of destination. If a specific point is not agreed or is not determined by practice, the seller may select the point at the named place of destination that best suits its purpose.

b) Contract of insurance

The seller has no obligation to the buyer to make a contract of insurance. However, the seller must provide the buyer, at the buyer's request, risk, and expense (if any), with information that the buyer needs for obtaining insurance.

A4 Delivery

The seller must deliver the goods by placing them at the disposal of the buyer on the arriving means of transport ready for unloading at the agreed point, if any, at the named place of destination on the agreed date or within the agreed period.

A5 Transfer of risks

The seller bears all risks of loss of or damage to the goods until they have been delivered in accordance with A4, with the exception of loss or damage in the circumstances described in B5.

A6 Allocation of costs

The seller must pay

a) in addition to costs resulting from A3 a), all costs relating to the goods until they have been delivered in accordance with A4, other than those payable by the buyer as envisaged in B6

b) any charges for unloading at the place of destination that were for the seller's account under the contract of carriage; and

c) where applicable, the costs of customs formalities necessary for export as well as all duties, taxes and other charges payable upon export and the costs for their transport through any country, prior to delivery in accordance with A4.

A7 Notices to the buyer

The seller must give the buyer any notice needed in order to allow the buyer to take measures chat are normally necessary to enable the buyer to take delivery of the goods.

A8 Delivery document

The seller must provide the buyer, at the seller's expense, with a document enabling the buyer to take delivery of the goods as envisaged in A4/B4.

A9 Checking - packaging - marking

The seller must pay the costs of those checking operations (such as checking quality, measuring, weighing, counting) that are necessary for the purpose of delivering the goods in accordance with A4, as well as the costs of any pre-shipment inspection mandated by the authority of the country of export.

The seller must, at its own expense, package the goods, unless it is usual for the particular trade to transport the type of goods sold unpackaged. The seller may package the goods in the manner appropriate for their transport, unless the buyer has notified the seller of specific packaging requirements before the contract of sale is concluded. Packaging is to be marked appropriately.

A10 Assistance with information and related costs

The, seller must, where applicable, in a timely manner, provide to or render assistance in obtaining for the buyer, at the buyer's request, risk and expense, any documents and information, including security-related information, that the buyer needs for the import of the goods and/or for their transport to the final destination.

The seller must reimburse the buyer for all costs and charges incurred by the buyer in providing or rendering assistance in obtaining documents andinformation as envisaged in B10.

B THE BUYER'S OBLIGATIONS

B1 General obligations of the buyer

The buyer must pay the price of the goods as provided in the contract of sale.

Any document referred to in B1-B10 may be an equivalent electronic record or procedure if agreed between the parties or customary.

B2 Licences, authorizations, security clearances and other formalities

Where applicable, the buyer must obtain, at its own risk and expense, any import licence or other official authorization and carry out all customs formalities for the import of the goods.

B3 Contracts of carriage and insurance

a) Contract of carriage

The buyer has no obligation to the seller to make a contract of carriage.

b) Contract of insurance

The buyer has no obligation to the seller to make a contract of insurance. However, the buyer must provide the seller, upon request, with the necessary information for obtaining insurance.

B4 Taking delivery

The buyer must take delivery of the goods when they have been delivered as envisaged in A4.

B5 Transfer of risks

The buyer bears all risks of loss of or damage to the goods from the time they have been delivered as envisaged in A4.

If

a) the buyer fails to fulfil its obligations in accordance with B2, then it bears all resulting risks of loss of or damage to the goods; or

b) the buyer fails to give notice in accordance with B7, then it bears all risks of loss of or damage to the goods from the agreed date or the expiry date of the agreed period for delivery, provided that the goods have been clearly identified as the contract goods.

B6 Allocation of costs

The buyer must pay

a) all costs relating to the goods from the time they have been delivered as envisaged in A4;

b) all costs of unloading necessary to take delivery of the goods from the arriving means of transport at the named place of destination, unless such costs were for the seller's account under the contract of carriage;

c) any additional costs incurred by the seller if the buyer fails to fulfil its obligations in accordance with B2 or to give notice in accordance with B7, provided that the goods have been clearly identified as the contract goods; and

d) where applicable, the costs of customs formalities, as well as all duties, taxes and other charges payable upon import of the goods.

B7 Notices to the seller

The buyer must, whenever it is entitled to determine the time within an agreed period and/or the point of taking delivery within the named place of destination, give the seller sufficient notice thereof.

B8 Proof of delivery

The buyer must accept the delivery document provided as envisaged in A8.

B9 Inspection of goods

The buyer must pay the costs of any mandatory pre-shipment inspection, except when such Inspection is mandated by the authorities of the country of export.

B10 Assistance with Information and related costs

The buyer must, in a timely manner, advise the seller of any security information requirements so that the seller may comply with A10.

The buyer must reimburse the seller for all costs and charges incurred by the seller in providing or rendering assistance in obtaining documents and information as envisaged In A10.

The buyer must, where applicable, in a timely manner, provide to or render assistance in obtaining for the seller, at the seller's request, risk and expense, any documents and information, including security-related information, that the seller needs for the transport and export of the goods and for their transport through any country.

DDP

DELIVERED DUTY PAID

DDP (insert named place of destination) Incoterms 2010

GUIDANCE NOTE

This rule may be used irrespective of the mode of transport selected and may also be used -where more than one mode of transport is employed.

"Delivered Duty Paid" means that the seller delivers the goods when the goods are placed at the disposal of the buyer, cleared for import on the arriving means of transport ready for unloading at the named place of destination. The seller bears all the costs and risks involved in bringing the goods to the place of destination and has an obligation to clear the goods not only for export but also for import, to pay any duty for both export and import and to carry out all customs formalities.

DDP represents the maximum obligation for the seller.

The parties are well advised to specify as clearly as possible the point within the agreed place of destination, as the costs and risks to that point are for the account of the seller. The seller is advised to procure contracts of carriage that match this choice precisely. If the seller incurs costs under its contract of carriage related to unloading at the place of destination, the seller is not entitled to recover such costs from the buyer unless otherwise agreed between the parties.

The parties are well advised not to use DDP if the seller is unable directly or indirectly to obtain import clearance.

If the parties wish the buyer to bear all risks and costs of import clearance, the DAP rule should be used.

Any VAT or other taxes payable upon import are for the seller's account unless expressly agreed otherwise in the sales contract.

A THE SELLER'S OBLIGATIONS

A1 General obligations of the seller

The seller must provide the goods and the commercial invoice in conformity with the contract of sale and any other evidence of conformity that may be required by the contract.

Any document referred to in A1-A10 may be an equivalent electronic record or procedure if agreed between the parties or customary.

A2 Licences, authorizations, security clearances and other formalities

Where applicable, the seller must obtain, at its own risk and expense, any export and import licence and other official authorization and carry out all customs formalities necessary for the export of the goods, for their transport through any country and for their import.

A3 Contracts of carriage and insurance

a) Contract of carriage

The seller must contract at its own expense for the carriage of the goods to the named place of destination or to the agreed point, if any, at the named place of destination, if a specific point is not agreed or is not determined by practice, the seller may select the point at the named place of destination that best suits its purpose.

b) Contract of insurance

The seller has no obligation to the buyer to make a contract of insurance. However, the seller must provide the buyer, at the buyer's request, risk, and expense (if any), with information that the buyer needs for obtaining insurance.

A4 Delivery

The seller must deliver the goods by placing them at the disposal of the buyer on the arriving means of transport ready for unloading at the agreed point, if any, at the named place of destination on the agreed date or within the agreed period.

A5 Transfer of risks

The seller bears all risks of loss of or damage to the goods until they have been delivered in accordance with A4, with the exception of loss or damage in the circumstances described in B5.

A6 Allocation of costs

The seller must pay

a) in addition to costs resulting from A3 a), all costs relating to the goods until they have been delivered in accordance with A4, other than those payable by the buyer as envisaged in B6;
b) any charges for unloading at the place of destination that were for the seller's account under the contract of carriage; and
c) where applicable, the costs of customs formalities necessary for export and import as -well as all duties, taxes and other charges payable upon export and import of the goods, and the costs for their transport through any country prior to delivery in accordance with A4.

A7 Notices to the buyer

The seller must give the buyer any notice needed in order to allow the buyer to take measures that are normally necessary to enable the buyer to take delivery of the goods.

A8 Delivery document

The seller must provide the buyer, at the seller's expense, with a document enabling the buyer to take delivery of the goods as envisaged in A4/B4.

A9 Checking - packaging - marking

The seller must pay the costs of those checking operations (such as checking quality, measuring, weighing, counting) that are necessary for the purpose of delivering the goods in accordance with A4, as well as the costs of any pre-shipment inspection mandated by the authority of the country of export or of import.

The seller must, at its own expense, package the goods, unless it is usual for the particular trade to transport the type of goods sold unpackaged. The seller may package the goods in the manner appropriate for their transport, unless the buyer has notified the seller of specific packaging requirements before the contract of sale is concluded. Packaging is to be marked appropriately.

A10 Assistance with information and related costs

The seller must, where applicable, in a timely manner, provide to or render assistance in obtaining for the buyer, at the buyer's request, risk and expense, any documents and information, including security-related information, that the buyer needs for the transport of the goods to the final destination, where applicable, from the named place of destination.

The seller must reimburse the buyer for all costs and charges incurred by the buyer in providing or rendering assistance in obtaining documents and information as envisaged in B10.

B THE BUYER'S OBLIGATIONS

B1 General obligations of the buyer

The buyer must pay the price of the goods as provided in the contract of sale.

Any document referred to in B1-B10 may be an equivalent electronic record or procedure if agreed between the parties or customary.

B2 Licences, authorizations, security clearances and other formalities

Where applicable, the buyer must provide assistance to the seller, at the seller's request, risk and expense, in obtaining any import licence or other official authorization for the import of the goods.

B3 Contracts of carriage and Insurance

a) Contract of carriage

The buyer has no obligation to the seller to make a contract of carriage.

b) Contract of insurance

The buyer has no obligation to the seller to make a contract of insurance. However, the buyer must provide the seller, upon request, with the necessary information for obtaining insurance.

B4 Taking delivery

The buyer must take delivery of the goods when they have been delivered as envisaged in A4.

B5 Transfer of risks

The buyer bears all risks of loss of or damage to the goods from the time they have been delivered as envisaged in A4.

If

a) the buyer fails to fulfil its obligations in accordance with B2, then it bears all resulting risks of loss of or damage to the goods; or

b) the buyer fails to give notice in accordance with B7, then it bears all risks of loss of or damage to the goods from the agreed date or the expiry date of the agreed period for delivery, provided that the goods have been clearly identified as the contract goods.

B6 Allocation of costs

The buyer must pay

a) all costs relating to the goods from the time they have been delivered as envisaged in A4;

b) all costs of unloading necessary to take delivery of the goods from the arriving means of transport at the named place of destination, unless such costs were for the seller's account under the contract of carriage; and

c) any additional costs incurred if it fails to fulfil its obligations in accordance with B2 or to give notice in accordance with B7, provided that the goods have been clearly identified as the contract goods.

B7 Notices to the seller

The buyer must, whenever it is entitled to determine the time within an agreed period and/or the point of taking delivery within the named place of destination, give the seller sufficient notice thereof.

B8 Proof of delivery

The buyer must accept the proof of delivery provided as envisaged in A8.

B9 Inspection of goods

The buyer has no obligation to the seller to pay the costs of any mandatory pre-shipment inspection mandated by the authority of the country of export or of import.

B10 Assistance with Information and related costs

The buyer must, in a timely manner, advise the seller of any security information requirements so that the seller may comply with A10.

The buyer must reimburse the seller for all costs and charges incurred by the seller in providing or rendering assistance in obtaining documents and information as envisaged In A10.

The buyer must, where applicable, in a timely manner, provide to or render assistance In obtaining for the seller, at the seller's request, risk and expense, any documents and information, including security-related information, that the seller needs for the transport, export and Import of the goods and for their transport through any country.

RULES FOR SEA AND INLAND WATERWAY TRANSPORT

FAS

FREE ALONGSIDE SHIP

FAS (insert named port of shipment) Incoterms 2010

GUIDANCE NOTE

This rule is to be used only for sea or inland waterway transport.

"Free Alongside Ship" means that the seller delivers when the goods are placed alongside the vessel (e. g., on a quay or a barge) nominated by the buyer at the named port of shipment. The risk of loss of or damage to the goods passes when the goods are alongside the ship, and the buyer bears all costs from that moment onwards.

The parties are well advised to specify as clearly as possible the loading point at the named port of shipment, as the costs and risks to that point are for the account of the seller and these costs and associated handling charges may vary according to the practice of the port.

The seller is required either to deliver the goods alongside the ship or to procure goods already so delivered for shipment. The reference to "procure" here caters for multiple sales down a chain ('string sales"), particularly common in the commodity trades.

Where the goods are in containers, it is typical for the seller to hand the goods over to the carrier at a terminal and not alongside the vessel. In such situations, the FAS rule would be inappropriate, and the FCA rule should be used.

FAS requires the seller to clear the goods for export, where applicable. However, the seller has no obligation to clear the goods for import, pay any import. duty or carry out any import. customs formalities.

A THE SELLER'S OBLIGATIONS

A1 General obligations of the seller

The seller must provide the goods and the commercial invoice in conformity with the contract of sale and any other evidence of conformity that may be required by the contract.

Any document referred to in A1-A10 nay be an equivalent electronic record or procedure if agreed between the parties or customary.

A2 Licences, authorizations, security clearances and other formalities

Where applicable, the seller must obtain, at its own risk and expense, any export licence or other official authorization and carry out all customs formalities necessary for the export. of the goods.

A3 Contracts of carriage and Insurance

a) Contract of carriage

The seller has no obligation to the buyer to make a contract of carriage. However, if requested by the buyer or if it is commercial practice and the buyer does not give an instruction to the contrary in due time, the seller may contract for carriage on usual terms at the buyer's risk and expense. In either case, the seller may decline to make the contract of carriage and, if it does, shall promptly notify the buyer

b) Contract of insurance

The seller has no obligation to the buyer to make a contract of insurance. However, the seller must provide the buyer, at the buyer's request, risk, and expense (if any), with information that the buyer needs for obtaining insurance.

A4 Delivery

The seller must deliver the goods either by placing them alongside the ship nominated by the buyer at the loading point, if any, indicated by the buyer at the named port of shipment or by procuring the goods so delivered. In either case, the seller must deliver the goods on the agreed date or within the agreed period and in the manner customary at the port.

If no specific loading point has been indicated by the buyer, the seller may select the point within the named port of shipment that best suits its purpose. If the parties have agreed that delivery should take place within a period, the buyer has the option to choose the date within that period.

A5 Transfer of risks

The seller bears all risks of loss of or damage to the goods until they have been delivered in accordance with A4 with the exception of loss or damage in the circumstances described in B5.

A6 Allocation of costs

The seller must pay

a) all costs relating to the goods until they have been delivered in accordance with A4, other than those payable by the buyer asenvisaged in B6; and

b) where applicable, the costs of customs formalities necessary for export as well as all duties, taxes and other charges payable upon export.

A7 Notices to the buyer

The seller must, at the buyer's risk and expense, give the buyer sufficient notice either that the goods have been delivered in accordance with A4 or that the vessel has failed to take the goods within the time agreed.

A8 Delivery document

The seller must provide the buyer, at the seller's expense, with the usual proof that the goods have been delivered in accordance with A4.

Unless such proof is a transport document, the seller must provide assistance to the buyer, at the buyer's request, risk and expense, in obtaining a transport document.

A9 Checking - packaging - marking

The seller must pay the costs of those checking operations (such as checking quality, measuring, weighing, counting) that are necessary for the purpose of delivering the goods in accordance with A4, as well as the costs of any pre-shipment inspection mandated by the authority of the country of export.

The seller must, at its own expense, package the goods, unless it is usual for the particular trade to transport the type of goods sold unpackaged. The seller may package the goods in the manner appropriate for t-heir transport, unless the buyer has notified the seller of specific packaging requirements before the contract of sale is concluded. Packaging is to be marked appropriately.

A10 Assistance with Information and related costs

The seller must, where applicable, in a timely manner, provide to or render assistance in obtaining for the buyer, at the buyer's request, risk and expense, any documents and information, including security-related information, that the buyer needs for the import of the goods and/or for their transport to the final destination.

The seller must reimburse the buyer for all costs and charges incurred by the buyer in providing or rendering assistance in obtaining documents and information as envisaged in B10.

B THE BUYER'S OBLIGATIONS

B1 General obligations of the buyer

The buyer must pay the price of the goods as provided in the contract of sale.

Any document referred to In B1-B10 nay be an equivalent electronic record or procedure if agreed between the parties or customary.

B2 Licences, authorizations, security clearances and other formalities

Where applicable, it Is up to the buyer to obtain, at its own risk and expense, any import licence or other official authorization and carry out all customs formalities for the import of the goods and for their transport through any country.

B3 Contracts of carriage and Insurance

a) Contract of carriage

The buyer must contract, at its own expense for the carriage at the goods from the named port of shipment, except where the contract of carriage is made by the seller as provided for in A3 a).

b) Contract of insurance

The buyer has no obligation to the seller to make a contract of insurance.

B4 Taking delivery

The buyer must take delivery of the goods when they have been delivered as envisaged in A4.

B5 Transfer of risks

The buyer bears all risks of loss of or damage to the goods from the time they have been delivered as envisaged in A4.

If

a) the buyer fails to give notice in accordance with B7; or

b) the vessel nominated by the buyer fails to arrive on time, or fails to take the goods or closes for cargo earlier than the time notified in accordance with B7, then the buyer bears all risks of loss of or damage to the goods from the agreed date or the expiry date of the agreed period for delivery, Provided that the goods have been clearly identified as the contract goods.

B6 Allocation of costs

The buyer must pay

a) all costs relating to the goods from the time they have been delivered as envisaged in A4, except, where applicable. the costs of customs formalities necessary for export as well as all duties, taxes, and other charges payable upon export as referred to m A6 b);

b) any additional costs incurred, either because:

(i) the buyer has failed to give appropriate notice in accordance with B7, or

(ii) the vessel nominated by the buyer fails to arrive on time, is unable to take the goods, or closes for cargo earlier than the time notified in accordance with B7, provided that the goods have been clearly identified as the contract goods; and

c) where applicable, all duties, taxes and other charges as well as the costs of carrying out customs formalities payable upon import of the goods and the costs for their transport through any country.

B7 Notices to the seller

The buyer must give the seller sufficient notice of the vessel name, loading point and, where necessary, the selected delivery time within the agreed period.

B8 Proof of delivery

The buyer must accept the proof of delivery provided as envisaged in A8.

B9 Inspection of goods

The buyer must pay the costs of any mandatory pre-shipment inspection, except when such inspection is mandated by the authorities of the country of export.

B10 Assistance with Information and related costs

The buyer must, in a timely manner, advise the seller of any security requirements so that the seller may comply with A10.

The buyer must reimburse the seller for all costs and charges incurred by the seller in providing or rendering assistance in obtaining documents and Information as envisaged In A10.

The buyer must, where applicable, in a timely manner, provide to or render assistance in obtaining for the seller, at the seller's request, risk and expense, any documents and information, including security-related information, that the seller needs for the transport and export of the goods and for their transport through any country.

FOB

FREE ON BOARD

FOB (insert named port of shipment) Incoterms 2010

GUIDANCE NOTE

This rule is to be used only for sea or inland waterway transport.

"Free on Board" means that the seller delivers the goods on board the vessel nominated by the buyer at the named port of shipment or procures the goods already so delivered. The risk of loss of or damage to the goods passes when the goods are on board the vessel, and the buyer bears all costs from that moment onwards.

The seller is required either to deliver the goods on board the vessel or to procure goods already so delivered for shipment. The reference to "procure" here caters for multiple sales down a chain ('string sales'), particularly common in the commodity trades.

FOB may not be appropriate where goods are handed over to the carrier before they are on board the vessel, for example goods in containers, which are typically delivered at a terminal, In such situations, the FCA rule should be used.

FOB requires the seller to clear the goods for export, where applicable. However, the seller has no obligation to clear the goods for import, pay any import duty or carry out any import customs formalities.

A THE SELLER'S OBLIGATIONS

A1 General obligations of the seller

The seller must provide the goods and the commercial invoice in conformity with the contract of sale and any other evidence of conformity that may be required by the contract.

Any document referred to in A1-A10 may be an equivalent electronic record or procedure if agreed between the parties or customary.

A2 Licences, authorizations, security clearances and other formalities

Where applicable, the seller must obtain, at its own risk and expense, any export licence or other official authorization and carry out all customs formalities necessary for the export of the goods.

A3 Contracts of carriage and insurance

a) Contract of carriage

The seller has no obligation to the buyer to make a contract of carriage. However, if requested by the buyer or if it is commercial practice and the buyer does not give an instruction to the contrary in due time, the seller may contract for carnage on usual terms at the buyer's risk and expense, In either case, the seller may decline to make the contract of carnage and, if it does, shall promptly notify the buyer.

b) Contract of insurance

The seller has no obligation to the buyer to make a contract of insurance. However, the seller must provide the buyer, at the buyer's request, risk, and expense (if any), with information that the buyer needs for obtaining insurance.

A4 Delivery

The seller must deliver the goods either by placing them on board the vessel nominated by the buyer at the loading point, if any, indicated by t he buyer at the named port of shipment or by procuring the goods so delivered, In either case, the seller must deliver the goods on the agreed date or within the agreed period and in the manner customary at the port.

If no specific loading point, has been indicated by the buyer, the seller may select the point within the named port of shipment that best suits its purpose.

A5 Transfer of risks

The seller bears all risks of loss of or damage co the goods until they have been delivered in accordance -with A4 with the exception of loss or damage in the circumstances described in B5.

A6 Allocation of costs

The seller must pay

a) all costs relating to the goods until they have been delivered in accordance with A4, other than those payable by the buyer as envisaged in B6; and
b) where applicable, the costs of customs formalities necessary for export, as well as all duties, taxes and other charges payable upon export.

A7 Notices to the buyer

The seller must, ac the buyer's risk and expense, give the buyer sufficient notice either that the goods have been delivered in accordance with A4 or that the vessel has failed to take the goods within the time agreed.

A8 Delivery document

The seller must provide the buyer, at the seller's expense, with the usual proof that the goods have been delivered in accordance with A4.

Unless such proof is a transport document, the seller must provide assistance to the buyer, at the buyer's request, risk and expense, in obtaining a transport document.

A9 Checking - packaging - marking

The seller must pay the costs of those checking operations (such as checking quality, measuring, weighing, counting) that are necessary tor the purpose of delivering the goods in accordance with A4, as well as the costs of any pre-shipment inspection mandated by the authority of the country of export.

The seller must, at its own expense, Package the goods, unless it is usual for the particular trade to transport the type of goods sold un packaged. The seller may package the goods in the manner appropriate for their transport, unless the buyer has notified the seller of specific packaging requirements before the contract of sale is concluded, Packaging is to be marked appropriately.

A10 Assistance with information and related costs

The seller must, where applicable, in a timely manner, Provide to or render assistance in obtaining for the buyer, at the buyer's request, risk and expense, any documents and information, including security-related information, that the buyer needs for the import of the goods and/or for their transport to the final destination.

The seller must reimburse the buyer for all costs and charges incurred by the buyer in providing or rendering assistance in obtaining documents and information as envisaged m B10.

B THE BUYER'S OBLIGATIONS

B1 General obligations of the buyer

The buyer must pay the price of the goods as provided in the contract of sale.

Any document referred to in B1-B10 may be an equivalent electronic record or procedure if agreed between the parties or customary.

B2 Licences, authorizations, security clearances and other formalities

Where applicable, it is up to the buyer to obtain, at its own risk and. expense, any import licence or other official authorization and carry out all customs formalities for the import, of the goods and for their transport through any country.

B3 Contracts of carriage and Insurance

a) contract of carriage

The buyer must contract. at Its own expense for the carriage of the goods from the named port of shipment, except where the contract of carriage is made by the seller as provided for in A3 a).

b) Contract of insurance

The buyer has no obligation to the seller to make a contract of insurance.

B4 Taking delivery

The buyer must take delivery of the goods when they have been delivered as envisaged In A4.

B5 Transfer of risks

The buyer bears all risks of loss of or damage to the goods from the time they have been delivered as envisaged in A4.

If

a) the buyer fails to notify the nomination of a vessel in accordance with B7, or

b) the vessel nominated by the buyer fails to arrive on time to enable the seller to comply with A4, is unable to take the goods, or closes for cargo earlier than the time notified in accordance with B7; then, the buyer bear's all risks of loss of or damage to the goods:

(i) from the agreed date, or in the absence of an agreed dace,

(ii) from the date notified by the seller under A7 within the agreed period, or, if no such date has been notified,

(iii) from the expiry date of any agreed period for delivery, provided that the goods have been clearly identified as the contract goods.

B6 Allocation of costs

The buyer must pay

a) all costs relating to the goods from the time they have been delivered as envisaged in A4, except, where applicable, the costs of customs formalities necessary for export, as well as all duties, taxes and other charges payable upon export as referred to in A6 b);

b) any additional costs incurred, either because:

(i) the buyer has failed to give appropriate notice in accordance with B7, or

(ii) the vessel nominated by the buyer fails to arrive on time, is unable to take the goods, or closes for cargo earlier than the time notified in accordance with B7, provided chat the goods have been clearly identified as the contract goods; and

c) where applicable, all duties, taxes and other charges, as well as the costs of carrying out customs formalities payable upon import of the goods and the costs for their transport through any country.

B7 Notices to the seller

The buyer must give the seller sufficient notice of the vessel name, loading point and, where necessary, the selected delivery time within the agreed period.

B8 Proof of delivery

The buyer must accept the proof of delivery provided as envisaged, in A8.

B9 Inspection of goods

The buyer must pay the costs of any mandatory pre-shipment inspection, except when such inspection is mandated by the authorities of the country of export.

B10 Assistance with information and related costs

The buyer must, in a timely manner, advise the seller of any security information requirements so that the seller may comply with A10.

The buyer must reimburse the seller for all costs and charges incurred by the seller in providing or rendering assistance in obtaining documents and information as envisaged in A10.

The buyer must, where applicable, in a timely manner, provide to or render assistance in obtaining for the seller, at the seller's request, risk and expense, any documents and information, including security-relatedinformation, that the seller needs for the transport and export of the goods and for their transport through any country.

CFR

COST AND FREIGHT

CFR (insert named port of destination) Incoterms 2010

GUIDANCE NOTE

This rule is to be used only for sea or Inland waterway transport.

"Cost and Freight" means that the seller delivers the goods on board the vessel or procures the goods already so delivered. The risk of loss of or damage to the goods passes when the goods are on board the vessel. The seller must contract for and pay the costs and freight necessary to bring the goods to the named port of destination,

When CPT, CIP, CFR or CIF are used, the seller fulfils its obligation to deliver when it hands the goods over to the carrier in the manner specified in the chosen rule and not when the goods reach the place of destination.

This rule has two critical points, because risk passes and costs are transferred at different places. While the contract will always specify a destination port, it might not specify the port of shipment, which is where risk passes to the buyer. If the shipment port is of particular interest to the buyer, the parties are well advised to identify it as precisely as possible in the contract.

The parties are well advised to identify as precisely as possible the point at the agreed port of destination, as the costs to that point are for the account of the seller. The seller is advised to procure contracts of carriage that match this choice precisely. If the seller incurs costs under its contract of carriage related to unloading at the specified point at the port of destination, the seller is not entitled to recover such costs from the buyer unless otherwise agreed between the parties.

The seller is required either to deliver the goods on board the vessel or to procure goods already so delivered for shipment to the destination. In addition, the seller is required either to make a contract of carriage or to procure such a contract. The reference to "procure" here caters for multiple sales down a chain ('string sales'), particularly common in the commodity trades.

CFR may not be appropriate where goods are handed over to the carrier before they are on board the vessel, for example goods in containers, which are typically delivered at a terminal. In such circumstances, the CPT rule should be used.

CFR requires the seller to clear the goods for export, where applicable. However, the seller has no obligation to clear the goods for import, pay any import duty or carry out any import customs formalities.

A THE SELLER'S OBLIGATIONS

A1 General obligations of the seller

The seller must provide the goods and the commercial invoice in conformity with the contract of sale and any other evidence of conformity that may be required by the contract.

Any document referred to in A1-A10 may be an equivalent electronic record or procedure if agreed between the parties or customary.

A2 Licences, authorizations, security clearances and other formalities

Where applicable, the seller must obtain, at its own risk and expense, any export licence or other official authorization and carry out all customs formalities necessary for the export of the goods.

A3 Contracts of carriage and insurance

a) Contract of carriage

The seller must contract or procure a contract for the carriage of the goods from the agreed point of delivery, if any, at the place of delivery to the named port of destination or, if agreed, any point at that port. The contract of carriage must be made on usual terms at the seller's expense and provide for carriage by the usual route in a vessel of the type normally used for the transport of the type of goods sold.

b) Contract of insurance

The seller has no obligation to the buyer to make a contract of insurance. However, the seller must provide the buyer, at the buyer's request, risk, and expense (if any), with information that the buyer needs for obtaining insurance.

A4 Delivery

The seller must deliver the goods either by placing them on board the vessel or by procuring the goods so delivered. In either case, the seller must deliver the goods on the agreed date or within the agreed period and in the manner customary at the port.

A5 Transfer of risks

The seller bears all risks of loss of or damage to the goods until they have been delivered in accordance with A4, with the exception of loss or damage in the circumstances described in B5.

A6 Allocation of costs

The seller must pay

a) all costs relating to the goods until they have been delivered in accordance with A4, other than those payable by the buyer as envisaged in B6;

b) the freight and all other costs resulting from A3 a), including the costs of loading the goods on board and any charges for unloading at the agreed port of discharge that were for the seller's account under the contract of carriage; and

c) where applicable, the costs of customs formalities necessary for export as well as all duties, taxes and other charges payable upon export, and the costs for their transport through any country that were for the seller's account under the contract of carriage.

A7 Notices to the buyer

The seller must give the buyer any notice needed in order to allow the buyer to take measures that are normally necessary to enable the buyer to take the goods.

A8 Delivery document

The seller must, at its own expense, Provide the buyer without delay with the usual transport document for the agreed port of destination.

This transport document must cover the contract goods, be dated within the period agreed for shipment, enable the buyer to claim the goods from the carrier at the port of destination and, unless otherwise agreed, enable the buyer to sell the goods in transit by the transfer of the document to a subsequent buyer or by notification to the carrier.

When such a transport document is issued in negotiable form and in several originals, a full set of originals must be presented to the buyer.

A9 Checking - packaging - marking

The seller must pay the costs of those checking operations (such as checking quality, measuring, weighing, counting) that are necessary for the purpose of delivering the goods in accordance with A4, as well as the costs of any pre-shipment inspection mandated by the authority of the country of export.

The seller must, at its own expense, Package the goods, unless it is usual for the particular trade to transport the type of goods sold unpackaged. The seller may package the goods in the manner appropriate for their transport, unless the buyer has notified the seller of specific packaging requirements before the contract of sale is concluded.

Packaging is to be marked appropriately.

A10 Assistance with information and related costs

The seller must, where applicable, in a timely manner, provide to or render assistance in obtaining for the buyer, at the buyer's request, risk and expense, any documents and information, including security-related information, that the buyer needs for the import of the goods and/or for their transport to the final destination.

B THE BUYER'S OBLIGATIONS

B1 General obligations of the buyer

The buyer must pay the price of the goods as provided in thecontract of sale.

Any document referred to in B1-B10 may be an equivalent electronic record or procedure if agreed between the parties or customary.

B2 Licences, authorizations, security clearances and other formalities

Where applicable, it is up to the buyer to obtain, at its own risk and expense, any import licence or other official authorization and carry out all customs formalities for the import of the goods and for their transport through any country.

B3 Contracts of carriage and insurance

a) Contract of carriage

The buyer has no obligation to the seller to make a contract of carriage.

b) Contract of insurance

The buyer has no obligation to the seller to make a contract of insurance. However, the buyer must provide the seller, upon request, with the necessary information for obtaining insurance.

B4 Taking delivery

The buyer must take delivery of the goods when they have been delivered as envisaged in A4 and receive them from the carrier at the named port of destination.

B5 Transfer of risks

The buyer bears all risks of loss of or damage to the goods from the time they have been delivered as envisaged in A4.

If the buyer fails to give notice in accordance with B7, then it bears all risks of loss of or damage to the goods from the agreed date or the expiry date of the agreed period for shipment, provided that the goods have been clearly identified as the contract goods.

B6 Allocation of costs

The buyer must, subject to the provisions of A5 a), pay

a) all costs relating to the goods from the time they have been delivered as envisaged in A4, except, where applicable, the costs of customs formalities necessary for export as -well as all duties, taxes, and other charges payable upon export as referred to in A6 c);
b) all costs and charges relating to the goods while in transit until their arrival at the port of destination, unless such costs and charges were for the seller's account under the contract of carriage;
c) unloading costs including lighterage and wharfage charges, unless such costs and charges were for the seller's account under the contract of carriage;
d) any additional costs incurred if it fails to give notice in accordance with B7, from the agreed date or the expiry date of the agreed period for shipment, Provided that the goods have been clearly identified as the contract goods; and
e) where applicable, all duties, taxes and other charges, as well as the costs of carrying out customs formalities payable upon import of the goods and the costs for their transport through any country unless included within the cost of the contract of carriage.

B7 Notices to the seller

The buyer must, whenever it is entitled to determine the time for shipping the goods and/or the point of receiving the goods within the named port of destination, give the seller sufficient notice thereof.

B8 Proof of delivery

The buyer must accept the transport document provided as envisaged in A8 if it is in conformity with the contract.

B9 Inspection of goods

The buyer must pay the costs of any mandatory pre-shipment inspection, except when such inspection is mandated by the authorities of the country of export.

B10 Assistance with Information and related costs

The buyer must, in a timely manner, advise the seller of any security information requirements so that the seller may comply with A10.

The buyer must reimburse the seller for all costs and charges incurred by the seller in providing or rendering assistance in obtaining documents and information as envisaged in A10.

The buyer must, where applicable, in a timely manner, provide to or render assistance in obtaining for the seller, at the seller's request, risk and expense, any documents and information, including security-related information, that the seller needs for the transport and export of the goods and for their transport through any country.

CIF

COST INSURANCE AND FREIGHT

CIF (insert named port of destination) Incoterms 2010

GUIDANCE NOTE

This rule is to be used only for sea or inland waterway transport.

"Cost, Insurance and Freight" means that the seller delivers the goods on board the vessel or procures the goods already so delivered. The risk of loss of or damage to the goods passes when the goods are on board the vessel. The seller must contract for and pay the costs and freight necessary to bring the goods to the named port of destination.

The seller also contracts for insurance cover against the buyer's risk of loss of or damage to the goods during the carriage. The buyer should note that under CIF the seller is required to obtain insurance only on minimum cover. Should the buyer wish to have more insurance protection, it will need either to agree as much expressly with the seller or to make its own extra insurance arrangements.

When CPT, CIP, CFR, or CIF are used, the seller fulfils its obligation to deliver when it hands the goods over to the carrier in the manner specified in the chosen rule and not when the goods reach the place of destination.

This rule has two critical points, because risk passes and costs are transferred at different places. While the contract will always specify a destination port, it might not specify the port of shipment, which is where risk passes to the buyer. If the shipment port is of particular interest to the buyer, the parties are well advised to identify it as precisely as possible in the contract.

The parties are well advised to identify as precisely as possible the point at the agreed port of destination, as the costs to that point are for the account of the seller. The seller is advised to procure contracts of carriage that match this choice precisely. If the seller incurs costs under its contract of carriage related to unloading at the specified point at the port of destination, the seller is not entitled to recover such costs from the buyer unless otherwise agreed between the parties.

The seller is required either to deliver the goods on board the vessel or to procure goods already so delivered for shipment to the destination. In addition the seller is required either to make a contract of carriage or to procure such a contract. The reference to "procure" here caters for multiple sales down a chain ('string sales'), particularly common in the commodity trades.

CIF may not be appropriate where goods are handed over to the carrier before they are on board the vessel, for example goods in containers, which are typically delivered at a terminal. In such circumstances, the CIP rule should be used.

CIF requires the seller to clear the goods for export, where applicable. However, the seller has no obligation to clear the goods for import, pay any import duty or carry out any import customs formalities.

A THE SELLER'S OBLIGATIONS

A1 General obligations of the seller

The seller must provide the goods and the commercial invoice in conformity with the contract of sale and any other evidence of conformity that may be required by the contract.

Any document referred to in A1-A10 may be an equivalent electronic record or procedure if agreed between the parties or customary.

A2 Licences, authorizations, security clearances and other formalities

Where applicable, the seller must obtain, at its own risk and expense, any export licence or other official authorization and carry out all customs formalities necessary for the export of the goods.

A3 Contracts of carriage and insurance

a) Contract of carriage

The seller must contract or procure a contract for the carriage of the goods from the agreed point of delivery, if any, at the place of delivery to the named port of destination or, if agreed, any point at that port. The contract of carriage must be made on usual terms at the seller's expense and provide for carriage by the usual route in a vessel of the type normally used for the transport of the type of goods sold.

b) Contract of insurance

The seller must obtain, at its own expense, cargo insurance complying at least with the minimum cover provided by Clauses(C) of the Institute Cargo Clauses (LMA/IUA) or any similar clauses. The insurance shall be contracted with underwriters or an insurance company of good repute and entitle the buyer, or any other person having an insurable interest in the goods, to claim directly from the insurer.

When required by the buyer, the seller shall, subject to the buyer providing any necessary information requested by the seller, provide at the buyer's expense any additional cover, if procurable, such as cover as provided by Clauses (A) or (B) of the Institute Cargo Clauses (LMA/IUA) or any similar clauses and/or cover complying with the Institute War Clauses and/or Institute Strikes Clauses (LMA/IUA) or any similar clauses.

The insurance shall cover, at a minimum, the price provided in the contract plus 10% (i. e., 110%) and shall be in the currency of the contract.

The insurance shall cover the goods from the point of delivery set out in A4 and A5 to at least the named port of destination.

The seller must provide the buyer with the insurance policy or other evidence of insurance cover.

Moreover, the seller must provide the buyer, at the buyer's request, risk, and expense (if any), with information that the buyer needs to procure any additional insurance.

A4 Delivery

The seller must deliver the goods either by placing them on board the vessel or by procuring the goods so delivered. In either case, the seller must deliver the goods on the agreed date or within the agreed period and in the manner customary at the port.

A5 Transfer of risks

The seller bears all risks of loss of or damage to the goods until they have been delivered in accordance with. A4, with the exception of loss or damage in the circumstances described in B5.

A6 Allocation of costs

The seller must pay

a) all costs relating to the goods until they have been delivered in accordance with A4, other than those payable by the buyer as envisaged in B6;
b) the freight and all other costs resulting from A3 a), including the costs of loading the goods on board and any charges for unloading at the agreed port of discharge that were for the seller's account under the contract of carriage;
c) the costs of insurance resulting from A3 b); and
d) where applicable, the costs of customs formalities necessary for export, as well as all duties, taxes and other charges payable upon export, and the costs for their transport through any country that were for the seller's account under the contract of carriage.

A7 Notices to the buyer

The seller must give the buyer any notice needed in order to allow the buyer to take measures that are normally necessary to enable the buyer to take the goods.

A8 Delivery document

The seller must, at its own expense provide the buyer without delay with the usual transport document for the agreed port of destination.

This transport document must cover the contract goods, be dated within the period agreed for shipment, enable the buyer to claim the goods from the carrier at the port of destination and, unless otherwise agreed, enable the buyer to sell the goods in transit by the transfer of the document to a subsequent buyer or by notification to the carrier.

When such a transport document is issued in negotiable form and in several originals, a full set of originals must be presented to the buyer.

A9 Checking - packaging - marking

The seller must pay the costs of those checking operations (such as checking quality, measuring, weighing, counting) that are necessary for the purpose of delivering the goods in accordance with A4, as well as the costs of any pre-shipment inspection mandated by the authority of the country of export.

The seller must, at its own. expense, Package the goods, unless it is usual for the particular trade to transport the type of goods sold unpackaged. The seller may package the goods in the manner appropriate for their transport, unless the buyer has notified the seller of specific packaging requirements before the contract of sale is concluded, Packaging is to be marked appropriately.

A10 Assistance with information and related costs

The seller must, where applicable, in a timely manner, provide to or render assistance in obtaining for the buyer, at the buyer's request, risk and expense, any documents and information, including security-related information, that the buyer needs for the import of the goods and/or for their transport to the final destination.

The seller must reimburse the buyer for all costs and charges incurred by the buyer in providing or rendering assistance in obtaining documents and information as envisaged in B10.

B THE BUYER'S OBLIGATIONS

B1 General obligations of the buyer

The buyer must pay the price of the goods as provided in the contract of sale.

Any document referred to in B1-B10 may be an equivalent electronic record or procedure if agreed between the parties or customary.

B2 Licences, authorizations, security clearances and formalities

Where applicable, it is up to the buyer to obtain, at its own risk and expense, any import licence or other official authorization and carry out all customs formalities for the import of the goods and for their transport through any country.

B3 Contracts of carriage and insurance

a) Contract of carriage

The buyer has no obligation to the seller to make a contract of carnage.

b) Contract of insurance

The buyer has no obligation to the seller to make a contract of insurance. However, the buyer must provide the seller, upon request, with any information necessary for the seller to procure any additional insurance requested by the buyer as envisaged in A5 b).

B4 Taking delivery

The buyer must take delivery of the goods when they have been delivered as envisaged. in A4 and receive them from the carrier at the named port of destination.

B5 Transfer of risks

The buyer bears all risks of loss of or damage to the goods from the time they have been delivered as envisaged in A4.

If the buyer fails to give notice in accordance with B7, then it bears all risks of loss of or damage to the goods from the agreed date or the expiry date of the agreed period for shipment, provided that the goods have been clearly identified as the contract goods.

B6 Allocation of costs

The buyer must, subject to the provisions of A3 a), pay

a) all costs relating to the goods from the time they have been delivered as envisaged in A4, except, where applicable, the costs of customs formalities necessary for export, as -well as all duties, taxes and other charges payable upon export as referred to in A6 d);

b) all costs and charges relating to the goods while in transit until their arrival at the port of destination, unless such costs and charges were for the seller's account under the contract of carriage;

c) unloading costs including lighterage and wharfage charges, unless such costs and charges -were for the seller's account under the contract of carriage;

d) any additional costs incurred if it fails to give notice in accordance with B7, from the agreed date or the expiry date of the agreed period for shipment, Provided that the goods have been clearly identified as the contract goods;

e) where applicable, all duties, taxes and other charges, as well as the costs of carrying out customs formalities payable upon import of the goods and the costs for their transport through any country, unless included within the cost of. the contract of carriage; and

f) the costs of any additional insurance procured at the buyer's request under A3 b) and B3 b).

B7 Notices to the seller

The buyer must, whenever it is entitled to determine the time for shipping the goods and/or the point of receiving the goods within the named port of destination, give the seller sufficient notice thereof.

B8 Proof of delivery

The buyer must accept the transport document provided as envisaged in A8 if it is in conformity with the contract.

B9 Inspection of goods

The buyer must pay the costs of any mandatory pre-shipment inspection, except when such inspection is mandated by the authorities of the country of export.

B10 Assistance with information and related costs

The buyer must, in a timely manner, advise the seller of any security information requirements so that the seller may comply with A10.

The buyer must reimburse the seller for all costs and charges incurred by the seller in providing or rendering assistance in obtaining documents and information as envisaged in A10.

The buyer must, where applicable, in a timely manner, provide to or render assistance in obtaining for the seller, at the seller's request, risk and expense, any documents and information, including security-related information, that the seller needs for the transport and export of the goods and for their transport through any country.

3. UCP 600

[Article 1] Application of UCP :

The Uniform Customs and Practice for Documentary Credits, 2007 Revision, ICC. Publication no. 600 ("UCP") are rules that apply to any documentary credit ("credit") (including, to the extent to which they may be applicable, any standby letter of credit) when the text of the credit expressly indicates that it is subject to these rules. They are binding on all parties thereto unless expressly modified or excluded by the credit.

[Article 2] Definitions

For the purpose of these rules:

Advising bank means the bank that advises the credit at the request of the issuing bank.

Applicant means the party on whose request the credit is issued.

Banking day means a day on which a bank is regularly open at the place at which an act subject to these rules is to be performed.

Beneficiary means the party in whose favour a credit is issued.

Complying presentation means a presentation that is in accordance with the terms and conditions of the credit, the applicable provisions of these rules and international standard banking practice.

Confirmation means a definite undertaking of the confirming bank, in addition to that of the issuing bank, to honour or negotiate a complying presentation.

Confirming bank means the bank that adds its confirmation to a credit upon the issuing banks authorization or request.

Credit means any arrangement, however named or described, that is irrevocable and thereby constitutes a definite undertaking of the issuing bank to honour a complying presentation.

Honour means:

a. to pay at sight if the credit is available by sight payment.
b. to incur a deferred payment undertaking and pay at maturity if the credit is available by deferred payment.
c. to accept a bill of exchange ("draft") drawn by the beneficiary and pay at maturity if the credit is available by acceptance.

Issuing bank means the bank that issues a credit at the request of an applicant or on its own behalf.

Negotiation means the purchase by the nominated bank of drafts (drawn on a bank other than the nominated bank) and/or documents under a complying presentation, by either advancing or agreeing to advance funds to the beneficiary on or before the banking day on which reimbursement is due to the nominated bank.

Nominated bank means the bank with wich the credit is available or, any bank in the case of a credit available with any bank.

Presentation means either the act of delivering documents under a credit to the issuing bank or nominated bank or the documents so delivered.

Presenter means a beneficiary, bank or other party that makes a presentation.

[Article 3] Interpretations

For the purpose of these rules:

Where applicable, words in the singular include the plural and in the plural include the singular.

A credit is irrevocable even if there is no indication to that effect.

A document may be signed by handwriting, facsimile signature, perforated signature, stamp, symbol or any other mechanical or electronic method of authentication.

A requirement for a document to be legalized, visaed or certified will be satisfied by any signature, mark, stamp or label on the document which appears to satisfy that requirement.

Branches of a bank in different countries are considered to be separate banks. Terms such as “first class”, “well known”, “qualified”, “independent”, “official”, “competent” or “local” used to describe the issuer of a document allow any issuer except the beneficiary to issue that document.

Unless required to be used in a document, words such as “prompt”, “immediately” or “as soon as possible” will be disregarded.

The expression “on or about” or similar will be interpreted as a stipulation that an event is to occur during a period five calendar days before until five calendar days after the specified date, both start and end dates included.

The words “to”, “until”, “till”, “from” and “between” when used to determine a period of shipment include the date or dates mentioned, and the words before and “after” exclude the date mentioned.

The words “from” and “after” when used to determine a maturity date exclude the date mentioned.

The terms “first half” and “second half” of a month shall be construed respectively as the 1st to the 15th, and the 16th to the last day of the month, all dates inclusive. The terms “beginning”, “middle” and “end” of a month shall be construed respectively as the 1st to the 10th, the 11th to the 20th and the 21st to the last day of the month, all dates inclusive.

[Article 4] Credits v. Contracts

a. A credit by its nature is a separate transaction from the sale or other contract on which it may be based. Banks are in no way concerned with or bound by such contract, even if any reference whatsoever to it is included in the credit. Consequently, the undertaking of a bank to honour, to negotiate or to fulfil any other obligation under the credit is not subject to claims or defences by the applicant resulting from its relationships with the issuing bank or the beneficiary. A beneficiary can in no case avail itself of the contractual relationships existing between banks or between the applicant and the issuing bank.

b. An issuing bank should discourage any attempt by the applicant to include, as an integral part of the credit, copies of the underlying contract, proforma invoice and the like.

[Article 5] Documents v. Goods, Services or Performance

Banks deal with documents and not with goods, services or performance to which the documents may relate.

[Article 6] Availability, Expiry Date and Place for Presentation

a. A credit must state the bank with which it is available or whether it is available with any bank. A credit available with a nominated bank is also available with the issuing bank.

b. A credit must state whether it is available by sight payment, deferred payment, acceptance or negotiation.

c. A credit must not be issued available by a draft drawn on the applicant.

d. i . A credit must stipulate an expiry date for presentation. An expiry date stipulated for honour or negotiation will be deemed to be an expiry date for presentation.

ii . The place of the bank with which the credit is available is the place for presentation. The place for presentation under a credit available with any bank is that of any bank. A place for presentation other than that of the issuing bank is in addition to the place of the issuing bank.

e. Except as provided in sub-article 29 (a), a presentation by or on behalf of the beneficiary must be made on or before the expiry date.

[Article 7] Issuing Bank Undertaking

a. Provided that the stipulated documents are presented to the nominated bank or to the issuing bank and that they constitute a complying presentation, the issuing bank must honour, if the credit is available by:

i . sight payment, deferred payment or acceptance with the issuing bank;

ii . sight payment with a nominated bank and the nominated bank does not pay;

iii. deferred payment with a nominated bank and the nominated bank does not incur its deferred payment undertaking or, having incurred its deferred payment undertaking, does not pay at maturity;

iv. acceptance with a nominated bank and the nominated bank does not accept a draft drawn on it or, having accepted a draft drawn on it, does not pay at maturity;

v. negotiation with a nominated bank and that nominated bank does not negotiate.

b. An issuing bank is irrevocably bound to honour as of the time it issues the credit.

c. An issuing bank undertakes to reimburse a nominated bank that has honoured or negotiated a complying presentation and forwarded the documents to the issuing bank. Reimbursement for the amount of the presentation under a credit available by acceptance or deferred payment is due at maturity, whether or not the nominated bank prepaid or purchased before maturity. An issuing bank's undertaking to reimburse a nominated bank is independent of the issuing banks undertaking to the beneficiary.

[Article 8] Confirming Bank Undertaking

a. Provided that the stipulated documents are presented to the confirming bank or to any other nominated bank and that they constitute a complying presentation, the confirming bank must:

i. honour, if the credit is available by

a) sight payment, deferred payment or acceptance with the confirming bank;

b) sight payment with another nominated bank and that nominated bank does not pay;

c) deferred payment with another nominated bank and that nominated bank does not incur its deferred payment undertaking or, having incurred its deferred payment undertaking, does not pay at maturity;

d) acceptance with another nominated bank and that nominated bank does not accept a draft drawn on it or, having accepted a draft drawn on it, does not pay at maturity;

e) negotiation with another nominated bank and that nominated bank does not negotiate.

ii. negotiate, without recourse, if the credit is available by negotiation with the confirming bank.

b. A confirming bank is irrevocably bound to honour or negotiate as of the time it adds its confirmation to the credit.

c. A confirming bank undertakes to reimburse another nominated bank that has honoured or negotiated a complying presentation and forwarded the documents to the confirming bank. Reimbursement for the amount of the presentation under a credit available by acceptance or deferred payment is due at maturity, whether or not another nominated bank prepaid or purchased before maturity. A confirming bank's undertaking to reimburse another nominated bank is independent of the confirming banks undertaking to the beneficiary.

d. If a bank is authorized or requested by the issuing bank to confirm a credit but is not prepared to do so, it must inform the issuing bank without delay and may advise the credit without confirmation.

[Article 9] Advising of Credits and Amendments

a. A credit and any amendment may be advised to a beneficiary through an advising bank. An advising bank that is not a confirming bank advises the credit and any amendment without any undertaking to honour or negotiate.
b. By advising the credit or amendment, the advising bank signifies that it has satisfied itself as to the apparent authenticity of the credit or amendment and that the advice accurately reflects the terms and conditions of the credit or amendment received.
c. An advising bank may utilize the services of another bank("second advising bank") to advise the credit and any amendment to the beneficiary. By advising the credit or amendment, the second advising bank signifies that it has satisfied itself as to the apparent authenticity of the advice it has received and that the advice accurately reflects the terms and conditions of the credit or amendment received.
d. A bank utilizing the services of an advising bank or second advising bank to advise a credit must use the same bank to advise any amendment thereto.
e. If a bank is requested to advise a credit or amendment but elects not to do so, it must so inform, without delay, the bank from which the credit, amendment or advice has been received.
f. If a bank is requested to advise a credit or amendment but cannot satisfy itself as to the apparent authenticity of the credit or amendment or advice, it must so inform, without delay, the bank from which the instructions appear to have been received. If the advising bank or second advising bank elects nonetheless to advise the credit or amendment, it must inform the beneficiary or second advising bank that it has not been able to satisfy itself as to the apparent authenticity of the credit or amendment or advice.

[Article 10] Amendments

a. Except as otherwise provided by article 38, a credit can neither be amended nor cancelled without the agreement of the issuing bank, the confirming bank, if any, and the beneficiary.
b. An issuing bank is irrevocably bound by an amendment as of the time it issues the amendment. A confirming bank may extend its confirmation to an amendment and

will be irrevocably bound as of the time it advises the amendment. A confirming bank may, however, choose to advise an amendment without extending its confirmation and, if so, it must inform the issuing bank without delay and inform the beneficiary in its advice.

c. The terms and conditions of the original credit (or a credit incorporating previously accepted amendments) will remain in force for the beneficiary until the beneficiary communicates its acceptance of the amendment to the bank that advised such amendment. The beneficiary should give notification of acceptance or rejection of an amendment. If the beneficiary fails to give such notification, a presentation that complies with the credit and to any not yet accepted amendment will be deemed to be notification of acceptance by the beneficiary of such amendment. As of that moment the credit will be amended.

d. A bank that advises an amendment must inform the bank from which it received the amendment of any notification of acceptance or rejection.

e. Partial acceptance of an amendment is not allowed and will be deemed to be rejection of the amendment.

f. A provision in an amendment to the effect that the amendment shall enter into force unless rejected by the beneficiary within a certain time shall be disregarded.

[Article 11] Teletransmitted and Pre-Advised Credits and Amendments

a. An authenticated teletransmission of a credit or amendment will be deemed to be the operative credit or amendment, and any subsequent mail confirmation shall be disregarded.

If a teletransmission states “full details to follow”(or words of similar effect), or states that the mail confirmation is to be the operative credit or amendment, then the teletransmission will not be deemed to be the operative credit or amendment. The issuing bank must then issue the operative credit or amendment without delay, in terms net inconsistent with the teletransmission.

b. A preliminary advice of the issuance of a credit or amendment (pre-advice) shall only be sent if the issuing bank is prepared to issue the operative credit or amendment. An issuing bank that sends a pre-advice is irrevocably committed to issue the operative credit or amendment, without delay, in terms not inconsistent with the pre-advice.

[Article 12] Nomination

a. Unless a nominated bank is the confirming bank, an authorization to honour or negotiate does not impose any obligation on that nominated bank to honour or negotiate, except when expressly agreed to by that nominated bank and so communicated to the beneficiary.

b. By nominating a bank to accept a draft or incur a deferred payment undertaking, an issuing bank authorizes that nominated bank to prepay or purchase a draft accepted or a deferred payment undertaking incurred by that nominated bank.

c. Receipt or examination and forwarding of documents by a nominated bank that is not a confirming bank does not make that nominated bank liable to honour or negotiate, nor does it constitute honour or negotiation.

[Article 13] Bank-to-Bank Reimbursement Arrangements

a. If a credit states that reimbursement is to be obtained by a nominated bank("claiming bank") claiming on another party("reimbursing bank"), the credit must state if the reimbursement is subject to the ICC rules for bank-to-bank reimbursements in effect on the date of issuance of the credit.

b. If a credit does not state that reimbursement is subject to the ICC rules for bank-to-bank reimbursements, the following apply:

  i. An issuing bank must provide a reimbursing bank with a reimbursement authorization that conforms with the availability stated in the credit. The reimbursement authorization should not be subject to an expiry date.

  ii. A claiming bank shall not be required to supply a reimbursing bank with a certificate of compliance with the terms and conditions of the credit. 345

  iii. An issuing bank will be responsible for any loss of interest, together with any expenses incurred, if reimbursement is not provided on first demand by a reimbursing bank in accordance with the terms and conditions of the credit.

  iv. A reimbursing bank's charges are for the account of the issuing bank. However, if the charges are for the account of the beneficiary, it is the responsibility of an issuing bank to so indicate in the credit and in the reimbursement authorization. If a reimbursing bank's charges are for the account of the beneficiary, they shall be deducted from the amount due to a claiming bank when reimbursement is made. If no reimbursement is made, the reimbursing bank's charges remain the obligation of the issuing bank.

c. An issuing bank is not relieved from any of its obligations to provide reimbursement if reimbursement is not made by a reimbursing bank on first demand.

[Article 14] Standard for Examination of Documents

a. A nominated bank acting on its nomination, a confirming bank, if any, and the issuing bank must examine the presentation to determine, on the basis of the documents alone, whether or not the documents appear on their face to constitute a complying presentation.

b. A nominated bank acting on its nomination, a confirming bank, if any, and the issuing bank shall each have a maximum of five banking days following the day of presentation to determine if a presentation is complying. This period curtailed or otherwise affected by the occurrence on or after the date of presentation of any expiry date or last day for presentation.

c. A presentation including one or more original transport documents subject to articles 19, 20, 21, 22, 23, 24 or 25 must be made by or on behalf of the beneficiary not later than 21 calendar days after the date of shipment as described in these rules, but in any event not later than the expiry date of the credit.

d. Data in a document, when read in context with the credit, the document itself and international standard banking practice, need not be identical to, but must not conflict with, data in that document any other stiputated document or the credit.

e. In documents other than the commercial invoice, the description of the goods, services or performance, if stated, may be in general terms not conflicting with their description in the credit.

f. If a credit requires presentation of a document other than a transport document, insurance document or commercial invoice, without stipulating by whom the document is to be issued or its data content, banks will accept the document as presented if its content appears to fulfil the function of the required document and otherwise complies with sub-article 14 (d).

g. A document presented but not required by the credit will be disregarded and may be returned to the presenter.

h. If a credit contains a condition without stipulating the document to indicate compliance with the condition, banks will deem such condition as not stated and will disregard it.

i. A document may be dated prior to the issuance date of the credit, but must not be dated later than its date of presentation.

j. When the addresses of the beneficiary and the applicant appear in any stipulated document need not be the same as those stated in the credit or in any other stipulated document, but must be within the same country as the respective addresses mentioned in the credit. However, when any address and contract details of the applicant appear as part of the consignee or notify party details on a transport document, subject to articles 19, 20, 21, 22, 23, 24, or 25 it must be as stated in the credit. Contact details (telefax, telephone, email and the like) stated as part of the beneficiarys and the applicants address will be disregarded.

k. The shipper or consignor of the goods indicated on any document need not be the beneficiary of the credit.

l. A transport document may be issued by a party other than the owner of a vessel or other means of transport provided that the transport document meets the requirements of articles 19, 20, 21, 23 or 24 of these rules.

[Article 15] Complying presentation

a. When an issuing bank determines that a presentation is complying, it must honour.
b. When a confirming bank determines that a presentation is complying, it must honour or negotiate and forward the documents to the issuing bank.
c. When a nominated bank determines that a presentation is complying and honours or negotiates, it must forward the documents to the confirming bank or issuing bank.

[Article 16] Discrepant Documents, Waiver and Notice

a. When a nominated bank acting on its nomination, a confirming bank, if any, or the issuing bank determine that a presentation does not comply, they may refuse to honour or negotiate.
b. When an issuing bank determines that a presentation does not comply, it may in its sole judgement approach the applicant for a waiver of the discrepancies. This does not, however, extend the period mentioned in sub-article 14 (b).
c. When a nominated bank acting on its nomination, a confirming bank, if any, or the issuing bank decide to refuse to honour or negotiate, they must give a single notice to that effect to the presenter.
   The notice must state:
   i. that the bank is refusing to honour or negotiate; and
   ii. each discrepancy in respect of which the bank refuses to honour or negotiate; and
   iii. a) that the bank is holding the documents pending further instructions from the presenter; or
   b) that the issuing bank is holding the documents until it receives a waiver from the applicant and agrees to accept it, or receives further instructions from the presenter prior to agreeing to accept a waiver; or
   c) that the bank is returning the documents; or
   d) that the bank is acting in accordance with instructions previously received from the presenter.
d. The notice required in sub-article 16 (c) must be given by telecommunication or, if that is not possible, by other expeditious means no later than the close of the fifth banking day following the day of presentation.
e. A nominated bank acting on its nomination, a confirming bank, if any, or the issuing bank may, after providing notice required by sub-article 16 (c) (iii) (a) or (b), return the documents to the presenter at any time.
f. If an issuing bank or confirming bank fails to act in accordance with the provisions of this article, it shall be precluded from claiming that the documents do not constitute a complying presentation.
g. When an issuing bank refuses to honour or a confirming bank refuses to honour or negotiate and has given notice to that effect in accordance with this article, it shall

then be entitled to claim a refund, with interest, of any reimbursement made.

[Article 17] Original Documents and Copies

a. At least one original of each document stipulated in the credit must be presented.

b. A bank shall treat as original any document bearing an apparently original signature, mark, stamp, or label of the issuer of the document, unless the document itself indicates that it is not original.

c. Unless a document indicates otherwise, a bank will also accept a document as original if it:

  i. appears to be written, typed, perforated or stamped by the document issuers hand; or

  ii. appears to be on the document issuers original stationery; or

  iii. states that it is original, unless the statement appears not to apply to the document presented.

d. If a credit requires presentation of copies of documents, presentation of either originals or copies is permitted.

e. If a credit requires presentation of multiple documents by using terms such as "in duplicate", "in two fold" or "in two copies", this will be satisfied by the presentation of at least one original and the remaining number in copies, except when the document itself indicates otherwise.

[Article 18] Commercial Invoice

a. A commercial invoice:

  i. must appear to have been issued by the beneficiary (except as provided in article 38)

  ii. must be made out in the name of the applicant (except as provided in sub-article 38 (g)

  iii. must be made out in the same currency as the credit; and

  iv. need not be signed.

b. A nominated bank acting on its nomination, a confirming bank, if any, or the issuing bank may accept a commercial invoice issued for an amount in excess of the amount permitted by the credit, and its decision will be binding upon all parties, provided the bank in question has not honoured or negotiated for an amount in excess of that permitted by the credit.

c. The description of the goods, services or performance in a commercial invoice must correspond with that appearing in the credit.

[Article 19] Transport Document Covering at Least Two Different Modes of Transport

a. A transport document covering at least two different modes of transport (multimodal or combined transport document), however named, must appear to

  i. indicate the name of the carrier and be signed by

- the carrier or a named agent for or on behalf of the carrier, or
- the master or a named agent for or on behalf of the master.

Any signature of the carrier, master or agent must be identified as that of the carrier, master or agent.

Any signature by an agent must indicate whether the agent has signed for or on behalf of the carrier, or for or on behalf of the master.

ii. indicate that the goods have been dispatched, taken in charge or shipped on board by:
- pre-printed wording, or
- a stamp or notation indicating the date on which the goods have been dispatched, taken in charge or shipped on board.

The date of issuance of the transport document will be deemed to be the date of dispatch, taking in charge or shipped on board and the date of shipment, However, if transport document indicates, by stamp or notation, a date of dispatch, taking in charge or shipped on board, in which case this date will be deemed to be the date of shipment.

iii. indicate the place of dispatch, taking in charge or shipment and the place of final destination stated in the credit, even if:
- the transport document states, in addition, a different place of dispatch, taking in charge or shipment or place of final destination,
- the transport document contains the indication "intended" or similar qualification in relation to the vessel, or port of loading or port of discharge.

iv. be the sole original transport document or, if issued in more than one original, be the full set as indicated on the transport document.

v. contain terms and conditions of carriage or make reference to another source containing the terms and conditions of carriage (short form or blank back transport document). Contents of terms and conditions of carriage will not be examined.

vi. contain no indication that it is subject to a charter party.

b. For the purpose of this article, transshipment means unloading from one means of conveyance and reloading to another means of conveyance (whether or not in different modes of transport) during the carriage from the place of dispatch, taking in charge or shipment to the place of final destination stated in the credit.

c. i. A transport document may indicate that the goods will or may be transshipped provided that the entire carriage is covered by one and the same transport document.

ii. A transport document indicating that transshipment will or may take place is acceptable, even if the credit prohibits transshipment.

[Article 20] Bill of Lading

a. A bill of lading, however named, must appear to:

i • indicate the name of the carrier and be signed by:

• the carrier or a named agent for or on behalf of the carrier, or.

• the master or a named agent for or on behalf of the master.

Any signature by the carrier, master or agent must be identified as that of the carrier, master or agent.

Any signature by an agent must indicate whether the agent has signed for or on behalf of the carrier or for or on behalf of the master.

ii • indicate that the goods have been shipped on board a named vessel by:

• pre-printed wording, or

• an on board notation indicating the date on which the goods have been shipped on board.

The date of issuance of the bill of lading will be deemed to be the date of shipment unless the bill of lading contains an on board notation indicating the date of shipment, in which case the date stated in the on board notation will be deemed to be the date of shipment.

If the bill of lading contains the indication "intended vessel" or similar qualification in relation to the name of the vessel, an on board notation indicating the date of shipment and the name of the actual vessel is required.

iii. indicate shipment from the port of loading to the port of discharge stipulated in the credit.

If the bill of lading does not indicate the port of loading stated in the credit as the port of loading, or if it contains the indication "intended" or similar qualification in relation to the port of loading, an on board notation indicating the port of loading as stated in the credit, the date of shipment and the name of the vessel is required. This provision applies even when loading on board or shipment on a named vessel is indicated by pre-printed wording on the bill of lading.

iv. be the sole original bill of lading or, if issued in more than one original, be the full set as indicated on the bill of lading.

v. contain terms and conditions of carriage or make reference to another source containing the terms and conditions of carriage (short form or blank back bill of lading). Contents of terms and conditions of carriage will not be examined.

vi. contain no indication that it is subject to a charter party.

b. For the purpose of this article, transshipment means unloading from one vessel and reloading to another vessel during the carriage from the port of loading to the port of discharge stipulated in the credit.

c. i. A bill of lading may indicate that the goods will or may be transshipped provided that the entire carriage is covered by one and the same bill of lading.

ii. A bill of lading indicating that transshipment will or may take place is acceptable even if the credit prohibits transshipment if the goods have been shipped in a container, trailer or LASH barge as evidenced by the bill of lading.

d. Clauses in a bill of lading stating that the carrier reserves the right to tranship will be disregarded.

[Article 21] Non-Negotiable Sea Waybill

a. A non-negotiable sea waybill, however named, must appear to:

i. indicate the name of the carrier and be signed by:

- the carrier or a named agent for or on behalf of the carrier, or the master or
- a named agent for or on behalf of the master.

Any signature by the carrier, master or agent must be identified as that of the carrier, master or agent.

Any signature by an agent must indicate whether the agent has signed for or on behalf of the carrier or for or on behalf of the master.

ii. indicate that the goods have been shipped on board a named vessel at the port of loading stated in the credit by:

- pre-printed wording, or
- an on board notation indicating the date on which the goods have been shipped on board.

The date of issuance of the non-negotiable sea waybill will be deemed to be the date of shipment unless the non-negotiable sea waybill contains an on board notation indicating the date of shipment, in which case the date stated in the on board notation will be deemed to be the date of shipment.

If the non-negotiable sea waybill contains the indication "intended vessel" or similar qualification in relation to the name of the vessel, an on board notation indicating the date of shipment and the name of the actual vessel is required.

iii. indicate shipment from the port of loading to the port of discharge stated in the credit.

If the non-negotiable sea waybill does not indicate the port of loading stated in the credit as the port of loading, or if it contains the indication "intended" or similar qualification in relation to the port of loading, an on board notation indicating the port of loading as stated in the credit, the date of shipment and the name of the vessel is required. This provision applies even if loading on board or shipment on a named vessel is indicated by pre-printed wording on the non-negotiable sea waybill.

iv. be the sole original non-negotiable sea waybill or, if issued in more than one original, be the full set as indicated on the non-negotiable sea waybill.

v. contain terms and conditions of carriage or make reference to another source containing the terms and conditions of carriage (short form or blank back non-negotiable sea waybill). Contents of terms and conditions of carriage will not be examined.

vi. contain no indication that it is subject to a charter party.

b. For the purpose of this article, transshipment means unloading from one vessel and reloading to another vessel during the carriage from the port of loading to the port of discharge stipulated in the credit.

c. i. a non-negotiable sea waybill may indicate that the goods will be transshipped provided that the entire carriage is covered by one and the same non-negotiable sea waybill.

ii. A non-negotiable sea waybill indicating that transshipment will or may take place is acceptable even if the credit prohibits transshipment, if the goods are shipped in a container, trailer or LASH barge as evidenced by the non-negotiable sea waybill.

d. Clauses in a non-negotiable sea waybill stating that the carrier reserves the right to tranship will be disregarded.

[Article 22] Charter Party Bill of Lading

a. A charter party bill of lading, however named, which contains an indication that it is subject to a charter party, must appear to:

i. be signed by:

- the master or a named agent for or on behalf of the master, or
- the owner or a named agent for or on behalf of the owner, or
- the charterer or a named agent for or on behalf of a charterer.

Any signature by the master, owner, charterer or agent must be identified as that of the master, owner, charterer or agent.

Any signature by an agent must indicate whether the agent has signed for or on behalf of the master, owner or charterer.

An agent signing for or on behalf of the owner or a charterer must indicate the name of the owner or a charterer.

ii. indicate that the goods have been shipped on board a named vessel by:

- pre-printed wording, or
- an on board notation indicating the date on which the goods have been shipped on board.

The date of issuance of the charter party bill of lading will be deemed to be the date of shipment unless the charter party bill of lading contains an on board notation, indicating the date of shipment in which case the date stated in the on board notation will be deemed to be the date of shipment.

iii. indicate shipment from the port of loading to the port of discharge stated in the credit. The port of discharge may also be shown as a range of ports or a geographical area, as stated in the credit.

iv. be the sole original charter party bill of lading or, if issued in more than one original, be the full set as indicated on the charter party bill of lading.

b. A bank will not examine charter party contracts even if they are required to be presented by the terms of the credit.

[Article 23] Air Transport Document

a. An air transport document, however named, must appear to

i. indicate the name of the carrier and be signed by

- the carrier, or
- a named agent for or on behalf of the carrier.

Any signature by the carrier or agent must be identified as that of the carrier or agent. Any signature by an agent must indicate whether the agent has signed for or on behalf of the carrier.

ii. indicate that the goods have been accepted for carriage.

iii. indicate the date of issuance. This date will be deemed to be the date of shipment unless the air transport document contains a specific notation of the actual date of shipment, in which case this date will be deemed to be the date of shipment.

Any other information appearing on the air transport document relative to the flight number and date will not be considered in determining the date of shipment.

iv. indicate the airport of departure and the airport of destination stipulated in the credit.

v. be the original for consignor or shipper, even if the credit stipulates a full set of originals.

vi. contain terms and conditions of carriage or make reference to another source containing the terms and conditions of carriage. Contents of terms and conditions of carriage will not be examined.

b. For the purpose of this article, transshipment means unloading from one aircraft and reloading to another aircraft during the carriage from the airport of departure to the airport of destination stipulated in the credit.

c. i. An air transport document may indicate that the goods will or may be transshipped, provided that the entire carriage is covered by one and the same air transport document.

ii. An air transport document indicating that transshipment will or may ta place is acceptable, even if the credit prohibits transshipment.

[Article 24] Road, Rail or Inland Waterway Transport Documents

a. A road, rail or inland waterway transport document, however named, must appear to:

i. indicate the name of the carrier and

- be signed by the carrier or a named agent for or on behalf of the carrier, or
- indicate receipt of the goods by signature, stamp or notation by the carrier or a named agent for or on behalf of the carrier.

Any signature, stamp or notation of receipt of the goods by the carrier or agent must be identified as that of the carrier or agent.

Any signature, stamp or notation of receipt of the goods by the agent must indicate that the agent has signed or acted for or on behalf of the carrier.

If a rail transport document does not identify the carrier, any signature or stamp of the railway company will be accepted as evidence of the document being signed by the carrier.

ii. indicate the date of shipment or the date the goods have been received for shipment, dispatch, carriage at the place stated in the credit. Unless the transport document contains a dated reception stamp, an indication of the date of receipt or a date of shipment, the date of issuance of the transport document will be deemed to be the date of shipment.

iii. indicate the place of shipment and the place of destination stated in the credit.

b. i. A road transport document must appear to be the original for consignor or shipper or bear no marking indicating for whom the document has been prepared.

ii. A rail transport document marked "duplicate" will be accepted as an original.

iii. A rail or inland waterway transport document will be accepted as an original whether marked as an original or not.

c. In the absence of an indication on the transport document as to the number of originals issued, the number presented will be deemed to constitute a full set.

d. For the purpose of this article, transshipment means unloading from one means of conveyance and reloading to another means of conveyance, in different modes of transport, during the carriage from the place of shipment to the place of destination stipulated in the credit.

e. i. A road, rail or inland waterway transport document may indicate that the goods will or may be transshipped provided that the entire carriage is covered by one and the same transport document.

ii. A road, rail or inland waterway transport document indicating that transshipment will or may take place is acceptable, even if the credit prohibits transshipment.

[Article 25] Courier Receipt, Post Receipt or Certificate of Posting

a. A courier receipt, however named, evidencing receipt of goods for transport, must appear to:

i. indicate the name of the courier service and be stamped, signed states by the named courier service at the place from which the credit stipulates the goods are to be shipped and

ii. indicate a date of pick-up or of receipt or wording to this effect. This date will be deemed to be the date of shipment.

b. A requirement that courier charges are be paid or prepaid, may be satisfied by a transport document issued by a courier service evidencing that courier charges are for the account of a party other than the consignee.

c. A post receipt or certificate of posting, however named, evidencing receipt of goods for transport, must appear to be stamped, signed and dated in the place from which the credit states the goods are to be shipped. This date will be deemed to be the date of shipment.

[Article 26] "On Deck", "Shipper's Load and Count" Said by Shipper to Contain and Charges Additional to Freight

a. A transport document must not indicate that the goods are or will be loaded on deck. A clause on a transport document stating that the goods may be loaded on deck is acceptable.

b. A transport document bearing a clause such as "shipper's load and count" and "said by shipper to contain" is acceptable.

c. A transport document may bear a reference, by stamp or otherwise, to charges additional to the freight.

[Article 27] Clean Transport Document

A bank will only accept a clean transport document. A clean transport document is one bearing no clause or notation expressly declaring a defective condition of the goods or their packaging. The word "clean" need not appear on a transport document even if a credit has a requirement for that transport document to be "clean on board".

[Article 28] Insurance Document and Coverage

a. An insurance document, such as an insurance policy, an insurance certificate or a declaration under an open cover, must appear to be issued and signed by an insurance company, an underwriter or their agents or proxies.

b. Where the insurance document indicates it has been issued in more than one original, all originals must be presented.

c. Cover notes will not be accepted.

d. An insurance policy is acceptable in lieu of an insurance certificate or a declaration under an open cover.

e. The date of the insurance document must be no later than the date of shipment, unless it appears from the insurance document that the cover is effective no later than the date of shipment.

f. i. The insurance document must indicate the amount of insurance coverage and be in the same currency as the credit.

ii. A requirement in the credit for insurance coverage to be for a percentage of the value of the goods, of the invoice value or similar is deemed to be the minimum amount of coverage required.

If there is no indication in the credit of the insurance coverage required, the amount of insurance coverage must be 110% of the CIF or CIP value of the goods.

When the CIF or CIP value cannot be determined from the documents, the amount of insurance coverage must be calculated on the basis of the amount for which honour or negotiation is requested, or the gross value of the goods as shown on the invoice, whichever is greater.

iii. The insurance document must indicate that risks are covered at least between the place of taking in charge or shipment and the place of discharge or final destination as stated in the credit.

g. A credit should state the insurance required and, if any, the additional risks to be covered. An insurance document will be accepted without regard to any risks that are not covered, if the credit uses imprecise terms such as "usual risks" or "customary risks".

h. Where a credit requires insurance against "all risks" and an insurance document is presented containing any "all risks" notation or clause, whether or not bearing the heading "all risks", the insurance document will be accepted without regard to any risks stated to be excluded.

i. An insurance document may contain reference to any exclusion clause.

j. An insurance document may indicate that the cover is subject to a franchise or excess (deductible).

[Article 29] Extension of Expiry Date or Last Day for Presentation

a. If the expiry date of a credit or the last day for presentation falls on a day when the bank to which presentation is to be made is closed for reasons other than those referred to in article 36, the expiry date or the last day for presentation, as the case may be, will be extended to the first following banking day.

b. If presentation is made on the first following banking day, a nominated bank must provide the issuing bank or confirming bank with a statement on its covering schedule that the presentation was made within the time limits extended in accordance with sub-article 29 (a).

c. The latest date for shipment will not be extended as a result of sub-article 29 (a).

[Article 30] Tolerance in Credit Amount, Quantity and Unit Prices

a. The words "about" or "approximately" used in connection with the amount of the credit or the quantity or the unit price stated in the credit are to be construed as allowing a tolerance not to exceed 10% more or 10% less than the amount, the quantity or the unit price to which they refer.

b. A tolerance not to exceed 5% more or 5% less than the quantity of the goods is allowed, provided the credit does not state the quantity in terms of a stipulated number of packing units or individual items and the total amount of the drawings does not exceed the amount of the credit.

c. Even where partial shipments are not allowed, a tolerance not to exceed 5% less than the amount of the credit is allowed, provided that the quantity of the goods, if stated in the credit, is shipped in full and a unit price, if stated in the credit, is not reduced or that sub-article 30 (b) is applicable. This tolerance does not apply when the credit stipulates a specific tolerance or uses the expressions referred to in sub-article 30 (a).

[Article 31] Partial Drawings or Shipments

a. Partial drawings or shipments are allowed.

b. A presentation consisting of more than one set of transport documents evidencing shipment commencing on the same means of conveyance and for the same journey, provided they indicate the same destination, will not be regarded as covering a partial shipment, even if they indicate different dates of shipment or different ports of loading, places of taking in charge or dispatch. If the presentation consists of more than one set of transport documents, the latest date of shipment as evidenced on any of the sets of transport documents will be regarded as the date of shipment.

A presentation consisting of one or more sets of transport documents evidencing shipment on more than one means of conveyance within the same mode of transport will be regarded as covering a partial shipment, even if the means of conveyance leave on the same day for the same destination.

c. A presentation consisting of more than one courier receipt, post receipt or certificate of posting will not be regarded as a partial shipment if the courier receipts, post receipts or certificates of posting appear to have been stamped or signed by the same courier or postal service at the same place and date and for the same destination.

[Article 32] Instalment Drawings or Shipments

If a drawing or shipment by instalments within given periods is stipulated in the credit and any instalment is not drawn or shipped within the period allowed for that instalment, the credit ceases to be available for that and any subsequent instalment.

[Article 33] Hours of Presentation

A bank has no obligation to accept a presentation outside of its banking hours.

[Article 34] Disclaimer on Effectiveness of Documents

A bank assumes no liability or responsibility for the form, sufficiency, accuracy, genuineness, falsification or legal effect of any document, or for the general or particular conditions stipulated in a document or superimposed thereon; nor does it assume any liability or responsibility for the description, quantity, weight, quality, condition, packing, delivery, value or existence of the goods, services or other performance represented by any document, or for the good faith or acts or omissions, solvency, performance or standing of the consignor, the carrier, the forwarder, the consignee or the insurer of the goods or any other person.

[Article 35] Disclaimer on Transmission and Translation

A bank assumes no liability or responsibility for the consequences arising out of delay, loss in transit, mutilation or other errors arising in the transmission of any messages or delivery of letters or documents, when such messages, letters or documents are transmitted or sent according to the requirements stated in the credit, or when the bank may have taken the initiative in the choice of the delivery service in the absence of such instructions in the credit.

If a nominated bank determines that a presentation is complying and forwards the documents to the issuing bank or confirming bank, whether or not the nominated bank has honoured or negotiated, an issuing bank or confirming bank must honour or negotiate, or reimburse that nominated bank, even when the documents have been lost in transit between the nominated bank and the issuing bank or confirming bank, or between the confirming bank and issuing bank.

A bank assumes no liability or responsibility for errors in translation or interpretation of technical terms and may transmit credit terms without translating them.

[Article 36] Force Majeure

A bank assumes no liability or responsibility for the consequences arising out of the interruption of its business by Acts of God, riots, civil commotions, insurrections, wars, acts of terrorism, or by any strikes or lockouts or any other causes beyond its control.

A bank will not, upon resumption of its business, honour or negotiate under a credit which expired during such interruption of its business.

[Article 37] Disclaimer for Acts of an Instructed Party

a. A bank utilizing the services of another bank for the purpose of giving effect to 1074 the instructions of the applicant does so for the account and at the risk of the applicant.

b. An issuing bank or advising bank assumes no liability or responsibility should the instructions it transmits to another bank not be carried out, even if it has taken the initiative in the choice of that other bank.

c. A bank instructing another bank to perform services is liable for any commissions, fees, costs or expenses ("charges") incurred by that bank in connection with its instructions.

If a credit stipulates that charges are for the account of the beneficiary and charges cannot be collected or deducted from proceeds, the issuing bank remains liable for payment of charges.

A credit or amendment should not stipulate that the advising to a beneficiary is conditional upon the receipt by the advising bank or second advising bank of its charges.

d. The applicant shall be bound by and liable to indemnify a bank against all obligations and responsibilities imposed by foreign laws and usages.

[Article 38] Transferable Credits

a. A bank is under no obligation to transfer a credit except to the extent and in the manner expressly consented to by that bank.

b. For the purpose of this article:

Transferable credit means a credit that specifically states it is "transferable" A transferable credit may be made available in whole or in part to another beneficiary ("second beneficiary") at the request of the beneficiary ("first beneficiary").

Transferring bank means a nominated bank that transfers the credit or, in a credit, available with any bank a bank that is specifically authorized by the issuing bank to transfer and that transfers the credit. An issuing bank may be a transferring bank.

Transferred credit means a credit that has been made available by the transferring bank to a second beneficiary.

c. Unless otherwise agreed at the time of transfer, all charges (such as commissions, fees, costs or expenses) incurred in respect of a transfer must be paid by the first beneficiary.

d. A credit may be transferred in part to more than one second beneficiary provided partial drawings or shipments are allowed.

A transferred credit cannot be transferred at the request of a second beneficiary to any subsequent beneficiary. The first beneficiary is not considered to be a subsequent beneficiary.

e. Any request for transfer must indicate if and under what conditions amendments may be advised to the second beneficiary. The transferred credit must clearly indicate those conditions.

f. If a credit is transferred to more than one second beneficiary, rejection of an amendment by one or more second beneficiary does not invalidate the acceptance by any other second beneficiary, with respect to which the transferred credit will be amended accordingly. For any second beneficiary that rejected the amendment, the transferred credit will remain unamended.

g. The transferred credit must accurately reflect the terms and conditions of the credit, including confirmation, if any, with the exception of:
- the amount of the credit,
- any unit price stated therein,
- the expiry date,
- the period for presentation, or
- the latest shipment date or given period for shipment,

any or all of which may be reduced or curtailed.

The percentage for which insurance cover must be effected may be increased to provide the amount of cover stipulated in the credit or these articles.

The name of the first beneficiary may be substituted for that of the applicant in the credit, If the name of the applicant is specifically required by the credit to appear in any document other than the invoice, such requirement must be reflected in the transferied credit.

h. The first beneficiary has the right to substitute its own invoice and draft, if any, for those of a second beneficiary for an amount not in excess of that stipulated in the credit, and upon such substitution the first beneficiary can draw under the credit for the difference, if any, between its invoice and the invoice of a second beneficiary.

i. If the first beneficiary is to present its own invoice and draft, if any, but fails to do so on first demand, or if the invoices presented by the first beneficiary create discrepancies that did not exist in the presentation made by second beneficiary and the first beneficiary fails to correct them on first demand, the transferring bank has the right to present the documents as received from the second beneficiary to the issuing bank, without further responsibility to the first beneficiary.

j. The first beneficiary may, in its request for transfer, indicate that honour or negotiation is to be effected to a second beneficiary at the place to which the credit has been transferred, up to and including the expiry date of the credit. This is without prejudice to the right of the first beneficiary in accordance with sub-article 38 (h).

k. Presentation of documents by or on behalf of a second beneficiary must be made to the transferring bank.

[Article 39] Assignment of Proceeds

The fact that a credit is not stated to be transferable shall not affect the right of the beneficiary to assign any proceeds to which it may be or may become entitled under the credit, in accordance with the provisions of applicable law. This article relates only to the assignment of proceeds and not to the assignment of the right to perform under the credit.

참고 문헌

강원진, 무역결제론, 박영사, 2007.
강이수·박종삼, 국제거래분쟁론, 삼영사, 2004.
고우복, 관세이론과 실제 그리고 통관실무, 두남, 1997.
구종순, 해상보험, 박영사, 2000.
김용복, 무역실무, 박영사, 1998.
남풍우, 무역결제론, 두남, 1998.
대한상공회의소, UCP600 공식번역 및 해설서, 2007.
양영환·오원석, 무역상무론, 법문사, 1997.
양영환·오원석, 최신 무역상무론, 법문사, 2002.
양영환·오원석·박광서, 무역상무, 삼영사, 2008.
양영환·오원석·서정두, 국제표준은행관습(ISBP), 한국무역상무학회, 2003.
오원석, 해상보험, 삼영사, 1992.
오원석·박성철, 무역상무의 이해, 문영사, 2004.
이상진, 전자무역, 두남, 2005.
이용근, 무역실무, 삼영사, 2007.
임석민, 국제운송론, 유천서원, 1992.
임석민, 선하증권론, 두남, 2000.
전순환, 정형거래조건의 해석에 관한 국제규칙, 한올출판사, 1999.
정재영외 공저, 국제통상론, 법문사, 2000.
쿠로이와 아키라(홍승린역), 무역실무테크닉90, (사)한국물가정보, 2009.
한국무역협회, 무역실무 길라잡이, 2010.

ICC, Guide to Export-Import Basics(3rd ed.), 2008.
ICC,Incoterms 2000, 2010.
Matti S.Kurkela,Letters of Credit and Bank Guarantees under International Trade Law(2nd ed.), Oxford University Press, 2008.
UCP 600.

찾아보기

| 사 |

| 자 |

▌차▌

▌카▌

▌타▌

D

F

❑ 저자약력

▍박 남 규(朴 南 圭)

- 건국대학교 경제학과 졸업
- 성균관대학교 무역대학원 무역학과 졸업
- 성균관대학교 대학원 무역학과 졸업(경제학박사)
- Indiana University School of Law Visiting Scholar
- 대전대학교 무역학과 전임강사
- 무역영어검정시험 출제위원
- 관세사자격시험 출제위원
- 한국무역상무학회 부회장 및 편집위원장
- 한국무역학회 부회장
- 한국관세학회 부회장
- 한국국제상학회 부회장
- 건국대학교 글로컬캠퍼스 대학종합평가연구위원장
- 건국대학교 사회과학대학원장
- 건국대학교 글로컬캠퍼스 기획조정처장
- 건국대학교 사회과학대학장
- 충주지방법원 조정위원
- 대한상사중재원 중재인
- 한국무역상무학회 회장 역임
- 현) 건국대학교 국제통상학전공 교수

➜ 저서
- 국제통상론(공저), 법문사, 2001
- 무역상무론, 두남, 2011

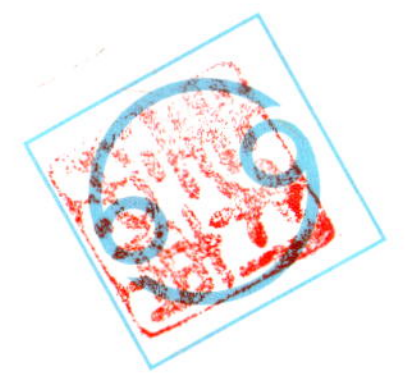

무역상무론 – 개정판

초 판 1쇄 발행 —— 2011년 3월 5일
개정판 1쇄 발행 —— 2012년 2월 25일
개정판 2쇄 발행 —— 2013년 1월 30일
개정판 3쇄 발행 —— 2016년 2월 15일
지은이 —— 박 남 규
펴낸이 —— 전 두 표
펴낸곳 —— 도서출판 두남
서울시 강동구 성내로6길 34-16 두남빌딩
신 고 : 제25100-1988-9호
TEL : 02) 478-2065, 2066, 2067, 2311
FAX : 02) 478-2068
E-mail : dunam1@unitel.co.kr
http://www.dunam.co.kr

정가 27,000원

ISBN 978-89-6414-307-0 93320